TIRANOS

Waller R. Newell

TIRANOS

Uma História de Poder, Injustiça e Terror

Tradução
Mário Molina

Editora
Cultrix
SÃO PAULO

Título do original: *Tyrants: A History of Power, Injustice & Terror.*

Copyright © 2016 Waller R. Newell.

Copyright da edição brasileira © 2019 Editora Pensamento-Cultrix Ltda.

1ª edição 2019.

Todos os direitos reservados. Nenhuma parte desta obra pode ser reproduzida ou usada de qualquer forma ou por qualquer meio, eletrônico ou mecânico, inclusive fotocópias, gravações ou sistema de armazenamento em banco de dados, sem permissão por escrito, exceto nos casos de trechos curtos citados em resenhas críticas ou artigos de revistas.

A Editora Cultrix não se responsabiliza por eventuais mudanças ocorridas nos endereços convencionais ou eletrônicos citados neste livro.

Editor: Adilson Silva Ramachandra
Gerente editorial: Roseli de S. Ferraz
Preparação de originais: Alessandra Miranda de Sá
Produção editorial: Indiara Faria Kayo
Editoração Eletrônica: Join Bureau
Revisão: Bárbara Parente

Dados Internacionais de Catalogação na Publicação (CIP)
(Câmara Brasileira do Livro, SP, Brasil)

Newell, Waller R.
    Tiranos: uma história de poder, injustiça e terror / Waller R. Newell; tradução Mário Molina. – São Paulo: Editora Pensamento Cultrix, 2019.

    Título original: Tyrants: a history of power, injustice & terror
    ISBN 978-85-316-1522-1

    1. Ciência política 2. Ciências sociais 3. Despotismo 4. Ditadura 5. Poder (Ciências sociais) – História 6. Política I. Título.

19-27549   CDD-320

Índices para catálogo sistemático:
1. Poder: Ciência política 320
Maria Alice Ferreira – Bibliotecária – CRB-8/7964

Direitos de tradução para o Brasil adquiridos com exclusividade
pela EDITORA PENSAMENTO-CULTRIX LTDA., que se reserva a
propriedade literária desta tradução.
Rua Dr. Mário Vicente, 368 — 04270-000 — São Paulo, SP
Fone: (11) 2066-9000
http://www.editoracultrix.com.br
E-mail: atendimento@editoracultrix.com.br
Foi feito o depósito legal.

SUMÁRIO

Prefácio 7

Agradecimentos 9

Introdução: O Estranho Percurso da Tirania 11

As Três Faces da Tirania 14

As Compreensões Antiga e Moderna de Tirania 16

Tiranos à Espera: Terrorismo e a Justa Raiva dos Jovens ... 19

O Embelezamento da Violência 24

O Desafio da Tirania no Mundo de Hoje 26

Parte Um

A Ira de Aquiles: dos Heróis Homéricos ao Senhor e Deus do Mundo ... 31

Reis e Heróis Homéricos 34

Reis do Mundo: Monarquia Universal 42

Tirania ou República? A Emergência do Ocidente 52

A República Maior 74

O Senhorio Universal: da República ao Império 82

Parte Dois

Cidade de Deus ou Cidade do Homem? O Tirano como Construtor
do Estado Moderno 95

A Queda do Ocidente 103

Monarquia Feudal e a Grande Cadeia do Ser 109

Sombra de Deus na Terra: o Califado Otomano 113

Príncipes e Povos: o Renascimento do Ocidente 122

Por Deus e Meu Direito: Esses Fascinantes Tudors 131

O Tirano como Construtor de Estado Continua Vivo:
Despotismo Benevolente 152

Parte Três

As Águias Cairão Mortas dos Céus: Tirania Milenarista de
Robespierre à Al-Qaeda 169

A Condição Natural do Homem: Sonho Assassino de Rousseau 172

Robespierre e a Álgebra do Assassinato em Massa 177

As Características da Tirania Milenarista 181

*A Hora do Grande Meio-Dia: a Revolução Milenarista Entra na
Clandestinidade* 191

Não um Segundo Termidor: a Tirania Milenarista Retorna 201

O Número-Um Leninista 206

A Bênção Mundial Nacional-Socialista 213

O Führer 222

*Do Nacional-Socialismo ao Socialismo do Terceiro Mundo e
à Jihad Internacional* 233

A Personalidade Tirânica 238

Tirania Milenarista Hoje 243

Um Califado Mundial: Visão Utópica do Jihadismo 248

A República Nuclear de Deus 250

O Terrorismo é um Meio para um Fim: a Utopia Revolucionária 258

Conclusão: Como a Democracia Pode Vencer 261

Todos a Bordo para o Giro pela Tirania 261

Vladimir Putin: Reformador e Cleptocrata com um Traço do Milenarista 264

O Giro Continua: Democracia e a Tentação Tirânica 268

O Que o Ocidente Deveria Fazer? 274

As Fronteiras da Revolução do Século XXI 279

Uma Cura Homeopática para a Tentação Tirânica 282

Leitura de Interesse Adicional 287

Índice Remissivo 297

PREFÁCIO

◆

Quando o presidente russo Vladimir Putin orquestrou uma invasão à Crimeia violando a integridade territorial da Ucrânia da qual o próprio governo russo fora um signatário, o secretário de Estado americano John Kerry comentou com certa perplexidade que Putin, com seu agressivo militarismo, parecia um personagem saído "do século XIX".

Se concorda com isso, provavelmente você deveria parar agora mesmo de ler este livro. Afinal, o progresso da história não tratará de aventureiros retrógrados como Putin? Ele não pode ser mais que um breve desvio em nosso caminho para a expansão da democracia pelo mundo e o fim da agressão.

Se, por outro lado, você acredita, como eu, que *todo* século tem um personagem como Vladimir Putin, vá em frente com a leitura. Porque este é um livro sobre como e por que a tirania é um traço permanente da paisagem humana. É sobre o tipo de governos tirânicos que tem existido durante toda a história e existe ainda hoje – alguns nos tempos antigos, outros ligados especificamente à era moderna. Acompanha o estranho percurso da tirania desde suas origens nas antigas Grécia e Roma até os déspotas construtores de Estados que tiraram a Europa do feudalismo e a levaram para a era moderna. Por fim, explica as tiranias totalitárias que começaram com o Terror Jacobino de 1793 e prosseguiram com os bolcheviques, os nazistas, o presidente Mao Tsé-Tung, o Khmer Vermelho e os jihadistas de hoje.

Este livro também trata da constituição psicológica, muitas vezes distorcida, dos tiranos, incluindo aqueles que aspiram a se tornarem tiranos, a saber, os terroristas. Pois terroristas, como veremos, são tiranos à espera, e as tiranias, uma vez estabelecidas, continuam a aterrorizar seus súditos cativos. Por fim, ele trata do modo como os tiranos podem atrair seguidores ardorosos e dedicados para levar a cabo seus planos assassinos.

Se você acha esses tópicos interessantes – e, acima de tudo, necessários para cidadãos informados que querem proteger e promover a democracia –, então este livro é para você. Ele não trata de todas as formas de injustiça de que o homem é capaz. Seu foco está principalmente no Ocidente. Mas está baseado na crença de que a tirania é uma alternativa permanente nos assuntos humanos e na explicação da ação política.

O progresso da história, se isso de fato ocorreu, obviamente não se livrou da tirania. Os horrores genocidas do totalitarismo do século passado sem a menor dúvida são prova disso, juntamente com os aspirantes de hoje a um califado mundial, como o Estado Islâmico. Acreditar no progresso da história pode realmente, como veremos, contribuir para a expansão da própria tirania. Não só porque isso nos induz a pensar que a tirania está desaparecendo, mas porque, afinal, todos os piores regimes totalitários afirmaram que estavam do *lado* da história, trazendo um mundo melhor para todos nós no futuro por meio do assassinato em massa e conquista no presente.

Estamos hoje testemunhando pelo mundo afora tanto uma luta heroica pela democracia quanto o preocupante vigor de regimes e movimentos tirânicos. Seja na guerra civil síria, na agressão de Putin ou na ameaça do Estado Islâmico, democracia e tirania parecem muitas vezes estar num impasse. Enquanto forças americanas estão agora empenhadas num combate ao jihadismo no Iraque, terroristas que se autoidentificam como muçulmanos, inspirados pelos inimigos que temos lá, realizam ataques brutais no próprio solo americano. Por que isso está acontecendo agora? Como o Ocidente devia responder? Quais são as lições da história?

O espírito do autogoverno livre tem triunfado repetidamente contra a tirania, de Maratona e Salamina a Waterloo, Dunquerque, Dia D, Solidariedade e Operação Tempestade no Deserto, mas as democracias parecem sofrer ataques periódicos de amnésia, incapazes de identificar a tirania pelo que ela é.

Espero que este livro ajude a trazer uma cura para essa amnésia. A democracia é, sob todos os aspectos, uma ideia melhor que a tirania e, em uma luta justa, ela quase nunca perde. Mas para defender essa ideia e torná-la vitoriosa, precisamos ter consciência de sua maior e mais resistente inimiga – a tirania.

AGRADECIMENTOS

◆

Durante o ano que passei como professor visitante de Estudos Humanistas no Beverley Rogers, Carol C. Harter Black Mountain Institute, a Universidade de Nevada em Las Vegas me deu a oportunidade de completar este livro livre de meus deveres acadêmicos normais, pelo que sou muito grato. Uma palestra aberta ao público para o Black Mountain Institute deu-me a oportunidade de apresentar em primeira mão a Parte Três do livro perante uma audiência receptiva. Devo também agradecimentos à Fundação Heritage, sobretudo a David Azerad e Arthur Milikh, que me permitiram expor os temas gerais do livro numa palestra aberta ao público em Washington e ainda a explorá-los em um ensaio para seu jornal *First Principles*.

Um grupo antigo de ex-professores, bem como colegas atuais, todos também amigos, e pessoas de muitas áreas além da acadêmica me deram apoio do início ao fim do livro, como aconteceu nos meus livros anteriores. Mesmo quando passo algum tempo sem encontrá-los, muitas vezes os imagino reagindo ao que escrevo e esperando que aprovem. Entre eles estão, sem nenhuma ordem especial, Thomas e Lorraine Pangle, Harvey Mansfield, Lynette Mitchell, Charles Fairbanks, Robert Goldberg, Leah Bradshaw, Catherine e Michael Zuckert, Peter Ahrensdorf, Stephen Smith, Norman e Karen Doidge, Gary Clewley, Paul Rahe, Clifford Orwin, Ryan Balot, Barry Strauss, George Jonas, Gerald Owen, Robert Sibley, Ken Green, Mark Lutz, David Fott, juntamente com meus colegas da Carleton, Tom Darby, Farhang Rajaee e Geoffrey Kellow, e ex-alunos meus que estão conquistando seu espaço no mundo acadêmico, entre eles Alex Duff e Matthew Post.

Por fim, devo profundos agradecimentos a meu editor, Robert Dreesen, por seu generoso apoio, encorajamento e sábias sugestões para melhorar este livro e dar-lhe a forma atual. E, como sempre, agradeço à minha esposa Jacqueline por suas inigualáveis habilidades na edição do texto, sua erudição e conselho – realmente minha colaboradora.

INTRODUÇÃO

O Estranho Percurso da Tirania

Bem no alto da ilha de Cápri, com vista para a baía de Nápoles, estão as ruínas da residência de verão do imperador romano Tibério. É uma jornada de duas horas por uma estrada sinuosa e estreita que leva até o topo. Quando finalmente chegamos lá, a vista é fabulosa. Ainda mais imponente, no entanto, é a vivenda em si, na realidade um palácio gigantesco que, mesmo em seu estado fragmentado, cria uma vigorosa impressão de majestade, poder e medo. Caminhos abobadados nos levam por um sinuoso labirinto de câmaras até emergirmos no que teria sido um terraço, com uma cobertura apoiada em colunas, para o qual se abriam os principais aposentos do palácio – um terraço com mais de um quilômetro e meio de comprimento, capturando e afunilando as brisas da baía. Ali o imperador, sua família e seu séquito teriam relaxado na sombra fresca. Ainda mais acima, coroando todo o lugar, há uma enorme plataforma circular onde Tibério, sentado em seu trono, recebia delegações. Preservada intacta por ter sido construída ali uma igreja cristã, tendo como pano de fundo toda a baía de Nápoles e a costa napolitana, parando lá você se sente realmente como se estivesse no topo do mundo – no topo, de fato, do Monte Olimpo. Não por acaso a residência foi chamada Vila de Júpiter e autoridades e embaixadores trêmulos, levados à presença do imperador nas nuvens, devem de fato ter sentido que estavam na presença do Rei dos Deuses. Era um efeito calculado. E Tibério era perfeitamente capaz da ira caprichosa de um deus. Dizia-se que quando alguém o desagradava (e não era preciso muito), ele ordenava que o tirassem da sua frente e o jogassem nas ondas que, bem abaixo, arrebentavam nas rochas.

Sob muitos aspectos, o Império Romano foi o maior Estado que o mundo já conheceu. A maioria dos historiadores concordaria que ele de fato entrou na era moderna antes que a Europa conseguisse se aproximar de sua sofisticação arquitetônica e planejamento urbano. Mas a grandeza de Roma estava baseada numa tirania mal disfarçada. O imperador era o ápice de todo poder, a fonte de toda força, amparo e prestígio. As famosas estradas romanas cruzando o mundo da Escócia ao Rio Jordão; as cidades com seus belos fóruns, banhos, teatros, aquecimento central e sistemas de água, que pareciam, aos olhos dos habitantes locais, se levantar do nada, estendendo-se da Síria à Espanha; as temíveis legiões, plausivelmente descritas como a maior máquina de matar da história até a *Wehrmacht* de Hitler – tudo fluía da vontade e obedecia a cada comando de um senhor absoluto. Criado por César Augusto, que precedeu o sombrio Tibério, o cargo de imperador foi uma obra-prima de propaganda e manipulação, pelo qual um tirano era coberto por uma modesta veste constitucional como meramente o "primeiro cidadão" de uma república que supostamente se autogovernava, seu título originalmente não significando nada mais que um "comandante de campo" aclamado por suas tropas. Mas todos conheciam a verdade. No final do século I d.C., o imperador estava sendo tratado como *Dominus et Deus* – senhor de toda a humanidade, com o poder absoluto de vida e morte similar ao de um amo sobre seus escravos, um deus vivo. Um arquiteto famoso, tolo o bastante para ter criticado o projeto amador que o jovem imperador Adriano fizera para um templo, enfrentou a execução por "insultar a majestade do imperador". E Adriano foi um dos chamados Imperadores Bons.

Temos aqui um tema vigoroso e perturbador que este livro vai explorar: a tirania pode ser uma força construtiva ou benéfica? É um velho dilema. Alexandre, o Grande; César Augusto; Constantino, o Grande; Carlos Magno – poderia ser argumentado que todos trouxeram maior poderio e prosperidade para seus povos, ou pelo menos uma restauração da paz e da ordem após longos intervalos de guerra civil e discórdia, por meio de sua vontade imperial, inclusive através da ambição suprema, da usurpação, guerra e assassinato. Mas esse é um dilema especialmente agudo para uma época como a nossa, que encara a democracia como a única forma de governo justificável. Aprendemos que a tirania não pode combinar com o progresso do homem para maior liberdade e igualdade. Aprendemos que a idade moderna representa, desde o Renascimento, a Idade da Razão e das Luzes, a marcha firme da humanidade saindo da opressão feudal e da ignorância e rumando para sociedades abertas e livres. O que antigamente era chamado de Teoria Whig da história, não mais em voga entre historiadores acadêmicos, mas ainda amplamente considerada nos países de língua inglesa, defendia que a história inglesa, começando com a Carta Magna, foi uma progressão contínua, basicamente pacífica, para uma ampliação sempre maior da liberdade individual, dos direitos e dos limites constitucionais ao poder arbitrário, sobretudo o poder dos reis, culminando na Revolução Gloriosa de 1689, precursora da Revolução Americana de 1776.

Mas e quanto à contribuição dos Tudors a essa evolução? Henrique VII, Henrique VIII e Elizabeth I governaram com o punho de ferro do absolutismo, maquiavélica duplicidade e concentração de todo poder nas mãos do monarca, até então desconhecido na história inglesa. Um Parlamento servil aceitava que qualquer proclamação de Henrique VIII tivesse força de lei. A detenção, tortura e execução, muitas vezes sem julgamento, de políticos suspeitos ou inimigos religiosos era generalizada (e moderna – ela raramente ocorrera na chamada Idade das Trevas). Ao trazer a Reforma para a Inglaterra, Henrique abriu uma trilha de destruição contra a Igreja Antiga, deixando catedrais inteiras e monastérios em ruínas, como se tivessem sofrido um ataque aéreo do século XX. Contudo, em fins da era Tudor, fora lançada a base para a transformação da Inglaterra de um reino sem importância e atrasado numa das mais fortes potências militares e econômicas da Europa, cujo alcance já se estendia para o Novo Mundo. Como acontecera com o Império Romano, no caso da Inglaterra era como se a autocracia pudesse às vezes ser um ingrediente indispensável para o acesso à grandeza, inclusive para o acesso à liberdade e prosperidade, de um povo. E Henrique VIII foi apenas um de uma sucessão de tiranos modernizantes, construtores de Estados. Napoleão, Stalin, Hitler e Mao estavam todos por vir e, em cada caso, uma monstruosa agressividade, uma avidez insaciável por prestígio e absoluta autoridade autocrática ajudaram a trazer necessários avanços econômicos, militares e técnicos para seus povos, embora à custa de guerras ou genocídios que consumiram milhões de vidas.

Esse é o nosso tema – o estranho percurso da tirania tanto como opressora da liberdade quanto como construtora de civilizações, uma breve história de seu passado e de onde ela existe hoje. Como veremos, a tirania não diz respeito apenas a instituições, mas também a personalidades – extravagantes, às vezes carismáticas, às vezes divertidas, sempre fascinantes e assustadoras. Mesmo hoje não podemos ignorar sua importância, para o bem ou para o mal, na construção de Estados; em lançar as bases para maior estabilidade, poder e prosperidade, e às vezes até para um eventual autogoverno democrático. E, sobretudo, não podemos ignorar a questão desconfortável, mas inevitável de saber se há melhores e piores variedades de tirania disponíveis no mundo das relações internacionais – se há um número menor de males entre os tipos de autoridade não democrática que apoiamos, por exemplo nas revoluções que têm se desenrolado no mundo muçulmano desde a Primavera Árabe. Mubarak ou Morsi? Bashar al-Assad ou a Irmandade Muçulmana? Ou para indicar a oposição de um modo mais abrangente – ditadura militar ou extremismo islâmico? Autoritarismo ou totalitarismo? Em certas situações, talvez não haja um terceiro caminho. Como veremos neste livro, esse também é um dilema cuja origem vem de muito longe, um dilema que, como vou defender, pode hoje nos dar uma orientação importante para promovermos um máximo de ganho líquido para as forças da democracia sobre as forças da opressão.

AS TRÊS FACES DA TIRANIA

Vou defender neste livro que há três tipos principais de tirania que emergem da história do Ocidente (e não só do Ocidente). Não são absolutamente distintos um do outro, mas sem dúvida se destacam como espécies diferentes. O primeiro é o que chamo de tiranos da "variedade-jardim", ao mesmo tempo os mais antigos e, no entanto, os mais familiares, vindos de nosso próprio mundo. São basicamente homens que encaram todo um país e toda uma sociedade como sua propriedade pessoal, explorando-os para seu próprio prazer e em benefício próprio, bem como para favorecer seu próprio clã e amigos. Como diz Aristóteles, governam como "senhores" de um país, como se este fosse seu "agregado familiar" particular. Não é inconcebível que tal governante possa beneficiar o país – ele pode ser um vigoroso líder na guerra e ajudar a expandir a economia. Mas no final das contas, tudo é feito para favorecer a ele e à sua família. Como diz o sofista cínico Trasímaco na *República*, de Platão, se o tirano engorda seu rebanho de ovelhas humanas é apenas para torná--las mais rentáveis para o abate final. Esses tiranos chegam com frequência (embora nem sempre) a excessos colossais de hedonismo e crueldade, já que estão inundados de riqueza roubada e não são contidos pela lei. Os exemplos que a história nos dá de tiranos da variedade-jardim são abundantes, indo de Híeron I de Siracusa ao imperador Nero, ao general Franco da Espanha, aos Somozas da Nicarágua, ao papa Doc Duvalier do Haiti e, até recentemente, a Mubarak do Egito.

O segundo tipo é o tirano como reformador. São homens de fato impelidos para a posse de suprema glória e riqueza, além de um poder não contido pela lei ou pela democracia. Mas não são meros hedonistas nem buscam apenas vantagens. Querem de fato melhorar a sociedade e as pessoas por meio do exercício construtivo de uma autoridade sem limites. Os exemplos incluem Alexandre, o Grande, Júlio César, os Tudors, "déspotas esclarecidos" como Luís XIV, Frederico, o Grande, Napoleão e Kemal Ataturk. Embora ninguém em seu juízo perfeito possa sentir algo além de desprezo moral por tiranos da variedade-jardim como Nero, embriagados pela cobiça e pelo excesso de estupidez, os tiranos reformistas apresentam um desafio mais complexo, pois com frequência atraem grandes séquitos de clientes – protegidos dos patrícios em troca de diversos tipos de serviços – que os admiram e súditos que acreditam sinceramente que eles estão fazendo o que é melhor para o bem comum. Muitas vezes não são considerados como tiranos, mas como defensores do povo comum. Além de realmente trazerem vitória e independência para seus povos por meio da guerra, os tiranos reformadores iniciam projetos em grande escala de melhoramento público nas áreas da renovação urbana, legislação, saneamento, educação e eliminação do fosso econômico entre ricos e pobres. Embora dificilmente imunes a um monopólio da homenagem pública e à camuflagem de títulos legítimos usurpados, querem muito, muito mais do que serem meros chefes de clã ou caciques engordando à custa de seus súditos. Não querem nada menos que impor ordem a um mundo caótico em benefício da humanidade, tendo como recompensa uma eterna fama, um impulso que emergiu muito cedo entre tiranos que aspiravam a um domínio em escala mundial, como Nabucodonosor ou os faraós do Egito. Em suas vidas pessoais, eles são muitas vezes ascéticos ou pelo menos contidos, empregam a violência para alcançar objetivos concretos, não por uma crueldade extravagante, e estão dispostos a suportar as mesmas privações que seus soldados.

O terceiro tipo de tirania é a milenarista. Esses governantes não se contentam em ser meros tiranos da variedade-jardim, glutões e exploradores, nem em ser tiranos reformadores que fazem melhorias construtivas. São guiados pelo impulso de impor um projeto milenarista que trará uma sociedade futura em que o indivíduo vai submergir no coletivo e todo privilégio e alienação serão para sempre erradicados. A liga inclui Robespierre, Stalin, Hitler, o presidente Mao, Pol Pot e os jihadistas de hoje. O terrível paradoxo de sua revolução é que o mundo de perfeita harmonia de amanhã vai requerer prodigiosos excessos de assassinato em massa, guerra e genocídio no presente. Denomino isso de "genocídio utópico" guiado por ideias que matam. Devido à sua conexão com a psicologia do terrorismo, falarei mais sobre eles no final dessa introdução. Por enquanto, vamos ter em mente que, enquanto os tiranos da variedade-jardim e reformadores existiram durante toda a história humana, dos primeiros tempos até o presente, os tiranos milenaristas são estritamente modernos, não tendo precedentes antes do terror jacobino de 1793. Alguns os veem como uma versão secularizada de um apocaliticismo religioso comparável ao dos cátaros ou anabatistas,* mas por razões que abordarei mais adiante no livro não creio que essa comparação se sustente. Tiranos milenaristas por certo fazem coisas por seus países que os fazem coincidir com o tirano do tipo reformador – tanto Stalin quanto Hitler contribuíram para a modernização econômica e tecnológica de seus respectivos países. São capazes de perpetrar, atrás de portas fechadas, alguns dos perversos excessos do tirano variedade-jardim, mas no fundo o objetivo deles está "além da política" – querem destruir o mundo de hoje para realizar o nirvana do "comunismo", "o Reich de mil anos" ou o "califado universal".

---

* Os Cátaros, de *katharós*, ou puros foram ascetas pertencentes a um movimento cristão de ascese extrema na Europa Ocidental entre os anos de 1100 e 1200. E os anabatistas foram os fiéis do movimento cristão radical ligado à Reforma Protestante chamado anabatismo. Estes eram na realidade devotos de vários grupos com o mesmo nome, e como por sua vez rebatizavam todos os que pertenciam ao seu grupo, ganharam este nome, em grego, αναβαπτιστές (ou re-batizadores). (N.E.)

Antes de chegarmos longe demais no estranho percurso da tirania, devo salientar que tudo sobre o tópico da tirania, não importa a categoria, é controverso e inevitavelmente depende, até certo ponto, do olhar do observador. A observação parcial de Thomas Hobbes de que chamamos alguém de tirano se ele nos arrasta mais para o fundo e de estadista se nos ajuda a sair de uma dificuldade contém um grão de verdade. Alguns dos maiores tiranos da história, de César a Hitler, foram extremamente admirados e odiados. A mera sugestão de exemplos, como tenho feito, das três faces da tirania já pode ser contestada. Muitos espanhóis idolatravam Franco. Pergunte a um turco o que ele pensa de Kemal Ataturk e provavelmente você obterá uma resposta muito diferente do que se perguntar a um armênio ou grego. Meu propósito aqui é não abrir mão de um julgamento moral contra a tirania mas, pelo contrário, tornar esse julgamento mais preciso pela compreensão da ampla variedade entre tiranias e dos diferentes tipos de perigo que elas atribuem a um autogoverno livre.

AS COMPREENSÕES ANTIGA E MODERNA DE TIRANIA

Para entender por que a tirania milenarista é exclusivamente moderna, surgindo pela primeira vez no terror jacobino de 1793, precisamos alargar nosso foco para examinar algumas grandes mudanças entre as antigas e as modernas filosofia, moralidade, cultura e compreensões da história e da psicologia. Vou investigá-las mais detalhadamente no restante do livro, mas vamos começar com uma visão de conjunto.

No geral, a tirania foi encarada de modo um tanto diferente em tempos antigos e modernos por aqueles que observavam a vida política e social e pensavam sobre ela. O olhar de Platão é mais conhecido por sua famosa denúncia do tirano, na *República*, como um homem dominado por suas paixões, opressivo e desconfiado, um demagogo populista que reflete realmente os piores excessos do hedonismo democrático e incita o ressentimento da massa contra os que são melhores e aristocráticos. Não apenas indivíduos, mas países inteiros poderiam ser tiranos – como Péricles celebremente lembrou à democracia de Atenas em sua *Oração Fúnebre*, eles eram uma "cidade tirana" aos olhos de quem coagiam a ser "aliados". Mas, como já observei, os gregos também reconheciam que os tiranos podiam desempenhar um papel construtivo ao tomar a frente de governos mais legítimos, mas menos eficientes, e o próprio Platão, na obra *As Leis*, concebe um jovem tirano, com uma "paixão por governar", que é guiado por um sábio conselheiro para encontrar uma sociedade justa. O tema do jovem príncipe desviado da ambição arrogante para a virtude cívica por um mentor filosófico ecoa por toda a Antiguidade e a Renascença, de *O Sonho de Cipião*, de Cícero (embora, como veremos, na vida real Cícero não tenha se saído muito bem em seu papel de mentor do jovem César Otaviano), à *Educação de um*

Príncipe Cristão, de Erasmo. No geral, ensinavam os antigos, a cura dos impulsos tirânicos residia em formar um caráter virtuoso por meio de uma educação que ensinasse moderação e prudência.

A grande crítica da abordagem antiga começa na Renascença com o manual clássico de Maquiavel sobre a busca do poder, *O Príncipe*. Maquiavel argumenta que um governante bem-sucedido deve ser a fonte de seu *próprio* julgamento prudente, sem ficar na dependência de um conselheiro (que, afinal, pode afastá-lo de sua posição!). Mas isso significa uma mudança radical no significado da prudência política. Pois como pode o príncipe ser a fonte de sua própria prudência a não ser que se liberte das antiquadas restrições da antiga filosofia moral e piedade cristã? O novo príncipe só pode ser a fonte de sua própria prudência se essa prudência flui de sua *vontade*. Os príncipes mais bem-sucedidos, ensina Maquiavel, não fazem menos que "dominar a Sorte ou Fortuna" – isto é, re-modelam o mundo segundo seu próprio plano. Além disso, um jovem valente e impetuoso terá melhor sorte nisso que um homem que a moralidade tradicional tornou prematuramente velho e cauteloso. Para os antigos moralistas gregos e seus sucessores cristãos, a virtude significava nos acomodarmos à ordem natural. Maquiavel abre a perspectiva embriagadora de que um príncipe possa conquistar a natureza e aumentar o poder e a prosperidade tanto de si mesmo quanto de seus súditos. Embora Maquiavel dê alguns conselhos notoriamente francos a príncipes ou aspirantes a príncipe sobre como remover oponentes por meio da traição e do assassinato, devemos lembrar que ele não está defendendo a tirania em si mesma, sobretudo o tipo de tolo excesso hedonista e extravagante crueldade denunciados por Platão, e exemplificados na vida real por gente como Nero ou Calígula. Para Maquiavel, a ambição principesca e a crueldade são justificadas apenas na medida em que trazem um aumento da segurança, riqueza e grandeza para o povo do príncipe. Mesmo repúblicas saudáveis precisam ocasionalmente ter essas personalidades vigorosas e dominadoras como seus principais estadistas para impedir que o povo se torne indolente, ganancioso e frouxo, vulnerável, portanto, aos demagogos.

Para Maquiavel, não é tanto uma questão de promover um caráter moderado para se precaver da tentação da tirania, como fora para os antigos, mas de encontrar o *método* correto para a aplicação autocontrolada, disciplinada e racional do poder do príncipe para o sucesso concreto de que todos se beneficiarão. Como veremos, o surgimento de déspotas construtores do Estado moderno como Henrique VIII e do republicanismo comercial inglês e americano fluem ambos dos ensinamentos pragmáticos e mundanos de Maquiavel. O surgimento da modernidade a que os escritos de Maquiavel dão origem está refletido na implicação milenarista de sua linguagem quando ele escreve que, ao libertar a arte de governar das distorções da moralidade clássica e cristã, ele está inaugurando um novo mundo: "Decidi tomar um caminho que ninguém ainda trilhou", o equivalente teórico da recente descoberta do Novo Mundo, que acabará fornecendo a tela branca para o desdobramento do que Alexander Hamilton chamou de "a nova ciência da política", criação de Maquiavel e seus sucessores, como Montesquieu. Maquiavel acreditava que a Roma republicana era o maior Estado que tinha existido e que sua grandeza poderia ser recriada pelo homem moderno. Para os Fundadores Americanos, o Novo Mundo seria o lugar de nada menos que uma Nova Roma, uma "Nova Ordem das Eras".

As convocações de Maquiavel à conquista da natureza por príncipes metodicamente cruéis por certo expande a esfera de ação do poder político para além de tudo concebido pelos antigos. Além disso, enquanto antigos conquistadores do mundo como Alexandre, o Grande, ou Júlio César tinham como objetivo impor a seus súditos o padrão aristocrático da cultura greco-romana (aquelas cidades talhadas da mesma forma, com seus fóruns, ginásios e teatros estendendo-se de Bath a Leptis Magna), Maquiavel é francamente mais populista e pró-democrático ao encorajar os príncipes a se aliarem com pessoas comuns e ajudá-las a prosperar economicamente. Ele prefere a decência sólida, sem ambições "do povo" à inextirpável arrogância "dos nobres". Contudo, no final das contas, Maquiavel é um racionalista, não um verdadeiro milenarista. Seu populismo é sem emoções e utilitário. Ele acredita que universalmente o povo quer "segurança e bem-estar" e que pode ser forjada uma arte de governar pragmática que realize isso. Em termos de nossas três categorias de tirania, o Príncipe Maquiavélico está na categoria do tirano reformador.

Só com Rousseau emerge de fato o pleno tirano milenarista na imaginação cultural da Europa, traduzido em realidade pelos jacobinos – o retorno a uma suposta Era Dourada por meio da violência revolucionária e do genocídio, as origens do totalitarismo na romantização do "Povo" e seu retorno ao "Ano Um". A Revolução Francesa teve início em 1789 como uma revolução lockeana que seguia o padrão das revoluções Gloriosa e Americana, liderada por estudiosos do Iluminismo, como Lafayette e Talleyrand, voltada para estabelecer os direitos do homem, governo limitado e oportunidade econômica. Em 1793, os jacobinos, chefiados por Robespierre, transformaram-na numa revolução rousseauana, voltada para um retorno a uma suposta Era Dourada de pura igualdade coletiva, sem posses privadas ou interesse individual, a ser alcançada por meio da destruição da aristocracia e da burguesia e de qualquer um que fosse leal a elas, aspirasse a seu *status* ou compartilhasse seus valores. Foi a primeira tirania milenarista da história. Depois de Robespierre, a liga dos tiranos milenaristas inclui Stalin, Hitler, o presidente Mao Tsé-Tung, o revolucionário cambodjano Pol Pot e os jihadistas de hoje. Mais à frente vou investigar a influência de Rousseau e como a Revolução Francesa se diferenciou das revoluções Gloriosa e Americana em seu terror apocalíptico, objetivos utópicos e personalidades assustadoras. Por ora, à maneira de introdução, quero investigar a tirania milenarista através de um portal contemporâneo. Para os americanos hoje, a variedade milenarista de tirania é mais imediatamente encontrada, creio eu, no contexto do terrorismo, pois os terroristas, como estou prestes a argumentar, são tiranos milenaristas à espera que o seu tempo se cumpra, e uma nova ordem (de novo) possa ser declarada.

TIRANOS À ESPERA: TERRORISMO E A JUSTA RAIVA DOS JOVENS

Ao examinar o credo do terrorista, precisamos ter em mente que a tirania não é apenas uma variedade de governo, mas uma categoria da psicologia humana, uma categoria particularmente sombria, preocupante e intrigante. E temos de examinar especialmente a conexão entre o impulso tirânico e a justa raiva de gente jovem. Existe um estereótipo poderoso, que vem tanto da ficção quanto de acontecimentos reais, que imagina o tirano como um velho amargo, de mente estreita e cruel, reprimindo o jovem e o idealista, com uma inveja secreta de sua paixão pela vida e pela justiça: o general Pinochet, *O Outono do Patriarca* de Gabriel Garcia Marquez, o imperador Palpatine em *Star Wars*. Embora isso seja uma parte da verdade, o fato é que muitos dos mais famosos e notórios tiranos eram relativamente jovens. Certamente, recuando até a *Ilíada*, de Homero, o próprio anseio de heroísmo e nobreza pode abrigar o potencial para a tirania, enraizado em raiva por desrespeitos flagrantes à dignidade de alguém e num feroz anseio por triunfo e vingança. Aquiles detesta seu oponente mais velho, Agamenon, rei dos reis entre os gregos, e o encara como um tirano. Mas Aquiles, como o poema passa a mostrar, é, ele próprio, totalmente capaz de um comportamento tirânico. Aquiles precisa ser reformado e, sob muitos aspectos, *A República*, de Platão, é um guia dos pais para impedir que nossa conturbada adolescência venha a ser como a dele.

Isso reforça uma observação comum entre escritores antigos e modernos sobre a arte de governar, algo que tanto Maquiavel quanto Platão endossariam: tiranos em potencial e grandes estadistas ou cidadãos de destaque podem compartilhar alguns dos *mesmos* traços sombrios de agressividade e uma avidez por prestígio. O problema é como distingui-los de antemão, principalmente porque o tirano em potencial pode surgir sob o disfarce do libertador ou herói. Pense no discurso do jovem Abraham Lincoln no Liceu em que, recordando membros "da tribo da águia" como Alexandre, César e Napoleão, ele brincou perguntando se a glória maior veio para o homem que salvou a República ou para aquele que a derrubou. Sua própria carreira equipou-o com a resposta para esse dilema existencial, para eterno benefício de seu país. Mas nem sempre somos tão afortunados com o ambicioso em nosso meio. Argumentarei neste livro que, apesar das diferenças entre tirania antiga e moderna, se existe uma cura para anseios tirânicos ela deve se dar através do tipo de apelo que Platão fez aos jovens para que preferissem a virtude cívica e a satisfação de um caráter equilibrado. A educação é a resposta. Isso é tão verdadeiro agora quanto foi no passado, sobretudo em vista do apelo do jihadismo aos jovens.

É preciso que pensemos em como terroristas são tiranos à espera e muitas vezes se transformam neles. As mortes ocorridas na Maratona de Boston, a horrível evisceração do jovem soldado britânico fora de seu quartel, a decapitação em Oklahoma feita por um convertido ao islã, a chacina dos cartunistas do Charlie Hebdo por uma célula francesa da Al-Qaeda – esses e muitos outros episódios apavorantes deviam nos estimular a reconsiderar o papel que a justa raiva em jovens desempenha na política extremista. Geralmente nos dizem que atos terroristas, embora repreensíveis, podem estar vinculados a "causas primárias", que tais atos nascem do desespero devido à falta de oportunidade econômica e dos pacíficos benefícios de uma sociedade secular pluralista. Essa doutrina foi reafirmada no primeiro discurso importante sobre política externa do então candidato Barack Obama, *A Guerra que Precisamos Vencer*, e tem sido alardeada cada vez que ocorre um ataque terrorista em solo americano. No entanto, em quase todos esses casos, os terroristas já estavam vivendo numa sociedade pluralista secular e sendo capazes de desfrutar de seus benefícios. Como pode então pobreza e falta de oportunidade ser a "causa primária"?

A tremenda força dessa *idée fixe* (ideia fixa) remonta ao próprio início da modernidade na Era da Razão e no Iluminismo. Pensadores como Hobbes e Voltaire argumentavam que ambição tirânica, conflito militar e guerra civil eram provocados por ser negado aos seres humanos o direito básico de buscar seu próprio interesse material. Assim que eles passassem a desfrutar do bálsamo de segurança e bem-estar, as fontes de agressão e conflito desapareceriam, deixando-nos livres, como encorajava Voltaire, para "cultivar nosso jardim". Hobbes foi particularmente crítico acerca do modo como os filósofos antigos, encabeçados por Aristóteles, encorajavam os jovens a se julgarem capazes de realizar grandes feitos, nobres e heroicos, que beneficiariam a todos e lhes dariam uma reputação imortal. E isso nos traz de volta ao terrorismo no presente.

E se o terrorismo tivesse pouco ou nada a ver com privação econômica ou falta de oportunidade individual? E se sua causa primária fosse a aptidão dos jovens para o justo zelo, raiva e indignação, atrelados ao serviço do que eles ardorosamente acreditam ser uma missão justa, até mesmo divina, de trazer justiça para o mundo? A *Ilíada*, de Homero, começa com a ira de Aquiles – que é a chave para compreender os grandes problemas de guerra e paz. Aquiles acredita que os deuses estão do seu lado e, se os deuses não estiverem, está disposto a sacudir o punho até mesmo para eles. Platão e outros escritores antigos tentaram desviar essa raiva da ambição tirânica e do extremismo fanático, redirecionando-a para o serviço decidido em prol do bem comum numa república de leis.

A raiva justa, assim me parece, é por onde devíamos começar numa tentativa de compreender o terrorismo e examinar suas deformidades psicológicas, incluindo o potencial para se desdobrar em tirania. Estudos recentes sugerem que traços masculinos de agressividade, competitividade e busca de prestígio podem ter sido biologicamente implantados, não resultando de um comportamento aprendido. Estudos também mostram que nos homens jovens está uma das principais causas de violência, política ou de outro tipo, em todas as sociedades. Esses estudos geralmente concluem com a necessidade de reformar o caráter desses jovens, habituando-os a abrir mão de suas atitudes de franca autoafirmação e julgadoras, tornando-os mais tolerantes e pacíficos. Mas e se as aptidões belicosas dos homens jovens fossem chamadas à vida pela percepção da justiça e injustiça, a convicção de que a injustiça tem de ser combatida e a justiça defendida? Eu sustentaria que essas percepções existem em toda sociedade de que temos algum conhecimento. A questão, portanto, não é tentar se livrar da justa indignação, mas colocá-la a serviço de uma visão de justiça que seja sadia e razoável.

Hobbes compreendeu que muitos homens jovens começam como Aquiles. Querem ser reconhecidos por servir o que consideram ser uma causa nobre. Embora ele achasse que essa paixão podia ser domada pelo bem-estar material, pensava que jamais poderia ser erradicada por completo. O contrato social teria sempre de estar de guarda contra os lobos rondando em seus perímetros sombrios. Desde então, no entanto, tem havido uma tendência a pensar que o mundo inteiro se tornou como esse contrato social ou está à beira de se tornar assim, bastando que se consiga estender os benefícios da prosperidade àqueles que ainda se apegam a paixões extravagantes de zelo justificado. E, no entanto, a realidade contradiz todo dia essa crença, seja em Paris, Copenhague, Moore, em Oklahoma, ou no Iraque.

Como tenho observado, na romantização da revolução, os revolucionários são muitas vezes retratados como jovens idealistas combatendo o apego ao poder e o privilégio de gente mais velha e rígida. Na realidade, como demonstra amplamente a história das revoluções dos jacobinos até o presente, jovens revolucionários almejam precisamente estabelecer um Estado onde tenham poder absoluto para forçar outras pessoas a entrar numa camisa de força coletivista. É por isso que os terroristas são com frequência tiranos à espera e as tiranias aterrorizam suas próprias populações enquanto oferecem apoio a novos terroristas no exterior (pensemos na

República Islâmica Iraniana). O desprezo deles pelo que lhes parece a gigantesca brandura e fraqueza da sociedade moderna é traduzido em uma demanda de que as massas sejam purificadas de seus corrompidos prazeres materiais, uma espécie de monasticismo imposto a uma sociedade inteira (a clássica declaração de Sergey Nechaev do credo do terrorista foi reveladoramente intitulada *Catecismo do Revolucionário*). Essa indignação contra a indolência das massas, esse desejo de um coletivo totalitário expurgado de sua frivolidade e frouxidão é o que move muitos dos jovens que acreditam que estão travando a Jihad. A ideologia do jihadismo, uma engenhosa mistura de messianismo pseudorreligioso posta a serviço de uma utopia totalitária, só aumenta o perigoso apelo dessa distorcida espécie de idealismo.

Como este livro vai investigar, a paixão pela justiça nascida de raiva justificada, com sua chamada para a destruição completa e reconstrução da existência, está no centro psicológico da política revolucionária. A raiva pelo sentimento de termos sido tratados injustamente – oprimidos, insultados, menosprezados, ignorados – é comum a todo povo. Poucos agem de forma violenta com base nesse sentimento de indignação justificada, contentando-se em ficar furiosos por dentro, e um número ainda menor de pessoas levam essa vingança à tentativa de destruir o mundo à sua volta e substituí-lo por uma nova ordem que glorificará sua própria supremacia. Este livro trata desse clube exclusivo e de como uma paixão desenfreada e destrutiva pela justiça é o motor do moderno extremismo radical.

Em praticamente cada caso de um tirano milenarista, encontramos cedo na vida uma experiência traumatizante – o fracasso em conquistar uma carreira respeitável, pais distantes ou opressivos, vergonha e desgraça caindo sobre o nome da família, uma sensação de ser excluído pela classe superior – que impeliu esses jovens a encolerizar-se para se vingarem das injustiças e insultos, uma vingança agora estendida da cruel ou negligente figura original de autoridade que os tratou com tanto desdém (às vezes sem ter consciência disso) a forças sociais e classes inteiras – "a burguesia", "os reacionários", "os aristocratas", "os judeus". Assim, se Hitler tivesse conseguido entrar na escola de arte, se o irmão de Lenin não tivesse sido executado por ser subversivo, se Mao não tivesse se sentido menosprezado, quando era estudante, por suas origens camponesas, a Alemanha, a Rússia e a China poderiam perfeitamente ter sido poupadas do sofrimento um milhão de vezes maior trazido por sua supremacia. As visões ideológicas do bolchevismo, nazismo e maoísmo são, não há dúvida, indispensáveis para compreender seu sucesso e apelo, e as examinaremos em detalhe quando chegarmos à tirania milenarista na Parte Três. Mas a raiva e agressividade justificadas do Líder é o tubo de ensaio em que essas fantasias totalitárias são forjadas e impostas à realidade com indomável determinação.

Outro ponto que distingue tiranos milenaristas de meros assassinos e quadros terroristas de base é sua convicção megalomaníaca de que não são meramente intrusos políticos movidos por uma paixão por vingança e justiça, mas grandes "pensadores" ou "artistas" cujo gênio tem sido ignorado, mas cujas visões um dia governarão cada faceta da vida das outras pessoas em cada momento do dia. Hitler se imaginava um grande artista desperdiçado devido a seus sacrifícios pelo povo alemão. As arengas monótonas e ferozes diatribes de Lenin eram recobertas por uma indigesta miscelânea de dialética pseudomarxista. Stalin dizia a compositores, romancistas e cientistas famosos como eles poderiam melhorar suas obras; Mao se imaginava um grande "teórico", assim como poeta. Seu isolamento e amarga alienação quando jovem foram preenchidos por horas de furioso aprendizado autodidata, acumulado em uma reunião compulsiva de fragmentos de tudo que estivesse à mão nas modas extremistas do momento, o que os ajudava a recarregar as fantasias da nova ordem totalitária que imporiam às pessoas, finalmente reconhecidos por todos pela genialidade oculta. Os intermináveis monólogos na mesa de jantar em que o Líder disserta durante horas com suas insuperáveis percepções sobre cada aspecto da existência humana, da história antiga à arte, dieta e ciência médica é uma característica de muitos deles, incluindo Hitler, Stalin e Castro.

Muitos desses homens começam sua ascensão ao poder tirânico excepcionalmente cedo, em comparação ao sucesso convencional na política, que costuma ser uma vocação de meia-idade. Hitler era uma importante figura pública na Alemanha na faixa dos trinta; Lenin se tornou líder bolchevique aos 33 anos. Robespierre dominou os jacobinos com a mesma idade. A juventude deles fornece muitas vezes um verniz de mente aberta, vitalidade, otimismo voltado para o futuro e empatia por não conformistas mascarando o objetivo a longo prazo de controle total. A sede que eles têm do poder absoluto absorve e desvia impulsos para luxos e diversões ordinárias – a imagem pública "espartana" de Robespierre, Stalin, Mao, Castro, Bin Laden e outros (autêntica ou não) parecia confirmar a abnegação e dedicação a uma causa justa. Tais homens começam como revolucionários e acabam como déspotas absolutos. Surgem sob o disfarce de idealistas jovens que convidam outros jovens empolgados e idealistas a se unirem a eles numa revolução que eliminará o velho mundo de injustiça, opressão, pobreza e distinções de classe, criando um mundo novo, puro, em que todos são livres para florescer numa comunidade que é ao mesmo tempo totalmente unificada e permite que cada indivíduo se realize por completo. Enquanto Marat e Robespierre preparavam sua máquina da morte para a chacina de centenas de milhares de pessoas, o jovem poeta Wordsworth sentia sinceramente que estar vivo em Paris nessa época era uma bênção, "mas ser jovem era estar no próprio céu".

Essa visão de um futuro mais luminoso em que os jovens, seguindo seus jovens líderes, alcançarão seu lugar ao Sol é comum a todos os modernos movimentos revolucionários, dos jacobinos até os bolcheviques, nazistas, maoístas, membros do Khmer Vermelho e jihadistas de hoje. Às vezes os líderes chegam a posar de anarquistas dispostos a esmagar toda autoridade para todo o sempre (muito cedo tanto bolcheviques quanto nazistas tiveram inúmeros aderentes anarquistas, e estudantes universitários foram uma das primeiras grandes classes sociais a se voltarem em massa para Hitler). Eles atraem criminosos calejados e sádicos que sentem que a "justiça revolucionária" fornecerá uma camuflagem para suas psicoses, mas também idealistas ingênuos como o jovem Wordsworth (ele chegou a reconhecer seu erro) que querem verdadeiramente ajudar os oprimidos e acreditam que o Líder compartilha de suas esperanças.

Aqueles que de fato se envolvem com o movimento revolucionário são gradualmente arrastados para a espiral de violência, as execuções em massa, a chacina de inimigos raciais ou de classe rumo ao poder total, convencendo-se de que o Líder faz essas coisas a contragosto (como medidas infelizmente necessárias, mas temporárias, até que o pleno poder seja alcançado e possa ser exercido de forma justa) ou que ele não saiba dos excessos cometidos em seu nome. Essa foi uma ilusão comum acerca de Stalin e Hitler entre seus dedicados seguidores. De repente eles acordam e descobrem que o autoproclamado revolucionário que acreditavam estar levando todas as pessoas para um mundo melhor era, na verdade, um tirano disposto a conservar para sempre o poder total. Stalin chamava-os de "idiotas úteis", incluindo seus admiradores na Europa e América.

O EMBELEZAMENTO DA VIOLÊNCIA

Para compreender como líderes revolucionários reúnem seus seguidores por meio da visão de um futuro melhor, não podemos subestimar a apelo estético do radicalismo juvenil e da violência política. Ele está refletido na literatura, na música, na arte e nos filmes dos séculos XIX e XX e, por sua vez, inspirou atores revolucionários na vida real. Esse contexto cultural desempenha um importante papel neste livro.

Pensemos, por exemplo, no jovem niilista Bazarov em *Pais e Filhos*, de Turguêniev, ou no Sénécal, de Flaubert, em *A Educação Sentimental* (um aspirante a jacobino na revolução de 1848 que acaba trabalhando para a polícia secreta de Napoleão III). *Crime e Castigo*, de Dostoiévski, explora o assassinato a sangue-frio do desonesto proprietário de uma casa de penhores por um ex-estudante que age baseado na convicção de que é um "grande homem" e que usará o lucro obtido com o crime para fazer boas ações, pressagiando a posterior selvageria bolchevique em nome da justiça social. *Demian*, de Herman Hesse, retrata um carismático estudante alemão ansiando pela Primeira Guerra Mundial como a violenta catarse que promoverá o nascimento de um "mundo novo". *Lenin em Zurique*, de Soljenítsin, apresenta um Lenin ficcionalizado cuja frieza desumana parece extremamente convincente como explicação do que ele se tornaria mais tarde. Strelnikov, o substituto de Trotsky em *Doutor Jivago*, converte seu fracasso como amante numa vontade ascética de destruir contrarrevolucionários, devastando a Rússia com os pelotões de fuzilamento de seu trem pessoal blindado.

Filosofia e música também contribuíram para romantizar a violência política. Além das opiniões de Marx sobre os benefícios terapêuticos da violência revolucionária, o super-homem de Nietzsche – seu apelo por "uma raça dominadora, os futuros senhores da Terra" – por certo desempenhou um papel (mal interpretado ou não) não apenas para os nazistas, mas também para uma seita russa chamada os "Construtores-de-Deus", identificada como uma importante precursora dos bolcheviques. O filósofo existencialista Martin Heidegger exaltou "a verdade interior e a grandeza do nacional-socialismo". Hitler viu em *Rienzi*, de Wagner, o início da missão de sua vida – a ópera é sobre um "tribuno" do povo que lidera a luta contra uma aristocracia opressiva – embora em 1945, quando Berlim se encontrava em ruínas chamejantes, Albert Speer tenha realizado um último serviço artístico para seu Führer ao fazer os preparativos para que a Filarmônica de Berlim apresentasse *Götterdämmerung* [O Crepúsculo dos Deuses], de Wagner, como sua última *perfomance*. "O Amanhã me Pertence", cantado por uma bela Juventude Hitlerista no filme *Cabaré*, de 1972, captura com precisão o apelo do nacional-socialismo para a nova geração. É uma chamada para a violência mais chocante expressa em bucólico imaginário romântico e tem sido adotada por atuais grupos neonazistas, que pensam que a música vem realmente da era nazista.

A tendência se mantém em nossa própria época. Charles Manson, que sob muitos aspectos se ajusta ao padrão de um jovem maltratado, embrutecido e irado que desdobra seu desejo de vingança assassina contra os estratos superiores que rejeitavam seu gênio musical numa ideologia de guerra racial apocalíptica que poderia, em outro cenário que não o dos Estados Unidos, com sua aversão histórica ao extremismo revolucionário, ter alimentado um verdadeiro movimento político, tomava a canção *Helter-Skelter* dos Beatles como seu oráculo. A cena final do filme *Clube da Luta*, de 1999, em que Tyler Durden calmamente explode a linha do horizonte de Nova York, parece agora sinistramente premonitória do 11 de Setembro e nos faz perguntar se ela não serviu de fonte de inspiração para a Al-Qaeda e seus quadros jovens. Invertendo essa possível imitação da arte pela vida, o compositor alemão Karlheinz Stockhausen classificou a destruição das Torres Gêmeas como "a maior obra de arte imaginável em todo o cosmos". O embelezamento da violência é um rico e perturbador tesouro de percepções para nossa escavação da personalidade tirânica.

O DESAFIO DA TIRANIA NO MUNDO DE HOJE

Esses jovens perigosos, terroristas, que são tiranos à espera, escaparão sem serem detectados – até ser tarde demais – se acharmos que o mundo já foi de tal maneira transformado que, devido à oportunidade para a liberdade e o interesse individual, não haveria mais motivos para sua raiva. O problema com essa suposição é que nenhum dos tiranos milenaristas que discuto neste livro passou por uma injustiça na juventude ou na infância que, embora real, justificasse remotamente a vingança que levaram a cabo por meio do assassinato em massa, terrorismo e genocídio. Na maioria dos casos, por mais que a injustiça os atormentasse quando jovens, não cresceram em circunstâncias de empobrecimento ou falta de oportunidade para subir na vida através de carreiras convencionais. Robespierre tinha formação de advogado. O pai de Lenin pertencia à nobreza de serviço hereditário do regime czarista e a família era proeminente em Simbirsk. O pai de Mao era um rico proprietário de terras. Pol Pot frequentou a Sorbonne. A família de Bin Laden valia milhões. A maior parte deles vinha de ambientes de classe média ou de *status* mais elevado.

Consequentemente, a triste verdade é que, mesmo que as bênçãos da democracia liberal venham a se espalhar pelo globo (uma proposição no mínimo dúbia), não há garantia de que esses homens violentos e coléricos desapareçam. Na verdade, o próprio desprezo que eles têm pelo que consideram como o materialismo corrupto e sem fibra do Ocidente só poderia se intensificar à medida que a democracia liberal se espalhasse por todo o mundo não ocidental, evocando a previsão de Nietzsche de que uma nova estirpe de "amos" emergiria para a luta do vindouro século XX pela Terra por meio, precisamente, da repugnância deles pela insuportável predominância do Último Homem burguês, "o homem rebanho da moralidade democrática", um conceito adotado por muitos revolucionários tanto bolcheviques quanto nazistas. O zelo revolucionário pela justiça punitiva é, muito simplesmente, uma variável independente em comportamento político que jamais desaparecerá. Não importa que uma vasta maioria no mundo não ocidental se contentasse com uma chance de prosperidade e segurança em suas vidas pessoais. Isso não vai afastar de modo algum o clube dos justificadamente raivosos de sua missão destrutiva, assim como não afastou na França, na Rússia ou na Alemanha, todos países relativamente avançados, como veremos na Parte Três, na época em que suas revoluções irromperam.

Se nutrirmos essa incômoda perspectiva, o mundo à nossa volta não mudará. Continuará sendo o que foi antes. Mas nós o veremos de modo diferente, sem as lentes deformantes das modernas ciências sociais em sua incapacidade de apreender a tirania como uma alternativa permanente, e compreenderemos a necessidade de manter sob intensa vigilância aqueles lobos vagando pelos perímetros da civilização liberal-democrática na escuridão circundante. É o mesmo mundo, mas a compreensão que temos dele e das ameaças contemporâneas impostas pela tirania à liberdade democrática mudarão de maneira considerável. Isso envolverá ensinar a nossos jovens que ainda existem, como sempre existiram, tiranos reais e aspirantes a tiranos, e que é importante saber o que os motiva. O primeiro passo para enfrentar esse perigo, no entanto, é falar francamente sobre o que isso significa e não se agarrar à reconfortante ilusão de que a expansão do materialismo estilo ocidental seja suficiente para neutralizá-lo.

Temos também de lembrar que, no fundo, nossa própria civilização liberal-democrática *nunca* se baseou apenas no bem-estar material, ganância e conforto. Isso é uma caricatura que lhe foi imposta por seus adversários na extrema-esquerda e extrema-direita. A democracia liberal não surgiu originalmente do materialismo de Hobbes, mas das descrições mais edificantes de Spinoza e Locke da liberdade como florescimento do pleno potencial educacional, cívico e espiritual do indivíduo, e ela nunca perdeu de vista sua herança clássica. A democracia liberal tem sua própria narrativa de alma nobre, que não tenta se esconder das paixões possivelmente perigosas da raiva e zelo legítimos que são inatas aos jovens determinados, mas que podem ajudá-los a compreender a si mesmos e a se tornarem antes vigorosos defensores do bem comum em vez de seus inimigos. Espero que este livro contribua para esse esforço educacional. Considere-o equivalente àqueles velhos mapas de Mercator onde, na orla da civilização conhecida, os viajantes eram advertidos que *Hic Sunt Dragones* – Aqui há dragões. Espero traçar o mapa da tirania passada e presente.

O percurso da tirania é uma complexa e colorida tapeçaria em que a ambição humana, as forças de mudança histórica e o novo pensamento revolucionário, tanto secular quanto religioso, se sobrepõem e se entrelaçam. Como a tirania tem existido desde que há história escrita, sua história completa se estenderia por milhares de páginas, mesmo que nosso foco fosse principalmente o Ocidente. Como meu propósito aqui é fornecer um roteiro identificando as principais variedades de tirania dos primeiros tempos ao presente – um guia Rick Steves, para usar outra comparação, do despotismo – num volume único e legível, uma espécie de curso compacto de um semestre, tive de ser muito seletivo.

A Parte Um do livro discorre sobre a tirania no mundo antigo. A Parte Dois acompanha o surgimento do Estado moderno contra o pano de fundo da Idade

Média. A Parte Três trata da violência e do terror revolucionários desde a Revolução Francesa. Em cada uma das três partes, tentei mostrar como a tirania emergiu e se desenvolveu juntamente com mudanças na filosofia moral, na cultura e mesmo na arte, poesia e arquitetura, às vezes refletindo essas influências, às vezes modelando-
-as. Isso significa que, além de me concentrar em alguns escritores essenciais – Homero, Sófocles, Tucídides, Platão, Aristóteles, Cícero, Santo Agostinho, São Tomás de Aquino, Maquiavel, Hobbes, Rousseau, Burke, Marx e Nietzsche – também me concentrei em figuras tirânicas individuais, como destaques especialmente representativos de uma ou mais das três categorias, em parte porque são ainda bem familiares aos leitores de hoje. Entre elas estão o Aquiles de Homero; Alcibíades; Alexandre, o Grande; Júlio e Augusto César entre os antigos e, entre os modernos, Henrique VIII, que, defendo eu, abriu um caminho seguido por outros déspotas modernos construtores de Estados, incluindo Pedro, o Grande, e Frederico, o Grande. Ao entrar na revolução milenarista, inicio com o terror jacobino, incluindo um perfil psicológico de Robespierre e defendo que todas as características do utopismo totalitário emergem pela primeira vez aí. Usando essas características como guia, apresento sucessivos diagnósticos de movimentos revolucionários e seus líderes – Lenin, Stalin e a Revolução Bolchevique, Hitler e o nazismo, maoísmo, o Khmer Vermelho, chegando até os revolucionários jihadistas de hoje, incluindo o ex-presidente iraniano Ahmadinejad – acompanhados por uma discussão dos padrões variáveis da ideologia revolucionária de Marx a Fanon e Ali Shariati.

Em certo sentido, este é um livro obsoleto. Não estou falando de todo tipo de tirania que os seres humanos encontram na vida – a tirania de pais sobre filhos e vice-versa, a opressão física ou psicológica oculta em casamentos, a tirania de rancorosos princípios de administração de um colégio sobre garotos arrogantes, de chefes presunçosos sobre empregados calados, de burocratas medíocres sobre requerentes indefesos, de professores pedantes (estou informado de que existem) sobre alunos intimidados. Estou falando de *governos* tirânicos. Mas esse é o ponto: eles não estão fora de moda. Continuam por aí e, sob certos aspectos, estão mais perigosos que nunca (pense no Estado Islâmico capturando armas nucleares). Embora eu vá argumentar neste livro que o risco de tirania estará sempre conosco, isso não significa que seja pessimista em relação às perspectivas da liberdade e da autonomia no mundo, hoje e no futuro, no Ocidente e além do Ocidente. Longe disso! Como veremos, a história da tirania dos primeiros tempos ao presente é também a história de sua derrota final: da vitória dos gregos sobre o Grande Rei da Pérsia a Maratona e Salamina e à luta contra o Estado Islâmico enquanto escrevo essas palavras.

Sociedades livres são, a princípio, muitas vezes lentas para responder à agressão tirânica. Precisamente por serem livres, hesitam em concentrar demasiado poder nas mãos de seus líderes eleitos. Temístocles e Churchill, entre muitos outros líderes democráticos em períodos de guerra, viram-se como párias depois que o perigo fora debelado. As cidades-Estados gregas só lentamente se convenceram da necessidade de uma ação unida contra o Grande Rei. Quando a Grã-Bretanha por fim declarou guerra ao Terceiro Reich, oito meses de "falsa guerra" iriam se passar antes que ela pudesse de fato colocar as tropas em campo, enquanto a entrada decisiva dos Estados Unidos só foi desencadeada pela centelha de Pearl Harbor. As repúblicas despertam lentamente, mas sua ira, uma vez desencadeada, é irresistível, porque é a ira de um povo inteiro, não de um déspota solitário e está baseada na esperança, não no medo.

Toda a nossa experiência e conhecimento acumulados sobre a tirania – antiga e moderna, variedade-jardim, reformista e milenarista – são necessários se vamos abordar os modos como a tirania ameaça a democracia no mundo de hoje. Embora as visões sobre o caráter e motivação da tirania tenham variado muito com o correr do tempo, um fundo de bom senso e percepções valiosas permanece à nossa disposição. Ele vem não apenas de filósofos e artistas, mas também de historiadores e grandes estadistas – como George Washington, Winston Churchill, Charles de Gaulle – que refletiram sobre seus motivos para buscar reconhecimento e sobre os limites permissíveis.

Quando o mundo estava sendo inspirado pela luta pela liberdade que se desenvolvia em terras muçulmanas durante a Primavera Árabe, a Freedom House denunciou que as forças da tirania têm estado em ascensão e as forças da democracia em recuo. Parece que estamos vivendo numa era em que as expectativas de liberdade e a proliferação de tirania estão se intensificando ao mesmo tempo. A disputa no mundo de hoje entre tirania e liberdade nos lembra que o autogoverno democrático foi experimentado pela primeira vez na Grécia antiga, juntamente com uma consciência da ameaça imposta pela tirania a comunidades com autogoverno sob o domínio da lei. A denúncia da tirania feita por Platão em *A República* conservou-se como um padrão através do tempo. Mas como observamos, um paradoxo ainda mais perturbador, reconhecido por Platão e pelo próprio Aristóteles – e fundamental para este livro –, é que até determinado ponto a intensa ambição política pode às vezes servir ao bem comum.

Segundo Tucídides, a democracia ateniense expulsou Alcibíades do comando da expedição para conquistar a Sicília porque teve a impressão de que ele ameaçava tornar-se um tirano. E, no entanto, afirma Tucídides, Alcibíades podia ter ganhado aquela guerra, enquanto colocar Nícias, líder do partido da paz, no comando da expedição garantiu seu fracasso, o que provocou o declínio de Atenas. O estudo da história, da teoria política e da arte de governar sempre esteve extremamente preocupado com a questão do quanto é permissível a ambição política. Pode um amor pela glória que poderia degenerar em tirania ser convertido em um robusto e vigoroso serviço prestado ao bem comum? A história demonstra que, embora as pessoas às vezes detestem tiranos, em outras ocasiões elas os apoiam e admiram como líderes carismáticos, que podem conseguir fazer boas coisas, mesmo que isso signifique violar a tradição e aquilo que os precedeu. Júlio César, por exemplo, foi adorado por quem achava que ele estava revitalizando e salvando Roma da falta de visão da classe senatorial, egoísta e reacionária, e detestado por quem o via como um tirano e demagogo disposto a destruir para sempre a República. Napoleão foi visto por toda a Europa do mesmo modo conflitante – para alguns um libertador democrático, para outros um conquistador e invasor. Mais perto de casa, tanto Abraham Lincoln quanto Franklin Roosevelt foram encarados por alguns como salvadores nacionais, por outros como tiranos.

Isso nos faz voltar a um de nossos temas centrais, com o qual essa introdução começou: investigar o paradoxo de como a ambição política excessiva e mesmo tirânica pode eventualmente ser convertida num meio de servir a democracia e o bem comum. Esse debate é mais relevante do que nunca, visto que a busca de liberdade em nosso próprio mundo requer, às vezes, que façamos algumas escolhas, um tanto difíceis e desconfortáveis, entre males maiores e menores. O afastamento de um ditador por um movimento que professa ser democrático não significa necessariamente que algo melhor acontecerá. Em vez disso, um novo tipo de tirania, ainda pior que aquela que a precedeu, pode ser o resultado a longo prazo. Devemos refletir sobre como tanto a Revolução Francesa quanto a Russa e a Iraniana começaram como movimentos reformistas liberais, que foram apropriados por extremistas coletivistas dispostos ao genocídio e à guerra, quando prevemos um futuro para o Egito ou a Síria, ou quando somos tentados a abandonar uma imperfeitamente democrática ditadura autoritária quando uma tirania totalitária pode estar à espreita para substituí-la. Pode ser de fato necessário escolher entre tipos não democráticos de autoridade relativamente melhores e relativamente piores? A remoção da tirania garante por si só que as pessoas se tornarão naturalmente democratas ou será que poderiam querer vingança contra seus antigos opressores, tornando-se assim elas próprias opressoras? Não são perguntas agradáveis, mas são inevitáveis. A herança da Grécia clássica é o indispensável ponto de partida para tentar respondê-las e o lugar para começar é a ira de Aquiles.

PARTE UM

◆

A Ira de Aquiles: Dos Heróis Homéricos ao Senhor e Deus do Mundo

Aquiles foi, segundo a mitologia grega, sob muitos aspectos, o genuíno ideal grego da juventude e masculinidade, um belo homem com uma aura divina, nascido de Tétis, uma ninfa do mar e de um rei mortal chamado Peleu. Conquistadores e governantes reais, entre eles Alcibíades, Alexandre, o Grande, Júlio César e Napoleão se inspiraram nele. E, no entanto, sua principal paixão foi a ira. A ira de Aquiles é o que coloca o grande épico de Homero, *Ilíada*, em movimento, uma raiva nascida de competição com seu soberano, o idoso Agamenon, que por fim deixou milhares de gregos e troianos mortos, amontoados, no campo encharcado de sangue diante da grande cidade.

A disputa entre o homem mais novo e o mais velho é sobre a quem legitimamente devia ser dada, como troféu de guerra, a mulher troiana cativa chamada Briseida. Aquiles acredita que é sua por direito, porque ele tem sido de longe o guerreiro mais valente do lado grego. Mas Agamenon a reclama para si porque não é apenas um rei, mas o Rei dos Reis, comandante de toda a força grega, incluindo Aquiles. A mistura de ciúme erótico acerca da posse da infeliz mulher com o ressentimento acerca do *status* e prestígio de ambos – Aquiles acha que Agamenon é um covarde e um medíocre, conquistando glória por meio de feitos que na realidade são dele, enquanto Agamenon considera Aquiles insuportavelmente arrogante e insubordinado – ferve nas acusações que um faz ao outro. Podemos de fato ouvir as palavras cuspidas entre dentes cerrados desse confronto entre dois reis:

Então, olhando sombriamente para ele, Aquiles dos pés velozes falou:
"Oh, coberto de descaramento, com a mente para sempre em ganho, como alguém dos acaianos haverá prontamente de te obedecer a prosseguir numa jornada ou a combater arduamente homens em batalha? De minha parte não vim aqui [...] combater contra os troianos, que para mim nada fizeram [...]. Por ti, oh grande descaramento, seguimos,

para fazer-te um favor, a ti com os olhos de cão, para conquistar tua glória [...]. Sempre a maior parte da dolorosa batalha é obra minha, mas quando vem o tempo de distribuir o butim, é de longe maior a tua recompensa."

Então respondeu-lhe por sua vez o senhor dos homens, Agamenon:
"Foge por todos os meios se teu coração te impele. Não rogarei que fiques aqui por mim [...]. Para mim és o mais odioso de todos os reis que os deuses amam. A rixa eterna é cara a teu coração, assim como guerras e batalhas [...]. Vai para casa então com teus navios, sê rei sobre os mirmidões. Não me importo nada contigo."

Quem tinha razão? É fácil ver na disputa deles a versão inicial de uma história muito antiga: como um jovem talentoso e ambicioso é contido e sujeitado por um homem mais velho com uma posição e poder que está determinado a guardar somente para si, embora seja menos capaz, e mesmo que isso prejudique os interesses coletivos de todos. Pense no ciúme de Henry Ford II do jovem Lee Iacocca, que tanto fizera para restaurar a época áurea da companhia automobilística de Ford, que ele tinha herdado. Ao se despedirem, quando Iacocca quis saber por que estava sendo demitido, Ford teria dito: "Às vezes você simplesmente não gosta de alguém". Agamenon sabe que Aquiles é indispensável ao esforço de guerra contra Troia e não devia ser afastado, mas isso não tem importância diante de seu orgulho ferido. No poema de Homero, Agamenon governava o reino de Micenas e quando, no século XIX, o arqueólogo Heinrich Schliemann escavou a cidadela que havia lá, descobriu uma máscara de ouro puro, que desde então ficou conhecida como a "máscara de Agamenon". O elo é duvidoso e os estudiosos estão divididos sobre se Agamenon foi de fato uma figura histórica. Mas o rosto é fino, anguloso e dissimulado, com um sorriso breve e severo emoldurado pela barba espigada, cuidadosamente aparada, do perfeito vilão, lembrando um daqueles malfeitores mal encarados entre o xerife de Nottingham e os klingons de *Star Trek*. É difícil não imaginar o retrato feito por Homero do Rei dos Reis exatamente assim. A cidadela de Micenas emerge como uma sombria ave de rapina sobre as terras férteis ao redor e, ao perambular pelas ruínas do palácio, cercada por todos os lados de picos escarpados e negros, a pessoa sente uma carga elétrica de angústia e tragédia, como se Agamenon pudesse realmente ter sido assassinado ali pela esposa e o amante dela. Era um homem, afinal, que tinha submetido a sangue-frio a própria filha a um sacrifício humano para persuadir os deuses a lhe darem um vento favorável para a viagem da frota grega a Troia.

Mas isso não é tão unilateral. Afinal, Aquiles *está* insubordinado. Os chefes gregos admitiram, por consenso, que Agamenon fosse seu comandante supremo. Por causa da ira pessoal que sentia de Agamenon, Aquiles não só se retira do combate como tenta deliberadamente sabotar todo o esforço de guerra. Em outras palavras, comete traição contra seu próprio lado. Faz isso conseguindo que sua mãe, Tétis, a ninfa do mar, apele ao rei de todos os deuses, o grande Zeus – que junto com seus companheiros olímpicos, como se estivesse no balcão de uma sala de cinema, está observando a guerra de seu trono no Monte Olimpo –, pedindo-lhe que intervenha na guerra para capacitar os troianos a infligir uma derrota em batalha ao lado grego, provando que os gregos não poderiam vencer sem seu maior guerreiro, Aquiles, e demonstrando a insensatez de Agamenon ao afastá-lo. Tétis havia se aliado a Zeus na guerra que ele travara contra o pai, Cronos, que tinha derrubado (e castrado), para estabelecer o domínio dos olímpicos sobre a raça mais antiga dos gigantes. A luta pelo domínio entre os deuses se compara com aquela que se trava entre homens. Tétis, portanto, está pedindo um favor e Zeus relutantemente concorda. Está relutante porque sabe que quando sua esposa, a formidável Hera dos "olhos de vaca", descobrir que tomou o partido dos troianos contra os gregos, que ela escolheu como favoritos, sua fúria será implacável (alguém chega a retratá-la brandindo um rolo de macarrão). Zeus enfrenta o problema, mas lembra a Hera que é o cônjuge mais velho naquela parceria dinástica e que já uma vez, quando ela saiu da linha, a pendurara pelos calcanhares sobrecarregados com pesos de ferro. Mas Aquiles pagará um preço por forçar a guerra a tomar esse rumo – o melhor amigo de Aquiles, Pátroclo, morrerá lutando em seu lugar.

Embora Aquiles se ofenda com a tirania do mais velho Agamenon, ele próprio é bem capaz de ser tirânico (e ele é um legítimo rei). Depois de contemplar com ar arrogante os gregos sendo rechaçados para os navios pelos troianos saídos de seus flancos (cumprimento por Zeus da promessa feita à sua mãe), Aquiles volta para o centro da luta. Ficara tomado pela raiva ao saber que seu querido Pátroclo fora morto em combate pelo maior guerreiro dos troianos, Heitor, filho do rei troiano Príamo. A ira de Aquiles é talvez aguçada por sua própria culpa, quando descobre que Pátroclo entrara na batalha vestindo a armadura dele, tentando compensar a ausência do maior guerreiro grego fazendo os outros gregos acharem que ele estava de volta. Aquiles tinha se retirado do combate num ataque de raiva devido à disputa com Agamenon e agora retorna para lutar sozinho e vingar uma perda pessoal matando Heitor. Um destacamento de cavalaria pediu que o corpo de um adversário caído fosse tratado com respeito e entregue para sepultamento, especialmente alguém de condição principesca como Heitor. Em sua fúria abismal pela morte do amigo Pátroclo, além de não devolver o corpo de Heitor, Aquiles amarrou-o pelos pés na traseira de seu carro de combate e arrastou-o durante nove dias ao redor do funeral de Pátroclo. A essa altura, Zeus lança uma severa advertência a Tétis: diga a seu filho que isso já foi longe demais. *Nós* podemos fazer esse tipo de coisa com humanos porque somos deuses. Seu filho, que é mortal, não pode. Por fim, o idoso

Príamo vem sob uma bandeira de trégua até a tenda de Aquiles para implorar pela entrega do cadáver mutilado do filho. Ele cai de joelhos e passa os braços em súplica, chorando, em volta das pernas de Aquiles. Lembrando com piedade da volta de seu próprio pai idoso para casa, Aquiles por fim cede e há uma pausa na guerra enquanto tanto gregos quanto troianos celebram solenemente cerimônias fúnebres em ambos os lados para o nobre caído. É um raro exemplo da parte de Aquiles de uma capacidade de sentir simpatia por outro ser humano contra um pano de fundo de quase invariável narcisismo e introspecção.

Aquiles, no entanto, possui uma real imponência, tanto no relato de Homero quanto em outras narrativas. Não é difícil entender por que os gregos o admiravam e o viam como um modelo para os jovens. Era corajoso em batalha. Era orgulhoso. O lado singular de seu egocentrismo era o fato de ele ser capaz de demonstrar verdadeiro afeto e lealdade para com aqueles que amava. A vida pessoal significava mais para ele que a vida pública. Acima de tudo, é difícil não darmos certo apoio a Aquiles na sua recusa em se submeter a Agamenon – cujas pretensões estavam baseadas na proeminência de seu reino e em seu direito de vingar o sequestro da esposa do irmão, mas que era um guerreiro medíocre – assim como é difícil não ter alguma simpatia por qualquer jovem que se oponha à autoridade para conseguir avançar no caminho que tomou. Existe algo mágico em torno dele. Homero o compara muitas vezes a um clarão do Sol e, quando ele parte para a batalha com Heitor, seu cavalo fala para adverti-lo de que morrerá. Aquiles sabe que está condenado a uma vida curta, mas está determinado a fazer com que seu breve tempo na Terra fique coberto de glória. A descrição realista que Homero faz dele não é acrítica, pois Aquiles é um homem complexo, perturbado e perturbador. Alterna entre acessos de fúria cega e melancólicos mergulhos de desespero pela falta de sentido da existência. Sua ira é projetada sobre a totalidade do cosmos, que ele tende a tornar responsável por seus problemas. Se os deuses não estão do seu lado, Aquiles até mesmo batalhará com eles, como quando saca a espada sobre Scamandar, o deus do rio. Era a encarnação do que os gregos chamavam *arrogância* – orgulho excessivo beirando a loucura, um desejo de brilhar e dominar que praticamente convida os deuses a responderem subjugando-o, pondo um mero mortal como ele de volta no seu lugar. No fim das contas, Aquiles continuou a inspirar e assombrar a imaginação dos antigos gregos no momento mesmo em que a civilização grega passava por mudanças profundas.

REIS E HERÓIS HOMÉRICOS

Nesse ponto, temos de adicionar o domínio da história ao domínio do mito. Troia era real. Antes de eu visitar o local, as pessoas não paravam de me dizer: "Não espere muita coisa". Sabiam que eu tinha estado em ruínas extensas e magníficas, como as de Éfeso e Pérgamo, onde não era preciso grande esforço de imaginação para visualizar como seria a aparência delas nos tempos antigos, e não queriam que eu cultivasse grandes esperanças de que fosse realmente ver a Troia de Homero, com suas enormes muralhas, templos, palácios e cidadela. Mas ainda assim o local era bem impressionante por tudo que evocava. Sem dúvida não existem mais que os múltiplos níveis, em geral meras fundações, das numerosas cidades (num total de nove) que foram construídas lá, uma acima da outra, desde o início da Idade do Bronze, como uma colmeia de cavernas feitas pelo homem, onde uma época se funde com a próxima. Contudo, são claramente visíveis as ruínas de um portão e de uma muralha. Schliemann, cuja escavação fora um ato de fé baseado em sua crença na precisão de Homero quando muitos descartavam o épico como pura ficção, convenceu-se de que aquele fora na verdade o portão principal da Troia da Guerra Troiana, através do qual o famoso Cavalo de Troia podia ter sido levado. O arco do portão, poderíamos fantasiar, tinha sumido porque, como sabemos de Homero, os troianos deliberadamente o desmantelaram, pois de outra forma o maravilhoso cavalo de madeira teria sido grande demais para passar por ele.

Não menos extraordinário para mim é que, quando se parava nos escombros da muralha, podia-se olhar direto para a planície que descia suavemente até a costa e nos imaginarmos como um troiano olhando para o acampamento grego e seus navios. Foi lá que ocorreram as batalhas na história de Homero, as brilhantes colunas com penachos dos gregos movendo-se para a cidade enquanto as não menos esplêndidas fileiras troianas cruzavam o portão para encontrá-los frente a frente – embora, segundo me informaram, a linha costeira estivesse localizada num ponto um tanto diferente no século XII a.C., a data em que alguns presumem que a guerra tenha ocorrido. Foram encontrados traços de uma cidadela incendiada, possivelmente aquela que os gregos, segundo Homero, incendiaram quando conseguiram entrar na cidade escondidos dentro do cavalo de Troia e abriram os portões para seu exército à espera do lado de fora. Nas proximidades, foram encontrados vestígios de campos que podem ter sido cultivados pelos gregos durante o que Homero diz ter sido um cerco de dez anos. As linhas de suprimento até o continente do Peloponeso eram precárias e o exército teria tido de cultivar suas próprias lavouras. De um modo geral, trata-se de um lugar que desperta profunda emoção, devido antes de qualquer coisa à sua localização nos Dardanelos e à proximidade de Gallipoli, um campo de batalha da Primeira Guerra Mundial, lembrando-nos da frequência com que esse trecho do mundo, ligando o Mediterrâneo ao Mar Negro, ligando Ocidente e Oriente, foi local de combates decisivos.

Mas se houve de fato uma Troia e guerras se passaram ali, como podemos ter certeza de que isso tem relação com a guerra que Homero relata na *Ilíada*? Agamenon, Aquiles, Heitor, Ajax e os outros heróis realmente existiram? Foi a guerra causada pelo sequestro da mulher mais bonita do mundo, Helena, do palácio de seu um tanto desafortunado marido Menelau, rei de Esparta, por um *playboy* troiano de visita, o príncipe Páris?

A história da Guerra de Troia chegou até nós por intermédio de diferentes camadas, como a escavação da própria Troia. Nós a conhecemos como Guerra de Troia porque os romanos chamavam a cidade de Troia e os britânicos amavam todas as coisas romanas. A cidade do poema era de fato chamada Ilion – estou usando Troia porque todos a reconhecem. Do mesmo modo, a guerra não foi realmente entre "os gregos" e "os troianos". Homero chama Agamenon e seus aliados de aqueus. Chamamos o lado vencedor de gregos porque Homero escreveu o épico para um povo inteiramente diferente daqueles em torno dos quais gira a guerra. Eles se chamavam helenos, mas os romanos – portanto os britânicos, portanto nós – chamavam-nos gregos, por isso também os chamo.

Os estudiosos estão divididos entre os que acreditam que a narrativa de Homero era inteiramente ficcional, os que acreditam que estava muito próxima de acontecimentos reais e todas as nuances no meio. Homero pode ter composto seus contos no século IX a.C., aproximadamente 400 anos após a guerra ter acontecido. Depois que a civilização minoica-micênica onde a guerra se passou ter misteriosamente se extinguido e desaparecido, uma civilização que conhecemos por meio dos magníficos afrescos presentes nas paredes do Palácio de Cnossos, uma Idade das Trevas de vários séculos se instalou, durante a qual invasores guerreiros do norte, chamados dóricos, precipitaram-se para os reinos da velha Idade do Bronze e lá se estabeleceram. Não sabemos literalmente nada de fontes contemporâneas sobre Homero além de seu suposto nome. Ele era com frequência mencionado simplesmente como "o poeta". Mas é claro que, ao compor a *Ilíada*, estava se valendo de lendas da era micênica para servirem como uma espécie de epopeia nacional para uma emergente nova cultura grega, sinalizando o fim da era das trevas. Assim, com o passar do tempo, os gregos, liderados por Homero, projetaram-se de volta nessa antiga era dourada, tornando-se o exército que invadia e derrotava Troia (curiosamente, a composição da Bíblia Hebraica começou por volta da mesma época e tratando de eventos que estavam aproximadamente tão distantes no tempo quanto a Guerra de Troia; e tal narrativa épica também serviu como uma espécie de mito nacional para o reino judeu dessa era e das eras futuras).

Alguns estudiosos acreditam que, desde a época de Homero, os gregos ainda primitivos, ao se depararem com as ruínas imponentes e túmulos da era micênica, algo que não poderiam ter construído, acreditaram que fossem os palácios e tumbas de heróis de uma desaparecida Idade Dourada, cujas histórias podem ter vindo originalmente da região do Mar Negro. Escolheram o túmulo de algum desconhecido chefe micênico e proclamaram que era o túmulo de Aquiles ou Agamenon, venerando-o como um santuário, fazendo sacrifícios e talvez recitando ou entoando contos dos grandes feitos do herói (distante começo da antiga tragédia grega). Esses estudiosos não colocam em dúvida que houve uma guerra de alguma espécie por volta de 1244 a.C. entre Ilion e micênicos do continente, mas foi provavelmente um evento um tanto primitivo. Outros, porém, acreditam que os heróis dos poemas de Homero eram pessoas reais (talvez não exatamente as mesmas, mas algo próximo disso) da cultura micênica da Idade do Bronze e que realmente travaram a Guerra de Troia com heroico esplendor, em armaduras de bronze com elmos emplumados. Segundo Barry Strauss, a mais forte evidência vem dos registros hititas, que contêm os nomes de figuras da Idade do Bronze desde o século XIII a.C. que são intrigantemente semelhantes aos de Agamenon, Aquiles e outros. Na época da guerra, havia um imenso império hitita baseado no que é agora a Turquia asiática, com uma magnífica capital chamada Hatusa, perto da Ancara de hoje. Há bons indícios de que Troia tenha sido uma aliada do Império Hitita. Os hititas não estavam interessados em governar diretamente as regiões costeiras do Mar Egeu. Mas não queriam que os micênicos da Grécia do Peloponeso ganhassem um apoio ali. Os gregos dessa era – vamos seguir o uso costumeiro e chamá-los assim – eram semelhantes aos *vikings*, enviando frequentes grupos de assalto à costa jônica. Podemos imaginar que o Agamenon da vida real fosse um desses arrojados e gananciosos chefes guerreiros com uma pequena, mas boa frota. O trabalho de Troia, como aliada dos hititas, era impedi-los de fincar raízes no que é hoje a costa ocidental da Turquia. A localização de Troia, alocada sobre as rotas de navegação dos atuais Dardanelos, fazia dela um Estado-tampão ideal, assim como tornava a cidade extraordinariamente rica graças às taxas que cobrava para os navios se abrigarem em seu porto enquanto esperavam ventos favoráveis. Era essa o que poderíamos chamar de uma explicação *Realpolitik* da Guerra de Troia: foi uma guerra por procuração, em prol de um grande império, feita por um de seus aliados contra uma ameaça exterior. Contudo, é inteiramente possível que o ponto crucial da guerra particular sobre a qual Homero escreve fosse algo do tipo do sequestro de Helena por Páris. Na Idade do Bronze, as guerras eram muitas vezes justificadas como vingança ou punição por algum ultraje pessoal desse tipo, envolvendo muitas vezes desejo sexual, honra ferida ou uma violação das leis de hospitalidade. Portanto o sequestro de Helena pode perfeitamente ter sido um conveniente pretexto para uma guerra que ambos os lados viam se aproximar em virtude do que agora chamaríamos de razões geopolíticas. E essa guerra pode muito bem ter sido travada por homens com nomes como Aquiles e Heitor, que buscariam glória pelo combate, quaisquer que pudessem ser os incentivos econômicos implícitos para a vitória.

Como vimos, Aquiles pensa que o rei Agamenon se comportou como um tirano em relação a ele. Começando com os gregos, a monarquia sempre esteve intimamente ligada ao perigo de tirania pela simples razão de que um monarca com poder absoluto sobre seus súditos é capaz de oprimi-los. Para os antigos gregos, alguma proteção contra esse tipo de opressão vinha do fato de que um rei legítimo, que chamavam de *basileu*, era rei por descendência hereditária e, portanto, tinha um motivo para respeitar a tradição estabelecida, incluindo as leis e costumes do reino. Desde que recebia o trono como a propriedade de seu pai, era improvável que violasse a propriedade de outros ou o direito de outros pais passarem suas propriedades a seus próprios filhos. A realeza também tinha uma espécie de aura divina – muitas vezes os reis reivindicavam serem descendentes de um deus e, às vezes, atuavam como altos sacerdotes. Era de se esperar que isso faria os próprios reis observarem os hábitos da piedade, incluindo tratar os outros de forma justa, serem moderados, evitar a arrogância ou prazeres excessivos, e venerar os ancestrais. Na antiga Roma, por exemplo, cuja história começou a se desenrolar no século IX a.C., por volta da época em que Homero compôs suas baladas, embora até então amplamente desconhecido pelos gregos, o rei era também o *Pontifex Maximus*, o alto sacerdote. Quando os romanos se livraram de seus reis e estabeleceram uma república, mantiveram o cargo de alto sacerdote, geralmente ocupado por alguém da aristocracia, e o Estado lhe fornecia uma residência oficial que continuou a ser chamada de *Regia*, a casa do rei, num eco da antiga fusão de alto sacerdote com monarca. Suas ruínas foram recentemente escavadas no Fórum Romano.

No tipo de realeza sobre a qual Homero escreve em seus poemas, o rei tinha duas funções importantes. Era o chefe de um grupo de guerreiros, todos de origem nobre, e, em tempos de paz, governava seus súditos como se eles pertencessem a uma enorme casa privada na qual ele era o pai (esperava-se que um bom pai, que governasse de modo benevolente, não um mau pai, que fosse violento e explorador). A necessidade de um rei que fosse capaz de liderar seus pares aristocratas na guerra exigia que ele provasse seu valor, sua adequação à função, incluindo destacadamente a bravura em combate. E isso também impunha uma certa restrição em sua capacidade de aplicar um tratamento arbitrário, pois tinha de responder a seus companheiros guerreiros que, sob certos aspectos, se igualavam a ele. Se decepcionasse como combatente ou os tratasse com desprezo, um deles poderia tentar lhe tomar o trono. Nessa época ainda não havia exércitos permanentes que lutassem em colunas maciças, como a famosa falange grega ou a legião romana. Um rei da Idade do Bronze entrava no campo de batalha cercado por seus companheiros, guerreiros aristocratas, parecendo-se mais com os cavaleiros da Idade Média.

Para os antigos gregos, a monarquia estava também intimamente vinculada à importância da família e da casa familiar. A palavra usada para representar isso era *oikos* e a arte de administrar de maneira adequada a casa familiar era chamada de *oikonomia*, de onde provêm nossas palavras para econômico e economia. A família, em outras palavras, era o domínio da propriedade, bem como do casamento e da criação dos filhos. O rei, com efeito, era o principal chefe de família do reino e seu respeito pela propriedade e vida da família agia como um símbolo e uma salvaguarda para os demais chefes de família. Sem dúvida, estamos falando sobre uma proporção muito pequena da população – os nobres que combatiam ao lado do rei na guerra eram também os chefes de suas próprias casas familiares e terras durante o tempo de paz. Os outros eram escravos, servos ou arrendatários. Tanto na *Ilíada* quando na *Odisseia*, sobretudo na *Odisseia*, conseguimos lampejos dessa vida pacífica. Os companheiros guerreiros do rei se reuniam em seu palácio – a palavra em grego antigo era *megaron*, significando em essência "o grande lugar". Tinha pouca ou nenhuma relação com o sentido de escritórios do governo, como esperaríamos de um moderno palácio presidencial. Era apenas uma residência particular muito grande. Esperava-se que o rei provesse os outros guerreiros de pródigos e regulares banquetes nos quais eles se fartariam de comer e beber e relatariam suas façanhas, contariam histórias sobre heróis do passado e sobre os deuses, incluindo, por exemplo, a tão movimentada vida sexual de Zeus, com seus muitos casos com mulheres humanas e a ira que isso provocava em sua esposa Hera. Ao alimentar seus nobres de sua própria mesa, o rei agia como uma espécie de pai e eles, por sua vez, desempenhariam esse papel em menor escala para suas famílias e dependentes.

Homero descreve com nitidez uma dessas reuniões na *Odisseia*, quando o filho de Odisseu, Telêmaco, decide encontrar o pai, ausente nos vinte anos transcorridos desde o início da Guerra de Troia, e trazê-lo de volta para seu reino de Ítaca. Telêmaco para durante suas viagens na corte de Menelau, onde é recebido de maneira calorosa. Com humorística ironia, Homero descreve como Helena, que fugiu com Páris e desencadeou uma guerra de dez anos que custou um número imenso de vidas, parecia ter voltado a seu marido absolutamente impune e sem mácula, com o ar confiante e dominador que sempre tivera, com o marido corneado assistindo a tudo com ar benigno (de alguma forma imagino o efusivo "dah-link!"* de Zsa Zsa Gabor quando chega o jovem Telêmaco). Há um clima de conforto e vida agradável, incluindo a apresentação após o jantar de um trovador andarilho que interpreta

---

* Isto é, *darling* (querido) com o sotaque húngaro da atriz. (N.T.)

canções sobre as grandes façanhas da Guerra de Troia de que todos foram participantes fundamentais, um pouco como se Homero tivesse voltado no tempo e fizesse uma aparição em seu próprio poema. A atmosfera é de paz restaurada e harmonia restabelecida – rei e rainha estão reunidos, vivendo felizes em seu agregado familiar, cercados por seus pares nobres e todos estão relaxando após os longos anos de sacrifício e luta nas costas de Ilium. A casa real integra perfeitamente os domínios da vida familiar e da honra guerreira sob seu amplo teto.

Muito diferente é a atmosfera no palácio real de Ítaca do qual Telêmaco partiu. Como o rei, Odisseu, está ausente, tudo está em desordem. Os nobres, convencidos de que Odisseu está morto, estão se comportando de modo totalmente inadequado. Em vez de serem convidados pelo rei para um banquete, como teria acontecido se seu governante tivesse estado lá, eles simplesmente invadem o palácio e consomem à vontade a comida e bebida que lá encontram, fazendo uma farra barulhenta e pressionando continuamente a rainha de Odisseu, Penélope, a escolher um deles para se casar. Embora tal insistência fosse ultrajante e chegasse perto de ser francamente ameaçadora, havia alguma justificativa para ela. Se, como parecia muito provável após vinte anos, Odisseu estivesse de fato morto, era urgente que a monarquia fosse restaurada o mais breve possível. A melhor maneira de fazer isso era deixar que um dos outros homens de nascimento nobre na aristocracia guerreira tornasse a viúva do rei morto sua rainha. Isso preservaria a continuidade e manteria o trono entre os de sangue mais azul. Em outras palavras, os nobres que se comportavam mal estavam procurando definir um novo líder que restauraria a ordem e os manteria na linha. Para se manterem seguros nos governos de seus próprios agregados familiares, precisavam desse homem no topo, encabeçando a supercasa familiar que constituía o reino inteiro de Ítaca. Mas como Penélope é ferozmente fiel ao marido e está convencida de que ele continua vivo, resiste obstinadamente a seus avanços e se recusa a participar de sua embriagada celebração. Sua grande esperança é que Telêmaco – cuja própria ascensão ao trono estaria em risco se Penélope tornasse a se casar e gerasse um novo herdeiro – encontre o pai e o traga de volta para restaurar a ordem real.

Odisseu, o herói da *Odisseia*, proporciona um contraste muito interessante com Aquiles, o personagem central na *Ilíada*. Aquiles é um homem de ação. A guerra é sua única motivação. Homero não nos conta quase nada sobre a vida familiar de Aquiles ou sobre seu filho Neoptólemo, também chamado Pirro, porque não é importante para nossa compreensão dele. Ele é impetuoso e direto, jamais escondendo suas opiniões e sempre disposto a usar a força para conseguir o que quer. Odisseu, ao contrário, é um homem capaz de previsão e planejamento sutil. É um guerreiro, sem dúvida, mas disposto a alcançar seus objetivos através da persuasão, estratégia e astúcia. Homero o chama de homem "de muitas faces" e diz que ele possuía, em dose maior que qualquer um dos outros gregos, a qualidade da prudência ou sabedoria prática (ele é repetidamente descrito como "sábio conselheiro"). Embora não desempenhe um grande papel na *Ilíada*, ficamos sabendo na *Odisseia* que foi ele quem concebeu a estratégia do Cavalo de Troia, contando com o entusiasmo dos troianos em levar aquele prodígio em madeira para a cidade, provocando assim, por meio da trapaça, e com mais certeza que toda a bravura de Aquiles no campo de batalha, a derrota de Troia. Assim como tinha uma compreensão melhor da psicologia humana que Aquiles e estivesse disposto a alcançar a vitória sendo mais esperto, em vez de estar sempre enfrentando o campo de batalha, Odisseu também está mais envolvido na vida de sua família e na esfera do amor que o obstinadamente violento Aquiles. Enquanto Aquiles está sempre sozinho em seu esplendor de guerreiro, Odisseu tem muitos casos românticos interessantes em suas viagens, inclusive com a feiticeira Circe, e se casa temporariamente em outra família real, embora continue apaixonado pela esposa e ansioso para rever o filho, com quem tem um encontro muito comovente. Ao contrário de Aquiles, é um homem tanto da guerra quanto da paz. Mas isso não significa que Odisseu seja um sentimental ou um amante da paz. Quando volta para casa com a ajuda de sua companheira de viagem, Atena, a deusa da sabedoria, está disfarçado de velho para que possa observar o comportamento ofensivo dos nobres antes de revelar quem é e reclamar seu trono. É quase como se quisesse acumular o máximo possível de raiva contra eles. Depois de anunciar quem é, começa a abater sistematicamente uma centena de nobres no grande salão até o chão ficar inundado de sangue. Quando necessário, é capaz de demonstrar raiva aquileana, marca característica de um rei.

Quando reunimos todos os ingredientes da representação que Homero faz da realeza, vemos com nitidez na nossa frente um bando de irmãos em guerra, liderados pelo maior deles, seguindo com ele a cavalo para a batalha, depois celebrando alegres num grande salão com uma lareira crepitante, sentados em mesas com roncos de prazer com a comida e a bebida, o rei e sua família na mesa principal, o salão pulsando com a música e o barulho oriundo de brincadeiras e histórias. Quando a manhã se aproxima, muitos dos homens simplesmente desabam no chão para dormir, enquanto o rei, sua família e seus guarda-costas se retiram do grande salão para seus aposentos particulares. Isso é genuinamente a Idade do Bronze, mas descreve também em grandes pinceladas o meio de vida dos visigodos e outras tribos germânicas durante o Império Romano (antes que eles se tornassem uma força de ocupação no centro mesmo do império), a nobreza normanda de Guilherme, o Conquistador, as compridas casas *vikings* escavadas na Terra Nova e a corte turbulenta de Henrique VIII. Muitas vezes imaginamos a história progredindo numa só direção, com uma época simplesmente apagando os traços da época anterior. Nessa visão, a Idade do

Bronze está "acabada". Contudo é, ao que tudo indica, mais exato imaginar a história em camadas. Novas camadas se sobrepõem às antigas, mas as antigas se mantêm em sua própria linha do tempo. Como vamos ver em breve, a antiga Grécia mudou profundamente nos dois séculos depois que Homero compôs suas epopeias e de um modo que transformou a cultura da Idade do Bronze que ele tinha recriado numa coisa do passado distante (embora continuasse a servir de inspiração). Sob outros aspectos, no entanto, essa cultura da Idade do Bronze de combate com cavaleiros simplesmente se manteve e se desenvolveu em outros lugares, entre reis tribais germânicos e cortes feudais. Fará, no devido tempo, seu reaparecimento em nosso relato. Antes, porém, de seguirmos o percurso da tirania na época clássica da antiga Grécia, temos de seguir uma trilha um pouco diferente, mas igualmente importante.

REIS DO MUNDO: MONARQUIA UNIVERSAL

Visitantes das ruínas de Micenas, na Grécia, e os da capital imperial hitita de Hatusa, na atual Turquia, ficam muitas vezes intrigados pelo fato de as entradas de ambas as cidades terem maciços "portões com leões", leões em pares, gravados em relevo, guardiães simbólicos da cidade. A semelhança, contudo, termina aí. A sede dos reis micênicos – incluindo, prefiro acreditar, Agamenon – era um pequeno e compacto aglomerado de construções ligadas por uma única estrada, incluindo alguns túmulos em colmeias ou em poços para as pessoas proeminentes. Estava cercada por uma muralha baixa para a defesa e aninhada, para proteção, entre dois picos de montanha. É pouco visível até chegarmos ao Portão do Leão, que a distância parece uma mera crista de rocha (e isso não teria sido muito diferente em tempos antigos). Pode ter sido construída numa área baixa como medida extra de segurança contra ataques, mais ou menos como os agricultores na Sicília medieval, que para autodefesa construíam suas choupanas em aglomerados por trás da crista de uma colina. Podemos atravessar toda a extensão do complexo, incluindo o *megaron*, em menos de uma hora. Em contrapartida, as ruínas de Hatusa são absolutamente espantosas em seu tamanho monumental e complexidade, cobrindo quase 23,5 quilômetros quadrados. As enormes plataformas da fundação ainda dão uma ideia de como essas estruturas devem ter sido gigantescas. Havia enormes palácios, templos, mercados, escritórios para uma burocracia administrativa e numerosas casas espaçosas, protegidas por sólidas muralhas com torres de vigilância e entradas fortificadas. Longe de se manter próxima do solo, Hatusa deve ter se erguido impetuosamente numa orgulhosa e inconquistável imponência, visível de muitos quilômetros ao redor. Enquanto a fortaleza de Agamenon era típica de um pequeno reino local de agricultores, Hatusa era capital de um império que abrangia grande parte da Turquia, Síria e Irã dos dias atuais, com muitas cidades e portos importantes e centenas de milhares de súditos (Troia, tão impressionante para os gregos da *Ilíada*, com suas muralhas e cidadela, era com toda a probabilidade, como vimos, meramente um dos Estados-clientes dos hititas). É também o próprio símbolo da organização que os hititas proporcionavam e do poder que exerciam, um poder que oferecia segurança para suas multidões de súditos em troca de obediência absoluta. A cidade, com efeito, era o símbolo de um mundo ordeiro criado por poder tirânico.

A própria Hatusa fazia parte de uma sucessão de centros imperiais no leste tentando impor ordem ao mundo através da força, centros que remontavam à própria aurora da história humana, incluindo as antigas cidades de Nínive, Suméria e Babilônia, esta última lar dos famosos jardins suspensos de Nabucodonosor e de um enorme zigurate – o estilo característico de pirâmide, com terraços e degraus, da Mesopotâmia – que pode ter inspirado a Torre de Babel de que a Bíblia nos fala. As pessoas ainda acham impressionante o que sobrou desses locais incrivelmente antigos quando os visitam em Londres e Berlim. Um benefício colateral de ser um império é que você consegue ficar com as ruínas de impérios anteriores. O Museu Britânico, em Londres, e o Museu Pergamon, em Berlim, concentram neles uma das maiores coleções de pilhagem arqueológica da história, adquirida por conquista, pagamento, um revólver encostado na cabeça ou pagamento combinado com um revólver encostado na cabeça. Londres tem alguns belos relevos de animais em tijolos vitrificados da Babilônia (e o maravilhoso touro alado com cabeça humana do palácio de um rei assírio, Assurnasípal II), mas Berlim conquista a palma no departamento babilônico por abrigar as ruínas restauradas da enorme Porta de Ishtar, ainda deslumbrantemente azul, cravejada de elegantes leões e touros dourados passeando por sua vasta superfície. A Porta traz a seguinte inscrição:

> Nabucodonosor, Rei da Babilônia, o leal príncipe designado pela vontade de Marduk, predileto de Nabu, de prudente conselho, que aprendeu a adotar a sabedoria, que penetra no divino ser de ambos e reverencia a majestade deles, governador incansável que sempre leva a sério o cuidado do culto de Esagila e Ezida e está continuamente preocupado com o bem-estar da Babilônia e Borsipa, ele, o sábio, o humilde... o filho primogênito de Nabopolasar, rei da Babilônia.

Nabucodonosor deixa bem claro que é responsável pela magnífica cidade onde vamos entrar:

> Ambas as entradas da porta... seguindo a elevação da rua que vem da Babilônia tornaram-se cada vez mais baixas. Portanto derrubei esses portões e assentei suas fundações

na cornija com asfalto e tijolos e mandei que fossem feitas de tijolos com pedra azul sobre a qual maravilhosos touros e dragões foram retratados. Cobri os telhados assentando majestosos cedros no comprimento devido sobre eles. Fixei portas de cedro adornadas com bronze em todos os portões de entrada. Coloquei touros selvagens e ferozes dragões de Ishtar nas passagens e assim adornei-as com luxuriante esplendor para que as pessoas pudessem fitá-las maravilhadas. Deixo o templo, a mais elevada casa cerimonial de Marduk, o Senhor dos Deuses, como um lugar de alegria e celebração... que seja construído firme como uma montanha no recinto da Babilônia...

Veja a lista de qualidades e habilidades que Nabucodonosor está reivindicando para si e fica claro como estamos longe daqueles invasores brutais que os gregos da Idade do Bronze, que foram objeto das crônicas de Homero, conheciam como reis. Nabucodonosor diz que é prudente e "adotou a sabedoria". É o mais leal servo dos deuses. É incansável em sua preocupação pelo bem-estar da cidade e dedica cada hora de seu dia ao bom governo. Afirma – pode-se ouvir Aquiles e Agamenon dando gargalhadas com isso, uma das poucas áreas em que estariam de acordo – ser *humilde*. Para ter mais um indicador, não se esqueça de que ele é arquiteto, planejador urbano e escolheu ele próprio os adornos da cidade. Mais uma vez é difícil imaginar Agamenon definindo as cores dos azulejos.

Esses monarcas orientais queriam nada menos que ser reis do mundo todo. E procuravam realizar essa ambição não apenas em nome de sua própria riqueza e prazer – embora por certo também alcançassem isso – mas para impor ordem ao caos, civilização refinada à barbárie e para trazer segurança a seus súditos, para que estivessem livres para trabalhar e prosperar em paz. Suas fileiras incluem os faraós do Egito (talvez o mais antigo reino de todos), os impérios babilônico, assírio e meda, culminando numa das figuras mais impressionantes de toda a história, Ciro, o Grande, Grande Rei do Império Persa, cujos sucessores colocaram a Grécia antiga em seu mais grave perigo.

Os reis apresentados nos poemas de Homero poderiam mais exatamente ser descritos como caciques de tribo ou chefes guerreiros quando comparados com o que significava ser um rei nesses vastos impérios orientais. Agamenon, como descrito por Homero, está voltado para si mesmo, é cínico, capaz de crueldade e premeditação. Nem uma só vez é mostrado expressando preocupação com o bem-estar de seu povo, especialmente do povo comum. Nada teria tido importância para ele além de seu próprio clã e da necessidade de manter os outros clãs aristocráticos satisfeitos e na linha. Não afirmava ser sábio – a prudência pode ser deixada para um conselheiro como Odisseu – e por certo ele não é humilde. Mas podemos nos aproximar dele. Ele pode inclusive ser desafiado por seus pares nobres. É o primeiro entre iguais, mas os outros chefes de clã têm direito a opinar sobre o que acontece. A tragédia de Sófocles *Oedipus Tyrannus* [Édipo Rei] dá uma visão interessante da estrutura de poder nas monarquias da Idade do Bronze, embora tenha sido escrita muito mais tarde, durante a Era de Péricles no século V a.C. Em público, Édipo parece ser o senhor incontestado da cidade de Tebas. A portas fechadas, porém, sabemos que tem de compartilhar seu poder com Cléon, um membro da aristocracia de clã, em parte porque é um "homem novo" que não chegou à sua posição por descendência hereditária, mas por meio da proeza extraordinária que praticou ao derrotar a Esfinge, que estava devastando os campos após o trono ficar vago com o assassinato do rei Laio. É por isso que ele é um "tirano" em vez de um rei. Voltaremos a essa importante distinção mais tarde.

Como apresentado por Homero, os deuses cultuados pelos gregos, os imortais olímpicos encabeçados por Zeus, revelam as mesmas qualidades que seus adoradores mortais. Combatem, discutem, enganam os parceiros e mesmo seu senhor supremo tem dificuldades em mantê-los na linha. Em uma das cenas mais engraçadas da *Ilíada*, eles realmente descem um dia do Olimpo e combatem ao lado dos humanos que escolheram, sejam gregos ou troianos, e a coisa beira o pastelão quando Atena dá um murro nos seios de Afrodite. A independência dos deuses em sua colorida variedade reflete a obstinada recusa dos gregos a se deixarem subjugar por qualquer tipo de autoridade multinacional universal. Para eles, o significado da vida estava centrado na *polis* ou "cidade-Estado", uma pequena comunidade de vizinhos onde cada um conhece ou chega perto de conhecer todas as outras pessoas. Como um famoso estudioso clássico, *sir* Ernest Barker, certa vez observou, viver numa dessas sociedades pequenas, coesas, era quase como ser membro de uma congregação religiosa. Cada cidade tinha seus próprios deuses, suas próprias lendas, seus próprios heróis. Os atenienses acreditavam que sua cidade havia começado quando Atena derrotou o deus marinho Poseidon numa batalha no local onde ainda hoje se encontra a Acrópole. Muitas cidades gregas acreditavam que tinham estado ali desde tempos imemoriais, como literalmente geradas daquele solo. Não eram necessariamente autogovernadas. Governo popular não era, em geral, um conceito da Idade do Bronze e durante muito tempo não aparecerá em nossa história. Mas elas eram ardorosamente independentes. Na época do fatídico encontro entre os gregos e o vasto império multinacional fundado por Ciro, o Grande, havia cerca de 3 mil desses minúsculos Estados espalhados por toda a extensão do que é hoje a Grécia e a costa da Turquia, conhecida então como Jônia.

Eu me atreveria a dizer que a missão de levar civilização, ordem e a arte do bom governo para o mundo, ou pelo menos para seus próprios povos, *não* estava presente na antiga história grega ou entre seus predecessores micênicos e minoicos. O palácio minoico em Cnossos, com seus belos afrescos estilo Klimt, escavado por *sir* Arthur Evans, compartilhava alguns dos atributos de estruturas hititas e babilônicas como uma espécie de espelho do cosmos. Construído mais ou menos como um zigurate, no alto, seus famosos jogos de luta envolvendo um touro ocorriam diante da montanha onde supostamente Zeus havia nascido. Os movimentos dos lutadores saltando sobre os touros podiam ter como intenção refletir os movimentos das estrelas. O interior do palácio, enorme, sinuoso, cheio de câmaras, deu origem à lenda do Labirinto, onde a luta do herói ateniense Teseu contra o Minotauro, uma monstruosa figura metade homem metade touro, pode ter feito eco à luta da jovem cidade-Estado para livrar-se do peso da hegemonia minoica.

Os antigos gregos também criaram a lenda da chamada Batalha contra os Gigantes, a *gigantomachia*, retratada em relevos de templos em numerosas e remotas cidades-Estados gregas, cujo exemplo mais magnífico ainda existente vem de Pérgamo, exposto (você adivinhou) no Museu Pergamon, em Berlim. Uma guerra febril e sangrenta na qual os deuses olímpicos derrotam, por fim, uma antiga raça de monstruosos deuses chamados titás também pode ser interpretada como a luta contra a barbárie, a feiura e a força física bruta pelas forças da beleza, ordem e justiça ou mesmo a luta interior do homem entre seu lado animal inferior de paixão sem restrições, luxúria e agressão e seu lado mais elevado de nobreza, arte e intelecto. Em suma, uma tirania em nome da civilização (os olímpicos e seu senhor supremo, Zeus) vence uma tirania baseada na barbárie, ignorância e selvageria.

Outro exemplo impressionante da primitiva associação que os gregos faziam entre seu meio de vida e uma missão mais elevada, civilizatória, para a humanidade é o templo de Apolo em Delfos. Segundo mitos obscuros, um feroz deus guerreiro bárbaro teria chegado ao lugar vindo do distante norte, onde combateu e matou um dragão que guardava uma fonte sagrada para a Mãe Terra, Gaia. Ele então de alguma maneira absorveu por meio de magia os atributos femininos de Gaia, que está metamorfoseada na "Pítia", a Dama Píton (chamada assim por causa de seu dragão guardião), primeira de uma sucessão de sacerdotisas que posteriormente interpretavam o significado do vapor que se supunha sair de uma fenda na terra dentro do santuário de Apolo, revelando os oráculos do deus. Apolo também absorveu a sabedoria associada à serpente vencida, que mais tarde aparece enroscada a seus pés, o antigo dragão feroz agora encolhido e domesticado. Por isso, Apolo era sempre mencionado em Delfos como "Apolo Pitoniano", o Apolo da Píton. Mais que isso, ao absorver esses atributos femininos, instintivos e serpentinos, o original deus da guerra bárbaro vindo do norte é transformado no divinamente belo Apolo, visto nas estátuas de Praxiteles e outros grandes escultores do período clássico. Por combinar força masculina com instinto feminino e uma conexão à sabedoria da natureza através da serpente, Apolo é muito jovem e, às vezes, de aparência quase andrógina, com quadris cheios e arredondados e seios grandes. O exercício de poder bruto, tirânico, sobre as forças férteis da natureza leva a uma mistura de qualidades em que a coragem é suplementada pelo conhecimento – Apolo Pitoniano é o patrono especial das belas artes e da arte do bom governo. O local do templo encarna essa tensão entre civilização e barbárie, o que pode ser sentido sem tardar por quem hoje faz a jornada até lá. Depois de subir durante muito tempo por entre penhascos escarpados, escuros, ameaçadores, a pessoa emerge de repente em uma atordoante paisagem celestial no topo do mundo, as ruínas do templo brilhando precisamente no ponto onde a terra encontra o céu, o santuário de Apolo mantendo as forças da escuridão afastadas em benefício da luz do sol. Seu significado como símbolo da missão civilizatória grega é demonstrado, sobretudo, pelo fato de que, durante o período clássico do século V a.C., Delfos funcionou quase como uma espécie de sede da ONU para muitas cidades-Estados. Negociações sobre guerra ou comércio eram ali conduzidas com frequência e havia um recinto internacional aberto nos arredores do templo principal onde numerosas cidades-Estados construíam seus próprios altares ao deus e onde deixavam preciosos tributos. Apolo, então, foi o mais próximo que os gregos chegaram de uma espécie de deus "internacional". Contudo, as coisas não passaram daí. Jamais foi feita qualquer tentativa para transformar esses mecanismos de negociação em alguma espécie de verdadeiro fórum em um Estado central, em oposição a alianças ou tratados de comércio meramente temporários. Na véspera da guerra com o Grande Rei da Pérsia, os gregos continuavam desunidos e felizes com essa condição. Para ter o modelo completo do Estado mundial e seu ímpeto de impor ordem e paz por toda parte, teríamos de olhar para aqueles impérios muito antigos do leste que remontavam aos faraós.

Se os reis da Idade do Bronze eram acessíveis e viviam no que basicamente eram casas um tanto grandes, os monarcas orientais do Egito, Babilônia, Assíria e Pérsia viviam em cidades-palácio que eram de tamanho realmente espantoso. Possuíam não apenas habitações inacreditavelmente suntuosas, com gigantescos jardins e fontes, mas grandes bairros para secretários, assistentes e outros burocratas. Os jardins do palácio de Ciro, o Grande, dos quais ele cuidava pessoalmente, eram tão grandes e magníficos que deram origem à nossa palavra "paraíso" (a palavra grega para esses jardins era *paradeisos*, que passou a figurar na Bíblia com o significado de Jardim do Éden ou Céu). Algo dos atributos super-humanos e imponentes dessas cidades-palácio ainda pode ser sentido em Karnak, no Egito, com sua floresta de colunas e aleia processional de esfinges saídas de um filme épico de Cecil B. DeMille. Embora não reste muita coisa do palácio de Ciro, o Grande, em Persépolis, ainda se pode perceber sua fabulosa extensão. Por fim, como veremos, esse modelo de monarquia universal oriental deslocou-se para o Ocidente e as ruínas do Palácio Flaviano, no Monte Palatino em Roma, o fórum e o palácio dos imperadores bizantinos em

Constantinopla, assim como palácios reais muçulmanos como o Topkapi e o Alhambra, também nos permitem recapturar a atmosfera desses reis absolutos.

Enquanto os chefes tribais homéricos eram razoavelmente acessíveis, vivendo entre seus iguais sem muita cerimônia, a partir dos faraós os governantes orientais estavam cercados pelo mais elaborado cerimonial e ritual concebíveis, acomodados no centro de seus esparramados complexos palacianos, continuamente atendidos por fileiras cerradas de funcionários e criados, o *status* de cada fileira indicado por quão perto eles podiam chegar do personagem real. Em geral, mesmo nobres da mais alta hierarquia tinham de se prostrar no chão em sua Presença – todos os homens, de condição superior ou inferior, eram seus escravos. Os próprios reis eram criados para se manterem rijos e eretos como estátuas humanas, a encarnação viva de suas próprias esculturas monumentais espalhadas pelos quatro cantos do reino. Hoje o mais perto que poderíamos chegar dessa atmosfera talvez seja numa missa na catedral de São Pedro, que é uma espécie de sala do trono para Deus e seu representante na Terra. Enquanto em Homero, mesmo entre os reis, você pode cheirar o couro, os cavalos e ouvir o tilintar das espadas, a atmosfera do palácio do rei-deus era de silêncio, cheia de luxuosas tapeçarias, do aroma de incenso, do tilintar de sinos.

Como já vimos no caso de Nabucodonosor, esses reis orientais estavam intimamente associados aos deuses, de certa forma personificando o divino em suas vidas mortais. Isso é particularmente nítido nos faraós egípcios, cuja passagem da morte para a vida imortal era, de uma maneira ainda não muito compreendida, o princípio organizador central da civilização egípcia, culminando nas pirâmides ainda impressionantes do Vale dos Reis. É como se a passagem dos faraós para os céus e a vida eterna fosse de alguma maneira coletivamente compartilhada pelos egípcios como um todo ou, pelo menos, apontasse o caminho também para eles. O Egito, em seu apogeu, como os impérios que o sucederam no leste, mantinha complexos sistemas de estradas, um serviço postal e belas cidades com casas de banhos, escolas, mercados, teatros e bibliotecas. Diz-se que quando teve sua primeira visão da capital egípcia de Alexandria, César Otaviano ficou tão extasiado que jurou de imediato colocar Roma no mesmo nível (mais tarde se vangloriava – "encontrei-a uma cidade de tijolos e deixei-a uma cidade de mármore"). Havia códigos de leis, instalações de saúde, unidades militares, tribunais e, sem dúvida, numerosos locais sagrados, todos mantidos pelo superestado faraônico.

Uma das diferenças mais notáveis entre as grandes monarquias orientais e os antigos gregos era militar. Embora os grupos fracamente organizados de cavaleiros cavalgando para a batalha com seus chefes guerreiros das epopeias de Homero tenham dado lugar às colunas organizadas da falange espartana, os exércitos gregos continuaram pequenos e, em sua maior parte, constituídos de cidadãos que, quando não necessários a um determinado combate, estariam de novo em casa arando seus campos. Em contrapartida, exemplo único no mundo com o qual os gregos estavam familiarizados, e especialmente no caso da Pérsia, os impérios do leste mantinham enormes exércitos permanentes com centenas de milhares de homens, incluindo onda após onda de infantaria, cavalaria e carros blindados (para não mencionar suas imensas frotas de navios de guerra).

Se o rei-deus comandava ou não pessoalmente seus exércitos variava de um tempo e lugar para outro. Embora houvesse grandes figuras militares entre os faraós, como Ramsés II, alguns estudiosos acham que ilustrações do que pareciam vitórias egípcias eram com frequência principalmente simbólicas – isto é, o faraó num carro de guerra comandando suas tropas num baixo relevo estava antes triunfando sobre as forças do caos e da desordem, muitas vezes personificadas como serpentes e outros animais malignos, que sobre um inimigo real. O fundador do Império Persa, Ciro, o Grande, foi sem dúvida um dos maiores generais da história, cujos planos de batalha são ainda estudados em West Point e outras academias militares. Foi também um grande construtor que recebia bem seus novos súditos se eles estivessem dispostos a submeter-se a seu governo, a prosperar economicamente e a entrar em seu próprio exército e burocracia, ascendendo com base em seus méritos. Outra característica desses impérios, e, em particular, do de Ciro, era seu cosmopolitismo. Em contrapartida os gregos, cujas cidades-Estados eram tribais ao extremo e, em geral, hostis a forasteiros – dizia-se que qualquer um que aparecesse na fronteira espartana seria de imediato, de maneira polida, mas firme, afastado –, Ciro acolhia os que havia conquistado como seus súditos, com os mesmos privilégios que os persas nativos.

Outro indício da grandeza e visão de Ciro como estadista é que ele inaugurou uma política de tolerância religiosa. Todos os Estados e povos abrangidos por seu império eram não apenas autorizados, mas ativamente encorajados a cultuar os deuses de sua preferência. É célebre como isso levou à sua permissão para que os judeus mantidos cativos na Babilônia retornassem a Jerusalém e construíssem o Segundo Templo, um ato de generosidade que é reconhecido pela Bíblia hebraica, onde Ciro é descrito como ungido de Deus: "Ciro, que Ele pegou com sua mão direita para submeter as nações e despojar os reis de sua soberba". Ciro ao que parece acreditava que a tolerância religiosa não só preservaria a paz dentro de seus domínios tão dispersos – dezenas de povos totalizando uma população de dezenas de milhões que se estendia pela Ásia Menor, Babilônia e Egito – mas contribuiria para a fibra moral e o caráter dos povos do império. Foi uma política seguida mais tarde com grande sucesso por Alexandre, o Grande, e em especial pelos romanos.

Outra diferença notável entre as cidades-Estados gregas e as monarquias orientais é que os monarcas orientais, embora tolerantes com relação a muitas formas de culto, tendiam a ser monoteístas (talvez isso fosse menos comum com os faraós) no sentido de colocar um deus à frente dos outros ou, pelos menos, no sentido de fazê-lo muito mais que seus contemporâneos gregos. Os reis babilônicos identificavam-se com o deus supremo, Marduk, ao passo que Ciro se devotava a uma versão do zoroastrismo, sempre acompanhado de seus sacerdotes ou "magos" e dedicando muitos templos suntuosos ao culto. O zoroastrismo era não apenas monoteísta, mas também, de certa forma, messiânico. Os zoroastrianos acreditavam que o mundo estava dividido entre um reino de luz – e, portanto, de bondade, virtude e justiça – e um reino de trevas – e, portanto, de maldade, vício e injustiça. Durante suas vidas na Terra, os seguidores de Zoroastro eram chamados a lutar para favorecer a luz contra as trevas, transformando assim o mundo, progressivamente, em um lugar melhor e trazendo um futuro melhor. Embora tolerasse todas as formas de culto, não é por acaso que, ao se empenhar em criar um império universal baseado em paz, justiça e prosperidade, Ciro adotasse um deus universal e se apresentasse como o principal aliado terrestre desse deus para criar um mundo melhor. Essa dimensão messiânica da suprema autoridade política retornará repetidamente do início ao fim de nosso traçado do percurso da tirania – às vezes com consequências terríveis. No caso de Ciro, as consequências políticas do monoteísmo foram em geral benignas. Como já vimos, o pluralismo dos deuses olímpicos pagãos tornava uma autoridade divina universal, refletindo uma autoridade política universal, praticamente impossível de ser adotada pelos antigos gregos. No Império Romano tardio, isso culminou no triunfo de Cristo como o *Pantacrator*,* o monarca divino universal, sobre os desacreditados e múltiplos deuses dos pagãos, cujo representante na Terra era o Imperador universal.

Nem todos os reinos orientais adotaram o modelo do rei-deus. No caso mais célebre, o povo hebreu da Bíblia queria ter um rei "como outras nações", sobretudo para liderá-los na guerra. Mas também receavam desagradar a Deus, que ficava irritado pelo fato de os hebreus não se sentirem satisfeitos em serem governados diretamente por Ele e Sua lei, embora tenha cedido ao desejo deles mandando o profeta Samuel escolher Saul como rei. A escolha de um rei pelo profeta colocava uma espécie de tampão entre esse rei e qualquer ilusão que ele pudesse ter de ser absolutamente supremo ou mesmo divino. As crônicas ricas e vibrantes dos reis de Israel – até certo ponto evocativas das histórias de Homero – desenvolvem toda uma mini-história da monarquia e do perigo de que ela possa degenerar em tirania.

---

* Isto é, o Todo-Poderoso, o Onipotente. (N.T.)

A eleição de um rei representa o reconhecimento pelos israelistas de que, embora só o seu povo cultue o Deus verdadeiro (significando não apenas o primeiro entre os deuses, mas o *único* Deus), eles enfrentam as provações de qualquer Estado "normal", sobretudo a necessidade de defesa militar sob um único comandante em chefe. O primeiro rei, Saul, começa bem, mas, como muitos monarcas desde o início da história, acaba se tornando mais arrogante, exigente, intolerante a interferências e desconfiado dos que poderiam estar conspirando contra seu trono. Davi, provando ser o melhor guerreiro e criando laços de amizade com Jônatas, filho e herdeiro do rei, finalmente usurpa o trono com uma mistura de bravura, mérito e cilada maquiavélica. O próprio Davi é versado em música e artes, mas seu filho Salomão leva o reino israelita a novos e insuperáveis picos de poder, glória, luxo e cultura. Sob muitos aspectos, Salomão é um tanto parecido com os monarcas orientais seus vizinhos. Alguém o retrata numa túnica púrpura, relaxando em seu palácio cercado por fontes, cantores e músicos, desfrutando muitas aventuras sexuais, compondo poesia, mas também partindo para a guerra com sua grande e imponente frota de carros de combate. Ele também constrói o magnífico primeiro Templo, geralmente encarado como uma das maravilhas do mundo. No entanto, apesar de tudo isso, Salomão nunca cruza a linha para *tornar-se* um rei-deus. Desde o êxodo da escravidão no Egito, os israelitas sempre tinham procurado evitar que seus líderes se tornassem "faraós" – isto é, se tornassem déspotas megalomaníacos que não respeitavam a justiça, a misericórdia e a submissão a Deus.

E isso nos leva a um dilema moral que encontraremos repetidamente ao seguirmos o percurso da tirania. Não importa o que fizessem de bom para os povos que governavam, esses monarcas orientais *eram* tiranos. Tinham o poder absoluto de vida e morte sobre seus súditos e não sofriam restrições de uma aristocracia de quase-iguais (como acontecia com os reis gregos), muito menos de normas legais (algo que eles podem ter feito cumprir para benefício de seus súditos, mas que nunca aplicavam a si mesmos). Embora alguns fossem déspotas benevolentes como Ciro, outros, mesmo quando agiam como generais e administradores competentes, eram notoriamente depravados e cruéis. O rei assírio Assurnasípal se gabava em suas inscrições reais sobre os milhares que tinha decapitado, empalado ou esfolado vivos, estendendo suas peles sobre as muralhas da cidade, além das centenas de garotos e mocinhas cativos que queimara vivos. O antropólogo Geoffrey Clarfield expressou suas reservas sobre uma recente exposição conjunta no Museu Britânico e no Royal Ontario Museum de Toronto que comemorava os feitos de edificação do Estado desses governantes orientais sem jamais identificá-los como tiranos e seus governos como tirânicos. É difícil não compartilhar essas reservas. Mas também é difícil negar as realizações. A questão sobre se a tirania pode realizar coisas boas vai surgir repetidamente à medida que avançarmos.

TIRANIA OU REPÚBLICA? A EMERGÊNCIA DO OCIDENTE

O choque entre a fervorosa independência das diminutas cidades-Estados gregas e o império universal criado por Ciro, o Grande, poderia ter sido predito. Não contente em testar o poder dos gregos na Jônia por meio de uma representante (Troia), como tinham feito os hititas, Ciro conquistou toda a região e nomeou tiranos para governar suas cidades de espírito independente, submetendo os gregos a traidores escolhidos entre seus próprios efetivos. Desde o início, então, o conflito entre Grécia e Pérsia foi um conflito entre o espírito de independência política e um despotismo às vezes benevolente, mas sempre opressor. Irritada sob esse jugo tirânico imposto pela Pérsia e seus colaboradores locais, toda a Jônia entrou em rebelião em 493 a.C. e, com o apoio de Atenas na Grécia continental do Peloponeso, capturou e incendiou a capital regional persa de Sardis. Confrontado com esse ato de rebelião daquela gente problemática e sem importância, o Império Persa decidiu que toda a Grécia, incluindo a continental, deveria ser colocada definitivamente sob seu controle para que aprendesse, de uma vez por todas, quem era seu senhor. A primeira invasão persa, comandada pelo rei Dario, foi derrotada na batalha de Maratona. Em 480 a.C., seu filho Xerxes comandou um dos maiores exércitos jamais reunidos sobre uma ponte criada por centenas de navios emparelhados no estreito istmo (o Helesponto, Dardanelos de hoje) separando a Jônia da Europa (perto de Troia, sempre o cruzamento entre Oriente e Ocidente). Nas célebres Termópilas, 300 espartanos, a nata de um exército pequeno, mas extremamente bem treinado, constituído dos aristocratas guerreiros da classe governante, repeliu miraculosamente uma força persa de dezenas de milhares durante sete dias. Eles se espremeram num pequeno desfiladeiro que se abria para a planície, resistindo a onda após onda das fileiras persas com suas armaduras flexíveis, cavalaria e carros de combate, lutando até o último homem. Rompendo o bloqueio, Xerxes capturou e incendiou Atenas. Parecia que as turbulentas e diminutas cidades-Estados gregas não tinham chance contra o rolo compressor da Pérsia, um confronto entre a paixão pela independência e o impulso para controle centralizado e submissão que tem se repetido muitas vezes na história do Ocidente, como na recusa dos Aliados a sucumbirem à agressão nazista na Segunda Guerra Mundial. Exatamente quando parecia que tudo estava perdido, a frota grega combinada infligiu uma derrota esmagadora aos persas na Batalha de Salamina e, no ano seguinte, os gregos derrotaram definitivamente os persas em terra, na Batalha de Plateia, encerrando por fim a invasão. O camundongo acabou falando mais alto!

O período de aproximadamente um século que se estende da invasão persa ao julgamento e execução do filósofo ateniense Sócrates em 399 a.C. é um dos períodos mais extraordinários de toda a história humana, o apogeu do que agora chamamos Idade Clássica. Ironicamente, iniciou-se com o que seria a derrota de uma tirania por cidades livres e terminou com um ato de tirania da cidade que afirmava ser a mais livre de todas, Atenas, contra um homem de seu próprio meio que defendia o espírito vivo e a liberdade de pensamento. Foi uma era de turbulenta mudança social e política, bem como de pródigas realizações na arte, no drama e na história escrita. Foi quando o esplendor da arquitetura grega floresceu na Acrópole ateniense, ainda hoje dominando o horizonte de Atenas, na escultura de Fídias, nas narrativas históricas de Heródoto e Tucídides, nas tragédias de Ésquilo e Sófocles, na filosofia do discípulo de Sócrates, Platão. Foi também uma era em que os gregos, refletindo sobre como tinham estado perto de serem conquistados pelo Império Persa, começaram a estabelecer as categorias básicas de governo – as diferentes variedades de tirania, como o governo tirânico se diferenciava do autogoverno livre e se a melhor forma de autogoverno livre era uma democracia do povo comum, uma aristocracia baseada nos de sangue azul ou uma oligarquia constituída dos ricos (que às vezes afirmavam ser também de sangue azul). Haviam tido ampla oportunidade de observar todas essas formas de governo em ação durante a luta de vida ou morte com a Pérsia e de refletir sobre seus méritos e desvantagens. No decorrer dessas reflexões, os gregos também pensaram na compreensão homérica da honra varonil, centrada em Aquiles, que por tanto tempo os influenciara, e se ela seria inteiramente adequada para a nova era após o que tinham atravessado nas Guerras Persas. O vocabulário de governo que propuseram molda nossa compreensão de autoridade justa e injusta até os dias de hoje, quando falamos do desejo da Ucrânia pela democracia como oposto à tirania de Putin, do anseio dos sírios pela independência do punho de ferro do tirano Assad, da luta dos negros sul-africanos para se livrarem do jugo da odiosa ditadura racista do *Apartheid* ou da excessiva riqueza dos oligarcas globais que constituem "o 1% do topo". Até muito recentemente, "despotismo oriental" era um sinônimo para o imperialismo monolítico com o qual os gregos foram ameaçados pela Pérsia e que reapareceu para ameaçar o Ocidente em diferentes formas que incluíram o Império Otomano, a Rússia de Stalin e governantes ocidentais que pretendiam exercer esse poder total, como Napoleão e Hitler. Como veremos, no entanto, o conflito entre Ocidente e Oriente é também a história presente de como eles e seus princípios de governo se interpenetraram e se influenciaram mutuamente.

A idade clássica da Grécia também viu o surgimento de escritores que não compunham mitos, como fizera Homero, mas que afirmavam escrever sobre fatos históricos, muitas vezes a partir de sua própria observação, e é onde devemos recolher nossa narrativa. Heródoto e Tucídides invocam a importância da evidência e do julgamento fundamentado, em contraste com as fábulas mágicas de Homero sobre deuses e heróis do passado distante. Heródoto, em suas viagens, acumulou muita informação sobre a Pérsia e os impérios ainda mais antigos do Egito e da Assíria. Também fez a crônica da divisão na liderança ateniense durante as Guerras Persas, incluindo a suspeita de que o grande líder do tempo da guerra, Temístocles, poderia ter sido subornado pelo Grande Rei Dario. Tucídides é especialmente categórico sobre a superioridade da história ao mito, descartando a Guerra de Troia como algo que, na realidade, não passara de uma briga um tanto primitiva entre rústicos chefes tribais com pouco conhecimento de força ou técnica militar organizada, envolta por Homero na linguagem de deuses e heróis. Os deuses não desempenham em absoluto qualquer papel no tipo de história de Tucídides. Para compreender como a história de fato funciona e como a natureza humana realmente é, diz ele, temos de olhar para a Guerra do Peloponeso que irrompeu em 431 a.C. entre Atenas e sua antiga principal aliada contra a invasão persa, Esparta. Foi a primeira guerra na história humana, segundo Tucídides (que viveu nessa época), onde a escala material do conflito – o tamanho e riqueza das cidades, suas frotas, exércitos e alcance econômico – criou uma tela sobre a qual os principais tipos de personalidade podiam emergir. Esses tipos – tiranos, demagogos, guerreiros, os virtuosos, os corruptos, aristocratas e pessoas humildes – estavam todos entrelaçados com e moldados pelo tipo de governo sob o qual viviam ou que desejavam ter, como tirania, monarquia, democracia, oligarquia e aristocracia. Segundo a famosa afirmação de Tucídides, todos os futuros conflitos políticos e militares darão origem a tipos humanos similares, já que a natureza humana será sempre a mesma. Sempre haverá líderes como Péricles, Nícias, Alcibíades e os outros vultos notáveis da Guerra do Peloponeso, não idênticos a eles, mas similares a eles em termos amplos. Para compreender por que esses antigos aliados voltaram-se um contra o outro após alcançarem tamanha vitória juntos, nos diz Tucídides, temos de voltar à época anterior às próprias Guerras Persas, examinar as motivações dos atenienses e espartanos para fazer causa comum contra o invasor e para depois disso se desentenderem.

À medida que a civilização grega emergia da Idade das Trevas, inspirada pelos relatos de Homero de uma desaparecida Idade do Ouro à qual os próprios gregos podiam agora aspirar, as cidades-Estados salpicavam de uma ponta à outra do Peloponeso continental e a Jônia começava a desenvolver uma força econômica e militar, construindo muralhas e portos. Cada cidade tinha seu posto fortificado, a acrópole.

Muitas vezes, como Tucídides relata, esses esforços eram encabeçados por tiranos, o que explica por que, desde muito cedo, descrever um governante como tirano não era, em absoluto, uma crítica ou pelo menos não inteiramente. Sim, também muito cedo alguns tiranos ganharam notoriedade pela crueldade, os prazeres extremos e a suspeita da existência de potenciais competidores pelo poder absoluto. Dizia-se que Dionísio I, de Siracusa, instalou uma câmara de eco perto de sua sala do trono, uma "orelha" que fazia as vozes ecoarem e lhe permitia ouvir conversas, possivelmente de traição, enquanto estivesse fora de vista ou, mais sinistramente, que amplificava para seu prazer os gritos de prisioneiros sendo torturados (a câmara ainda está lá e talvez não tenha sido mais que um corredor). Com frequência, no entanto, eles foram bem-sucedidos como construtores de Estados, comandantes militares e planejadores urbanos, mais eficientes para governar que os sangue azuis locais ou um rei que possuísse o trono por direito de nascimento. Como já observamos, a história do Édipo de Sófocles proporciona o esboço de um homem desses no traje de um mito muito antigo. Os tiranos eram "homens novos" que ganhavam poder absoluto, sem as limitações de normas legais, e não eram de descendência hereditária como um verdadeiro rei. Mas os realmente bem-sucedidos podiam às vezes tornar sua tirania hereditária, como Pisístrato em Atenas ou o praticante de escuta não autorizada Dionísio I. Apesar disso, eles nunca se livravam por completo da mancha de ilegitimidade, de uma ambição que violava a ordem tradicional das coisas. Como chegaram ao poder interrompendo uma descendência hereditária, cometeram uma espécie de impiedade, já que os monarcas legítimos eram encarados como sancionados pelos próprios deuses (e os gregos mais simples, não importa o que Tucídides com sua ênfase em evidência factual e desprezo por fantasias poéticas pudesse ter pensado, continuavam a acreditar nos velhos deuses). Em certo sentido, esses primeiros tiranos gregos poderiam ser comparados ao xógum no Japão – um homem forte cujos talentos eram necessários para a guerra e o governo efetivo porque o imperador, uma figura sagrada descendendo dos deuses, tinha de estar consagrado e protegido do perigo ou mancha encardida da verdadeira batalha ou conflito político. No fim das contas, então, desde muito cedo no antigo mundo grego, a recepção ao tirano era *variada*. Alguns eram bons para governar, outros não. Alguns eram francamente opressivos e, infelizmente, os que eram bons para governar, no sentido de tornar suas cidades mais seguras e prósperas, também podiam ter péssimos atributos, lançando-se contra qualquer suspeito de ser um rival em potencial, sendo capazes de cobiça em grande escala e atos de pilhagem ou crueldade para com seus súditos, como se fossem reformistas e cleptocratas* da variedade-jardim reunidos

---

* Isto é, *depravados, corruptos*. (N.T.)

em uma só pessoa. O Édipo, de Sófocles, que salvou Tebas da devastação resolvendo o enigma da Esfinge – como o Odisseu de Homero, confiando mais na inteligência que nos músculos – também era capaz, como o Aquiles de Homero, de um acesso de raiva contra alguém que se opusesse a ele ou mesmo questionasse seu julgamento.

Esse enfoque ambíguo sobre a tirania – sob certos aspectos reconhecendo a necessidade de um "homem forte" tomar as rédeas do governo quando as autoridades legítimas forem incompetentes, mas apreensivo sobre as origens às vezes vulgares desses homens, sua disposição de se voltarem contra a tradição e sua crueldade – é expresso em nossas fontes antigas pelos recorrentes relatos duplos das origens de grandes governantes. Édipo vê a si mesmo como um homem novo, um órfão de outro país, sem saber que na realidade é o filho e herdeiro do legítimo rei de Tebas, Laio, que ele inadvertidamente assassina quando os criados de Laio o tratam com desdém. A horrível consequência disso é que ele, sem saber, se casará com sua própria mãe depois de lhe ser oferecido o trono, pondo sua tragédia em movimento. É revelado que Laio tinha abandonado Édipo recém-nascido após o oráculo de Delfos ter profetizado que ele um dia iria matá-lo (o que de fato Édipo fez). Segundo Heródoto, Ciro era neto do legítimo rei da Média, Astíages, que ordenou sua morte quando bebê devido (como era de se esperar!) a um oráculo ter profetizado que ele cresceria e tomaria o trono do filho e herdeiro de Astíages – como Édipo, o bebê foi salvo pela compaixão de um pastor. Ciro era fruto de um casamento entre sua mãe, uma princesa meda, e um chefe persa, cujo povo penava sob a dominação dos medos. Quando se tornou adulto, Ciro liderou uma rebelião dos persas contra o suserano meda, dando início às suas conquistas, embora na realidade ele próprio fosse de sangue real meda.

Talvez o melhor exemplo desse julgamento ambíguo sobre as origens do poder esteja nos relatos duplos das origens de Roma, que, devemos nos lembrar – embora na maior parte ausente de nossas fontes gregas para o que lhe acontecia nos séculos IV e V a.C. –, estava se desenvolvendo por si mesma na margem do Tibre como, sob uma série de aspectos, uma típica cidade-Estado no estilo grego (os gregos logo se tornarão desagradavelmente cientes deles). Segundo um relato, o futuro de Roma foi estabelecido pelo herói troiano Eneias que, escapando das ruínas fumegantes de Troia, viajou para oeste e rejeitou os avanços de Dido, rainha de Cartago, antes de instalar-se na terra dos latinos, futura localização de Roma, e se casar com a filha de seu rei. Desse modo, o poeta Virgílio configura o grande conflito futuro entre Cartago e Roma como predestinado – Dido comete suicídio numa pira funerária, gritando de raiva, quando Eneias pega um navio e renuncia a ela. No outro relato, porém, Roma é fundada por um bando de salteadores chefiado pelos irmãos Rômulo e Remo, que montam um acampamento no que mais tarde se tornou o Monte

Palatino e aceitam quaisquer ladrões e malandros que queiram se juntar a seu bando de assaltos. Eram tão rudes que só conseguiram encontrar esposas raptando-as dos vizinhos sabinos. Como outros famosos irmãos brigões, incluindo Caim e Abel, apenas um deles poderia ter o comando do bando e, desde muito cedo, Remo ficou enciumado do irmão chegando ao topo, enquanto Rômulo não confiava que o irmão fosse um leal parceiro júnior. Quando Rômulo criou a vala sagrada cercando a nova cidade – prática comum entre as cidades-Estados gregas, basicamente delimitando um espaço sagrado dentro do qual os deuses seriam venerados e que estaria livre de poluição, como o enterro dos mortos –, Remo, em um acesso de ciúmes, pulou no topo da barragem antes que ela tivesse sido devidamente consagrada, um ato de impiedade que Rômulo prontamente puniu matando-o com sua lança, resolvendo assim seu problema.

Como esses dois relatos totalmente diferentes podem ser ambos verdadeiros: um dizendo que o destino de Roma foi previsto e perseguido pelo grande e nobre herói de Troia: Eneias, que se torna o príncipe do Lácio; outro dizendo que Roma foi fundada por uma quadrilha sarnenta de degoladores e estupradores cujo líder matou o irmão como um mafioso? Na *Eneida*, de Virgílio, os dois relatos estão conectados pelo mais fino possível dos elos, pelo qual dois irmãos, Amúlio e Numitor (outra dupla briguenta), descendiam de Eneias e lutaram pelo poder até a derrota de Numitor e o exílio de sua filha, Reia Sílvia, que embora sendo uma Virgem Vestal deu à luz gêmeos gerados por Marte; esses gêmeos eram Rômulo e Remo. Quando Amúlio matou Reia Sílvia e abandonou os dois bebês ao relento para morrer, eles foram resgatados e amamentados por uma loba até serem adotados por um pastor. Como Eneias havia ingressado séculos atrás na família real do Lácio, isso significava que Rômulo e Remo, ainda que por um triz e por uma pálida sombra de sangue azul, também eram reais, embora também fossem, por boa medida, semidivinos por parte de mãe. Ao mesmo tempo, suas origens possivelmente verdadeiras como crianças selvagens e bandoleiras são simbolizadas pela famosa história da loba, de cujo leite presumivelmente absorveram uma astúcia e ferocidade de lobo, o que também enfatiza como eram forasteiras. Comum a todos esses relatos das origens de grandes governantes é o desejo de querer ficar com o bolo e comê-lo ao mesmo tempo, sobre se eram reis legítimos ou apenas tiranos. Em geral eles chegam ao poder através de crueldade tirânica, violência e ambição, mas depois (surpresa!) constata-se que foram desde o início herdeiros reais! É como se os antigos gostassem de flertar com a noção de tiranos que surgiam do nada graças à sua total ousadia e talento, mas depois se apressassem em restaurar a legitimidade tradicional implantando-os de volta numa linhagem real hereditária.

Voltemos aos gregos. Na ilha da Sicília, perto de Siracusa, podemos visitar as ruínas de uma diminuta e perfeita cidade-Estado chamada Akrai, que resume a civilização grega na véspera da Guerra do Peloponeso. Há um pequeno teatro construído ao lado de uma colina, onde eram encenadas tragédias e onde Dionísio podia ser cultuado nas grutas que se estendiam pelo lado de fora. Bem ao lado do teatro, há um pequeno recinto de bancos feitos de degraus de pedra. Era o *bouleuterion*, a câmara do conselho da pequena comunidade, onde os líderes da cidade se reuniriam para debater e tomar decisões necessárias. Os antigos gregos inventaram o autogoverno.

Quando da eclosão da Guerra do Peloponeso, que se prolongou durante 27 anos, tinham se desenvolvido duas formas básicas de autogoverno, representadas por Esparta e Atenas. As palavras *Esparta* e *espartanos* vêm do nome que os romanos lhes deram, tirado de sua principal localidade, Esparta, embora eles na verdade chamassem seu território como um todo de Lacedemônia e eles próprios de lacedemônios. Usaremos os nomes romanos mais familiares (sei que todas essas versões para nossa língua de versões romanas de nomes gregos é um pouco como Magill que se chamava Lil e assim por diante em *Rocky Raccoon**). Esparta era uma aristocracia militar cujos homens treinavam a vida inteira para a guerra. Ela inventou a famosa falange, formação maciça de infantaria que em geral derrotava tudo na sua frente, uma precursora da legião romana. Embora sendo uma aristocracia, viviam de modo frugal, sem luxo e eram inteiramente dedicados ao bem comum sem pensar, ou assim era afirmado, em progresso individual (nem sempre funcionava, é claro). Digo aos meus alunos que eles eram um pouco como os Klingons, embora, verdade seja dita, os Klingons e sua arquitetura tenham um pouco de Gênghis Khan em torno deles. Sua capacidade de resistência e autossacrifício tornou-se lendária durante toda a antiguidade grega e romana, sendo capturada em muitas histórias, verdadeiras ou não, como a de um garoto se deixando maltratar por uma raposa sob seu manto em vez de gritar e as mães que gritavam quando os filhos partiam para a batalha: "Volte com seu escudo – ou sobre ele!". (Nada de mensagens para elas no Dia das Mães.)

A riqueza era agrícola – havia poucos ofícios ou comércio. Os espartanos não recebiam bem os forasteiros e resistiam à inovação. Tucídides nos conta que seu modo de vida e forma de governo tinham permanecido inalterados desde que foram estabelecidos pelo fundador Licurgo, cerca de 400 anos antes. Ao contrário de Atenas, não tinham grandes cidades ou arquitetura grandiosa. Tucídides previu que os séculos futuros não seriam capazes de avaliar com exatidão o poder de Esparta

---

* Música de Lennon e McCartney gravada pelos Beatles. A letra diz: "Her name was Magill, and she called herself Lil/But everyone knew her as Nancy" [Seu nome era Magill, e ela chamava a si mesma de Lil/Mas todos a conheciam como Nancy]. (N.T.)

baseados nas parcas ruínas de suas habitações e ele tinha razão. Hoje não há muita coisa lá, a não ser algumas fundações, enquanto a Acrópole, em Atenas, ainda nos tira o fôlego em sua imensa glória. O palácio de luxo dos primitivos reis micênicos de Esparta, descrito na *Odisseia*, há muito desapareceu. Os homens espartanos, embora tivessem famílias, passavam grande parte de seu tempo juntos em uma irmandade baseada no combate e talvez tenham vivido em fortificações comunitárias em uma desordem comum. Às vezes se considera que os espartanos foram descendentes da fatia principal de invasores dóricos que teriam descido do norte quando a cultura micênica-minoica estava se desintegrando, impondo disciplina militar e ordem a um modo de vida mais sibarita e despreocupado, assim como o severo deus da guerra Apolo (como ele era então, pré-serpentino) desceu do norte para subjugar a deusa-mãe e sua serpente. As colunas dóricas em seus templos eram robustas e sem adornos, como fileiras de hoplitas, quando comparadas com a agradável, sentimental ordem coríntia com suas uvas e animais esculpidos. Eles tinham absorvido, de muitas formas, o código heroico de coragem viril louvado por Homero, mas sem nada do individualismo niilista e insubordinado de Aquiles. Entre os heróis homéricos, talvez fossem mais parecidos com Heitor, um Heitor coletivizado – valente de um modo sólido, sem ostentação, leal ao país e ancestrais, profundamente piedoso. Pessoalmente, sempre percebi uma conexão cultural entre troianos, espartanos e romanos, em oposição aos exuberantes atenienses.

Os espartanos treinavam sem parar para a guerra, mas eram de fato uma força isolacionista, que só lutava quando não havia alternativa. Isso acontecia porque governavam uma população de escravos ("ilotas") que excedia, e muito, o número de seus senhores e que tratavam com extrema brutalidade. Os ilotas eram o calcanhar de Aquiles de Esparta. Seus senhores, aristocratas guerreiros, estavam constantemente em guarda contra um desejo de liberdade que pudesse se propagar entre os escravos. Guerras no exterior significavam desestabilização, uma chance de rebelião quando o exército estivesse distante, combatendo. Guerras também levavam a uma ambição por glória e pilhagem, e portanto a um tipo perigoso de individualismo no que devia ser um coletivo. Para sua consternação, os espartanos tinham observado durante as Guerras Persas que seus comandantes, quando estacionados no exterior, transformavam-se com frequência em minitiranos violentos e gananciosos, como Kurtz em *O Coração das Trevas*, de Joseph Conrad. Ficar em casa era uma proteção contra a corrupção. Guerras também significavam a difusão de novas e perigosas ideias do mundo exterior, como a democracia. Combater os invasores persas fora uma necessidade absoluta se os espartanos não quisessem ser escravizados. Mas assim que a luta comum terminou, tudo que os espartanos queriam fazer era ir para casa e retomar a vida normal. Excetuando uma zona tampão de Estados aliados com a qual tinham cercado a terra natal peloponense, Esparta não tinha ambições imperiais. Não havia debate público em Esparta. Havia dois reis, que atuavam principalmente como comandantes militares – seus poderes eram limitados por uma assembleia eleita, os éforos, e um Conselho de Anciãos cujas decisões eram definitivas. Os espartanos como um todo, mais ou menos como os heróis dos faroestes estrelados por John Wayne e Clint Eastwood, não gostavam de falar muito e desconfiavam quando os outros falavam bonito. *Lacônico* (palavra originada do verdadeiro nome do país, Lacedemônia) tornou-se uma descrição de um povo que não desperdiçava palavras.

A trajetória de Atenas como consequência da invasão persa dificilmente poderia ter sido mais diferente. Como potência marítima, Atenas sempre estivera aberta ao contato com outros países através do comércio. Com o comércio exterior vieram novas ideias e inovações. Atenas foi o lar de uma grande população imigrante de comerciantes e artífices, e eles eram bem recebidos. Às vezes chegavam a servir no exército. Como viviam dos ofícios e do comércio e não tanto da agricultura, os atenienses sempre tiveram um gosto pelo luxo e a ostentação (como broches caros e prendedores de cabelo da Jônia, diz Tucídides). Embora diferentes segmentos da população favorecessem a democracia ou a oligarquia e já tivessem tentado o governo de um único homem – o tirano Pisístrato defendeu o povo comum contra a aristocracia, enquanto Sólon, o primeiro legislador, tinha desfrutado de uma extraordinária autoridade individual –, na época da invasão persa formavam uma democracia plena, a primeira da história. Enquanto Esparta era governada por um conselho que deliberava atrás de portas fechadas, toda a população masculina adulta e livre de Atenas, por volta de 40 mil cidadãos, se reunia na praça central, a ágora, onde os problemas seriam debatidos por qualquer um que se interessasse em falar e resolvidos por uma maioria de votos. Como a capacidade de falar de maneira persuasiva em público era um ativo muito valioso na política democrática, mestres profissionais da arte da retórica de Jônia e outros lugares muitas vezes viajavam a trabalho para Atenas, procurando ter os filhos dos ricos como clientes. Eram figuras como Górgias e Protágoras, que aparecem nos diálogos de Platão.

Uma das razões pelas quais Atenas se tornou uma democracia foi que, no governo de Temístocles, ela havia começado a manter uma enorme frota e precisava de um grande número de homens para as tripulações e o trabalho nos estaleiros. Como se esperava que eles equipassem e operassem os navios, eles também esperavam poder opinar sobre o governo. Antes disso, como em muitas cidades-Estados gregas, as forças armadas tinham sido constituídas de cavaleiros da aristocracia rural que pudessem se dar ao luxo de ter cavalos e armadura. Esse modo de vida estava agora desaparecido. Atenas e Esparta faziam uma perfeita combinação para rechaçar os persas – a melhor marinha combinada com o melhor exército. As outras cidades-Estados se alinhavam atrás de sua liderança conjunta. Mas após a guerra, enquanto os espartanos queriam voltar para casa e ver as coisas retornarem ao normal, os atenienses saboreavam a inebriante sensação de poder, assim como a onda de prosperidade que a vitória sobre os persas havia trazido. Afirmando que a frota tinha de ser mantida para o caso de os persas voltarem, disseram astuciosamente aos aliados que, em vez de se preocuparem em mandar seus próprios navios, deviam dar aos atenienses uma quantia equivalente e Atenas construiria os navios. Desse modo, Atenas tornou-se ao mesmo tempo mais rica e mais poderosa, transformando aos poucos o que fora uma aliança numa espécie de hegemonia. Foi sua riqueza e poder que possibilitou o embelezamento da cidade com a Acrópole e um meio de vida mais confortável para todos os atenienses.

O líder ateniense Temístocles, apesar das objeções dos espartanos, construiu as Longas Muralhas que saem do centro da cidade até alcançarem ambos os lados do porto de Pireu e trouxe a maior parte da população para dentro delas. Com efeito, isso tornou Atenas relativamente imune a uma invasão por terra, mantendo ao mesmo tempo o controle de uma entrada por mar, equivalente precoce de um sistema antimíssil. Os espartanos compreenderam isso, mas, voltados para dentro e como sempre lentos acerca do que estava acontecendo em outros lugares, seus protestos chegaram tarde demais. Com o passar do tempo, os chamados aliados foram ficando cada vez mais ressentidos com a arrogância e o poder ateniense sobre eles. Como Péricles, sucessor de Temístocles, advertiu seus concidadãos, eles eram considerados como uma "cidade tirana" e não podiam se dar ao luxo de abdicar de seu apego à hegemonia porque aqueles que tinham oprimido exigiriam vingança. Muitos acreditavam que, tendo liderado com Esparta o esforço para expulsar o Império Persa, Atenas estava agora tentando estabelecer sua própria versão daquele império sobre todos os outros Estados do Peloponeso.

Esparta, enfim despertada de sua letargia isolacionista por cidades como Corinto, que se ressentia dos métodos de dominação de Atenas, foi finalmente convencida de que, se esperasse mais tempo, seria impossível deter Atenas e uma ameaça ao próprio modo de vida espartano. Isso deu origem a uma longa e terrível luta de três décadas em que as outras cidades-Estados do Peloponeso se alinhavam com um lado ou com o outro. Não foi apenas uma guerra baseada em interesses conflitantes, mas também em compreensões conflitantes de governo justo. As outras democracias tenderam a apoiar Atenas, enquanto as outras oligarquias – pequenos grupos de autogoverno dos ricos e bem-nascidos – se alinhavam com a aristocrática Esparta. Como já era de se esperar, essa luta entre a principal democracia e a principal aristocracia começou a se infiltrar na política doméstica de todos os combatentes. Em outras palavras, as oligarquias respaldando Esparta descobriram que estavam sendo desafiadas, inclusive derrubadas, por movimentos democráticos de suas próprias cidades que eram leais a Atenas e estavam incitados por ela, enquanto o contrário acontecia nas democracias – os oligarcas, respaldados por Esparta, tentariam instalar os ricos como governantes. A carnificina desencadeada por todo o Peloponeso por essa guerra civil foi de fato terrível. Como gregos massacravam gregos, roubavam a propriedade uns dos outros, violavam as famílias uns dos outros, a lei e a ordem foram quebradas e a anarquia reinou. "A guerra", Tucídides escreveu ao narrar esse conflito civil, o equivalente humano de uma doença infecciosa como a Peste que tinha devastado Atenas em 430 a.C. , "é um terrível mestre".

À medida que a guerra se desenrolava, o conflito entre esses princípios incompatíveis de governo em nenhum lugar ficava mais extremo que na própria Atenas. Como vimos, seu próprio grande líder do tempo da guerra, Péricles, declarou francamente na assembleia que Atenas era uma "cidade tirana" dominando outras cidades. No seu interior, porém, era um autogoverno democrático. Mas se seus comandantes foram vitoriosos em ampliar o poder ateniense sobre os inimigos externos liderados por Esparta, o que impedia que esses homens vitoriosos voltassem para casa com suas forças e quisessem se estabelecer como tiranos em Atenas? O povo ateniense estava cada vez mais preocupado com tal perigo.

Enquanto Péricles viveu, mantiveram o problema afastado. Péricles defendia um imperialismo contido. Era perigoso demais abandonar o império, e Esparta tinha de ser derrotada. Mas novos envolvimentos e guerras de aquisição deviam ser evitados, a não ser que se ajustassem claramente aos recursos da cidade. Vamos ser claros – Péricles não era pacifista. Nunca cultivou a ideia de que Atenas devesse reduzir, muito menos abandonar, sua dependência do luxo e das riquezas que vinham com o poder imperial. Nada de bicicletas, só carros que bebem. Em sua bela oração fúnebre pelos caídos numa batalha no início da guerra, louvou a beleza e cultura da cidade e se vangloriou de que Atenas era uma "escola" para toda a Grécia. Embora desfrutando os benefícios da diversão e das artes em tempos de paz, tolerantes à inovação e a novas ideias – ao contrário dos espartanos, obstinadamente provincianos com suas choupanas e mingaus –, os atenienses podiam, de um momento para o outro, mudar de atitude e se tornarem guerreiros invencíveis. Tinham o melhor de ambos os mundos. Péricles apresentou Atenas como uma visão radiante, um farol civilizatório tanto para o amigo quanto para o inimigo. Nas primeiras fases da guerra, antes que as coisas se agravassem, os atenienses pareciam realmente acreditar que, ao contrário de outros agressores imperiais, estavam levando um modo de vida melhor para todos. Foi a primeira versão na história (mas não a última) do que poderíamos chamar de um império liberal.

Segundo Tucídides, embora Péricles fosse na verdade um monarca sem o título – tão grande era sua influência na assembleia –, contentava-se com o grau de poder e prestígio que vinha de servir o bem comum conduzindo a nave do Estado através dessa passagem intermediária de prudente imperialismo. Com seus sucessores, esse ponto médio foi abandonado pelos extremos de excessiva expansão imperial e um desejo de ignorar inteiramente o fardo de ser uma "cidade tirana". Na visão de Tucídides, nenhum dos dois lados agia necessariamente em nome do bem comum. O partido da guerra era liderado por Alcibíades, o brilhante, belo, corajoso e carismático sobrinho de Péricles, membro do rico e aristocrático clã alcmeônida. Dado a extravagâncias em sua vida pessoal, incluindo uma paixão por cavalos de corrida e todas as formas de vida luxuosa, Alcibíades tinha um interesse velado em expandir o império de Atenas e recolher uma pilhagem cada vez maior. O partido da paz era liderado por um homem mais velho, o general Nícias, conhecido pelo caráter moderado e piedoso. Ele queria uma vida tranquila. Quando os atenienses conseguiram agarrar o calcanhar de Aquiles de Esparta realizando um ataque naval a uma ilha junto de sua costa, deixando assim os espartanos mais temerosos que nunca de uma sublevação ilota desencadeada pela chegada de um exército democrático de libertação, Nícias usou a oportunidade para fazer Atenas avançar para um definitivo tratado de paz com o adversário.

Mas então Alcibíades começou a mobilizar apoio para invadir a ilha da Sicília, cheia de cidades ricas lideradas por Siracusa, pronta para a colheita. Nícias se opôs a isso como loucura, já que Esparta ainda não fora adequadamente posta fora de combate, tentando dar continuidade à política de Péricles de não iniciar novos projetos imperiais sem ter meios de respaldá-los. Alcibíades, ao contrário, planejava avançar direto para a conquista de Cartago depois de resolver o problema da Sicília – acreditava que "não havia limite" para a futura expansão do império. Era um megalomaníaco? Ou seria algo novo – um Aquiles que aspirava a ser Ciro, o Grande, refletindo o impacto da superpotência persa sobre a cidade-Estado grega como um modelo de autoridade? A assembleia, inflamada pela promessa de riquezas incalculáveis feita por Alcibíades, endossou a invasão da Sicília. Seriamente desinformados sobre o quanto eram de fato fortes as cidades sicilianas, sobretudo Siracusa, os atenienses foram derrotados em uma partida sangrenta. Cinco mil morreram miseravelmente de fome e insolação, mantidos prisioneiros na cavidade de uma pedreira do tamanho de um desfiladeiro, que se pode ver ainda hoje defronte às ruínas de Siracusa. Mas a razão fundamental do fracasso da expedição, segundo Tucídides, foi que, depois de enviarem Alcibíades como líder da expedição, os atenienses o chamaram de volta e mandaram Nícias em seu lugar. Em outras palavras, tiraram o homem mais favorável à expedição e, na visão de Tucídides, mais capaz de conquistar a vitória, e o substituíram pelo homem que mais se opunha a ela (que, para começar, não tinha uma grande trajetória como general). Por quê? Porque os atenienses tinham começado a temer que Alcibíades usasse seu sucesso como conquistador da Sicília para retornar e se instalar como tirano em casa. Seu medo foi desencadeado pela crença generalizada de que, na véspera de sua partida, Alcibíades e seu bando de ricos valentões aristocráticos tinham arrancado gesso de algumas estátuas e as mutilado, estátuas de Hermes, um deus caro ao povo comum – presumivelmente um insulto à democracia. Começaram também a pensar em uma experiência desagradável por que Atenas passara alguns anos antes, durante a tirania dos pisistrátidas.

Pisístrato fora um "homem novo" que tomou o poder pela força, mas governou de maneira competente e tornou Atenas mais rica. Comandou suas guerras, embelezou a cidade enquanto equilibrava o orçamento, promoveu o comércio e fez cumprir a lei, exibindo (segundo Tucídides) "sabedoria e virtude". Foi o clássico tirano reformador. Mas o sucessor de Pisístrato, seu filho Hípias, tornou-se mais despótico. O irmão de Hípias, Hiparco, ficou interessado por um belo jovem, Harmódio. Mas Harmódio era parceiro de um homem mais velho, Aristógito – que ao saber das indesejadas propostas de Hiparco a Harmódio, ficou furioso e jurou matar Hiparco e ainda derrubar seu irmão, o tirano. O pessoal rapidamente transbordou para o político. Assim como na disputa de Aquiles com Agamenon pela posse de Briseida, a paixão sexual e a possessividade misturaram-se com o que foi considerado como um insulto à honra em uma infusão explosiva, uma vingança pessoal que teve sérias consequências para os assuntos políticos. Hiparco reagiu à rejeição de seus avanços por parte de Aristógito humilhando publicamente sua irmã, declarando-a inapta para participar de um festival público, fazendo, talvez, alusões à perda de sua virgindade. Agora Harmódio estava mais irritado do que nunca em apoio a seu parceiro. Com facas escondidas nas túnicas, os dois amantes resolveram matar Hípias na procissão panateneia, punindo o tirano pelas afrontas do irmão, mas ficaram com medo e fugiram. No entanto, deparando-se por acaso com Hiparco, mataram-no na mesma hora. Depois disso, Hípias passou a ter medo de conspirações e começou a executar muitos atenienses. Por fim, os espartanos o depuseram em aliança com o poderoso clã alcmeônida e foi estabelecida uma democracia.

A história confirma que, embora os tiranos possam às vezes governar bem, seu poder também pode tentar a eles e a seus amigos a tratar cidades inteiras como se elas fossem sua propriedade pessoal, incluindo seu povo, que podem levar à humilhação pública e à exploração sexual. Foi por ser irmão do tirano, que Hiparco pôde insistir nas investidas indesejadas que irritaram Aristógito e envergonhar a irmã dele em público. Os atenienses estavam resolvidos a nunca mais deixar que alguém tivesse esse tipo de poder sobre eles. O arrogante e desregrado Alcibíades, um tipo de personalidade nitidamente aquileana que, juntamente com seus ricos colegas vestibulandos, usava cabelo comprido à maneira espartana para sugerir que preferia o código aristocrático dos espartanos à soberania das massas (o *hoi polloi*) foi a vítima número um. A derrota catastrófica da nata do exército e marinha atenienses na Sicília, que pode perfeitamente ter sido decidida pela chamada de volta de Alcibíades, levou ao declínio da cidade e por fim à perda da guerra com Esparta. A contradição entre democracia em casa e império no exterior finalmente fez Atenas depor as armas.

O conflito entre o expansionismo imperial de Alcibíades e o desejo de paz de Nícias refletia uma divisão dentro da sociedade ateniense que se aprofundou à medida que a guerra se desenrolava. Por um lado, os mestres profissionais de retórica, que passaram a ser conhecidos como sofistas, ensinavam que era próprio da natureza humana buscar poder e riqueza, "tirar vantagem" dos outros e que qualquer um que conseguisse se safar de ser um tirano ia querer fazê-lo. Não havendo condições, podemos tapar os olhos de nossos concidadãos praticando a arte da retórica manipulativa para termos êxito na política democrática. Uma versão particularmente insolente do ensinamento dos sofistas foi posta por Tucídides na boca de um grupo de generais atenienses, membros do partido da guerra de Alcibíades, que declaram que "dos deuses acreditamos e dos homens sabemos que, por uma necessária lei da natureza, eles dominam onde quer que possam". Isso é muitas vezes encarado como a clássica declaração original da *Realpolitik* de que o poder diz o que é certo. Implica, senão em um franco ateísmo, uma crença de que os deuses não poderiam se importar menos sobre se nos comportamos de maneira justa ou injusta; pelo contrário, eles acreditam que o poder diz o que é certo a eles próprios e agem de acordo com isso. Tirania e conquista imperial são o estilo do mundo. Você pode tentar tomar as rédeas ou dar-se por vencido quando um conquistador excepcionalmente generoso como Atenas lhe oferece a chance de se submeter e viver em paz.

Por outro lado, especialmente quando a guerra passou a correr mal, houve atenienses que começaram a se sentir culpados por terem provocado os espartanos para a guerra graças, antes de qualquer coisa, à busca de hegemonia. Acreditaram que a terrível praga que devastou a cidade (e matou Péricles) foi a punição dos deuses por sua arrogância. Trazer a população para dentro das Longas Muralhas também havia perturbado o culto tradicional dos ancestrais, em que a lareira da família era usada tanto para cozinhar alimentos quanto para fornecer oferendas incineradas em sacrifício aos ancestrais; as oferendas eram enterradas diretamente sob a lareira na propriedade da família no campo. Esses atenienses começaram a achar que a ascensão de Atenas ao poder tinha levado a um colapso da antiquada moralidade, que a busca do interesse próprio e do poder tinha corroído as velhas virtudes de lealdade à família, ao país e aos deuses, bem como o respeito dos jovens pelos idosos. O contraste foi resumido na peça *As Nuvens*, de Aristófanes, no debate entre o Argumento Justo e o Argumento Injusto. O Argumento Justo lamenta a morte da velha moralidade, do código homérico da virilidade que alcançou seu maior florescimento na Batalha de Maratona, na luta para repelir os persas. Em contraste com o Argumento Justo, que tem algo de velho e careta, o Argumento Injusto é insolente e desavergonhado em sua defesa do imperialismo, poder, prazer desenfreado e da necessidade de o jovem agarrar seu lugar ao sol afastado de seus decrépitos idosos. Alcibíades é parodiado na peça como um metrossexual de língua presa, arrogante, de cabelos compridos e gostos dispendiosos, incluindo cavalos (o nome do personagem, Fidípides, combina "filho da sobriedade", expressando a esperança de seu pai, que venceu por esforço próprio, de que ele será um bom empresário, e "relativo a cavalos", refletindo a aprovação de sua extravagância pela mãe aristocrática) e ele favorece, é claro, o Argumento Injusto.

A divisão na sociedade ateniense que o poeta cômico Aristófanes apresenta como humorística é apresentada como tragédia por Sófocles, que serviu como general e cujo período de vida coincidiu com a ascensão e queda do império ateniense. Ele recorre à antiga lenda de Édipo – conhecida pelo menos desde o tempo de Homero – para examinar os dilemas morais da condução dos negócios públicos atenienses no presente. Como as peças históricas de Shakespeare, as de Sófocles alcançam o nível do universal e perene na mensagem que passam, embora estejam, ao mesmo tempo, intimamente envolvidas com o mundo que o autor tem à sua volta. Na representação de Sófocles, Édipo acredita no poder da razão, aliada à sua ambição suprema, para fazê-lo senhor de Tebas. Chega ao poder derrotando a Esfinge e, quando a terra é mais uma vez assolada pela praga, ele se oferece para salvar a situação encontrando e punindo o assassino de Laio que, consequentemente e para seu horror Édipo descobre, é na realidade ele próprio. O sábio cego de Tebas, Tirésias, exorta Édipo a parar de investigar o assassinato de Laio. Para Tirésias, às vezes é melhor não saber; é melhor estar cego para a verdade. Os homens deviam ser reservados e evitar excessiva ambição para que os deuses não os golpeassem por pretenderem chegar alto demais. Édipo castiga violentamente Tirésias por ele se recusar a revelar o que sabe. Invoca Apolo, deus da arte de governar, como seu especial patrono. Quando sua insistência em investigar o assassinato de Laio leva à revelação de que matou seu pai e dormiu com sua mãe, Jocasta, levando Jocasta a se enforcar, Édipo cega a si próprio furando os olhos com os prendedores de ouro da sua túnica desalinhada, amaldiçoando Apolo por tê-lo abandonado. A cegueira que causa a si próprio combina no final da peça com a sabedoria do cego Terésias, que tinha razão: às vezes é melhor não saber. A confiança de Édipo na razão, aliada a seu ambicioso orgulho, leva ao castigo merecido. Durante todo o espetáculo, o coro, representando a cidadania tebana, fica dividido entre a aspiração por um estadista cuja ambição sirva ao Estado e a repugnância a tiranos. O problema é que eles não têm certeza de quem é tirano e quem não é, como Édipo também não tem. Só no final ele fica sabendo de toda a verdade sobre si mesmo. A peça nos ensina que, infelizmente, alguns dos mesmos traços de ambição excessiva, crueldade e intolerância à divergência que identificam um tirano podem ser necessários a estadistas capazes, que defendem e protegem suas cidades.

Os estudiosos vêm há muito tempo especulando que Édipo poderia ser um substituto para o próprio Péricles. A peça foi encenada pela primeira vez em 430 a.C., mais ou menos na época da morte de Péricles pela peste, e Édipo começa sua trágica descida em espiral enfrentando o perigo representado por uma peste em Tebas. Se o paralelismo é válido, Sófocles parece estar endossando a visão de que a ascensão de Atenas, atingindo seu zênite no governo de Péricles, período que mais tarde chegaria a ser chamado de Era de Péricles, era culpada de uma arrogante ambição que teria finalmente de ser abrandada. Era também uma advertência ao ateniense médio: modere seus desejos e sua paixão por exercer poder tirânico sobre outras cidades. Curiosamente, a visão de mundo de Tirésias – seja reservado, evite a ambição excessiva, confie antes na virtude de seus concidadãos que no brilho e originalidade que você supõe possuir – é apresentada por Tucídides por meio do discurso do rei espartano Arquidamo no Conselho dos Éforos, opondo-se à guerra com Atenas, como também por meio, em grande medida, do código espartano. Percebemos que, quando sua sorte declina, muitos atenienses começam a se perguntar se os espartanos, mais modestos e antiquados, não poderiam ter, desde o início, abordado de forma correta os problemas da vida.

Mesmo assim, a descrição feita por Sófocles da vida ateniense contemporânea através do filtro do mito mostra como as coisas mudaram desde o código de heroísmo da Idade do Bronze de Homero, refletindo a crise de valores e a falta que se sentia de uma bússola moral em Atenas quando ela se alça a império. Nos poemas de Homero, os deuses estão muito próximos dos homens, movendo-se entre eles, tornando-se seus amigos e amantes, sendo muito semelhantes a eles nas necessidades e paixões. Nas tragédias de Sófocles, ao contrário, os deuses parecem muito distantes, o interesse pelos assuntos humanos incerto, a vontade deles embotada e impenetrável. Quando agem, o ato sai do nada, uma gigantesca onda de pura necessidade, esmagando Édipo – que achava que Apolo era seu protetor – por ter pretendido chegar demasiado alto. Os deuses se foram? Deixaram vazio o mundo do homem?

Mesmo em Homero, porém, assim como em outras respeitadas obras poéticas, como as de Píndaro, os deuses parecem perturbadoramente incoerentes ou ambivalentes sobre o significado da virtude humana. Pessoas refletindo sobre essas veneradas fontes começaram a questionar seu valor à luz do declínio moral que muitos acharam ter sido desencadeado pela ascensão de Atenas a império e pelo conflito civil que isso provocou entre as cidades-Estados gregas na Guerra do Peloponeso. Será que os deuses, como os poetas às vezes os apresentam, puniam de forma consistente o vício e recompensavam a virtude? Ou, como os poetas outras vezes também os apresentam, podem os deuses ser influenciados pelos pródigos sacrifícios de um homem perverso para que façam vista grossa a seus crimes enquanto ele ascende para a tirania? Será que de fato os deuses se importam com o que fazemos? Se supomos que a virtude seja o melhor meio de vida, tenha em si sua própria recompensa, por que tantos poetas sublinham como ela é difícil, que escalada severa e dolorosa ela é? Pode o melhor meio de vida para um homem torná-lo infeliz? Se você se abstém de acumular riqueza e poder à custa dos outros para ser piedoso e moderado, não estará de fato agindo apenas como um trouxa? Os poetas, muitos começaram a perceber, não forneciam respostas claras.

Os jovens zelosos que, nos diálogos de Platão, cercam Sócrates em busca de orientação, fazem-lhe essas perguntas. Elas nos levam de volta à ira de Aquiles com que começamos a Parte Um e a uma completa reavaliação e crítica do código de masculinidade de Homero como resumido pelo herói da *Ilíada*. Embora muito tivesse acontecido na história da Grécia Antiga desde que Homero compôs suas baladas, para muitos, suas obras continuavam sendo fidedignas, com o brilhante herói Aquiles em seu centro – como afirma o poeta vitoriano Matthew Arnold, os poemas de Homero não eram nada menos que a Bíblia dos gregos. Como vimos ao analisar a *Ilíada*, embora Aquiles realmente não governe como tirano – é um rei numa liga de reis encabeçada por Agamenon –, seu egoísmo desenfreado, paixão e ânsia de prestígio o tornam muito capaz de ter um comportamento tirânico. Tudo é pessoal, tudo diz respeito a ele. Se luta ou se recusa a lutar ao lado de seus aliados é em função de uma vingança pessoal ou paixão.

Para Sócrates, Aquiles é o exemplo supremo do "amor por si mesmo" – por seu *status*, prazeres, propriedades, em detrimento de qualquer preocupação com o bem comum. É, portanto, o exemplo típico de uma personalidade com inclinações tirânicas. Como está totalmente encerrado em si mesmo, personifica o mundo externo que coloca obstáculos no caminho de seus desejos como um inimigo pessoal. Ele se enfurece com o cosmos e ameaça inclusive entrar em combate com os deuses.

Sócrates menospreza sua ira, apresentando-a como semelhante à raiva de um adolescente mal-humorado que, mandado para o quarto, dá um chute em uma cadeira e fica ainda mais furioso quando a cadeira lhe machuca o dedo do pé, devendo punir a cadeira com um chute mais forte ou talvez, como Keith Moon, destruir o quarto inteiro. Em *A República*, Sócrates afirma ainda, desdenhosamente, que o lamento constante de Aquiles acerca de seu destino lembra a atitude de um menino pequeno que feriu o dedo e vai chorando em busca de alguém que dê um beijo no dedo para ele melhorar. Aquiles, portanto, é tudo que um garoto não deveria ser e podemos resumir a educação adequada dos garotos como a necessidade de ser, em cada caso, o oposto de Aquiles.

Segundo Sócrates, os garotos precisam ser educados, desde a tenra idade, para moderar e restringir suas paixões e cooperar com os outros. Uma raiva excessiva deve ser redirecionada para uma vigorosa e entusiasmada disposição de servir ao bem comum em cooperação com os demais cidadãos. Prazeres hedonísticos excessivos devem ser evitados. Não há nada de errado com a ambição em si. Com relação a isso, Sócrates e os outros pensadores antigos não compartilham uma tendência mais tardia comum a cristãos, como Santo Agostinho, e aos primeiros pensadores modernos, como Hobbes, a achar que o anseio pelo prestígio político deveria de alguma forma ser expelido da alma (opiniões que vamos investigar na Parte Dois). Não, tudo depende de para onde a ambição é *dirigida*. A busca do prestígio deveria ser desviada de uma saída tirânica e canalizada para a atitude de concidadãos que querem ser prestigiados por servir a cidade e promover a justiça.

Fossem inteiramente justos com Homero ou não (como vimos antes, Homero não é de todo acrítico com relação a Aquiles), os novos estilos de educação de Sócrates ofereciam uma alternativa poderosa às ambiguidades morais dos poetas tradicionais. O Livro Nove de *A República* apresenta uma crítica da tirania e da vida tirânica que, sob muitos aspectos, continuou sendo padrão até o presente, com as variações de Salústio, Erasmo e muitos outros. A alma transtornada do tirano flui diretamente da licenciosidade da própria democracia. Ele começa como um demagogo populista que toma a dianteira ao se deixar levar pelos piores excessos do hedonismo democrático e agita o ressentimento da massa contra aqueles que são melhores. Tornando-se tirano, como diz Sócrates, sua paixão erótica inflada atua como um demagogo dentro de sua própria personalidade, concentrando todas as suas energias na busca egoísta de prazer e glória. Como governa através do medo e da força, nunca pode confiar nos que estão à sua volta e está continuamente em guarda contra conspirações – melancólico, desconfiado e propenso a espasmos de crueldade. A única cura efetiva para tal apetite tirânico é refrear essas paixões desregradas, o que só pode ser feito se a mente governa as paixões e redireciona suas energias para a justiça e a virtude cívica. A própria filosofia deve mostrar o caminho. Se o mundo é caótico, nossas paixões e nosso comportamento também serão. Se o mundo é razoável, há uma chance de que nossas paixões também possam ser recrutadas para servir à razão. Como acredita que o mundo seja caótico, Aquiles oscila entre um arrojo enlouquecido e um deprimente mau humor. O que é necessário é *firmeza*.

Por certo, a descrição que Platão faz da tirania nem sempre é tão irrestritamente mordaz. No Livro 4 de *As Leis*, ele sustenta a possibilidade de que um tirano possa desempenhar um papel construtivo para lançar as bases de uma sociedade justa – é o Tirano como Reformador das nossas três categorias. Mas isso não será possível a não ser que o ambicioso e jovem tirano seja orientado por um sábio conselheiro. Uma característica da abordagem clássica do perigo da ambição tirânica é essa busca de um sábio orientador. A investigação por Platão dessa parceria em *As Leis* é retomada por Cícero, que apresenta um retrato idealizado de Cipião Africano, o Jovem, que teria recebido em um sonho, numa jornada pelos céus, instruções do espírito do pai morto para servir a seu país como um romano bravo e patriótico, mas para colocar uma preocupação com a eternidade e nossa alma imortal num nível ainda mais alto que uma preocupação com a virtude e a honra marciais e cívicas. A tradição continua até a *A Educação do Príncipe Cristão*, de Erasmo, com sua defesa de uma mistura de humildade e fé cristãs com uma formação na arte clássica de governar e as façanhas de antigos heróis, como Ciro, o Grande, como descritas pelo parceiro de Sócrates Xenofonte. Para Erasmo, um amor pela honra devidamente dirigida é um motivo perfeitamente aceitável para um príncipe cristão cultivar seu senso de dever. Um desejo de fama imortal do tipo que os antigos exaltavam em estadistas virtuosos é um degrau na escada para a preocupação mais elevada com a imortalidade da alma prometida pela revelação cristã.

Como investigaremos mais adiante, essas parcerias entre sabedoria e poder político nem sempre funcionam na vida real. O papel de mentor de Alcibíades, desempenhado por Sócrates, não parece ter conseguido restringir a excessiva ambição do jovem. Mais tarde, Platão conheceu o fracasso quando pensou que o jovem tirano Dionísio II, de Siracusa, poderia ser transformado num rei filósofo. Em *As Leis*, depois de flertar com a ideia de um jovem tirano guiado por um sábio mentor para fundar uma cidade justa, ele a abandona como demasiado arriscada – poderíamos acordar e descobrir que o jovem em quem confiávamos para dispensar a justiça era um monstro; mesmo que estabelecesse um regime justo, poderia ser persuadido a desistir de ter poder absoluto sobre ele? Os romanos acreditavam que um de seus primeiros ditadores, Cincinato, retornou voluntariamente a seu trabalho agrícola depois de cumprir o período de poder absoluto. Mas com que frequência isso acontece? Quanto a Cícero, ao tentar desempenhar um papel de mentor mais velho e sábio de César Otaviano, então com 20 anos, experimentou um completo fracasso.

Começamos nossa discussão do tumultuado painel do século V a.C. com o choque entre a feroz independência das cidades-Estados gregas e o império universal criado por Ciro, o Grande, herdeiro dos reis-deuses do Oriente que queriam impor ordem ao caos pelo mundo afora, levando a todos os benefícios da paz, da prosperidade e do bom governo. O novo código de virtude cívica apresentado por Platão, reformando Homero para minimizar sua ênfase no tipo de ambição desmedida de Aquiles e enfatizando, em vez disso, o serviço coletivo de cidadãos ao bem comum, reafirmava de muitas formas o estilo de vida superior das repúblicas ao dos impérios. *A República*, de Platão, cujos soldados-cidadãos renunciam ao ganho privado e vivem comunitariamente num quartel, tem sido comparada a uma versão idealizada de Esparta.

Mas nem todos tiraram as mesmas conclusões da crise de valores morais que encerrou o século. Foi atingida uma interessante bifurcação na estrada que terá um impacto profundo sobre a contínua carreira da tirania. Embora os gregos tivessem chegado perigosamente perto de serem arrasados pelo Império Persa, muitos estavam fascinados por ele, admiravam-no e chegavam a ver nele uma solução para os próprios infortúnios dos gregos: a lamentável rebeldia e fragmentação de seus milhares de minúsculos Estados, sua relativa fraqueza militar e econômica, sua incapacidade de unir, suas frequentes convulsões políticas internas. A aliança temporária contra a Pérsia havia criado um novo espírito de unidade que muitos queriam que se tornasse permanente.

Ao escrever a biografia de Ciro, o Grande, Xenofonte, que era tanto um discípulo filosófico de Sócrates quanto um general com experiência de combate que chegara a ajudar um Ciro jovem a reclamar o trono da Pérsia, apresentou o que podemos descrever como uma monarquia utópica para refutar a república utópica de Platão. Voltada à primeira vista para um grande líder do passado, ela convida abertamente os gregos a considerar se seria possível que eles não quisessem criar um império multinacional próprio. Já vimos que, desde cedo, através de sua arte e poesia, através de sua grande arquitetura, as cidades-Estados gregas acreditavam que elas também tinham uma missão civilizatória da qual todos os gregos, e mesmo povos de fora da Grécia, poderiam se beneficiar. O templo em Delfos, as muitas descrições da Gigantomaquia representavam uma versão grega da campanha dos reis-deuses orientais para vencer a desordem e estabelecer o regime da razão, da lei e da arte. De fato, o próprio uso que faziam do termo *bárbaro* sugeria um sentimento de superioridade com relação a quem estava fora do mundo grego, embora num sentido literal ele se referisse, originariamente, apenas a pessoas que circulavam dizendo *bar-bar--bar* (era como as línguas orientais soavam para eles). Em tempos idos, a obstinada independência das cidades-Estados impedira a criação de um Estado universal que refletisse essa missão civilizatória. Tudo isso seria alterado por Alexandre, o Grande; de certo modo, ele foi a resposta à súplica de Xenofonte. Através do império que estabeleceu, o modelo de uma monarquia universal do Oriente encontrou uma nova pátria no Ocidente.

Já sugerimos que Alcibíades, que sob muitos aspectos evocava o esplendor e o excesso narcisistas de Aquiles, estava testando o caminho para conquistar um império de ilimitada extensão quando a democracia ateniense o derrubou – sugerimos que, em suas aspirações, ele pode ter sido uma combinação de Aquiles e Ciro, o Grande. As ambições imperiais de Alcibíades foram contidas pela pequena cidade--Estado e as restrições da democracia, mas no século seguinte, com Alexandre, o Grande, os limites são rompidos e soa a sentença de morte para a pólis como uma comunidade pequena, verdadeiramente independente. Um mosaico da vitória esmagadora de Alexandre sobre o Grande Rei da Pérsia, Dario, depois da qual todo o Império Persa caiu intacto nas suas mãos, mostra Alexandre liderando um ataque diretamente contra o próprio Grande Rei, muitas vezes abrigado entre seus dependentes e protegido da exposição direta ao combate. Jovem, magro e de cabelo revolto, Alexandre vai se colocando à frente de seus camaradas do lado esquerdo enquanto à direita, Dario e seu guarda-costas, percebendo de repente que aquele maluco está se atirando contra eles, recuam aterrorizados. O arrojo aquileano transforma o belo jovem macedônio no novo Grande Rei.

Alexandre combinava a destreza na tática de comando de Ciro, o Grande, com o heroísmo pessoal em combate de seu declarado modelo, Aquiles. Esculpindo seu império desde o Egito, só se abstendo de invadir a Índia pela exaustão de seus homens, Alexandre se viu abrindo um caminho homérico de glória apropriado a um futuro mito. Chegou a ter seu próprio Pátroclo, um amigo do peito, Heféstion. E era bastante propenso a acessos de raiva e alvoroços quando bebia, antes de morrer aos 33 anos de idade. O projeto de criar uma monarquia universal racional, tornado realidade pelo primeiro Ciro, é agora revigorado pelo código ainda vibrante de honra masculina e a busca de imortal glória individual herdados de Homero. O mosaico de Alexandre investindo contra Dario numa multidão de cavalos em pânico e homens fugindo lembra as representações mais antigas dos faraós travando guerra contra as forças da desordem, só que agora a missão civilizatória havia sido transferida do Oriente para o Ocidente.

Alexandre, filho do rei macedônio Felipe, criado num reino que se julgava estar um pouco além dos limites razoáveis para ser propriamente grego, identificou-se profundamente com a cultura da Grécia e se alimentou de suas fontes. Aristóteles fora seu tutor e, enquanto conquistava a Ásia, Alexandre escreveu-lhe afirmando: "Eu tinha superado outros antes no conhecimento do que é excelente, do que na extensão de meu poder e domínio" – sendo o próprio modelo do jovem tirano que reconhece sua necessidade de ter um sábio conselheiro, embora claramente não para seu modo de ganhar "poder e domínio". Como outros famosos forasteiros políticos (pense em Napoleão), como macedônio, pretendia ser o herói da civilização grega em que queria entrar. Salvou os gregos conquistando-os e, por fim, fazendo com que se unissem. Aristóteles, como Xenofonte, já tinha concebido um monarca perfeito exercendo um julgamento excepcional que estabeleceria sua autoridade sobre "muitas cidades e povos". Com o objetivo de fazer exatamente isso, Alexandre acrescentou um traço nitidamente grego ao velho plano dos reis-deuses universais do Oriente ao melhorar a vida de seus súditos. As numerosas cidades que fundou eram, com efeito, réplicas da *polis* grega que surgiam da noite para o dia na Mesopotâmia, Assíria e Egito, cada qual equipada com uma ágora, um conselho local, ginásio, templos, teatro e escolas. Desse modo, ao contrário de seus predecessores orientais, Alexandre difundia com suas conquistas algo daquela preferência republicana pelo autogoverno local. Ao mesmo tempo, seguia sabiamente a política de tolerância religiosa de Ciro, o Grande, que seria, por sua vez, retomada pelos romanos. Era dado como certo que o estilo de vida grego não era verdadeiro apenas para os gregos, mas para a natureza humana em toda parte, o que significava que Alexandre não poderia prestar melhor serviço aos súditos que conquistou do que habilitá-los a se tornarem gregos. O resultado foi uma espécie de colcha de retalhos a que hoje nos referimos como "monarquia helenística". Após a morte de Alexandre, seu império foi dividido entre seus principais generais, e os reinos que eles constituíram – os selêucidas na Assíria e os ptolomeus no Egito – tornaram-se singulares misturas numa verdadeira estufa de influências gregas e asiáticas com o elaborado cerimonial do rei-deus tradicional associado a uma paixão pela literatura, a arte e o esporte gregos. Os homens que originalmente tinham conquistado aqueles reinos, demonstrando mérito militar e administrativo sob o governo de Alexandre, estabeleceram monarquias hereditárias tradicionais que seriam passadas a seus descendentes após uma miscigenação com as antigas linhagens reais. Isso está bem sintetizado nos impressionantes templos ptolomaicos que ainda podem ser visitados ao longo do Nilo, onde os estilos grego e egípcio se entrelaçam perfeitamente, colunas se alternando com esfinges, e onde os faraós ptolomaicos faziam uma visita anual à "casa de nascimento" de Hórus para renascer com o deus de modo a garantir que seu sangue grego fosse agora egípcio o bastante.

A REPÚBLICA MAIOR

Se os antigos gregos estavam preocupados com a tirania, pode-se dizer que a Roma republicana estava obcecada por ela. Numa grande epopeia nacional composta por seus historiadores, como Lívio e Políbio (na realidade um grego), e seu próprio Homero, o poeta Virgílio, toda a existência de Roma estava voltada para impedir a autoridade arbitrária de um homem sobre o bem comum. Os gregos, como vimos, distinguiam entre monarcas legítimos e tiranos que tinham usurpado o poder e tinham admitido que mesmo os últimos poderiam às vezes fazer coisas boas por seus países. Para os romanos, essas distinções se reduziam brutalmente a um termo simples, odiado e extremamente abrangente – *Rex*. Embora o traduzamos por "rei", para os romanos era indistinguível do que os gregos quiseram dizer com tirania em seu pior sentido. *Regnum* – realeza – era a mais detestada forma de autoridade, reduzindo cidadãos livres à condição de escravos. Não havia diferença se os reis faziam coisas boas ou más; o poder que tinham sobre os cidadãos era intolerável. Para os gregos, fazia diferença que Sófocles tivesse chamado Édipo de tirano em vez de rei (*basileus*). Para os romanos, não fazia a menor diferença, motivo pelo qual traduziram a peça como *Oedipus Rex*, Édipo Rei – em outras palavras, tirano.

Para os romanos, a lição foi aprendida, pode-se dizer que incrustada em sua memória histórica ou pelo menos mitológica, pelos excessos tirânicos de seu último rei, Tarquínio, chamado o Orgulhoso ou Soberbo (*Superbus*), cuja derrubada instituiu a República. O relato está tão encharcado de sangue, usurpação, patricídio, crueldade, estupro, indignação, vingança e ostentação que rivaliza com as mais extravagantes histórias gregas de sexo, assassinato e poder, como a maldição sobre a Casa de Atreus.

Tarquínio (não é preciso usar seu nome completo Lucius Tarquinius Superbus) havia se casado com sua cunhada Túlia após ela ter abandonado o primeiro marido, que desprezava como um bobalhão. Ela e Tarquínio haviam assassinado a primeira esposa de Tarquínio, a amável Túlia (é, o nome é o mesmo). Encorajado pela megera que era sua nova esposa, Tarquínio se apoderou do trono pelo poder das armas, lançando o legítimo rei Sérvio – pai de sua nova esposa – das escadas da Casa do Senado para a rua. Depois os seguidores fiéis de Tarquínio mataram Sérvio, encorajados pela própria filha dele, que, para completar, passou com as rodas de uma carruagem sobre o cadáver do pai (pessoas encantadoras, não?). O novo rei Tarquínio se recusou a enterrar o falecido Sérvio (negando assim sua passagem para juntar-se aos ancestrais, um crime sério, como sabemos desde *Antígona*, de Sófocles). Em seguida veio um reinado de terror em que Tarquínio executava sem julgamento qualquer um que lhe parecesse suspeito de deslealdade. Curiosamente, é admitido que, como nossos tiranos reformadores entre os gregos, como Pisístrato, Tarquínio fez algumas coisas boas por Roma. Venceu uma série de guerras, usou os espólios para embelezar a cidade com templos, incluindo o grande santuário nacional, o Templo de Júpiter no Monte Capitolino, melhorou um teatro e construiu um sistema de esgotos, a *cloaca maxima*, que pode até hoje ser vislumbrado no Fórum. Historiadores especularam que os romanos nunca quiseram admitir de fato o quanto que esses reis etruscos tinham feito por eles. Na verdade, adotaram muitos de seus rituais religiosos e símbolos de posição, incluindo a cadeira curul elegantemente curvada usada por magistrados.

O momento decisivo para a derrubada de Tarquínio girou em torno de paixão sexual e indignação, algo semelhante em termos gerais às histórias de Harmódio e Aristógito, à disputa de Aquiles com Agamenon e ao assassinato de Agamenon por sua mulher e o amante dela. O filho do rei, Sexto Tarquínio, ficou entusiasmado pela beleza e virtude de Lucrécia, esposa de seu primo. Lucrécia era o modelo da feminilidade romana, dedicada às tarefas domésticas enquanto as outras senhoras nobres se divertiam. Sexto pressionou Lucrécia a entregar-se a ele, ameaçando matá-la e alegando que a queria porque a pegara fazendo sexo com um escravo, o pior crime imaginável. Para poupar essa vergonha à família do marido, ela se submeteu a ser estuprada por Sexto, mas depois se matou por repugnância ao que tinha acontecido. Chocados com esse abuso de poder do filho de Tarquínio, um grupo de jovens nobres liderado por Lúcio Júnio Bruto fez um juramento de afastar a família Tarquínio de Roma. O plano funcionou, mas Tarquínio continuou conspirando para subverter alguns dos principais cidadãos, convencendo-os a restaurá-lo ao trono, incluindo os próprios filhos de Bruto, que Bruto condenou resolutamente à morte quando a trama foi descoberta. Numa última artimanha para voltar, Tarquínio convenceu o rei de Clúsio a marchar sobre Roma, onde a defesa da cidade pelos romanos salvou a situação, graças à lendária defesa de Horácio da ponte sobre o Tibre. Os tarquínios foram afastados e a República fundada, durando mil anos, o mais longo sistema uniforme de governo na história humana (como ela continuou a pensar em si mesma como uma república depois de se tornar um império é um aspecto fascinante da história).

A história da derrubada de Tarquínio condensa uma série de temas centrais que dominam a história da República Romana: o ódio da tirania, a paixão pela liberdade cívica, a lealdade à família, o dever de usar a força no serviço da justiça, a bravura em combate e uma lealdade tão intransigente ao bem comum que levou um pai a mandar executar os próprios filhos. Como os espartanos, os romanos afirmavam que os cidadãos deviam sempre colocar o bem comum acima de seus interesses. A bravura na guerra, como a de Horácio na ponte, era a marca de um verdadeiro homem. Outras virtudes, como saber governar, eram importantes, mas pouco significavam sem a coragem no campo de batalha – tanto que a palavra romana para virtude, *virtus*, era originalmente quase indistinguível da virilidade demonstrada em combate. Como observamos, Cícero, inspirado pela filosofia grega, tentou muito mais tarde definir um padrão mais elevado em que a virtude marcial e cívica estavam subordinadas à vida espiritual. Mas muitos aliados de Cícero na classe dominante riram dissimuladamente ante essa óbvia aversão pelo combate no campo de batalha (ele era "tímido nas armas", como afirmou Plutarco), incluindo uma cena embaraçosa, quando Cícero pareceu estar prestes a desmaiar vendo uma coluna de legionários corpulentos no Fórum. Até os últimos dias da República, os maiores dinastas de Roma, entre eles Mário, Sila, Pompeu e Júlio César, entravam na batalha à frente de suas tropas, no caso de César no combate corpo a corpo da formação inicial. Acima de tudo, todo cidadão tinha o dever de se opor, se necessário pelo assassinato, a qualquer um que cobiçasse tomar o título ou poder de um rei. Mesmo o próprio Rômulo, numa versão de sua morte, pode ter sido atacado pelos senadores, que reprimiram sua crescente arrogância e o foram golpeando até a morte. Certamente Marco Bruto, cuja família afirmava descender do fundador da República, Marco Júnio Bruto, sentiu-se na obrigação especial de praticar uma ação semelhante contra Júlio César, quando pareceu que ele cobiçava a realeza.

Quando falamos sobre a compreensão romana do bem comum – o termo para república, *Res Publica*, significava aproximadamente "a coisa pública" –, devemos sempre ter em mente que, para muitos romanos de classe alta, isso não incluía a multidão, a plebe, que suas lideranças às vezes rotulavam zombeteiramente "o esgoto da cidade". Romanos instruídos encaravam a experiência ateniense com democracia como um desastre, até porque os cérebros mais importantes dos próprios gregos, incluindo Platão, tinham assumido essa visão negativa acerca do assunto. Como Esparta antes dela, a República Romana era uma aristocracia autogovernante, cujos membros se autodenominavam "patrícios", pois afirmavam descender dos pais, das grandes famílias originais remontando à época de Rômulo.

Entre os patrícios e os plebeus, havia uma classe média de equestres. No período mais antigo, semilendário da República – paralelo à Grécia arcaica –, esses homens eram cavaleiros, tendo dinheiro para manter dois ou três cavalos, armadura e um escudeiro. Quando mais tarde a cavalaria deu lugar à famosa legião romana de colunas compactas de infantaria, os cavaleiros, embora conservando seu título antigo, tornaram-se a classe de negócios e comércio de Roma, muito influente graças às suas qualificações. Senadores não deviam se envolver diretamente em negócios, pois isso era considerado vulgar, embora muitos fossem extremamente ricos, atuando os equestres como seus agentes, administradores e banqueiros. As três classes funcionavam juntas no caminho das honras, o *cursus honorum*. Isso era complicado e mudou bastante com o correr do tempo, mas, no essencial, ser membro do Senado e obter altos comandos militares estava, em princípio, confinado aos patrícios. Os equestres poderiam aspirar a certos cargos fora do Senado, enquanto a principal função da plebe era votar em seus líderes em eleições que eram manipuladas para favorecer os ricos. Mas houve numerosas exceções. No decorrer da história da República, equestres e mesmo plebeus se tornaram senadores e cônsules.

O principal para termos em mente ao seguir a trajetória da tirania é que, após a derrubada dos tarquínios, os romanos desenvolveram gradualmente uma série complexa de controles e contrapesos constitucionais destinados a impedir que algum homem alcançasse de novo o poder real ou que alguma facção ficasse com a parte de leão da influência. A aristocracia estava determinada a evitar os extremos da tirania por um lado e o governo da massa por outro. Os Fundadores Americanos tiveram isso em mente como um de seus modelos para a divisão de poderes na Constituição Americana. A autoridade dos reis para fazer a guerra foi transferida para dois cônsules eleitos anualmente, os principais magistrados da República e a maior honra a que alguém poderia aspirar. Originalmente, eles comandavam os exércitos de Roma em batalha. Mais tarde, esses comandos foram em geral atribuídos, com base na competência militar, a "procônsules", homens que travavam as guerras "no lugar dos cônsules". Os cônsules exerciam a misteriosa qualidade que os romanos chamavam *imperium*. Originalmente isso significava o poder de vida ou morte sem julgamento que os comandantes militares devem exercer na guerra, não apenas sobre o inimigo, mas sobre tropas indisciplinadas ou covardes. O termo passou a significar mais comumente (como disse um estudioso) "o poder investido pelo Estado numa pessoa para fazer o que ela considerasse o melhor interesse do Estado". Na eterna vigilância para que esse poder não fosse dirigido contra os próprios romanos por um aspirante a tirano voltando para casa à frente de seu exército, o consulado foi limitado a um ano e, mais tarde, quando foi exercido o *imperium* pelos comandantes mais competentes, seus termos estavam estritamente fixados pelo Senado – um certo período de tempo num certo lugar para uma certa tarefa, após a que, uma vez completada a tarefa, o precioso *imperium* tem de ser devolvido. A Pompeu, o Grande, por exemplo, foi concedido *imperium* para a tarefa explícita de livrar de piratas as vias marítimas de Roma. Crasso recebeu-o para derrotar a revolta de escravos de Espártaco. Vez por outra, as tropas espontaneamente proclamariam um vitorioso comandante de campo como "imperador", o sujeito com o *imperium*, de onde tiramos mais tarde nosso termo "imperador". Acima de tudo, insistia-se nisso, um comandante jamais devia entrar na cidade de Roma com suas forças; isso seria equivalente ao estabelecimento da tirania – o uso das forças armadas contra concidadãos.

Inevitavelmente, porém, em momentos de crise provocados pela ameaça de invasão estrangeira ou insurreição interna, exceções tinham de ser abertas, mudanças tinham de ser feitas. O cargo de *dictator* foi estabelecido para que um magistrado designado pelo Senado pudesse exercer *imperium* por um período mais longo que os cônsules e dentro da própria Roma – na realidade, era a lei marcial. O compartilhamento de poder pelo Senado foi também inevitável. Os plebeus, sentindo-se oprimidos por seus superiores aristocráticos, ameaçaram um dia se retirar em massa para o adjacente Monte Sagrado e estabelecer uma nova cidade própria. Os patrícios, percebendo que não poderiam atuar sem serviçais e soldados, convenceram-nos a recuar dando-lhes seus próprios representantes, os Tribunos, que podiam vetar medidas do Senado e cujas pessoas não poderiam ser violadas pela imposição de força. Às vezes os tribunos eram de fato homens do povo. Outras vezes, aristocratas manobrando para ter maior influência também concorreriam ao cargo. Durante vários séculos, esse cubo mágico de instituições e forças sociais entrelaçadas, sobrepostas e um tanto contraditórias, chocando-se e testando-se entre si, levou a República, que se tornara um grande império se estendendo da França dos dias atuais à Síria, a seus últimos quarenta anos de guerra civil, encharcados de sangue, que culminaram no assassinato de Júlio César.

A primitiva história de Roma está envolta em uma mistura de lenda e fato, mas fica claro, desde muito cedo, que os romanos buscavam a vitória militar sobre os vizinhos que os cercavam na Itália, talvez de início para dar a Roma uma zona tampão contra ataques, mas finalmente para exercer seu poder e fazer pilhagens. Assim como a porta de Rômulo esteve sempre aberta a recém-chegados que quisessem se unir à sua Gangue Palatina, ao conquistar uma cidade vizinha os romanos tentavam converter os habitantes em aliados e, às vezes, os transformavam em cidadãos romanos. Desse modo, os primeiros exércitos de Roma, ampliados com os recém-chegados, voltaram-se para longe, acrescentando novas conquistas a um perímetro em contínua expansão.

O manto da lenda cede à realidade histórica concreta quando Roma adquire sua primeira posse verdadeiramente estrangeira, a Sicília, o que atiçou a ira de Cartago. Isso deu início a um século de uma batalha de vida ou morte entre o grande império marítimo e comercial e os pretensiosos romanos. Como mencionamos antes, quando começou a escrever sua epopeia de dimensão homérica sobre a fundação de Roma por Eneias, Virgílio teceu na história um ódio entre Roma e Cartago remontando à própria rejeição de Eneias por Dido – a luta de vida ou morte dos dois estava predestinada! As Guerras Púnicas começaram com a quase derrota de Roma, em seu próprio reduto italiano, pelo grande general cartaginês Aníbal e terminaram com a vitória decisiva de Cipião Africano, o Jovem. Cartago foi arrasada e seu solo coberto de sal para sugerir que ninguém jamais voltaria a viver ali (na realidade, ela se recuperou com muita rapidez sob controle romano).

Quando acordou na manhã seguinte, Roma descobriu que era a maior potência do Mediterrâneo. Mal conhecida pelos gregos em seus primeiros séculos de crescimento como uma *polis* muito parecida com as deles, os romanos penetravam agora, implacavelmente, na vitrine histórica do antigo mundo grego, apoderando-se da Macedônia, a monarquia selêucida deixada por Alexandre, e finalmente da própria Grécia. Essas vitórias trouxeram riquezas formidáveis para Roma, mas também introduziram as tensões que acabariam por derrubar a República. Os plebeus que lutavam nas legiões queriam terras aráveis em recompensa por seus sacrifícios. Os senadores, cuja ambição por propriedades rurais era insaciável, não queriam dá-las a eles. Os políticos romanos se dividiram entre os "optimates" (os "melhores homens", como chamavam a si próprios) e uma nova facção, os "populares" ou defensores do povo, às vezes liderada pelos próprios patrícios. Quando certos defensores, os Gracos, usaram sua autoridade como Tribunos para começar a redistribuir algumas terras senatoriais, os aristocratas revidaram usando turbas armadas. Sob a ditadura de Sila ("marcado pela bexiga"), que quebrou o tabu sagrado ocupando Roma com seu exército, chegaram a ser executados 9 mil "populares". Mas os "populares" recuperaram a vantagem quando o ilustre general Mário, um plebeu, tornou-se ditador. Ele também marchou sobre Roma. Entre seus protegidos estava o jovem Júlio César.

A contradição que explodiu a República foi o fato de que ela era basicamente uma cidade-Estado grega tentando governar um império mundial. Inspecionando ruínas romanas da Grã-Bretanha à Jordânia, você descobrirá que o orgulho maior registrado por um governador romano local ou, mais tarde, por um imperador visitante seria ter sido feito cônsul de Roma um determinado número de vezes. É um pouco como se o prefeito de Cleveland passasse por acaso a ser o comandante supremo de uma força de 200 mil soldados no Iraque, mas durante todo tempo insistisse com firmeza que era apenas o prefeito de Cleveland e não pudesse conceber honra maior do que ser o prefeito de Cleveland. Devido ao arraigado medo de tiranos, a República se recusava a modificar ou substituir sua estrutura básica: um conselho citadino dominado pelos notáveis locais que tinham a palavra final acerca de tudo. Entretanto, ela gerou uma série de conquistadores bem-sucedidos – Cipião, Pompeu, César para mencionar alguns – que emergiram de suas vitórias repletos de despojos e controlando novas e vastas áreas de território cujos habitantes os encaravam como seus novos reis, até mesmo como deuses. Pompeu, em particular, beneficiou-se da conquista do leste, do centro nevrálgico dos antigos domínios assírios e helenísticos. Além de ser aclamado localmente como um deus, Pompeu obteve consideráveis exércitos "de reserva" de seus novos reinos clientes, assim como toneladas de despojos de guerra.

Em todos os casos, no entanto, esperava-se que esses homens simplesmente voltassem no final de um período fixado de comando e retomassem sua condição de cidadãos como os demais. Embora com frequência os homenageasse, nem sempre o Senado conseguia ocultar um ressentimento coletivo por suas realizações, o medo de que um desses grandiosos dinastas pudesse cortejar a massa ou se proclamar abertamente rei de Roma. Cipião, por exemplo, foi criticado no Senado por conceder a suas tropas um relaxamento da disciplina para convencê-las a favorecer suas ambições ao voltar para casa. Cícero conseguiu enfraquecer as reivindicações de Crasso à vitória sobre Espártaco convidando o mais poderoso Pompeu a voltar para reivindicar o crédito para si, usando um potentado para controlar outro. Muitas vezes, também, assim que renunciavam a seus comandos, esses homens notáveis seriam atingidos por uma enxurrada de ações judiciais, ante as quais tinham desfrutado de imunidade legal enquanto estavam em seus cargos, movidas por colegas aristocratas que os invejavam e estavam determinados a provar que tinham usado seu poder de maneira corrupta.

O momento decisivo foi atingido quando Júlio César, tendo conquistado imensos territórios na Gália, adicionando milhares de escravos e toneladas de espólios aos cofres de Roma, voltou para casa ao término de sua missão. Normalmente, para evitar que alguém se julgasse muito poderoso, o Senado insistia para que abrisse mão de seu comando e voltasse a Roma como cidadão comum antes de se tornar elegível para outro cargo. Júlio César, temendo que, ao retornar a Roma, os processos caíssem como chacais sobre ele (afinal, fora bastante arbitrário, incluindo travar uma guerra e pilhar pessoas na Gália que, de fato, já eram cidadãs romanas, além de criar legiões irregulares), pediu que o Senado o deixasse passar imediatamente ao consulado que esperava ocupar. Eles recusaram. Ele se recusou a entregar o comando. Quando atravessou o Rubicão, estava à frente de um exército ao qual não tinha mais direito – uma força invasora para guerra contra a República. Pompeu e grande parte do Senado – tinham feito acordo para que o dinasta rival de Júlio César o esmagasse – fugiram para o sul e finalmente para a Ilíria, onde Júlio César fez Pompeu debandar na batalha de Farsalos. Seguindo os remanescentes das forças de Pompeu até o Egito, Júlio César ficou horrorizado quando foi presenteado com a cabeça decepada de Pompeu por um servo da rainha Cleópatra; ela pensou que aquilo o agradaria. O agitador republicano Cato (descendente do flagelo de Cartago que terminava cada discurso no Senado com as palavras: "Cartago tem de ser destruída") recusou-se a aceitar a autoridade de Júlio César e se matou, mas o jovem Bruto (descendente do homem que expulsou os tarquínios) entendeu-se com ele.

Júlio César saiu triunfante e, durante sua ditadura, provou ser o clássico tirano reformador. Promoveu enormes obras públicas. Reorganizou o sistema jurídico, fez com que muitas dívidas pessoais fossem perdoadas e realizou pelo menos uma justa distribuição de terras entre seus veteranos. Ao contrário de Sila, não executou represálias em massa contra seus inimigos. Tinha em alta conta a virtude da clemência e estava disposto a aceitar como amigo qualquer homem que um dia tivesse se oposto a ele, mas que agora estivesse disposto a ceder. Culto e urbano, além de um excelente estilista em prosa, mesmo Cícero o considerava uma companhia agradável, apesar da morte da liberdade republicana.

Foi sugerido que a difusão da literatura grega – especialmente Homero – na Roma republicana tinha levado os jovens a abandonar a austera virtude coletiva do antigo código e a querer imitar o heroísmo conquistador do mundo e a prodigalidade divina de Aquiles e de Alexandre. O mundo era seu elemento. As aventuras de Júlio César no Egito parecem ter o tempero desse desejo. No meio de seu tórrido caso com Cleópatra, a última descendente dos Ptolomeu, uma mulher cativante e extremamente instruída, ele colocou o Egito sob suserania romana enquanto excursionava pelas maravilhas do Nilo na barca real de Cleópatra. Por fim, levou-a para Roma, ergueu-lhe uma estátua no Fórum e acomodou-a numa propriedade no campo, sempre mantendo a franca impostura do casamento com sua esposa, a virtuosa Calpúrnia. Espalhou-se um rumor de que pretendia reconhecer o filho que tivera com Cleópatra como seu herdeiro legal. Esses eventos foram um momento decisivo. Há muito tempo suspeito de ter como objetivo se proclamar abertamente rei, a aristocracia romana ficou estarrecida vendo que tinha agora a pretensão evidente de governá-los ao lado de uma rainha estrangeira e colocando o bastardo da meretriz como herdeiro do novo trono. As coisas atingiram um ponto crítico quando Júlio César foi brutalmente morto a punhaladas no Senado, resultado de um complô chefiado por Bruto, outro daqueles aristocráticos golpes mafiosos de cidade pequena, retrocedendo a Rômulo, contra um *capo* que passou dos limites.

Outro espasmo de guerra civil aconteceu quando o César Otaviano de 18 anos de idade, nomeado mais cedo pelo tio-avô Júlio como seu herdeiro, se choca tanto com os assassinos quanto com Marco Antônio, braço direito de Júlio César que desprezava as pretensões arrivistas desse jovem e esperava comandar ele próprio o partido cesariano. Cícero, sempre inclinado a preservar a velha ordem senatorial jogando uma dinastia contra a outra, tentou opor Otaviano (pelas costas, referia-se desdenhosamente a ele como "o garoto") ao maduro comandante Antônio, que Cícero considerava uma ameaça muito maior. Otaviano apunhalou Cícero pelas costas formando um pacto com Antônio, levando a um reino de terror em que Cícero perdeu a vida. De vida curta, como já era esperado, o pacto acabou quando

Antônio foi para o Egito para tentar se colocar no lugar de Júlio César com Cleópatra. Suas forças combinadas foram decisivamente derrotadas na Batalha de Ácio. Antônio e Cleópatra cometeram suicídio e o jovem César Otaviano viu-se como senhor incontestado do mundo romano, levando ao fim quarenta anos de guerra civil. O que ele fez em seguida mudou tudo.

O SENHORIO UNIVERSAL: DA REPÚBLICA AO IMPÉRIO

Otaviano ou, como mais tarde se tornou conhecido, César Augusto, resolveu o conflito entre a autogovernada república com que Roma tinha começado e o império universal em que havia se tornado ao estabelecer um Estado mundial permanente disfarçado como república, governado por um monarca universal helenista disfarçado como meramente o "primeiro cidadão" dessa república. Estava seguindo os passos de Ciro e de Alexandre e levando o projeto deles de um Estado universal à conclusão. É impossível saber se planejou isso desde o início ou se encontrou esse caminho por estágios, assim como é impossível saber se César estava também planejando estabelecer uma monarquia hereditária. Quando o tio foi assassinado, Otaviano foi compelido a proteger sua *dignitas* como aristocrata romano retornando à perigosa cidade para reclamar sua herança – o mesmo argumento que Júlio César tinha usado quando atravessou o Rubicão. Um aristocrata não pode se permitir ser publicamente desprezado ou ter seus direitos negados. Mas se no começo isso foi tudo, depois houve muito mais.

A ascensão de Augusto ao poder foi marcada por assassinatos políticos em massa de um tipo que Júlio César tinha evitado. Foi um retorno às perseguições de Sila. Várias centenas de senadores e mais de 2 mil cavaleiros foram mortos. Às vezes eram oponentes. Outras foram cinicamente assassinados para que suas propriedades pudessem ser confiscadas. Antônio, o parceiro temporário de Augusto, reclamou Cícero para a lista de vítimas, cuja língua foi cortada depois de ele ser atravessado a espada e pregado nas portas do Senado por causa de alguns discursos insultantes que fizera sobre Antônio. Com um extraordinário nível de frieza e cálculo, desprovido de frivolidade, bem apessoado mas distante e reservado, Augusto era um jovem deus da morte ascendendo por sobre montes de cadáveres para sua lendária estatura num período posterior da vida ("Gosto da traição", ele um dia comentou, "mas não posso dizer nada de bom sobre traidores"). Começando como o que seu maior biógrafo, Ronald Syme, descreveu como um "generalíssimo jovem e golpista", terminou como um velho tio dado a piadas e que adorava queijo e pão de forma. Foi muito respeitado e amado, o garantidor da paz depois de décadas de conflito. Possivelmente foi o político mais maquiavélico que já existiu, embora Maquiavel, como patriota da

República Florentina e admirador da antiga Roma, detestasse a memória de Augusto, que destruíra para sempre a liberdade da República Romana.

O êxito de Augusto em reinar como monarca absoluto envolto exteriormente no traje de mero primeiro magistrado da República ocorreu graças a uma reformulação e combinação absolutamente engenhosas dos cargos e instituições romanas preexistentes, de modo que seus poderes como monarca surgiam como nada mais que uma consolidação de práticas veneradas do passado – daí sua reivindicação propagandística de que tinha "restaurado" a República, não a derrubado para sempre. Havia três pilares constitucionais para sua autoridade suprema. Primeiro, ele era o comandante em chefe permanente de todas as forças militares romanas. A autoridade dos imperadores estava baseada antes de qualquer coisa em força militar. Ele reivindicou o termo *imperator* – que fora anteriormente concedido de modo espontâneo a comandantes vitoriosos por suas forças no teatro de guerra – para seu uso exclusivo e permanente, transformando uma distinção informal em uma posição formal. Por fim, esse título, a origem de nossa palavra *imperador*, tornou-se a principal designação para o autocrata do mundo romano.

Em segundo lugar, Augusto fez o Senado conferir-lhe os poderes dos tribunos para a vida inteira, deixando o cargo original se reduzir a uma posição meramente honorária. Isso lhe concedeu a aura de defensor do povo comum, herdeiro de seu tio-avô Júlio César, de Mário e dos "populares". O império teve de fato a simpatia do povo comum desde o primeiro momento, ao contrário da aristocracia, que compreendia a realidade por trás da aparência exterior – Augusto era agora o senhor absoluto. Para o povo, o império significava paz, segurança e a liberdade de prosperar na vida privada. Platão poderia ter dito que a identificação dos césares com o povo comum confirmava seu diagnóstico do tirano como um demagogo que adula a massa à custa da elite. O poder dos tribunos também tornava a pessoa do imperador inviolável, sem dúvida sacrossanta, o que era respaldado pelo fato de ele assumir o título de "augusto", palavra evocativa da mais antiga piedade romana, que poderia ser traduzida como "o venerado".

Augusto também assumiu para a vida inteira o cargo de *Pontifex Maximus* ou Alto Sacerdote, outrora exercido pelos reis, o que lhe conferia uma aura de santidade, além de colocar à sua disposição muitas e ricas sinecuras sacerdotais com as quais recompensar seus apoiadores (conseguir um sacerdócio romano era mais ou menos como conseguir uma bolsa em Oxford – boa cavação e muitos jantares legais). Finalmente, ele possuía o direito de falar em primeiro lugar no Senado em qualquer deliberação, o que significava que, se não quisesse falar, nenhuma questão poderia ir à frente (para compor o cenário, como detentor do poder dos antigos tribunos, ele tinha também um direito absoluto de veto a qualquer medida do Senado). Essa combinação de poderes deu a Augusto e seus sucessores controle absoluto sobre todos os aspectos da vida. O próprio Augusto era com extrema frequência mencionado como *princeps*, o homem no comando.

Augusto e seus assessores mais próximos, Agripa (seu braço direito no exército e principal projetista arquitetônico) e Mecenas (chantagista, artista amador, propagandista e versátil articulador político), não deixaram nada ao acaso. Cada aspecto da vida romana, incluindo arte, literatura, arquitetura e religião tinham de se ajustar ao novo principado augustano e glorificá-lo. Roma foi decorada com novos e belos templos e mercados. Não diminui em nada o gênio de Virgílio dizer que ele era, na verdade, relações públicas de Augusto, talvez recompensado financeiramente por Mecenas. Sua obra-prima, a *Eneida*, reconta toda a história da República Romana como preparação do caminho para Augusto, herdeiro de Eneias e Rômulo, precursor de uma missão de trazer paz para o mundo inteiro. Desse modo, poderíamos dizer que Augusto inventou a República Romana retroativamente, como uma narrativa que progride das mais antigas origens de um punhado de choupanas às margens do Tibre para um magnífico cumprimento nele. Mais que isso: associando Augusto a Eneias, e portanto a Troia, Virgílio em certo sentido apresenta Augusto como cumprimento e zênite de todo o período da Antiguidade grega e romana. Nesse retorno às origens ancestrais, as qualidades felinas, litigiosas e demasiadamente sutis dos gregos – é como os romanos com frequência os imaginavam, assim como admiravam sua cultura – são ignoradas em favor da Troia piedosa, sólida, máscula.

Na quarta Écloga, em um trecho mais tarde identificado com o nascimento de Cristo, Virgílio descreve uma "criança divina" mandada a este mundo para trazer a paz. Embora as datas sejam incertas, o poema pode ter sido composto por volta da mesma época em que o Senado, agora sob o controle de Otaviano e Antônio, declarou postumamente Júlio César deus – o que tornava Otaviano, como ele agora muitas vezes afirmava, "o filho de um deus". Na *Eneida*, a usurpação da autoridade do tio-avô Júlio César e, sobretudo, as proscrições muito mais sangrentas em seu violento caminho para a vitória são cuidadosamente obscurecidas, de modo que as maiores realizações da República anteriores às guerras civis avançam direta e suavemente para seu produto mais elevado, ele próprio. Virgílio também afirma que Augusto encarna as mais elevadas virtudes morais e cívicas louvadas pela escola estoica de filosofia que, originando-se na Grécia como legado de Sócrates, tornou-se favorita entre aristocratas romanos com boa instrução porque oferecia uma justificativa filosófica para a força de caráter, a coragem e magnanimidade que eles identificavam com seu próprio código de honra cavalheiresco. Não causa surpresa o fato de que Augusto se cobrisse com o manto da autodisciplina estoica, da moderação, da piedade e do serviço ao bem comum, já que com absoluta certeza não queria que algum de seus colegas aristocratas tentasse fazer o que ele tinha feito! A revolução estava acabada.

Começando com Augusto, os imperadores patrocinavam com grande alarde as realizações da antiga arte, literatura e filosofia gregas e de seus seguidores romanos. Converteram o Império Romano numa espécie de museu da cultura para o que agora chamamos "antiguidade greco-romana", elegendo a si próprios como guardiães da alta cultura de uma região politicamente acabada. A cultura grega atendia ao gosto mais refinado. Os pobres bastardos (pensavam os romanos) não sabiam muita coisa sobre governo ou a arte da guerra, mas alcançavam a marca quando se tratava de poesia, filosofia e escultura. Uma das melhores coleções de bronzes gregos sobrevive intacta no museu arqueológico em Nápoles porque o sogro rico de Júlio César tinha destinado uma de suas vivendas perto de Pompeia à única finalidade de abrigar sua coleção. Considera-se agora que a vivenda do imperador Trajano perto de Tívoli, que se acreditava ter sido uma casa de verão, foi algo mais parecido com o Bellagio Center on Lake Como, fornecendo estadia para estudiosos visitantes de todo o império fazerem seus trabalhos com belas áreas, salpicadas de estátuas dos maiores escritores gregos e romanos, para passear.

O estoicismo se tornou a escola filosófica que recebeu o patrocínio dos imperadores, que queriam ser vistos como representantes de seu alto padrão de conduta moral – o epicurismo foi menos favorecido porque encorajava o prazer pessoal, colocando-o à frente do dever cívico. Cícero, que dera sua vida por se opor ao que se tornou o principado augustano, foi reabilitado como parte da república "restaurada" de Augusto. Foi relatado de modo comovente que Augusto aconselhou a filha Júlia a ler Cícero, porque ele era "o melhor dos romanos", sugerindo talvez um leve arrependimento pelos acontecimentos lastimáveis do passado que agora era melhor não mencionar.

O culto público de Augusto está melhor resumido na notável Estátua Equestre de Prima Porta, ao mesmo tempo uma obra-prima de escultura clássica e propaganda. Vestindo o uniforme da ordem dos cavaleiros, um Augusto embelezado estende a mão num gesto de benevolente autoridade muitas vezes associado a Apolo. Como mencionei antes, os equestres eram na realidade a classe empresarial e com frequência formavam a elite senatorial nas cidades provinciais da Itália, embora fossem impedidos de se tornarem senadores em Roma. Representavam os valores do trabalho árduo e decência de pequena cidade contra o que muitos viam como busca corrupta do prazer e manobra política dos patrícios da capital durante o final da República, incluindo esposas notoriamente licenciosas e ardilosas (pense no retrato que Polly Walker fez de Átia, a mãe de Otaviano, na série de televisão *Roma*). Ao usar na estátua o uniforme da ordem equestre, tem sido argumentado, Augusto estava se identificando com seu código sólido, burguês e rural, o que fazia parte de sua pretensão de ter restaurado a antiquada ética republicana.

Ao mesmo tempo, ele também estava reivindicando uma relação especial com Apolo, seu patrono entre os deuses. Sua casa no Monte Palatino tinha um templo a Apolo diretamente conectado a ela. Além disso, a casa se achava bem ao lado do primitivo assentamento de choupanas supostamente estabelecido por Rômulo, conferindo assim a Augusto a aura de fundador da cidade. A casa era confortavelmente espaçosa, mas de modo algum palaciana, reforçando sua imagem de ser apenas o primeiro entre iguais. Como diz seu biógrafo Adrian Goldsworthy: "Augusto vivia num estilo adequado a um senador importante". Tudo isso, no entanto, tinha algo de espúrio, como ligar Abraham Lincoln à cabana de madeira onde ele nasceu. Pois cuidadosamente oculto aos olhos do público, Augusto dispunha de enormes vivendas e jardins em Cápri e nas ilhas de Pandataria, Pôntia e Planasia (para os imperadores, a baía de Nápoles estava para o Palatino como Malibu está para Beverly Hills). Seu relativamente modesto complexo residencial no Palatino, associando-o tanto a Rômulo quanto a Apolo, era um cenário teatral.

A conexão de Augusto com Apolo tinha outro significado. Assim como Apolo subjugou as forças da barbárie quando matou o dragão em Delfos, Augusto apresentava sua vitória sobre Antônio e Cleópatra em Ácio como algo que repeliu as forças da barbárie representadas pelo casal cheio de vigor e exuberância, vitória da severa e antiquada virtude romana sobre a luxúria sibarita e o despotismo egípcio que corrompera Antônio. Como Virgílio descreveu a Batalha de Ácio: "De um lado César Augusto postado na elevação da popa [...] com os deuses das famílias e do Estado"; do outro, o Oriente "bárbaro", com Antônio e Cleópatra liderando "todas as formas de deuses monstruosos". Na realidade, Augusto foi o primeiro orientalista. O papel do monarca como defensor da civilização contra a barbárie, que tinha começado no leste sob os faraós, movia-se agora para oeste. E pode ter havido, vinda do leste, uma verdadeira ameaça à cultura política romana. É possível que Júlio César, em conluio com Cleópatra, de fato planejasse se estabelecer como um monarca supremo, no estilo helenístico, com uma rainha oriental – possivelmente a única solução para o distúrbio das guerras civis. Dirigindo-se ao Oriente para tomar o lugar de Júlio César com Cleópatra, Antônio pode ter tido uma ideia similar. O primeiro ato de Augusto ao entrar no templo onde Antônio e Cleópatra tinham se suicidado foi ordenar que os homens destruíssem seus rostos nos entalhes que os retratavam como novas versões de Osíris e Ísis – como se tivesse receio que pudessem se tornar o centro de um novo culto religioso que superasse os deuses olímpicos da Grécia e de Roma.

Depois que assumiu com firmeza o controle, Augusto foi o próprio modelo do tirano reformador. Era muito popular entre o povo comum das províncias porque lhes trouxera a paz – aliviados dos perigos da guerra civil, eles podiam se ocupar de seus negócios e tentar prosperar. Ajudado por Agripa, seu principal apoio, contribuiu, e muito, para a beleza de Roma e para suas instalações públicas. Como fizera Alexandre, o Grande, Roma começou, a partir de Augusto, a construir cidades padronizadas, Romas em miniatura, por todo o império, da Grã-Bretanha à Síria, do Danúbio ao Norte da África, cada uma com seu próprio fórum, senado, teatro, escolas e termas. O governo imperial, representado pelo procônsul local, se apoiava fortemente nas elites locais de proprietários de terras e suas câmaras municipais – um dos segredos da longevidade do império era que, por toda parte, a classe dos ricos se beneficiava de sua proteção e seus privilégios. Augusto também imitou a política de tolerância religiosa de Ciro e Alexandre. Roma encarava a piedade como uma fonte de boa ética e, portanto, de cidadãos e súditos leais. Ela não se importava com os deuses que você cultuava desde que cultuasse alguns. Como parte de sua postura de primeiro entre iguais, Augusto nunca permitiu que a santidade em que sua pessoa estava envolta cruzasse a linha de uma franca pretensão à divindade. Mas era admissível prestar honras divinas à sua alma – seu "gênio" ou "espírito guardião" – e ele era, é claro, o filho adotivo do divinizado Júlio César. Em um prazo, contudo, bastante breve, Augusto passou a ser cultuado abertamente como deus na Ásia Menor, que há muito tinha se acostumado a monarcas com pretensões à divindade.

Quanto à personalidade de Augusto, a expressão de Churchill sobre a Rússia nos vem à memória: uma charada envolta num mistério dentro de um enigma. Em *Antônio e Cleópatra*, Shakespeare fez Tídias referir-se a ele como "o patrão universal", sugerindo que seu triunfo pusera fim ao velho código republicano romano de honra marcial em favor do ganho de dinheiro da classe média. Ele tem sido motivo de zombaria por evitar liderar suas forças em combate, ao contrário de seu famoso tio--avô que lutava no *front* de batalha ao lado dos legionários. Mas Augusto não era necessariamente um covarde em termos físicos; retornar a Roma após o assassinato de Júlio César, quando seus inimigos governavam a cidade, exigia fibra e ele havia servido com o tio-avô em campanhas na Espanha. Augusto procurou elevar o teor moral da sociedade romana após o desregramento do final da república e em geral praticava o que pregava (mas dizia-se que sua esposa Lívia preferia, ela mesma, lhe trazer moças nas horas vagas a se ver enganada por ele). Com o tempo, o homem jovem, com extraordinário sangue-frio e autocontrole, deu lugar a um velho um tanto enrugado, alegre, chegado a ditos pitorescos ("Nunca olhe em volta quando estiver fugindo!", "Mais rápido que aspargo cozido!"). Contudo, nunca perdeu a capacidade de golpear como cobra quando seu poder era ameaçado.

No final de seu reinado, uma obscura conspiração girando em torno de sua filha Júlia abalou momentaneamente a dinastia. Augusto havia tentado converter o Senado numa aristocracia a seu serviço, esperando que, ao nomear os patrícios como seus magistrados, generais, governadores e continuando a designar os cônsules anuais, eles se deixassem subornar por essas honras e oportunidades de progresso. Alguns se deixaram, mas não todos – alguns jovens patrícios sem dúvida sonhavam em restabelecer a verdadeira república, onde a classe deles teria mais uma vez o controle de tudo. Júlia parece ter tido ligações com vários jovens portadores de nomes antigos e famosos – os Gracos, os Cláudios, os Cipiões e, em particular, o filho de Marco Antônio (é possível que Augusto ainda desejasse ser aceito socialmente por esses sangues azuis, mesmo depois de ter liquidado tantos de seus pais). Juntos eles podem ter pensado em formar uma regência se Augusto ficasse incapacitado por doença de proteger os filhos de Júlia com Agripa dos planos de Lívia e do filho que ela tivera de um casamento anterior, Tibério. O complô contra Augusto foi descoberto e esmagado. Em vez de deixar o público saber que alguns patrícios, supostamente seus parceiros leais na república "restaurada", estavam tão insatisfeitos a ponto de pensar em substituí-lo, Augusto permitiu que todas as censuras caíssem sobre a filha. Tudo que o público soube foi que seu pai, de coração partido, relutantemente a banira para sempre por sua moralidade corrupta. Já tendo sido obrigada a se casar três vezes por conveniências puramente políticas, Júlia pode muito bem ter odiado o caráter do pai, embora ele tivesse se esforçado ao máximo para garantir que ela recebesse a mesma educação nos clássicos que um rapaz.

Quando Augusto estava a caminho de Nápoles, pouco antes de morrer, os passageiros e a tripulação de um navio que o avistaram irromperam numa ovação espontânea, declarando que deviam a ele suas vidas, liberdade e prosperidade. Ele era definitivamente amado. Mas o preço que pagou por seu sucesso, ao que parece, foi ficar preso pelo resto da vida a um papel muito artificial e nunca poder sair do personagem. Isso é resumido na história de que suas últimas palavras foi brincar sobre a possibilidade de passar o chapéu e pedir gorjetas se a plateia tivesse ficado satisfeita com seu desempenho, que é como normalmente terminavam os espetáculos nos palcos romanos.

A esposa de Augusto, Lívia, é claro, entrou na história como a megera que envenenou um por um os herdeiros de Augusto, pavimentando o caminho do trono para seu melancólico filho Tibério. Se Tácito e Suetônio forem dignos de crédito, com o tempo os imperadores julio-claudianos, herdeiros por direito de sangue de Lívia e Augusto, transformaram o Monte Palatino num ninho de orgias, gula, conspiração, perversão e assassinato. Cada novo imperador acrescentava seu próprio palácio até que todo o monte ficou coberto com uma colmeia de luxuosas habitações interligadas, cenário de degradantes excessos dignos da pior das tiranias gregas, trazendo à memória a Casa de Atreus, Harmódio e Aristógito e cruéis figuras régias orientais como Salomé e Heródoto. A mistura letal de traição sexual, vingança, ambição e parricídio foi uma reversão às barbaridades de Tarquínio, o Soberbo, que tinham levado à fundação da República. Tibério supostamente teve crianças nuas nadando à sua volta na Gruta Azul, em Cápri, lambendo suas partes íntimas (seus "peixinhos do mar"). Calígula fez de seu cavalo favorito um senador e forçou senhoras aristocráticas a se tornarem prostitutas. A esposa de Cláudio, Messalina, corneou-o com todos os guarda-costas imperiais. Nero encenou uma cerimônia pública de casamento no Fórum em que fazia o papel da mulher. Em seguida, o público pôde ouvir seus gritos de prazer atrás das cortinas quando o novo marido, sem perder tempo, o deflorava. Nero também teve um barco de lazer engenhosamente projetado para quebrar pelo meio e afogar sua mãe quando ela estava atravessando a Baía de Nápoles (se os romanos tivessem filmes, o título teria sido *Atirando Mamãe da Galera*). Essas histórias são verdadeiras? Difícil dizer. Tácito, que pode ter tido acesso a registros do Estado imperial, escreveu seus anais durante o reinado do imperador Trajano, que tinha interesse em denegrir os julio-claudianos para fortalecer a legitimidade de sua própria dinastia. Por outro lado, mesmo a calúnia deve conter um fundo de verdade para ser digna de crédito. Não acreditaríamos numa história sobre Richard Nixon ter tido, durante anos, um secreto e tórrido caso de amor com Lillian Hellman. Mas podemos acreditar numa história de que bebia realmente em excesso e às vezes fazia monólogos diante do retrato de George Washington.

Fora de questão está o firme desdobramento da posição do imperador da charada de ser meramente "primeiro cidadão" para o franco despotismo de punhos à mostra. Enquanto o exército não estava autorizado a entrar em Roma durante a República porque a ameaça de força militar era considerada uma afronta a uma cidadania livre, os imperadores estavam sempre acompanhados por guarda-costas armados, como os tiranos da antiga Grécia e do Oriente Médio, incluindo (para os julio-claudianos) um grupo de alemães gigantescos para quem o imperador era seu chefe guerreiro tribal. Esses guarda-costas se expandiram para uma força de 5 mil, a Guarda Pretoriana, permanentemente estacionada perto da cidade para fazer cumprir o poder autocrático do imperador (quando não estavam subornados para derrubá-lo em favor de um novo senhor). Gradualmente, mesmo os patrícios perderam a proteção da lei contra a decisão do imperador, às vezes por capricho, de mandá-los matar. Segundo Cássio Dio, quando Tibério acionou seu cruel e ambicioso prefeito pretoriano Sejano e ordenou-lhe que executasse seus filhos, os soldados tiveram primeiro de estuprar sua filha Junila, porque não havia precedente para a punição capital de uma virgem. Mais tarde, mesmo esse tipo de repugnante simulacro de legalidade foi abandonado. Como mencionei na Introdução, quando um arquiteto ilustre criticou o projeto de um templo esboçado por Adriano, o novo imperador ordenou que o executassem. O desrespeito pela "grandeza" (*majestas*) do imperador tornou-se um delito capital e ser denunciado por isso era com frequência equivalente a ser considerado culpado. O fingimento original de Augusto ao não reivindicar ser divino também se dissolveu lentamente sob seus sucessores – o imperador Domiciano era abertamente tratado de "Senhor e Deus do Mundo". Um sinal eloquente dessa transformação é que, enquanto os palácios julio-claudianos no Palatino eram ainda essencialmente habitações particulares de tamanho muito grande, o palácio que os flavianos construíram naquela área era basicamente o quartel-general de um governador militar romano expandido numa escala colossal. Roma, com efeito, era para os imperadores meramente outro território ocupado.

Contudo, as pretensões do império de proteger seu povo e promover os valores da civilização greco-romana não eram desprovidas de sentido. Depois de uma série de guerras civis em torno da sucessão desencadeadas pelo assassinato de Nero, o princípio hereditário foi descartado e, durante noventa anos, cada imperador escolhia seu sucessor com base em quem era o melhor homem. Esse período dos Bons Imperadores foi descrito pelo historiador Edward Gibbon em *The Decline and Fall of the Roman Empire* como "o período mais feliz da humanidade". Embora capazes de atos cruéis e não tolerando divergência (Adriano, que expulsou os judeus de Jerusalém e começou a construir um templo a Júpiter no lugar do Templo anteriormente destruído por Tito, estava entre eles), em geral esses imperadores mantiveram a paz graças ao poderio das armas romanas, construíram estradas, aquedutos e difundiram melhoramentos públicos pelas cidades do império. O que o governo imperial teve de melhor foi expresso no maravilhoso Fórum de Trajano, cujas vastas ruínas ainda hoje inspiram reverência em Roma. Em seu centro estava a magnífica coluna exibindo a crônica das muitas vitórias militares de Trajano – o império alcançou sua máxima extensão em seu governo. Em volta havia uma espaçosa estrutura curva com bazares nos pisos inferiores. Erguendo-se sobre eles e chegando ainda mais alto que a coluna da vitória, havia uma esplêndida biblioteca. Isso resumia todo o credo dos imperadores em seu melhor momento, tornando realidade o legado da cultura grega que remontava a Homero, Platão, Tucídides e Sófocles e o de seus herdeiros romanos, entre eles Cícero. A virtude marcial está acima da vida do comércio em tempos de paz, que ela protege. Ainda mais alta, no entanto, que a virtude marcial está a vida do espírito.

Infelizmente, o sonho foi quebrado quando Marco Aurélio, devido a uma afeição equivocada de pai ou à falta de uma alternativa quando o substituto que ele estava cultivando morreu inesperadamente, quebrou o princípio de imperadores eleitos e permitiu que seu filho Cômodo o sucedesse – um homem tão inútil, brutal e corrupto quanto o pior dos julio-claudianos. Isso fomentou o colapso do principado augustano e o início de um século de violenta desordem até o império ser finalmente resgatado por descendentes daqueles que ele um dia conquistara e encarara como bárbaros. Como veremos na Parte Dois, não era a mesma Roma.

Vamos resumir as paradas que fizemos até agora ao seguir a trajetória da tirania. Nosso tema na Parte Um foi a saga de como o antigo ideal grego de masculinidade, captado pela descrição que Homero faz de Aquiles, evoluiu no correr dos séculos para o poder e grandiosidade sem precedentes do Império Romano. Como aquela bela, valorosa e rebelde juventude transformou-se no frio e ordeiro esplendor dos imperadores romanos, imortalizado pela primeira vez na estátua de Prima Porta de Augusto, é, como temos visto, uma história fascinante, cheia de voltas e reviravoltas imprevisíveis.

O mundo de Aquiles e a Guerra de Troia estavam perdidos para os gregos do tempo de Homero nas camadas de mitologia heroica cercando as façanhas de um povo superior que desaparecera. Ao recuperá-lo em seus poemas, Homero possibilitou que os gregos venerassem esse passado como seu próprio passado, um precedente inspirador para sua lenta emergência de uma Idade das Trevas de conflito. Fora um mundo de chefes tribais combatentes, comandando diretamente seus homens na batalha, um padrão de autoridade que, como discutiremos na Parte Dois, continuaria a existir durante séculos na Europa. Depois de Homero, contudo, os próprios gregos começaram a se afastar da herança do chefe guerreiro da Idade do Bronze para desenvolver sua própria e singular cultura cívica – uma cultura que estava centrada na vida pública de cidades-Estados livres. Não obstante, a admiração que tinham por Aquiles continuou intensa.

Essas cidades-Estados – fossem democracias ou oligarquias – não permitiriam a qualquer cidadão de seu próprio meio o tipo de avassaladora autoridade pessoal que fora exercida por reis homéricos como Agamenon e Aquiles. Como vimos, mesmo quando sobreviveu em cidades-Estados como Esparta, o cargo de rei foi severamente limitado. Mesmo assim, homens proeminentes e famílias como os alcmeônidas em Atenas puderam exercer uma influência muito além de sua condição oficial de meros cidadãos. Além disso, como narra Tucídides, nos séculos entre a Guerra de Troia e as Guerras Persas e do Peloponeso, emergiram tiranos numa série de cidades-Estados que usaram seu poder executivo para promover a segurança de suas cidades, livrando-as de ataque, e proteger a agricultura e o comércio. Os gregos, porém, sempre experimentaram uma tensão entre a necessidade ocasional da autoridade vigorosa, vista como temporária, de um tirano e um tremendo amor pela liberdade.

Ainda que a pólis grega em geral não permitisse que seus cidadãos exercessem o poder régio de um Aquiles, o ideal de Aquiles como floração da masculinidade do jovem grego continuou sendo profundamente influente, fazendo parte da educação de todo nobre grego. Embora tiranos do tipo descrito por Tucídides pudessem ser tolerados quando fossem sóbrios e práticos quanto à defesa dos interesses da cidade, deixando todos terem um pedaço do bolo enquanto forravam seus próprios bolsos, a imagem sempre brilhante de Aquiles proporcionava uma alternativa mais perigosa e subversiva – uma ambição pela glória, riqueza, prazer supremos e fama imortal por meio da conquista vitoriosa, uma grande aventura em que jovens valentes poderiam jogar fora os grilhões de seus velhos cansados e incendiar o mundo com a força da camaradagem.

Foi nos cruzamentos entre o ideal de Aquiles, o amor dos gregos pela liberdade e a ameaça dos Grandes Reis que ocorreu uma fascinante combinação de forças históricas. Muitos sentiram que, quando as cidades-Estados se uniram para repelir a invasão persa, o viril e valente ideal de Aquiles e dos outros heróis homéricos teve seu mais perfeito florescimento em vitórias gregas como a de Maratona. Alguma coisa mais, no entanto, acontecia. Tendo sido quase arrasados pelo imenso poder da Pérsia e o poder divino de seu líder supremo, os gregos começaram a absorver, fascinados, aquele padrão diametralmente oposto de autoridade. Alguns se perguntavam abertamente se os gregos, com suas litigiosas cidades-Estados, numerosas e diminutas, não poderiam aprender alguma coisa com o imenso, multinacional, poderoso e centralizado Império Persa.

Essa fusão de uma ambição pessoal por glória inspirada por Aquiles com a nova visão de um império mundial inspirada pelo Grande Rei da Pérsia emergiu primeiro em Alcibíades, que acreditava que "nenhum limite podia ser colocado" à extensão do poder de Atenas. Isso se tornou realidade com Alexandre, o Grande – tomando conscientemente Aquiles por modelo, ele conduzia pessoalmente para a batalha seu exército de jovens arrojados. Fez desabar todo o Império Persa, mas depois assumiu como sua aquela autoridade monárquica universal. Desse modo, o que começou como raiva e avidez por glória do chefe guerreiro tribal Aquiles, um passado lendário reivindicado pelos gregos na aurora de sua história, termina abastecendo a construção de um novo império universal originalmente criado pelo rei persa e outros reis-deuses orientais, mas inspirado agora pela cultura grega – uma estrutura que, como vimos, foi por sua vez levada a um pico ainda mais alto de perfeição pelo Império Romano a partir de Augusto, que também se via como o administrador e exportador da cultura grega e da cultura romana nela imersa para os bárbaros.

Na escultura, é concedida a Augusto uma beleza e um esplendor divinos, representativos tanto do heroísmo de Aquiles quanto de um protetor divino especial, o sempre jovem Apolo, guardião da arte de governo e da música. Ele usa um uniforme militar para que a virtude viril dos romanos em batalha, ela mesma parte da herança que reivindicavam de Troia, sempre se destacasse como a base da pretensão dos imperadores à autoridade. E no entanto, como vimos ao examinar a trajetória da maior das esfinges políticas, Augusto, essa imagem de coragem juvenil e beleza sublime como a de Aquiles foi a camuflagem externa para o que era de fato um despotismo universal, o faraó numa toga. Mas como veremos na Parte Dois, tudo isso mudou nos séculos seguintes, quando os homens começaram a procurar uma felicidade inteiramente fora do mundo romano de honra e glória militar. A autoridade política, incluindo a tirania, nunca mais seria a mesma.

PARTE DOIS

Cidade de Deus ou Cidade do Homem?
O Tirano como
Construtor do Estado Moderno

Em 410 d.C., Roma, a Cidade Eterna, foi saqueada por Alarico, o visigodo, e suas forças. Os danos que eles causaram não chegaram a ser extremos. Alarico fora um aliado e general romano. Achava que o governo imperial tinha trapaceado no acordo que haviam feito – o objetivo da ocupação da cidade era fazer pressão para conseguir negociar. Roma nesse momento não era sequer a capital do Império Ocidental – que se mudara para Ravena. Contudo, tão famoso era seu nome e história que todo o mundo romano ficou traumatizado. A cidade não era invadida há 800 anos. Como escreveu São Jerônimo: "Se Roma pode perecer, quem pode estar a salvo?".

O impacto psicológico foi semelhante à ocupação alemã de Paris em 1870 ou ao ataque em Nova York no dia 11 de Setembro – um golpe devastador vindo de fora que foi sentido por muitos como o castigo merecido por anos de desvio moral e corrupção. Muitos acreditavam que a religião recentemente dominante do cristianismo era responsável por minar a fibra viril da velha virtude romana. O cristianismo, eles afirmavam, era pacifista, enquanto a glória de Roma estava baseada na força das armas. Os cristãos tinham lealdades divididas e colocavam sua salvação no outro mundo acima da lealdade ao Estado. Longe de reverenciar o sucesso inigualável de Roma na guerra, os cristãos o desaprovavam ativamente. O imperador cristão Constâncio II ordenou a remoção do Senado do famoso Altar da Vitória, contendo uma esplêndida estátua de ouro da deusa Vitória segurando um ramo de palmeira (paz para o derrotado) e oferecendo uma coroa de louros (glória aos vencedores). Capturada durante as guerras que os romanos fizeram para subjugar a Grécia, Augusto a colocara no Altar da Vitória no Senado para comemorar sua vitória sobre Antônio e Cleópatra em Ácio. A remoção por Constâncio não poderia ter sido um repúdio mais pungente de toda a tradição de honra militar do primeiro imperador e de Roma. Agora, acreditavam os pagãos, estamos pagando o preço por virar as costas às virtudes marciais que nos tornaram grandes.

Santo Agostinho escreveu seu clássico *A Cidade de Deus* para refutar a acusação de que o cristianismo tinha enfraquecido a virtude romana e, assim, aberto as portas para a invasão bárbara da capital lendária e até então inexpugnável. Os cristãos, ele argumentou, tinham padrões morais elevados, mais elevados que os dos pagãos (que cultuavam deuses que eram demônios sexuais) e essas virtudes de moderação, castidade e decência os faziam bons cidadãos. Na realidade, por causa deles o império havia durado mais tempo. Ele tinha razão, é claro: no passado, assim como naquele momento, os cristãos eram perfeitamente capazes de boa cidadania e patriotismo. Além disso, a crença que tinham em Deus agia muitas vezes como um estímulo da consciência para se oporem à tirania e à injustiça, mesmo pondo suas vidas em risco. Por outro lado, no entanto, é difícil não detectar nos escritos de Agostinho uma tímida avaliação da glória mundana e da proeza marcial. Eram meros adornos em comparação com a salvação eterna à espera daqueles que aceitavam Cristo.

Os antigos pensadores morais, de Platão a Cícero, distinguiam com cuidado entre formas permissíveis e não permissíveis de busca da honra. Ser prestigiado por servir ao bem comum, quer na guerra ou como político, era de fato admirável. Por outro lado, satisfazer um impulso para a glória se tornando tirano devia ser condenado. Santo Agostinho, ao contrário, tende a desprezar *todo* amor pela honra mundana como motivado pelo egoísmo, de modo algum virtuoso, só um impulso para um rude "domínio" e sinal de pecaminosa vaidade por acreditar que o homem possa cumprir qualquer coisa admirável ou digna de mérito sem se submeter por completo à vontade de Deus. Seja com o depravado Nero ou com um estoico como Marco Aurélio, é a mesma ilusão. O estoicismo pode ter uma visão mais ampla e ser mais refinado que o epicurismo, como Santo Agostinho expõe em *A Cidade de Deus*, mas no fundo é só outra rameira.

Além disso, a civilização greco-romana em sua totalidade, remontando aos heróis da Idade do Bronze descritos por Homero, avançando durante toda a história da ascensão de Roma de uma aldeia às margens do Tibre a um império mediterrâneo e, por fim, a uma monarquia mundial, fora rigorosa e continuamente aristocrática. Tinha como premissa a suposição inabalável de que certos homens nasciam para governar outros – os "belos e bons", como as aristocracias gregas denominavam seus membros, os "melhores" como a elite de Roma chamava a si mesma. O império de Alexandre, como o Império Romano que o seguiu, expandiu universalmente a cultura cívica, independentemente de origem nacional. Alexandre acreditava que "o caráter grego" poderia ser exportado para toda parte, assim como os imperadores romanos acabaram tornando todo homem livre dentro de seus vastos domínios um *civis Romanus*. Mas era um tipo aristocrático de universalidade – as castas superiores por toda parte eram protegidas e seus privilégios e *status* garantidos.

O cristianismo, ao contrário, era em seu cerne uma religião verdadeiramente igualitária. Todos os homens eram iguais aos olhos de Deus, igualmente vulneráveis ao pecado, igualmente capazes de salvação. Embora isso não levasse necessariamente a qualquer ataque direto à hierarquia estabelecida de riqueza e posição romanas – dilatada pela hierarquia eclesiástica mais recente de bispos com seus palácios e catedrais – levou a uma mudança no tom moral da sociedade, a uma desaprovação, por exemplo, da violência gratuita dos jogos de gladiadores, ao encorajamento para que os proprietários de escravos os libertassem e não comprassem outros; e a longo prazo essa mudança no tom moral contribuiria para uma luta no aqui e agora, para tornar os homens iguais na terra assim como no céu. O contraste é talvez melhor sintetizado pela ênfase clássica no orgulho como a mais elevada virtude humana, o coroamento da excelência marcial, moral e cívica como oposta à ênfase cristã na humildade. Para Aristóteles, enquanto o orgulho pelas realizações que alguém alcançava era a mais alta virtude na vida cívica (o que não deve ser confundido com a mera e vaidosa atitude de se vangloriar de honras não verdadeiramente merecidas), a humildade era de fato uma *fraqueza*, porque só alguém "com uma alma pequena" (expressão grega traduzida maravilhosamente no inglês médio como "pusilânime") hesitaria em reivindicar uma honra para a qual sua virtude ou posição o autorizasse. Para Agostinho, ao contrário, *todo* orgulho, merecido ou não, era redutível a vaidade porque estava baseado na tolice de que um homem pode realizar alguma coisa boa por conta própria, sem Deus.

Os antigos também haviam pensado cuidadosamente sobre as boas e más variedades de governo – monarquia era melhor que tirania, uma república era melhor que o governo da massa. Embora essas distinções fossem em geral estimadas por não causarem problemas sob os imperadores, que eram na melhor hipótese déspotas absolutos e, na pior, monstros do excesso tirânico, a visão ética clássica pelo menos mantinha viva na mente das pessoas a diferença entre autoridade justa e injusta. Vez por outra, os próprios imperadores podiam ser levados a aspirar à prática dessas virtudes, apesar de seu poder absoluto. Dizia-se que sempre que deixava de praticar uma boa ação antes de ir dormir, o imperador Vespasiano exclamava: "Perdi um dia!". Marco Aurélio, esse homem extremamente pacífico que passou grande parte do reinado em campanha com suas legiões para repelir invasões bárbaras no Vale do Danúbio, acreditava de fato que aqueles que Roma conquistou se beneficiariam da paz e de uma forma mais elevada de civilização. Em sua própria vida, sentiu que ser imperador era um dever oneroso que lhe fora confiado pelo destino. Seu maior prazer pessoal vinha do estudo da filosofia. Mas ainda tinha de "servir em seu posto", como dizia a máxima estoica, para preservar o Império Romano como uma esfera de luz – de paz, cultura e civilização – mantendo acuado o vizinho reino bárbaro de selvageria, bestialidade e trevas em benefício de todos os seus súditos.

Santo Agostinho tende a descartar essas gradações entre bom e mau governo aqui na terra, incluindo a distinção entre um tirano e um bom monarca, como extremamente sem importância comparadas com nossa inevitável mortalidade e nossa necessidade prioritária de nos prepararmos para a salvação eterna e evitarmos a condenação eterna. Escreve: "É razoável e sábio glorificar a extensão e grandeza do Império quando não se pode de modo algum provar que haja qualquer felicidade real em homens vivendo perpetuamente entre os horrores da guerra, tentando perpetuamente avançar entre o sangue?... Na ausência de justiça, o que é a soberania senão banditismo organizado?". Quanto à missão civilizatória de Roma, ele compara abertamente as origens da cidade a uma quadrilha de ladrões cujo único motivo para a lealdade coletiva era aumentar a cota de cada bandido na pilhagem. Admite com relutância que tal tipo de honra entre ladrões trouxe para Roma um poder mundial sem precedentes, mas não a valorizará mais que isso. Quando compara o modo de vida de um destacado cidadão romano ("atormentado pelo medo, cheio de preocupações, febril de cobiça, jamais seguro") e um humilde, obscuro homem de Deus ("amado pelo que é, desfrutando a doçura da paz nas relações com seus semelhantes, casto nos costumes"), fica fora de dúvida que o modo de vida do homem de Deus deve ser preferido sob todos os aspectos. Quanto ao império, para Agostinho, seu único papel legítimo é preservar a lei, a ordem e, como posto avançado terreno da Cidade de Deus entre a Cidade do Homem, proteger a Única Igreja Verdadeira – se necessário for, usando seu poder absoluto para perseguir hereges.

A acusação de que o cristianismo minou a fibra moral do Império Romano e, assim, acelerou seu declínio ao repartir as lealdades dos homens entre o que Agostinho via como uma estada apenas carnal, pecaminosa e temporária aqui na terra e a felicidade infinitamente maior da vida após a morte que nos espera, foi repetida através dos séculos por escritores de política e ética, entre eles Maquiavel, Rousseau e o historiador Edward Gibbon, que atribuiu a essa religião a causa central da queda do império. Em anos recentes, tornou-se elegante denunciar essa crítica e salientar como o declínio foi gradual e como, durante muitas décadas de predominância do cristianismo, o império continuou a mobilizar grandes exércitos e a repelir a invasão. Ainda me inclino para a visão de Gibbon, mas deixarei a decisão por conta dos leitores enquanto continuamos a conversar sobre o final do Império e o começo das Eras Medievais.

O Império Romano passou por uma enorme transformação após a cataclísmica decisão de Marco Aurélio (voluntária ou a ele imposta pela morte repentina de seu colega mais novo, Vero*) de permitir que seu filho Cômodo herdasse o trono, dando fim à era dourada dos Bons Imperadores, tendo cada um deles escolhido o sucessor baseado antes no mérito que na descendência direta. Os rivais rapidamente assassinaram Cômodo e o ano seguinte viu cinco homens reclamarem o título de imperador. Septímio Severo, um nativo do Norte da África que ascendera graças ao serviço militar, alcançou estabilidade. Brutal, mas eficiente, colocou a necessidade de garantir a lealdade das legiões acima de tudo mais, o que pelo menos instalou certa ordem básica ("enriqueça os soldados e despreze o mundo!" era seu lema). Após o último imperador da dinastia dos Severos, Alexandre Severo, ser assassinado por suas próprias tropas, irromperam cinquenta anos de usurpação e guerra civil, durante os quais houve 26 pretendentes ao trono, em sua maioria generais (chamados às vezes "imperadores de quartel"). Por fim, sob uma linhagem de imperadores excepcionalmente vigorosos e dominadores da Ilíria (Bálcãs ocidentais de hoje), como Diocleciano e Constantino, o Grande, o império reviveu, a disciplina sobre as legiões foi restaurada e a guerra civil cessou.

Mas era uma cultura diferente. Os imperadores ascendem agora muitas vezes através das fileiras do exército, sem um traço de linhagem aristocrática. O império, com efeito, foi salvo pelos descendentes, agora parcialmente romanizados, dos povos que ele havia conquistado, sobretudo nos Bálcãs. Diocleciano nasceu numa colônia militar estabelecida cerca de dois séculos antes por Júlio César e embelezada por Augusto como uma de suas numerosas miniaturas instantâneas de Roma, equipada com fórum e termas. A genialidade do principado augustano ao estabelecer essas colônias – muitas vezes povoadas por militares reformados que se casavam com as habitantes locais – sem dúvida incubadoras, para gerações futuras, de legionários leais saídos de terras antes hostis, vinha agora em socorro, salvando o império do esgotamento da energia de sua nobreza italiana original. Mas esses novos imperadores saídos dos territórios outrora conquistados abandonaram toda pretensão de serem os "primeiros cidadãos" de uma república – inclusive raramente visitavam Roma (é mais ou menos como se os Estados Unidos fossem governados do Vietnã por presidentes que jamais visitassem Washington). Governavam abertamente como reis-soldados, autocratas militares. A conexão com a alta civilização greco-romana que o principado augustano mantinha como seu herdeiro e administrador, uma administração continuada pelos Bons Imperadores, foi quebrada. Quando Constantino mandou erguer um arco triunfal em Roma, eles simplesmente tiraram pedaços da velha escultura do reinado de Marco Aurélio e os encaixaram no novo arco. Não conseguiam reproduzir as velhas obras-primas.

---

*   Vero foi coimperador com Marco Aurélio. (N.T.)

O imperador Diocleciano tentou congelar todas as ocupações de uma ponta à outra do império como hereditárias para garantir a arrecadação de impostos. Se você fosse um agricultor, seu filho também teria de ser agricultor. Teoricamente, esse foi o começo do feudalismo. A centralização de todo poder nas mãos dos imperadores tinha levado a um enorme crescimento da burocracia. Isso aumentou quando Diocleciano resolveu o problema do tamanho imenso do império dividindo-o entre imperadores do Ocidente e do Oriente. Cada "Augusto" devia também preparar um parceiro jovem como sucessor, um "César", para que não houvesse uma guerra civil toda vez que o trono ficasse vago, o que criava de fato quatro cortes imperiais distintas, cada qual com seu próprio e enorme quadro de empregados. Um deslocamento geral para o leste, mais populoso e próspero, foi simbolizado pela criação por Constantino de sua nova capital, Constantinopla, não distante de nossa velha amiga Troia, que logo eclipsou Roma. O cerimonial imperial tornou-se devidamente mais elaborado, remontando aos reis-deuses orientais, aos faraós, a Nabucodonosor e a Ciro, o Grande. Um contemporâneo descreveu Constâncio II exibindo a presença cerimonial ideal em sua carruagem do Estado: "Como se o pescoço estivesse numa prensa, mantinha um olhar fixado bem à frente, sem virar o rosto nem para a direita, nem para a esquerda, nem... de fato ele balançava a cabeça quando as rodas davam um tranco". Era uma mescla de Ocidente e Oriente. A melhor forma para compreendermos bem isso é comparar a estátua equestre de Augusto que discutimos na Parte Um, uma perfeita fusão de beleza grega com firmeza romana de propósito, com a estátua de 300 d.C. do colegiado de Diocleciano com quatro coimperadores se abraçando. Vestindo mantos pesados e com grandes espadas do lado, já se pareciam com reis medievais, mas também lembravam as monarquias orientais da Babilônia e Pérsia. Com os troncos largos, pernas atarracadas e corpos robustos, cada rosto indistinguível dos rostos dos outros, compactos e rígidos em suas poses ritualísticas, esse grupo de esculturas representa, segundo Ernst Kitzinger, historiador da arte, "uma rejeição quase completa da tradição clássica". Em outro indício de uma "orientalização" que também aponta para o mundo medieval, os romanos começaram a confiar menos na infantaria e mais em unidades fortemente armadas de cavalaria. Substituíram o saiote curto, a couraça de couro e a espada curta da república e do principado augustano pelas calças compridas, espadas grandes e cota de malha – uma reversão ao equipamento militar estilo oriental, que ao mesmo tempo começa a se parecer com o da Idade Média. Como escreve o historiador Greg Woolf, no final do terceiro e quarto séculos, "a paisagem militar começou a parecer cada vez mais medieval, um mundo de cavaleiros e castelos entre uma paisagem de aldeias camponesas".

Depois das dinâmicas intervenções de Diocleciano (ele se considerava a encarnação humana de Júpiter), Constantino foi o outro grande arquiteto do Império

Romano tardio, tornando o cristianismo a religião preferida do Estado. O patrono do cristianismo era um déspota cruel, brutal, afundado em sangue até os joelhos – estrangulou o próprio filho com as mãos nuas por suspeitar de conspiração. Aqui está como Gibbon o descreve quando rapaz: "Em toda a sua conduta, o ativo espírito da juventude foi temperado pela habitual prudência; e embora sua mente esteja impregnada de ambição, ele parece frio e insensível aos encantos do prazer". Depois de incursionar pelo mitraísmo, a religião favorita dos soldados, escolheu apadrinhar o cristianismo – até que ponto por convicção genuína ou devido à sua popularidade permanece uma questão em aberto. Possivelmente acreditava que a noção de um único Deus no alto complementava o domínio de um único imperador na terra. Era uma religião extremamente urbana e ocidental (os cristãos se referiam aos não crentes como *pagani*, habitantes do campo, sugerindo que eram caipiras rurais, já que de fato foi no oeste mais agrário que a crença nos velhos deuses durou mais tempo) e, contrariamente ao mito, raras vezes fora severamente perseguida. Segundo pesquisa recente sobre o Coliseu, ainda que muitas vezes isso tenha acontecido nos filmes, as provas de que os cristãos tenham alguma vez "dado de comer aos leões" são escassas. (Diocleciano, predecessor de Constantino, foi uma exceção – suspeitando de que o pacifismo e valores de outro mundo dos cristãos ameaçavam a autoridade de Roma, ele tentou impor suas regras e leis, mas era tarde demais; a influência cristã estava demasiado difundida e arraigada.) Desde muito cedo, a nova religião aspirou a exercer uma autoridade universal sobre os crentes similar à autoridade política do império. O padrão para a catedral foi a basílica romana, uma combinação de tribunal e sala do trono, com o bispo tomando o lugar do imperador ou procônsul em seu trono. O patrocínio imperial trouxe à hierarquia da Igreja generosas rendas e regalias. Os imperadores utilizaram muitas vezes os bispos como o equivalente de seus governadores e representantes nas províncias.

Tornando-se, finalmente, no governo do imperador Teodósio, a única religião sancionada pelo Estado, os cristãos usaram sua aliança com o poder absoluto do imperador para devastar com muito prazer os templos, a arte e as bibliotecas pagãs (não diferente do talibã em nossa época, dinamitando estátuas budistas de valor inestimável) e perseguir com igual ferocidade – incluindo tortura e execução – seitas cristãs consideradas heréticas. Poderíamos ter de pagar com a vida se déssemos a resposta errada quando perguntados se o Espírito Santo procedia "do Pai" ou "do Pai e do Filho". A Academia de Platão e o Liceu de Aristóteles, patrocinados durante séculos pelos imperadores pagãos, foram fechados por Justiniano no início do século VI. Os representantes da Cidade de Deus na terra ficaram mais do que felizes em empregar as ferramentas assassinas da Cidade imperial do Homem assim que a tiveram do seu lado.

O pluralismo do paganismo e a tolerância de muitas crenças foram substituídos por um credo teocrático único, que abrangia tudo, que afirmava ser o único guia verdadeiro para cada aspecto da vida e estava respaldado pela autoridade de um governante absoluto. Mesmo os imperadores, incluindo Constantino e Teodósio, se envolveram em obscuras disputas teológicas sobre, por exemplo, o caráter da Trindade e estavam dispostos a respaldar com força letal suas doutrinas preferidas contra os demais pontos de vista. A tirania começava a se tornar ideológica, uma predecessora religiosa de ideologias seculares mais tardias, como o comunismo, que afirmava possuir "a unidade de teoria e prática" aplicada por um Estado todo-poderoso. Foi uma mudança que representou um divisor de águas na trajetória da tirania no Ocidente, com repercussões por todos os séculos vindouros até os dias atuais. Nem todos os cristãos, é claro, estavam felizes com esses recém-descobertos adornos de poder mundano. Alguns se retiraram para comunidades monásticas ou uma caverna de eremita para preservar a pureza espiritual da fé e sua renúncia original de riqueza e poder mundanos – uma tensão dentro da fé que ondularia através dos séculos e atingiria um ponto crítico na Reforma.

Por fim, o Império Romano se dividiu irrevogavelmente em duas metades quando o Ocidente caiu sob onda após onda de invasores de além do Danúbio. Quando o guerreiro godo Odoacro depôs o último imperador do Ocidente (estranhamente chamado Romulus Augustulus, "Rômulo, o Pequeno Augusto", combinando o nome do fundador de Roma com uma versão curiosamente pejorativa do nome do primeiro imperador), só o Império Oriental de Bizâncio permaneceu. Como vimos na Parte Um, começando com Augusto, o princípio oriental da monarquia universal viajou para o Ocidente, levando a um monarca helenístico baseado em Roma e externamente trajado como um primeiro magistrado republicano. Agora, o restante do que ainda afirmava ser o *Imperium Romanum* converge inteiramente para o leste. "Bizantino" se torna sinônimo de intriga palaciana, traição, conspirações, de uma burocracia inflada e um cerimonial da corte fazendo um uso extensivo de eunucos, como tinham feito os faraós e os reis persas de tempos passados. O governante ainda se autodenominava "o imperador dos romanos", mantendo um fino elo de lealdade histórica àquela rústica e alerta aldeia de bandoleiros fundada na margem do Tibre mil anos antes. Mas a atmosfera vaporosa, segregada, do palácio em Constantinopla, rodopiando de intriga sobre sexo e poder (havia rumores de que a esposa do imperador Justiniano, Teodora, era uma ex-prostituta), nos traz à memória a Cidade Proibida, em Pequim, e as cidades-palácios de Babilônia, Persépolis e Alexandria. Quando Constantinopla finalmente caiu em 1453 sob o jugo dos turcos otomanos, os novos governantes muçulmanos, mais ou menos como havia acontecido quando os mongóis invadiram a China a partir do século XIII, absorveram grande parte do elaborado cerimonial de seus predecessores bizantinos, o que é testemunhado pelas ruínas do magnífico palácio Topkapi na Istambul de hoje, mistura de um palácio imperial romano com os pavilhões interligados evocativos da China e Japão, talvez uma memória de suas origens e tendas nômades.

A QUEDA DO OCIDENTE

A mística da invencibilidade militar romana sob os imperadores foi essencial para manter unido um império tão vasto com um exército permanente limitado a algo em torno de 350 mil unidades de combate, as famosas legiões. Não havia como o domínio romano ser mantido literalmente por força militar – simplesmente não havia tropas suficientes para dar cobertura. Mesmo uma província importante como a Síria não tinha mais que algumas legiões sob o comando do legado.* Outras não tinham absolutamente nenhuma. Como procurador (principal magistrado e coletor de impostos) da Judeia, Pôncio Pilatos comandava uma força de segunda classe de auxiliares localmente recrutados, um cruzamento em termos americanos entre um departamento de polícia e a Guarda Nacional.

Desde Augusto, a política de Roma fora criar Estados-clientes ou Estados-tampões neutros em suas fronteiras para evitar a necessidade de guerra. Mas quando a guerra não podia ser evitada, a vitória de Roma tinha de ser absolutamente esmagadora para convencer a todos que, no final das contas, uma rebelião fracassaria sempre. Daí a extrema brutalidade da repressão por Roma das duas rebeliões judaicas, incluindo o extenuante cerco de Massada que, embora estrategicamente insignificante, era necessário para demonstrar que nem uma só fortaleza conseguiria resistir ao poder romano. A segunda rebelião terminou com o imperador Adriano construindo um templo a Júpiter no lugar do templo judeu, que fora destruído por Tito na primeira Guerra Judaica, e expulsando os judeus de Jerusalém. Dois golpes e você está fora. Quando a força militar de Roma no Ocidente finalmente desmoronou sob incansáveis ondas de invasores – visigodos seguidos por hunos – o mesmo aconteceu com a mística da invencibilidade do império e, portanto, com o gancho psicológico de seu controle central.

Quando a autoridade central do Império Ocidental se dissolveu, muitas das principais nações da Europa com que hoje estamos familiarizados estavam começando a aparecer num esboço rude, suas identidades estabelecidas mais cedo pela conquista romana e a conversão em províncias. Elas incluíam a Espanha, a Gália (mais ou menos a França futura), a Grã-Bretanha, os Bálcãs e a Itália, embora

---

* Comissário que fiscalizava a administração das províncias. (N.T.)

estivessem divididas em feudos internos e pequenos Estados que levariam muitos séculos para serem absorvidos pela moderna nação-Estado. A Alemanha, além do Reno e do Danúbio, nunca fora conquistada, tendo os romanos sabiamente admitido no tempo de Augusto que os alemães eram demasiado ferozes e independentes para algum dia serem incluídos no império. A grandeza e autoridade do império desaparecido continuou a assombrar a imaginação de seus antigos súditos, uma época de glória, paz, prosperidade e civilização agora perdida, mas uma época que jamais seria esquecida. Títulos militares romanos do final do Império, como *Dux* e *Comitus*, tornaram-se os títulos da autoridade medieval, "duque" e "conde", um sinal da continuação do prestígio de Roma e do desejo de se apoderar de alguma forma da legitimidade dos Césares (origem do *Kaiser* alemão e do *Czar* russo) desaparecidos.

Ao mesmo tempo, o desenvolvimento da monarquia feudal – o rei e seus cavaleiros apoiados por agricultores camponeses – era de certa maneira um retorno a um padrão de autoridade muito antigo, que remontava aos chefes tribais descritos por Homero, um padrão que fora superado pelo crescimento dos impérios universais de Alexandre e Roma, mas que nunca desapareceu por completo. As tribos "bárbaras", como os romanos as encaravam, que irromperam no Império Ocidental e, por fim, o dominaram podem ter vindo por iniciativa de chefes tribais da Idade do Bronze, chefes guerreiros que cavalgavam para a batalha à frente de seu próprio clã de pares guerreiros e que tinham de provar a coragem pessoal em combate ou se arriscar a serem desafiados e derrubados por um competidor mais forte. Os invasores que os romanos chamavam de godos foram sucedidos por povos conhecidos por *vikings* ou nórdicos, que continuaram a invadir os Estados fragmentários que o colapso da autoridade imperial tinha deixado para trás, fundindo-se, por exemplo, com os gauleses conquistados (eles próprios já misturados com invasores germânicos mais antigos) para se tornarem normandos e com os nativos celtas da Inglaterra que os conheciam como saxões.

Nas Ilhas Orkney que conquistaram, os chefes *vikings* foram enterrados em túmulos de poço construídos por um povo neolítico mais antigo, que no essencial faziam lembrar os túmulos deixados para trás pelos reis micênicos. Como saberão os fãs de *Vikings*, um seriado da TV, quando esses assustadores gigantes barbados, com suas espadas largas e machados, usando cotas de malha, peles e pinturas de guerra, caíram como guerreiros homéricos sobre o velho monastério em Lindisfarne, eles saquearam e massacraram os monges aterrorizados, entoando, enquanto golpeavam, versos épicos sobre seus deuses e heróis. De início, os *vikings* reagiram ao cristianismo como os pagãos do velho Império Romano – desprezaram-no como covarde e afeminado. A longo prazo, contudo, mesmo esses guerreiros ferozes não puderam resistir à sua promessa de salvação eterna, sobretudo ao interagirem com seus recentemente conquistados súditos cristãos. Um de seus condes construiu, em Orkney, a magnífica catedral de São Magnus para assinalar sua conversão, com a miniatura de um belo barco *viking* colocada no altar. Algumas precauções foram tomadas à medida que os bárbaros iam sendo gradualmente convertidos para a nova fé. Quando São Sabas converteu os godos, sua tradução da Bíblia para o idioma deles não incluiu o Livro dos Reis – o santo sentiu que eles não precisavam ser incitados pelas façanhas dos reis judeus quando já eram tão agressivos.

Enquanto isso, surpreendentemente, o Império Oriental avançava para outros mil anos, sendo sua capital de Constantinopla, com seu vasto sistema de fortificações, praticamente inexpugnável. Um de seus maiores imperadores, Justiniano I, conseguiu de fato durante algum tempo reconquistar antigos territórios do desaparecido Império Ocidental no Norte da África e na Itália. Juntamente com sua astuta e glamorosa esposa Teodora, que segundo rumores tinha começado a vida num bordel, uma espécie de Eva Perón constantinopolitana, o vigoroso Justiniano legou à posteridade seu famoso código com toda a legislação romana anterior. Por outro lado, no ponto mais baixo de sua decadência, invasores estrangeiros reduziram Bizâncio a pouco mais que a cidade capital e seus subúrbios. No Império Bizantino, intensificando uma tendência já iniciada quando imperadores cristãos como Constantino baixaram a lei sobre questões teológicas, como a do Credo de Niceia, os imperadores eram os chefes tanto da Igreja quanto do Estado romano – a fonte de toda autoridade tanto espiritual quanto temporal, incluindo a designação do patriarca de Constantinopla e do restante da hierarquia eclesiástica. Estudiosos chamaram mais tarde essa fusão de autoridade temporal e divina de "cesaropapismo" – imperador e papa num homem só. Embora enfrentando com frequência uma resistência de padres e crentes comuns, a autoridade da Igreja, assim como do Estado, pelo imperador bizantino foi especialmente forte dos séculos VI a VIII. Na verdade, quando Justiniano I estabeleceu uma base temporária de Bizâncio na Itália, indicou também os próximos três papas da igreja ocidental. O cesaropapismo foi adotado e fortalecido pela Rússia czarista, começando com Ivã, o Terrível, em 1547, até Pedro, o Grande (mais sobre ele no devido tempo); o patriarcado foi abolido e a Igreja se tornou um departamento de governo. É por isso que hoje, estritamente falando, a Igreja Ortodoxa Russa não possui um chefe supremo desde que o último czar foi executado em 1918.

Remontando a Augusto, o Império Romano sempre reconhecera mais ou menos o direito das pessoas à sua propriedade – a proteção que deu em toda parte aos ricos foi uma grande fonte da legitimidade do império. Contudo, pelo fato de ser uma monarquia helenística externamente camuflada como "república", à medida que o tempo passava os imperadores revertiam cada vez mais ao velho padrão oriental dos reis-deuses do Egito, Mesopotâmia e Pérsia onde, na prática, o monarca possuía *tudo*. Os julio-claudianos muitas vezes mandavam executar nobres romanos por traição ou os levavam ao suicídio para se apoderarem de suas propriedades. Durante períodos instáveis, como o dos "imperadores de quartel", usurpadores fariam um confisco maciço de propriedades para recompensar as legiões que respaldavam sua conquista do trono. Esse padrão de controle imperial dos direitos de propriedade se intensificou sob os czares russos, herdeiros do cristianismo ortodoxo e do modelo cesaropapista de autoridade de Bizâncio. Enquanto na Europa, os senhores feudais passavam a desfrutar de grandes propriedades rurais de que tinham a posse legítima, incluindo grandes efetivos de dependentes armados, embora reconhecessem (pelo menos em princípio) a autoridade do rei sobre eles, os czares tiveram o cuidado de nunca permitir que a nobreza amealhasse grandes feudos desse tipo, que poderiam ameaçar seu poder absoluto.

No todo, o Império Bizantino continuou a manter um elevado nível romano de civilização com grandes cidades, casas de banhos, estradas, escolas e bibliotecas, enquanto a Europa, após o colapso do Império Ocidental no século V, entrava no que se costuma chamar de Idade das Trevas. Até que ponto podemos afirmar que houve mesmo trevas? Entrou em moda em anos recentes desafiar essa noção. A vida nos primeiros séculos da Idade Média, dizem alguns estudiosos, não era tão desoladora, retrógrada e estúpida como em *Monty Python – Em Busca do Cálice Sagrado*, com camponeses afundados até o pescoço em lama e esterco lutando para mover carroças com rodas quadradas. Debater isso não é essencial para o nosso objetivo de acompanhar a trajetória da tirania, mas, para mim, um conjunto de imagens se destaca. A maior biblioteca do Império Romano, em Alexandria, é catalogada como tendo 490 mil rolos de papiro. A biblioteca particular do poeta Sereno Samônico, do século III, continha 62 mil rolos. No século VII, após a queda do Império Romano Ocidental, a biblioteca do bispo de Sevilha, com 475 obras, era encarada como muito grande. A biblioteca monástica usada pelo Venerável Beda totalizava 200 textos. A coleção de 2 mil livros do mosteiro em Fulda, na Alemanha do século VIII, era considerada uma verdadeira maravilha. Em outras palavras, desde o colapso do Império Romano Ocidental, centenas de milhares de livros foram perdidos, jogados fora, deixados para apodrecer ou deliberadamente destruídos por inimigos cristãos de todas as coisas pagãs. Isso me parece bastante semelhante a algo de uma Era das Trevas. Felizmente, tanto Bizâncio quanto o mundo islâmico preservaram muitos desses livros para posterior reconstituição.

De importância fundamental para nós, ao traçarmos o percurso da tirania, é salientar como era diferente o padrão de autoridade no antigo Império Ocidental em comparação com o Bizantino. O colapso da autoridade imperial no Ocidente criou um vácuo a ser preenchido pela autoridade dos papas, que tinham progredido com firmeza de meros bispos de Roma para reivindicarem a autoridade suprema da igreja universal. No século V, eles assumiram o título de *Pontifex Maximus*, originalmente o mais alto sacerdócio dos reis romanos de outrora (um papel também exercido pelos antigos monarcas orientais), depois assumido por Augusto e os imperadores, vago agora pelo colapso da linhagem imperial. Embora estivessem interessados principalmente em estabelecer uma orientação espiritual unificada para os cristãos, os papas também disputavam com os novos governantes seculares da Europa feudal o controle total dos assuntos públicos. Esse cabo de guerra se prolongou durante séculos, ora um lado obtendo vantagem, ora outro.

Enquanto isso, a despeito da superioridade do cristianismo da Cidade de Deus sobre a Cidade do Homem, o fascínio do extinto Império Romano continuava a inspirar acontecimentos e possibilitava que os homens sonhassem com um futuro melhor, um futuro que seria como o passado romano. Desde 768, o rei franco Carlos Magno foi conquistando um grande domínio, incorporando a maior parte da Europa Ocidental com sua capital em Aachen. Foi a primeira bem-sucedida entidade política em grande escala criada desde a queda do Império Romano ocidental e, em 800 d.C., Carlos Magno assumiu confiantemente os títulos de Augusto e Imperador dos Romanos, afirmando estar revivendo o legado glorioso dos Césares e lançando as bases para o Sagrado Império Romano, um instável conjunto de Estados e principados governados por sucessivas dinastias de Hohenstauffens e Habsburgos. Ele foi dissolvido pelo vitorioso Napoleão em 1806, mas retornou à vida numa configuração um pouco diferente, de aparência mais oriental e aparado da reivindicação à santidade, como Império Austro-Húngaro. O fato de reis prussianos assumirem mais tarde o título de imperador (*Kaiser*), começando com Guilherme I, assim como de a Rainha Vitória ser aclamada como imperatriz da Índia, mostra o fascínio duradouro desse velho título romano – *Imperator*.

Desde aquele irreverente inconformista Voltaire, durante o Iluminismo na França, tornou-se costume zombar do Sagrado Império Romano dizendo que não era nem sagrado, nem romano, nem realmente um império. Era uma desconfortável mistura de autoridade secular e divina que nunca poderia realizar a fusão cesaropapista das duas esferas devido à supremacia espiritual dos papas. Nenhum sacro imperador romano jamais atingiu a completa autoridade sobre igreja e Estado exercida, ao menos em princípio, pelo imperador bizantino ou o czar russo, nem mesmo nenhum papa. O conflito andou de um lado para o outro simbolizado pelo que veio a ser chamado de "crise das investiduras" – em outras palavras, o papa, como fonte da autoridade tanto religiosa quanto política, coroa o imperador ou o imperador, como representante de Deus na terra, coroa a si mesmo? Carlos Magno afirmou que nunca teria assistido a uma missa na Basílica de São Pedro, em Roma, se soubesse que o papa pretendia se aproximar sorrateiramente e coroá-lo no local, à frente da coroação programada. Ao contrário, o sacro imperador romano Oto I voluntariamente se permitiu ser coroado pelo arcebispo de Mainz, indicando sua subordinação à hierarquia eclesiástica. Em ainda outra variação, Guilherme, o Conquistador, tendo transportado a bandeira papal durante sua invasão da Grã-Bretanha, esquivou-se do convite do papa para ir a Roma prestar homenagem à Santa Sé em nome de seu novo reino. Ainda mais tarde, forças aparentemente amotinadas do sacro imperador romano Carlos V invadiram Roma, saquearam a cidade, inclusive o Vaticano, e aprisionaram o papa (o grau de cumplicidade de Carlos ainda é debatido). Esse conflito entre autoridade temporal e espiritual também se manifestou nos reinos individuais da Idade Média, como no famoso choque entre Thomas Becket e Henrique II, que terminou com o martírio do arcebispo nas mãos de cavaleiros de Henrique.

Como veremos, o modo diferente como a autoridade se desenvolveu no Ocidente e no Oriente teve um impacto profundo sobre a continuada trajetória da tirania e sua disputa com o governo livre. O modelo cesaropapista de Bizâncio conferia ao imperador autoridade pessoal absoluta sobre assuntos tanto espirituais quanto temporais, com nomeações estatais e religiosas a serem distribuídas como lhe aprouvesse. Os czares russos herdaram esse modelo. Não havia separação entre igreja e Estado. O Estado, sendo também divinamente autorizado, era todo-poderoso. No Ocidente, ao contrário, desde muito cedo, uma rígida divisão de esferas entre o secular e o sagrado foi estabelecida, devido à incapacidade do papa ou do imperador para estabelecer uma supremacia cesaropapista sobre o outro.

Além disso, enquanto no modelo cesaropapista todo patronato fluía do imperador, o Ocidente continuou a reconhecer que, havendo igualdade de outras condições, o povo e especialmente os grandes senhores deviam ser capazes de desfrutar de suas terras e fortunas sem medo de um confisco arbitrário. A Inglaterra, em particular, acalentou uma visão de si mesma como tendo sempre defendido o direito de propriedade e o devido processo legal contra as ingerências da coroa, além de ter concordado logo de início com a Carta Magna quando a nobreza aparou as asas do Mau Rei João. Se isso equivalia a um pleno reconhecimento do direito à propriedade privada e outras liberdades é discutível, mas quando esse direito foi legalmente estabelecido na Inglaterra por meio da Revolução Gloriosa, em 1688, o filósofo conservador e político Edmund Burke (entre outros) encarou-o não tanto como um rompimento com o passado, mas como a continuação da venerável tradição inglesa (mais sobre isso na Parte Três).

Alguns sustentam que podemos mapear as perspectivas da democracia na Europa segundo sua divisão Oriente-Ocidente. Se traçarmos uma linha pelo mapa da Europa, dizem eles, entre a Europa propriamente dita e onde ela começa a se unir ao Oriente, descobriremos que, no lado esquerdo da linha, a democracia foi gradualmente adquirindo raízes porque o cristianismo ocidental já tinha reconhecido a autonomia da esfera secular da política, da economia e da sociedade, e sua independência do completo controle da Igreja. Ao contrário, no lado direito da linha, onde o cristianismo ortodoxo encarava o Estado como todo-poderoso tanto sobre os assuntos temporais quanto sobre os assuntos religiosos, a democracia, de modo não surpreendente, teve mais dificuldade para criar raízes. Meu instinto é que essa visão traz alguma coisa nova. Na Ucrânia, atualmente resistindo a ser devorada pela Rússia, a metade ocidental pró-democrática do país, que anseia por uma integração plena à Europa Ocidental, é também basicamente cristã ocidental, enquanto a metade pró-russa no leste, que quer se unir a seus irmãos eslavos, é basicamente ortodoxa. Alguns dizem que o controle monolítico exercido por Stalin e a ditadura comunista soviética foi de fato uma continuação do absolutismo czarista envolto em ideologia marxista, atendendo ao padrão bizantino original de todo o poder ser concentrado nas mãos de um homem. Nessa visão, o cesaropapismo renasceu como o que a doutrina comunista chamava "a unidade de teoria e prática", significando que o Partido, por sua vez significando seu Líder, possui a verdade absoluta. Argumentarei mais tarde, na Parte Três, que a tirania comunista foi muito, muito pior do que tudo que possamos encontrar sob os czares ou, de fato, sob qualquer forma tradicional de despotismo. Mas o paralelismo, embora limitado, é válido.

MONARQUIA FEUDAL E A GRANDE CADEIA DO SER

Os reis medievais eram considerados representantes de Deus na terra. No que o historiador Arthur Lovejoy chamou de "A Grande Cadeia do Ser", a sociedade era concebida por Deus para ser uma hierarquia ordeira em que o povo comum se submetia à autoridade dos senhores, os senhores submetiam-se à autoridade do rei e o rei submetia-se, em benefício de todos, à autoridade de Deus (e, os papas tentavam insistir, da Igreja encabeçada por eles). A identificação do rei como representante de Deus, pelo menos com relação aos assuntos temporais, teve uma tendência a abafar o debate tradicional sobre tiranos *versus* verdadeiros reis que examinamos na Parte Um. A autoridade real era hereditária. Presumia-se que alguém exercendo o poder real tinha a sanção de Deus – era ungido, como os reis Saul e Davi tinham sido ungidos pelo profeta Samuel. De que outra forma, afinal, poderia ele estar no trono? Como toda a liberdade de ação humana estava, em última análise, no controle da Providência, o *status quo* político presumivelmente tinha Sua bênção.

Era por certo reconhecido que os reis eram capazes de atos tirânicos. Por nossos padrões, eram perfeitamente capazes de uma crueldade mesquinha e arbitrária: expulsão dos judeus da Inglaterra por Eduardo I; supressão e execução por queima na fogueira, por Felipe IV da França, dos Cavaleiros Templários, depois da apreensão de sua riqueza; aniquilamento, empreendido em conjunto pelo papado e pelos reis da França, da seita herética dos cátaros na França meridional. Até mesmo esses excessos, contudo, eram aplaudidos pela maioria de seus súditos como legítimos atos cristãos. Houve poucos casos de rebelião popular antes do século XIV, quando um fosso crescente entre riqueza e pobreza desencadeou uma série de levantes camponeses que foram invariavelmente esmagados. Só com as guerras religiosas da Reforma, provocadas por um profundo desacordo acerca do significado do cristianismo, foi a ordem feudal abalada em suas fundações por novos níveis de conflito e perseguição religiosa, com cada lado esperando que o rei mobilizasse seus poderes de execução, tortura, banimento e aprisionamento para destruir os heréticos do outro lado. Antes dessa explosão de violência sectária, a monarquia medieval transcorre de forma bastante pacífica, manchada às vezes pela gula, avareza e adultério, que sempre foram a especialidade do tirano variedade-jardim, adornada às vezes com bela música e arte, como na corte lendariamente simpática dos duques de Borgonha, uma atmosfera captada nas famosas tapeçarias da Dama e o Unicórnio. Às vezes, como nas tiranias grega e romana, ambos os tipos de atividade se desenvolveram ao mesmo tempo. Alguns reis, no entanto, eram extremamente piedosos, incluindo Edmundo, o Confessor, chamado assim devido à santidade de sua vida.

O maior teólogo da Idade Média, São Tomás de Aquino, partiu um pouco do desinteresse geral de seu predecessor, Santo Agostinho, em distinguir entre formas melhores e piores de governo mundano. Ao fazê-lo, tirou partido do que restou do ensinamento clássico no Ocidente, sobretudo Aristóteles. Mas, reveladoramente, enquanto para Aristóteles a melhor forma de governo era uma aristocracia de cavalheiros virtuosos, para São Tomás de Aquino era um monarca amável e justo que seguisse a lei de Deus em todos os seus assuntos – um rei único onipotente para representar na terra um Deus único onipotente. Tudo bem com a falta de restrições legais ao poder real se o rei fosse piedoso e benevolente, pois ele poderia agir com mais eficiência do que se constrangido pela lei. A próxima melhor forma de governo era uma aristocracia de homens tementes a Deus governando coletivamente em benefício de todos – mas não seria tão eficiente porque as opiniões de mais pessoas tinham de ser consultadas. A democracia, se os cidadãos fossem justos e tementes a Deus, podia ser uma boa forma de governo, mas era a menos eficiente porque a opinião de todos tinha de ser consultada.

Quanto ao governo injusto, São Tomás de Aquino pensa que a democracia é a variedade menos má porque, mesmo se o povo for perverso e egoísta, as democracias se movem com demasiada lentidão para conseguirem fazer muito estrago e ninguém, mesmo entre uma população corrupta, ia querer ser governado por um tirano. Uma aristocracia corrupta é pior que uma democracia corrupta porque pode agir com mais rapidez. A pior de todas é a tirania, porque permite que um homem perverso aja de modo egoísta com a força absoluta e descontrolada de quem, num bom governo, seria um monarca.

Por mais sensíveis que sejam, essas distinções revelam pouca semelhança com o verdadeiro mundo medieval. Reis, príncipes e duques governavam a maioria dos países; seu poder estava perto de ser absoluto. Nada que se assemelhasse a um autogoverno republicano emergeria até o surgimento dos ricos Estados comerciais no final da Idade Média, como Florença, Gênova, Veneza e a Liga Hanseática – enquanto as monarquias da Europa eram predominantemente ligadas à aristocracia rural, desde cedo o autogoverno republicano criou raízes onde as classes comerciantes se tornaram proeminentes. Quanto a uma forma de governo puramente democrática em que cada cidadão participasse igualmente, era coisa que não tinha existido em parte alguma do Ocidente desde Atenas no século V a.C. e fora inteiramente desacreditada, começando com Platão, aos olhos de todos os homens instruídos. Nada próximo disso chegaria a existir de novo até 1776, quando os fundadores da América teriam de trabalhar vigorosamente com suas penas e discursos para convencer os melhores elementos da sociedade, tanto na América quanto na Europa, de que eles não iam retornar ao temido governo da massa e demagogia da antiga Atenas.

Para ser mais preciso, São Tomás de Aquino admite a derrubada de um tirano. Mas cerca isso de tantos cuidados que, na prática, provavelmente jamais poderia acontecer de acordo com suas regras. Mesmo nos casos mais extremos de tirania, insistia ele, os súditos nunca devem partir para a rebelião armada. Devem apenas se recusar a obedecer e esperar que outro grande senhor derrube o rei perverso. O povo comum não tem nenhuma responsabilidade direta na cadeia feudal de comando para melhorar o governo – essa responsabilidade maior pelo bem comum pertence exclusivamente à nobreza. A derrubada de um tirano pelo povo comum, num levante popular, levará muito provavelmente, na visão de São Tomás de Aquino, a um caos e injustiça piores do que os do próprio tirano. Na maioria dos casos, é melhor suportar um governante opressivo e esperar as coisas melhorarem: "Se não houver um excesso de tirania é mais conveniente tolerar por algum tempo a tirania mais branda do que, ao agir contra o tirano, ser envolvido em inúmeros perigos que são mais penosos que a própria tirania".

Apesar da maior flexibilidade em seu pensamento para distinguir entre tipos melhores e piores de governo do que no de Agostinho, no final das contas São Tomás de Aquino está unido a seu predecessor na crença de que nenhuma forma de vida política pode sequer remotamente se aproximar da beatitude que será experimentada por toda a eternidade por aqueles que são salvos. Enquanto os antigos gregos e romanos realmente acreditavam que uma eminente ação política – proeza marcial, notável condução dos negócios públicos, virtude cívica – poderia trazer para os seres humanos uma autêntica felicidade e satisfação no aqui e agora, para os teólogos cristãos isso empalidecia em comparação com a perspectiva de salvação e o perigo do inferno. Ao contrário de Agostinho, São Tomás de Aquino admitiu que a virtude cidadã tinha seu lugar na Grande Cadeia do Ser como o primeiro degrau numa ascensão que nos possibilita aspirar à graça e, portanto, a nos prepararmos para nosso futuro no céu. Mas era apenas o primeiro degrau. A função principal do governo era manter a ordem para que as pessoas pudessem se dedicar a seu dever para com Deus e, naturalmente, a defender a Igreja de Deus e sua hierarquia eclesiástica.

O modelo de São Tomás de Aquino do rei bom, com um coração generoso, governando com justeza em nome de Deus foi idealizado em canções e poemas, tornando-se uma parte sólida da textura da tradição europeia. Lembro-me, como filho de pais ingleses, ter ficado fascinado pela canção de Natal *Good King Wenceslas* [Bom Rei Venceslau], cantada pelo coro da catedral de Canterbury, com sua descrição de um rei santo que, numa noite terrivelmente fria, fica preocupado o bastante com o sofrimento de um camponês pobre, que ele vê catando freneticamente a lenha do seu fogo, para mandar alguém levar-lhe a ceia de Natal e a lenha. Isso parecia genuinamente inglês de um modo profundamente primordial – eu não sabia que Venceslau era na verdade um duque da Baviera, mas isso só indica como essa idealização da monarquia cristã estava difundida. Não que esse ato de caridade fosse o primeiro passo na criação de um Estado de bem-estar social, é claro. Reis medievais são louvados por atos individuais, espontâneos de caridade e boa vontade para com seus súditos, ainda mais comoventes e miraculosos por serem tão raros, nada em que qualquer súdito pudesse confiar, muito menos esperar. O caráter limitado da caridade real foi preservado na cerimônia do Lava-Pés, que se manteve até a época dos Tudors, em que o monarca, numa imitação de Cristo, lavaria os pés de um grupo seleto de pessoas pobres das ruas de Londres. De pés limpos, cada alma receberia uma nova capa, algumas moedas e seria mandada de volta para a pobreza fétida e abjeta da cidade, suas vidas basicamente inalteradas. O que contava nesses momentos era a gentileza e misericórdia do monarca.

O historiador vitoriano e clérigo John Richard Green escreveu a seguinte descrição do rei Haroldo, o Grande, durante muito tempo um favorito sentimental entre os monarcas ingleses devido à sua trágica derrota em Hastings pelos cruéis normandos, o último "verdadeiro" rei inglês (não importa que ele próprio descendesse dos saxões que tinham previamente atravessado o Canal como conquistadores). Ele era o próprio modelo de um monarca medieval; na verdade, segundo Green, um paradigma de toda perfeição humana:

> Alfredo foi a mais nobre assim como a mais completa encarnação de tudo que é grande, tudo que é adorável no temperamento inglês. Combinou como nenhum outro homem jamais combinou a energia prática desse temperamento, sua força paciente e persistente, seu profundo senso de dever, a reserva e autocontrole que fixam uma perspectiva ampla e uma ousadia inquieta, sua temperança e imparcialidade, sua franca genialidade, sua sensibilidade a ações, sua ternura poética, sua profunda e apaixonada religião. A religião, na verdade, era a base do caráter de Alfredo. Sua têmpera era instinto com piedade. Por toda a parte, de uma ponta à outra, seus escritos que conservam para nós o nome de Deus, o pensamento de Deus, movem-no para explosões de adoração extática... "Por todo o tempo que vivi", disse o rei quando a vida se encerrava para ele, "empenhei-me em viver dignamente".

Em *Ricardo II*, de Shakespeare, escrita por volta de 1595 sobre acontecimentos que ocorreram no século XIV, no momento mesmo de pico em que a era medieval está prestes a dar lugar à Renascença e à Reforma, João de Gante confere expressão a um relato ainda mais romantizado da monarquia medieval em seu período mais antigo e honroso, um mundo de impecável unidade entre monarca e súdito, entre autoridade real, antiga descendência e seu enraizamento no solo secular da Inglaterra, que está por toda parte desmoronando devido às ações maléficas de Ricardo: "Este assento de Marte/Este outro Éden, meio paraíso, esta fortaleza construída pela Natureza para si mesma... Esta ama, este útero repleto de régios monarcas".

Por meio das peças históricas de Shakespeare, podemos sentir a Inglaterra elizabetana rememorando o que ela fora um dia na Grande Cadeia do Ser – com um grau de nostalgia, mas também com um sentimento do inevitável ímpeto do futuro. Pois, mais uma vez, tudo na trajetória da tirania estava prestes a mudar.

SOMBRA DE DEUS NA TERRA: O CALIFADO OTOMANO

Ao preparar o palco para esse novo ato no drama, temos de examinar o impacto na Europa medieval da ascensão do islã, a última na sequência histórica das três grandes religiões monoteístas e, especialmente, o impacto do Império Otomano. Se a ascensão do cristianismo no velho Império Romano tinha alterado de modo fundamental sua cultura e criado a transição para a Idade Média feudal, o segundo grande desafio para a Europa após a queda do Império Ocidental foi a ascensão dos otomanos.

A difusão do islã, que começou no século VII, já fora acompanhada por ondas de conquistas que acrescentaram as antigas províncias romanas do Oriente Médio, a África setentrional, partes da Sicília e a região meridional da Espanha a seu rebanho. Como o imperialismo civilizatório de Roma e Alexandre, o Grande, antes deles, os conquistadores muçulmanos construíam belas mesquitas, prédios públicos, bibliotecas e escolas por onde quer que passassem. Numa época em que muito pouco da preciosa herança literária e filosófica da Antiguidade greco-romana sobrevivia na Europa, grandes bibliotecas e universidades para estudar os clássicos gregos e romanos – que tinham sido preservados após a queda do Império Bizantino e traduzidos para o árabe – surgiram em Bagdá, Toledo e Palermo. As correntes intelectuais que se filtraram para a Europa Ocidental a partir do reavivamento feito pelo filósofo islâmico Averróis do aristotelismo influenciaram São Tomás de Aquino.

Mas embora a cristandade ocidental conseguisse manter os primeiros avanços muçulmanos acuados em suas bases na África, Espanha e Sicília, os otomanos criaram algo único, um novo império mundial que ameaçaria a própria existência da Europa e a preocuparia durante cem anos. Pois enquanto os conquistadores sarracenos árabes tinham se concentrado em obter possessões na bacia mediterrânea, os otomanos estavam determinados a fazer seu novo império alcançar o centro mesmo da Europa.

Os otomanos, assim denominados em homenagem ao fundador de sua dinastia, Osmã, governador de um emirado gázi, capturaram a grande Constantinopla em 1453 após anos de um lento avanço pelo poder regional, sempre se encolhendo, de Bizâncio, atormentado por guerra civil e partilhas após a Quarta Cruzada. Começando com o conquistador de Constantinopla, Maomé II, a dinastia otomana permaneceu no poder através de sucessão linear até o exílio do último sultão em 1922, um recorde que na Europa só encontra paralelo com os Habsburgos e que nunca foi repetido em parte alguma do mundo islâmico. Em seu apogeu, no governo de Suleiman, o Magnífico, o Império Otomano se tornou um dos mais poderosos Estados da história, sob muitos aspectos o primeiro sucessor real do Império Romano. Era um império multinacional, totalizando cerca de 12 milhões de pessoas em meados do século XVI, controlando grande parte do sudeste da Europa, a Ásia Ocidental, o Cáucaso e o Norte da África. O exército otomano durante a Idade Média talvez fosse o mais avançado do mundo, um dos primeiros a empregar mosquetes e canhões. Sua frota dominava o Mediterrâneo. Tendo engolido a antiga província romana da Ilíria, os otomanos, sob o comando de Suleiman, tomaram a maior parte da Hungria e duas vezes puseram Viena em cerco, chegando a alcançar os portões da cidade antes de serem rechaçados. Mas as ambições de Suleiman iam muito mais longe: intitulando-se "César das terras de Roma", sonhava em reunir por conquista Roma, capital do antigo Império Ocidental, com a antiga Constantinopla, agora a Istambul otomana, Oriente e Ocidente novamente unidos sob o califado. Diziam alguns que ele queria ser o novo Alexandre, o Grande.

Quem quer que hoje visite Istambul perceberá de imediato que ela é uma das maiores cidades e centros civilizatórios do mundo. A vista de seus domos brilhantes cravejando as águas cintilantes do Bósforo é quase indescritível, como se as belezas de Roma, Veneza e Cairo tivessem se deslocado para um só lugar. O próprio nome Istambul, tirado de uma antiga expressão grega, significa apenas "a cidade", como se não houvesse outra. Espalhada por colinas originalmente escolhidas pelo imperador Constantino como local para a sua Nova Roma, em parte porque elas evocavam as sete colinas da Roma original, caminhar pela cidade velha exige a resistência de uma cabra-montesa. Meu local favorito são as ruínas do velho hipódromo romano. Seu escurecido silêncio fornece um alívio bem-vindo da agitação incessante e multidões da imensa cidade. Podemos nos sentar nas fundações de pedra fria e contemplar as camadas históricas daquele lugar muito antigo, que une cada época que examinamos até agora ao seguir a trajetória da tirania e a luta contra ela. Há um Obelisco Egípcio do reinado do faraó Tutmósis III, levado para Constantinopla pelo imperador Teodósio I. Uma coluna retratando serpentes entrelaçadas, comemorando a vitória final grega sobre os persas na Batalha de Plateia em 479 a.C., chegou por cortesia de Constantino, que a pilhou de Delfos. Num dos lados da praça fica o magnífico palácio dos Grandes Vizires, segundos em comando depois dos sultões. No outro lado, onde antigamente ficava o palácio dos imperadores bizantinos, ergue-se a abóbada etérea da Mesquita Azul.

Que tipo de impacto teve sobre os conquistadores otomanos dessa cidade contemplar a arquitetura quase sobre-humana dos bizantinos? Independentemente de como tenha sido, eles começaram a criar uma nova síntese de seu modo de vida com o do agora extinto reino bizantino. Assumiram o modelo cesaropapista de suprema autoridade monárquica desenvolvido pelos imperadores bizantinos e injetaram-no com sua própria cultura e os valores de sua fé muçulmana. Assim como o imperador bizantino tinha sido o ápice da autoridade tanto terrena quanto divina, o mesmo aconteceria com o sultão (significando "senhor de reis") otomano, que reivindicava a mais elevada posição no islã, o califado. Como califa, ele era a "espada do profeta" e "a sombra de Deus" na terra. Como os imperadores romanos, era o chefe supremo das forças armadas. O Estado foi dividido em uma administração militar e uma civil, com as províncias do império governadas em nome do sultão por paxás (eles tinham o mesmo papel dos procônsules no principado augustano). O sultão era assessorado por um conselho de anciãos tribais, mais tarde incluindo altas figuras do exército e administradores, o Divan. Quanto a assuntos religiosos, embora o sultão pudesse consultar um conselho de mulás, era dele a decisão final sobre todas as nomeações clericais e problemas doutrinários. Todas essas esferas de governo se cruzavam em sua pessoa e seu poder absoluto. Desde o século XIV, o sultão era assistido pelo grão-vizir, um cargo criado originalmente pelo mais antigo califado abássida. Equiparado às vezes a um primeiro-ministro, mas também lembrando o papel dos poderosos prefeitos pretorianos, como Sejano sob o comando do imperador Tibério, o grão-vizir exercia às vezes uma autoridade quase ilimitada em nome do sultão e foi romantizado como o vilão dos contos de fadas. Mas ninguém – pelos menos durante o período medieval – jamais esquecia quem era o verdadeiro amo. Devemos ter em mente que o califado otomano, embora adotando certos traços do modelo bizantino, estava, sob outro aspecto, retornando para antes do legado de Roma, para os reis-deuses muito mais antigos do Oriente, dos faraós a Ciro, o Grande, e seus impérios universais.

Desde o momento em que pela primeira vez conquistaram Constantinopla e dissolveram o Império Bizantino, os otomanos praticaram a tolerância religiosa com relação a cristãos e judeus. Em certo nível, estavam dando continuidade a uma política de tolerância iniciada por Ciro, o Grande, e continuada por Alexandre, o Grande, e os césares, uma política que, como vimos, contribuiu imensamente para a paz e a prosperidade daqueles primeiros impérios universais. Mas os otomanos acrescentaram variações que vieram estritamente de suas próprias convicções islâmicas. Pois, como os judeus e cristãos, eles também eram estritamente monoteístas. Embora aqueles impérios mais antigos fossem capazes de praticar a tolerância para com todas as seitas em parte porque seus governantes e quase todos os seus súditos eram politeístas (mesmo se favorecessem um deus entre outros), os otomanos acreditavam no Único Deus Verdadeiro, o Deus de Abraão, e rejeitavam todos os outros como falsos.

Maomé II permitiu que a Igreja Ortodoxa e suas terras subsistissem sem serem molestadas desde que os cristãos aceitassem a autoridade otomana. A maioria dos cristãos ortodoxos realmente preferia apostar nos novos governantes muçulmanos que nos venezianos e sérvios, que tinham previamente adquirido controle sobre os assuntos bizantinos – sabiam muito bem que os cristãos ocidentais os encaravam como hereges e podiam queimá-los na fogueira. Como até o final do século XV os cristãos continuaram sendo maioria nos domínios otomanos, o arranjo deve ter funcionado bastante bem. Mas a tolerância otomana com relação a cristãos e judeus tinha seus limites. Na tradição muçulmana, como "povos do Livro", eles mereciam algum respeito como antecessores abraâmicos do islã. Mas não eram iguais, pois suas primeiras revelações tinham sido agora ultrapassadas e completadas por aquela do profeta Maomé, o ensino final e verdadeiro. Sob os otomanos, cristãos e judeus tinham o direito de culto, mas não podiam portar armas, andar a cavalo ou construir uma casa mais alta que a casa de um muçulmano. Estavam sujeitos a um imposto especial. No lado positivo, judeus e cristãos podiam ter seu próprio sistema jurídico com seus próprios correligionários nomeados pelo califado como juízes. O patriarca da Igreja Ortodoxa tinha considerável autonomia e o clero cristão era pago pelo Estado otomano. Desde o início, os sultões deram boa acolhida aos judeus como emigrantes da Europa, onde sofriam terrível perseguição nas mãos de monarcas cristãos e da Inquisição. Em última análise, embora dificilmente se tratasse do modelo de completa tolerância que (juntamente com o período do domínio muçulmano em Granada) recentemente tem sido às vezes romantizado, judeus e cristãos ortodoxos sem dúvida se saíram muito melhor sob o domínio dos otomanos que na maior parte da Europa. Em 1656, o patriarca grego de Antióquia, lamentando as atrocidades cometidas por católicos poloneses contra cristãos ortodoxos, proclamou: "Deus perpetua o império dos turcos para todo o sempre! Eles recolhem seus impostos e não entram no mérito da religião, sejam seus súditos cristãos ou nazarenos".

Para os otomanos, a tolerância religiosa andava de mãos dadas com o estímulo a uma economia florescente. Os judeus eram bem recebidos em parte porque, ao lhes ser negada a propriedade da terra na Europa, eles se tornavam com frequência lojistas e mercadores. O Estado otomano transformou grandes cidades, incluindo Istambul, Bursa e Adrianópolis no que agora poderíamos chamar "zonas francas", onde lojistas, mercadores e artesãos não muçulmanos podiam prosperar sem problemas. O império abriu estradas e rotas comerciais de uma ponta à outra de seus vastos domínios e encorajou o cultivo de novas terras. Ao desempenhar essas funções econômicas básicas, os otomanos foram um exemplo precoce do que hoje poderíamos chamar de abordagem "mercantilista" ou "estatista" do desenvolvimento econômico, em que o Estado faz parcerias com o setor privado a fim de gerar prosperidade para ambos. O sistema de acantonamentos que isso criou entre grandes populações não muçulmanas de lojistas e mercadores antecipa a prática chinesa durante o século XIX de conceder a potências estrangeiras direitos de desenvolvimento comercial em certos enclaves costeiros. Assim como no caso chinês, no caso otomano isso provavelmente também se destinava a manter esses valiosos estrangeiros apartados de um contato excessivo com a população muçulmana, a fim de não corromperem a gente humilde e piedosa com seu amor ao dinheiro (a teologia islâmica, como sua contrapartida tomista na Europa medieval, era contraditória sobre a questão do comércio: a aquisição de dinheiro e os prazeres que sua posse nos possibilita satisfazer não constituem obstáculo para uma dedicação a Deus?). Em última análise, o modelo econômico otomano estava numa categoria muito peculiar para sua época. Por certo o velho Império Romano nunca tivera grande interesse em usar o poder do Estado para desenvolver a economia.

Ao agir assim, porém, os otomanos estavam regressando a um modelo muito antigo que passou por uma notável revitalização em nosso mundo atual. Pois, como vimos na Parte Um, a ideia de que o monarca se apossa de seu país como se ele fosse sua propriedade pessoal, sua casa familiar, remonta aos antigos gregos – uma sobreposição de autoridade política e dominação econômica que pensadores antigos, como Aristóteles, advertiam que poderia facilmente degenerar para uma forma tirânica de governo. Xenofonte, menos republicano em suas inclinações (e um admirador do Império Persa que ajudou Ciro, o Jovem, em sua candidatura ao trono com uma força expedicionária grega), encorajava os tiranos em seus tratados políticos, como o *Hiero*, a promover os ofícios e o comércio para que seus súditos fossem leais por interesse próprio e tanto governante quanto governado pudessem igualmente prosperar. Já numa época tão distante quanto a de Ciro, o Grande, o Império Persa tinha colocado em prática o controle e estímulo da economia por um Estado central. Mas devemos ressaltar que, em nenhum desses modelos de desenvolvimento da economia pelo Estado, pretendeu-se estender a liberdade de as pessoas prosperarem e florescerem por meio da agricultura ou da empresa comercial para a liberdade política. Você estava livre para prosperar em sua vida privada desde que nunca questionasse a autoridade suprema do grande rei ou do sultão.

Tem sido observado que esse encorajamento do Califado Otomano a zonas ou esferas com autonomia econômica para contar com rendas maiores, embora jamais relaxando sua aderência decisiva à autoridade máxima, vem há muito tempo se mantendo como modelo preferido no Oriente Médio, como por exemplo na insistência da Arábia Saudita de que as companhias petrolíferas estrangeiras só terão garantido o direito de extrair petróleo saudita por um generoso corte dos lucros, nunca pela propriedade real dos campos petrolíferos. E no mundo de hoje, é claro, regimes não democráticos como o da Rússia e, sobretudo, o da China reviveram a ideia de uma economia dirigida pelo Estado ou mercantilista. Para não mencionar os "fundos soberanos", enormes concentrações de capital possuídas antes por governos (geralmente não democráticos) que por corporações empresariais e que hoje desempenham um papel fundamental em mercados financeiros globais. Essa faixa divisória entre o Estado como senhor da economia (o que Aristóteles, lembramos, denominou *oikonomia*, a arte de administração da casa que, em sua essência, também era despótica) e a visão de que o direito do indivíduo prosperar economicamente deve ser parte e parcela de seu direito a ser um cidadão livre, com possibilidade de opinar sobre os atos do governo, se torna uma barreira importante entre Oriente e Ocidente à medida que seguimos a trajetória da tirania até a era moderna.

Como seus predecessores bizantinos, os sultões se acostumaram a uma opulência cada vez maior e a um cerimonial cada vez mais elaborado. Rodeados por círculos concêntricos de cortesãos, poucos seres humanos comuns conseguiam deitar os olhos sobre eles. Como seus antecessores entre os monarcas universais do leste, incluindo Ciro, o Grande, os sultões mais notáveis, melhor exemplificados por Suleiman, o Magnífico, conduziam pessoalmente seus exércitos em tempos de guerra e cultivavam vidas agradáveis em tempos de paz nos seus deslumbrantes jardins e palácios. Suleiman – assim chamado em homenagem a seu homólogo entre os reis da Judeia, modelo de um governante valente na guerra, justo na paz e magnânimo para com seus súditos – codificou as leis e gastou prodigamente em construção de escolas, hospitais e bibliotecas. Ele próprio um poeta talentoso, foi um generoso protetor das artes e sua corte hospedou pensadores religiosos e filósofos. Os antigos clássicos gregos e romanos sobreviveram, juntamente com a teologia islâmica. Os pavilhões serpenteantes, jardins e fontes do palácio Topkapi, grande parte do qual é ainda visível em Istambul, eram menos uma habitação pessoal que uma espécie de microcosmo de um mundo ordenado e belo, como as capitais mais antigas de Babilônia e Persépolis.

É possível que a maior igreja de Constantinopla, Hagia Sophia,* com seu enorme domo, tenha inspirado os sultões a construir a igualmente imponente Mesquita Azul e a Mesquita de Suleiman num padrão similar. Mas nesse ponto torna-se difícil evidenciar se o Ocidente estava influenciando o Oriente ou se o Oriente estava influenciando o Ocidente. Sinan, arquiteto da Mesquita de Suleiman, pode ter influenciado o domo de Michelangelo na Basílica de São Pedro e as igrejas de Palladio, mas a influência pode ter se exercido na outra direção – o patrono de Palladio era também o enviado veneziano a Istambul. Ao construir enormes estruturas abobadadas, como o Panteão e o Túmulo de Adriano, romanos do principado augustano podem já ter sido influenciados por estruturas orientais, com os domos romanos mais antigos influenciando, por sua vez, Hagia Sophia, que por sua vez influenciou as mesquitas. Como seus equivalentes cristãos, as basílicas e as grandes catedrais medievais da Europa, a mesquita otomana, atingindo seu ápice na arquitetura de Sinan, foi definitivamente um símbolo arquitetônico para um cosmos ordeiro presidido por Deus e seu representante na terra. Vistos do exterior, o grande domo e os domos menores que o cercavam representavam os movimentos circulares dos céus, a música das esferas de Platão. Por dentro, o imenso domo representava o

---

* É a Basílica de Santa Sofia. A expressão grega *Hagia Sophia* significa "sagrada sabedoria". (N.T.)

orbe do mundo se estendendo para Deus. As grandes luminárias foram suspensas muito perto do chão, não só para fornecer iluminação, mas para mostrar simbolicamente como a majestade de Deus, elevando-se para o teto distante, era muito maior até mesmo que os corpos celestiais doadores de luz que Ele havia criado, como o Sol e as estrelas.

Antes de ficarmos demasiado entusiasmados pelas realizações do sultanato, devíamos acrescentar que, dentro do extenso labirinto do Topkapi, havia uma interminável atmosfera de intriga sexual e política, não diferente da atmosfera no Monte Palatino sob os julio-claudianos. Como os imperadores romanos antes deles, os sultões eram, na melhor das hipóteses, tiranos reformistas, muitas vezes com um traço sibarita do tirano variedade-jardim em seus prazeres privados e capazes, também, de espasmos de crueldade – lembrando-nos, mais uma vez, da desconfortável verdade de que os traços psicológicos de bons governantes e tiranos têm com frequência muito em comum. Às vezes os sultões não passavam de tiranos da variedade-jardim, da mesma divisão de Calígula e Nero. Nem suas cortes estavam livres de discórdia e ambição. Embora a dinastia otomana nunca tenha sido derrubada, em onze ocasiões, sultões considerados ineptos, por motivo de inveja ou porque eram realmente desastrosos ao governar, foram depostos e substituídos por um irmão, filho ou sobrinho – caso em que os herdeiros remanescentes do sultão deposto seriam impiedosamente estrangulados (Maomé III fez isso com não menos de dezenove de seus irmãos e meios-irmãos). O famoso harém criava um redemoinho voluptuoso de prazer carnal e uma disputa por influência entre as esposas do sultão, que subornavam funcionários e às vezes afetavam a sucessão. Como em qualquer sistema onde um homem tem poder absoluto não restringido por lei, eram cometidos excessos que rivalizavam com os dos piores tiranos gregos e romanos. Um sultão, Murad IV, costumava se divertir subindo nos muros do palácio e alvejando com seu mosquete transeuntes inocentes que passavam embaixo. Às vezes corria pelas ruas matando quem encontrasse com sua espada. Quem poderia detê-lo? No fundo, como os césares, os sultões eram tiranos – às vezes tiranos reformistas, mas ainda assim tiranos.

Uma característica determinante dos otomanos foi que eles se esforçaram por criar uma meritocracia multinacional em que homens de capacidade pudessem ascender no serviço imperial independentemente de sua origem, incluindo povos que os otomanos haviam conquistado. Os Impérios Persa, Alexandrino e Romano também tinham sido abertos a pessoas que ascendiam graças ao mérito (africanos negros supostamente ocuparam assentos no Senado romano no período antonino), mas os otomanos conceberam instituições especificamente voltadas para criar essa elite meritocrática. Uma série de escolas palacianas selecionavam os jovens mais promissores e os preparavam para um futuro serviço como administradores do Estado, incluindo de maneira deliberada a busca de crianças promissoras entre os pobres. É impressionante que o sultanato otomano estivesse especialmente decidido a selecionar sua classe executiva entre os povos conquistados dos Bálcãs. Três mil garotos eram recrutados anualmente entre as famílias cristãs de lá. Ao pensar em seu futuro, os sultões olhavam para a Europa, não para as comunidades tribais e os chefes guerreiros de clãs da Anatólia que, como nômades, haviam abandonado muito tempo atrás. Não creio que os sultões agissem assim por achar que os europeus fossem superiores – longe disso – mas porque queriam criar uma elite de administradores leais apenas a eles. Entre seus parentes turcos, os sultões, como "senhores de reis", nunca escapavam por completo do papel de principais chefes guerreiros tribais, constrangidos a ouvir os chefes menores, mais ou menos o que acontecera com reis da Idade do Bronze, como Agamenon. Em contrapartida, a autoridade deles sobre esses recrutas europeus era absoluta, uma ponte necessária à sua emergência como plenos monarcas universais na linha de Ciro, Alexandre e Augusto.

Sua inovação mais extraordinária ao perseguir esse objetivo foi a criação, em 1383, de um exército permanente de tempo integral, os janissários, pinçados exclusivamente entre promissores rapazes cristãos dos Bálcãs. Escolhidos entre 6 e 14 anos de idade pelos caçadores de talentos do governo e tirados dos pais, recebiam uma imponente formação em operações militares, administração e humanidades. Sem dúvida eles e os pais tinham muitas vezes de se separarem contra a sua vontade, por isso quando destacamos que os sultões promoviam a meritocracia, devemos também ter em mente a crueldade potencial do método, em si mesmo um ato de tirania, mesmo que tirania reformadora. A conversão ao islã era obrigatória, é claro, para os janissários. Formados como engenheiros, artesãos, soldados de infantaria e clérigos, tornaram-se a elite do exército e Estado otomanos. A eficiência deles como exército era lendária. Escravos dos sultões, reviviam a influência de antigas lealdades étnicas e tribais turcas, alinhados com a política otomana desde o início, quando Bizâncio foi tomado. A princípio, como a classe guerreira no modelo utópico de Platão, *A República*, eram solteiros, sozinhos e não tinham propriedade pessoal. Não podiam passar sua condição para um herdeiro familiar. Cada geração era escolhida de novo na base do mérito. Mas com o passar do tempo, como a maioria das elites, os janissários não quiseram que seus privilégios terminassem a cada geração. No final do século XVI, a pureza da meritocracia caiu por terra e degenerou numa casta, quando os janissários começaram a ter famílias e sua condição tornou-se hereditária, passada a seus parentes, quer a merecessem ou não. Os quartéis foram trocados por casas particulares. Eles se tornaram mais interessados em virar negociantes, ganhar dinheiro, adquirir propriedades e enriquecer suas famílias do que em prestar um serviço altruísta ao sultanato. A corrupção havia se instalado – ou era simplesmente a natureza humana?

PRÍNCIPES E POVOS: O RENASCIMENTO DO OCIDENTE

A derrota em 1571 da frota otomana na Batalha de Lepanto por uma coalizão incluindo Espanha e Veneza, seguida em 1683 pela vitória final sobre o exército otomano, nas portas de Viena, das forças da Polônia e do Sacro Império Romano deram à Europa um novo sentimento de segurança, energia e glória, fortalecendo a Renascença ou "renascimento" em curso desde o século XIV, refletidos na magnífica arquitetura neoclássica de Bramante, Michelangelo e Palladio, bem como nos florescentes estudos dos clássicos da Antiguidade grega e romana, em parte devido à sua difusão pelo Oriente muçulmano. Não mais sobrepujada pelo esplendor da cultura e do saber da corte otomana, a Europa começou a restabelecer a conexão com seu passado grego e romano.

A Renascença também abriu uma época inteiramente nova na trajetória do tirano reformador. O fato de serem percebidos como tiranos ou estadistas dependia de que interesses eram fomentados ou prejudicados. Mas uma série de líderes dinâmicos e extraordinários, incluindo Henrique VIII, Elizabeth I, Luís XIV, Pedro, o Grande, e Frederico, o Grande, talharam uma imensa e nova oportunidade de extensão do poder estatal centralizado para criar os instrumentos de soberania nacional, segurança, comércio, até mesmo cultura e religião. Pela primeira vez, encontramos o monarca absoluto como construtor do Estado moderno.

Ajudados pelo surgimento da ciência moderna, com sua ênfase em descobrir e desenvolver benefícios práticos para a humanidade em geral, em contraste com a antiga visão da ciência como estudo contemplativo do cosmos, esses déspotas construtores de Estados também desenvolveram armamento moderno, frotas para a guerra e o comércio, e promoveram o início da indústria moderna. Com os Tudors na vanguarda, a Europa deu início à sua penetração no Novo Mundo, criando a fabulosa perspectiva que isso oferecia para futura colonização, riqueza e comércio. Déspotas reformadores, incluindo Catarina, a Grande, e Frederico, o Grande, puderam mesmo afirmar ter trazido um novo espírito de igualdade e tolerância entre os homens, lições da Era da Razão e do Iluminismo, para seus povos atrasados ou, pelo menos, para suas elites – como sempre, a verdadeira democracia continuava sendo uma hipótese temida e repugnante. Mas as vidas das pessoas comuns poderiam certamente ser melhoradas pela expansão do Estado na área do ensino, promovendo os ofícios e o comércio, cuidando dos doentes e empobrecidos.

O início da era moderna nos coloca pela primeira vez frente a frente com o profundo e desconfortável paradoxo de que o poder monárquico absoluto pode às vezes trazer coisas boas para todos ou, como dizia Maquiavel, "segurança e bem--estar" para "príncipes e povos". Também colocava enfaticamente em destaque um paradoxo associado – que as características agressivas, ambiciosas e obstinadas dos tiranos podem se transformar gradativamente nas qualidades dos grandes estadistas, a ponto de ficar difícil diferenciá-los. O multinacionalismo instável da Europa medieval – as pretensões à predominância universal tanto do Sacro Império Romano quanto da Igreja, nenhum dos dois jamais conseguindo de fato impor essa autoridade – deu lugar ao surgimento de nações robustas, poderosas, independentes, incluindo a Grã-Bretanha, a França, a Espanha e, mais tarde, a Alemanha e a Itália, cada qual com uma língua e uma etnia predominantes, bem como um sentimento de possuir uma história singular.

O ímpeto de construção do Estado moderno nasceu de dois grandes movimentos revolucionários no século XVI, a Renascença e a Reforma. Essas dimensões seculares e religiosas da era moderna continuariam a se chocar, repelir e entrelaçar pelos séculos vindouros. O "renascer" saudado pela Renascença era em primeiro lugar o renascimento do saber antigo, dos ideais gregos e dos primeiros ideais romanos de liberdade republicana e autogoverno, agora novamente aceitos por Florença e outras pequenas cidades-Estados com linhagens remontando à Antiguidade. A igreja já deixara de ser a inimiga da cultura pagã para se transformar em sua firme promotora, incumbindo estudiosos de traduzir a biblioteca de clássicos gregos e romanos em Toledo, de valor inestimável, que caíra em mãos europeias com a expulsão dos mouros da Espanha. Embora a igreja acreditasse que esses clássicos recuperados contribuiriam para a glória maior da criação de Deus – Platão e Aristóteles podiam agora ser aprovados como "pagãos virtuosos" que teriam aceito Cristo se tivessem nascido mais tarde – eles produziam inevitavelmente um sentimento de libertação do antiquado absolutismo religioso, o que hoje chamamos de humanismo renascentista.

A maioria dos humanistas não eram de modo algum antirreligiosos; muitos eram devotos. Mas acreditavam que a esfera do saber secular e vida cívica deveria desfrutar de uma independência muito maior da supervisão religiosa que anteriormente, e que deviam ser toleradas diferentes interpretações da religião. Em seu retrato de um príncipe cristão, por exemplo, Erasmo afirmava que um monarca bem formado deveria combinar a fé na revelação cristã com uma profunda imersão nos clássicos gregos e romanos, adicionando à sua piedade as virtudes heroicas exaltadas por Xenofonte em *A Educação de Ciro*. Erasmo seguiu por uma trilha fina entre crenças cristãs convencionais e a afirmação de independência de um livre-pensador. Seus escritos foram investigados várias vezes por heresia pela Inquisição Espanhola, mas nenhuma conclusão foi tirada.

Se o relacionamento dos humanistas com a Igreja nem sempre foi fácil, o ataque pesado contra ela veio de dentro de suas próprias fileiras, liderado pelo teólogo Martinho Lutero (ele repreendeu Erasmo por ser um conciliador covarde). Lutero queria uma igreja "reformada". Queria purificar a igreja papal de seu envolvimento no tráfico de influência política e de sua corrupção financeira. Para os seguidores de Lutero, a Basílica de São Pedro, em Roma, parecia quase a sala do trono de um monarca terreno, não de um líder espiritual, enquanto os excessos papais – flagrante nepotismo, papas com filhos ilegítimos que depois promoviam como cardeais ou príncipes, venda de indulgências através de propinas, luxúria ociosa e devassidão – lembravam os excessos dos césares. Lutero se via retornando à pura espiritualidade de Santo Agostinho, com o quase torturante abismo entre a Cidade de Deus e um reino terrestre mergulhado irremediavelmente em pecado. Não causa surpresa que Lutero detestasse o tomismo, que ele acreditava glorificar o poder mundano da igreja e suas reivindicações à supremacia doutrinária, assim como política (o modelo de uma monarquia cristã sob supervisão papal) – ele o chamava "a teologia da glória" e, portanto, do pecado. O apelo de Lutero à reforma tornou a detonar uma tensão subterrânea do cristianismo que remontava às suas origens: o conflito entre aqueles que abraçavam avidamente o patrocínio romano e o poder do Estado, sustentando que a salvação só poderia vir através da hierarquia sacerdotal, e aqueles que queriam um modo de vida mais puro, desprovido de ambição mundana, e a liberdade, como indivíduos, de encontrarem seu próprio caminho para Deus, sem intervenção sacerdotal.

A tentativa feita pela Reforma de livrar a fé cristã do poder mundano abriu caminho para maior autonomia do Estado secular. Livrar a Igreja da política podia purificar a fé – principal preocupação de Lutero –, mas inevitavelmente também libertava os políticos da supervisão religiosa. Cedo, príncipes regionais como o Landgrave, de Hesse, e o príncipe-eleitor da Saxônia deram apoio a Lutero. A Liga de Schmalkalden, de príncipes luteranos, foi estabelecida tanto para defender a causa da Igreja Reformada quanto para libertar-se da dependência do sacro imperador romano. Não causa surpresa que o sacro imperador romano Carlos V encarasse Lutero como um herege e como um subversivo que encorajava os príncipes que deviam ser seus vassalos a afirmar a própria autonomia. O efeito da reivindicação do imperador de possuir autoridade cesaropapista sobre os assuntos tanto temporais quanto religiosos sempre fora, como observamos, instável. A combinação de dissidência religiosa e autonomia política invocada pelos príncipes luteranos o enfraquecia ainda mais.

A ênfase da Reforma na liberdade de cada crente comungar diretamente com Deus e seguir sua própria consciência, oposta à liturgia da Igreja e do sacerdócio, harmonizava-se com a ênfase da Renascença na liberdade de pensamento e criatividade do indivíduo e numa ênfase renovada na virtude cívica e na liberdade republicana em antigas cidades-Estados da Itália, como Florença. Publicistas florentinos da liberdade republicana, como Guicciardini, fizeram causa comum com o apelo luterano por uma igreja reformada. A idade moderna emerge dessa fusão de individualismo religioso e secular. Pela primeira vez desde a Grécia Antiga e os primeiros tempos de Roma, a denúncia da tirania – a tirania da Igreja sobre a consciência do indivíduo crente e a tirania da autoridade despótica, quer papal ou monárquica, sobre a liberdade republicana –, uma denúncia feita sem grande empenho sob o Império Romano e basicamente sufocada na Idade Média, era feita a plenos pulmões de modo que, como escreveu o humanista renascentista Petrarca, "o velho valor romano não está morto/Nem no peito dos italianos extinto". Desde o início, no entanto, houve um conflito sobre qual seria a melhor forma de proporcionar mais liberdade ao indivíduo. Por meio de um retorno ao antigo republicanismo? Ou por meio de um governante secular todo-poderoso que se livrasse dos grilhões do controle papal, da superstição religiosa e construísse um Estado poderoso, próspero e bem administrado em benefício de todos os seus súditos? O tirano reformador faz um grande reaparecimento.

Preparando o caminho para o tirano como construtor do Estado moderno estava o pensador político florentino do século XVI Nicolau Maquiavel, cujo nome ainda é sinônimo de falsidade, manipulação, assassinato político e da noção de que grandes coisas podem ser realizadas por meio da fraude. Aqui está a essência de sua nova visão da arte de governar, tirada do capítulo 15 de *O Príncipe*:

> Muitos têm imaginado repúblicas que nunca foram vistas nem nunca se soube que existissem na realidade. Pois há tamanha distância entre como realmente se vive e como se deveria viver que aquele que ignora o que é realmente feito pelo que deveria ser feito alcança antes sua própria ruína que sua preservação. Pois um homem que tenta ser bom com relação a tudo tem de se arruinar entre os tantos que não são bons.

Nessas poucas linhas, Maquiavel rejeita toda a tradição da anterior filosofia moral e religiosa que remontava a Platão. Segundo ele, independentemente das diferenças que possam existir entre filosofia pagã e revelação cristã, ambas propõem um padrão impossivelmente alto de acordo com o qual os seres humanos deveriam viver – as repúblicas "imaginadas" incluíam tanto a utopia de *A República*, de Platão, quanto a etérea Cidade (literalmente, república) de Deus de Santo Agostinho. Francis Bacon, um pioneiro da física moderna e um dos maiores admiradores de Maquiavel, sintetizou o argumento com uma clara referência ao trecho de *O Príncipe* que acabei de citar: "Devemos muito a Maquiavel e a outros que anotam o que os homens fazem, não o que deveriam fazer... Quanto aos filósofos, seus discursos são como as estrelas, que dão pouca luz por estarem altas demais".

Segundo Maquiavel, em vez de tentar encorajar os homens a viver como *deviam*, devemos aceitá-los como eles *são*. Enquanto os antigos, unidos pelo cristianismo, tinham exortado os homens a se colocarem acima de paixões e cobiça egoístas, devotando-se a uma moralidade mais elevada, Maquiavel é completamente a favor de que todos busquem seu interesse material. O único meio de os Estados alcançarem estabilidade e prosperidade duradouras é cooperando com o que a vasta maioria dos seres humanos realmente quer: sobrevivência, prosperidade e conforto. Lembremos que Santo Agostinho via na Cidade de Deus nossa esperança de salvação eterna, enquanto na Cidade do Homem, carnal e pecadora, toda realização humana, não importa quais tivessem sido suas pretensões à virtude, se reduzia à riqueza material e domínio sobre outros. Maquiavel na verdade simplesmente poda a Cidade de Deus, colocando-a de lado como puramente "imaginária", e diz: a Cidade do Homem, o mundo de riqueza e poder, é tudo que existe. Vá em frente!

Republicano por inclinação, Maquiavel esperava que sua Florença nativa pudesse governar livremente a si própria (após a expulsão dos Médicis, que tinham ficado sessenta anos no governo, Maquiavel serviu como diplomata e organizador da milícia da República de Florença antes que os Médicis retornassem ao poder, o demitissem e mandassem torturá-lo). Mas o que no fundo importa para qualquer sociedade é "segurança e bem-estar", e é melhor que isso lhe custe o governo de um único homem do que a obrigue a enfrentar uma guerra civil ou a deixe à espera de uma conquista estrangeira. Enquanto os pensadores antigos e os teólogos medievais sempre fizeram distinção entre tirania como uma forma injusta de governo por um homem atolado em corrupção e monarquia como governo de um homem virtuoso em benefício do bem comum, mesmo sabendo que, na prática, a existência desses monarcas era algo muito raro, Maquiavel abandona inteiramente a distinção como inútil, parte dos padrões "imaginados" da tradição. Chama todos eles de "príncipes", quer se trate de um Nero ou de um Marco Aurélio, de um Rômulo ou de um Moisés. Não fará um julgamento moral sobre sua legitimidade desde que eles sejam eficientes.

Além disso, argumenta ele, as repúblicas precisam de vez em quando de personalidades tirânicas que restaurem a ordem, a disciplina e a autoridade da lei, purgando os cidadãos de um apego excessivo à paz e ao conforto, restaurando o vigor de sua virtude. Às vezes, em outras palavras, pode ser necessário um tirano usando a toga de um cidadão para contrapor-se a outros aspirantes a tiranos que arrasariam por completo a república cedendo à licenciosidade da massa. É por isso que os romanos criaram o cargo de ditador, na verdade uma tirania legal (ainda que temporária). Nos anais da Roma republicana, Maquiavel preferia o severo código de Manlius, que ordenou a execução do próprio filho por vangloriar-se em combate, à brandura de Cipião, que a linha dura no Senado acusou de paparicar suas tropas. A raiva justificada é melhor que a cordialidade nos estadistas das repúblicas. A severidade de Manlius preservou a igualdade dos romanos perante a lei, enquanto Cipião esteve à beira de se tornar um demagogo tirânico, subvertendo o exército por meio de um tratamento brando à sua facção pessoal.

A história da República Romana sempre foi o modelo preferido de Maquiavel. Ele a considerava o maior Estado que jamais existira, um modelo a ser imitado hoje. Como mencionei na Introdução, na abertura de seu livro *Discursos sobre Lívio*, ele se comparou a uma espécie de Colombo do pensamento político que havia tomado um caminho "que ainda ninguém trilhou", mais perigoso que a exploração do Novo Mundo. Por mais estranho que pareça, ele parece prever que o mundo recentemente descoberto no Ocidente proporcionará o lar para a Nova Roma que Maquiavel espera que seus leitores construam depois que ele lhes expuser as lições da ascensão da Roma original de república para um império sem paralelo na história. Uma tela vazia, de extensão ilimitada, esperava pelo Ocidente do outro lado do oceano, onde os erros da velha Europa poderiam ser deixados para trás, garantindo um novo começo (vazia, é claro, se ignorarmos os povos que já viviam lá).

A história da República Romana mostrou que, para uma república aumentar seu poder por meio da conquista e alcançar uma prosperidade de longo prazo, ela devia adiar suas gratificações materiais para manter a virtude militar e cívica fortes e vigorosas: pegue seu bolo, mas não o coma ainda. Maquiavel também admirava a constituição romana com seus freios e contrapesos entre as ambições em confronto e interesses egoístas do Senado e do Povo, que discutimos na Parte Um. Em vez de pregar que todos deviam ser bons, como os filósofos antigos, a República Romana reconhecia que todos estavam inevitavelmente em busca de si mesmos. Pôr essa energia agressiva para fora em conquista estrangeira, mas bloqueando-a internamente através da divisão de poderes para que nenhuma classe ou facção pudesse dominar a situação, foi o segredo do incrível dinamismo e sucesso expansionistas de Roma.

Como veremos, transmitida através de seus seguidores ingleses, como Harrington, e o filósofo francês Montesquieu, a teoria de freios e contrapesos terá um impacto profundo na fundação americana. Como Madison escreveu num momento de ressonância maquiavélica, o propósito da nova Constituição Americana era "deixar a ambição contrariar a ambição", uma luta fértil em que a sina de todos ia melhorar. Maquiavel vê alguma contradição entre encorajar o brio cívico republicano e o sacrifício pessoal no presente para lograr uma expansão de poder imperial e prosperidade que por fim abalaria a virtude republicana engolfando-a em luxúria, comodidade e num desejo da paz para desfrutá-las? Ele com certeza sabia que a República Romana fora finalmente destruída por seu próprio sucesso, por uma batalha entre potentados que só pôde terminar quando o vencedor final, Otaviano, impôs uma tirania que nunca pôde ser repudiada. Ele compreendeu também que, assim que os imperadores ofereceram ao povo romano a chance de abrir mão de um severo código marcial e usufruir em paz dos frutos do império, desde que estivessem dispostos a trocar a liberdade política por um governante absoluto, as massas toparam. Era por isso que Maquiavel detestava Augusto e Júlio César – por mais que fossem corajosos e competentes, eram o toque de finados da liberdade. Mas para Maquiavel, esses ciclos de ascensão e declínio eram uma parte inevitável da história e da natureza humana. A Nova Roma que ele antecipava poderia perfeitamente acabar arruinando a si própria dessa mesma maneira. Mas que gloriosa viagem seria para o topo!

Maquiavel foi consideravelmente mais crítico do cristianismo que os outros humanistas da Renascença. Reviveu a velha acusação pagã de que o cristianismo tornou os homens pacifistas e fracos, dividindo suas lealdades e fazendo com que negligenciassem os assuntos neste mundo numa expectativa de salvação eterna no próximo. Os cidadãos estavam cada vez menos dispostos a lutar e morrer na defesa de sua terra natal. A compaixão, que era tão altamente valorizada no código moral cristão, levava, no mundo real, a uma política desastrosa. Recuar, devido à compaixão, ante o uso da força para reprimir a discórdia civil, acabava sendo, a longo prazo, mais cruel para os súditos se mergulhasse a sociedade na anarquia e conflito.

Segundo Maquiavel, os líderes deveriam sempre estar prontos a usar agora a violência para impedir uma violência pior mais tarde; sempre prontos a travar uma guerra preventiva hoje para evitar uma guerra muito pior mais tarde, quando talvez as chances já não os favorecessem. Se outro país o ameaça, não espere ser atacado – reaja agora. A história está cheia de exemplos que confirmam esse conselho realista, mesmo que cínico. Se os aliados ocidentais tivessem revidado com firmeza contra Hitler quando ele ocupou ilegalmente a Renânia, suas duzentas divisões teriam esmagado as únicas dez que ele tinha; seus próprios generais o teriam provavelmente derrubado para evitar uma invasão em grande escala da Alemanha. Como os aliados recuaram ante o uso da força, Hitler teve tempo de construir a *Wehrmacht*. Estava convencido de que seus inimigos não tinham estômago para a luta, o que o encorajou a novos atos de agressão. Seu irresistível prestígio e evidente gênio militar logo tornaram sua derrubada impossível. Deixando de usar uma pequena soma de força logo no início, os aliados garantiram uma guerra que se estendeu durante anos e custou dezenas de milhões de vidas e uma destruição sem paralelos.

Ao pensar sobre como as máximas de Maquiavel se aplicariam aos acontecimentos reais, é importante ter em mente que ele não era um defensor de violência política em grande escala, insana e excessiva. Precisamente por permitirem que as ambições viessem à tona como energias para o crescimento individual, sustentava ele, em vez de reprimi-las, deixando-as ferver subterraneamente, houve pouquíssima violência real ou matanças na primitiva história de Roma. Maquiavel se opunha a tiranos como Nero ou Calígula, que eram cruéis pelo prazer da crueldade, como os pensadores tradicionais, mas por uma razão completamente diferente. Os antigos se opunham à violência excessiva porque ela sinalizava uma alma defeituosa. Maquiavel se opunha à violência excessiva porque ela constituía um obstáculo ao sucesso final da pessoa. Acreditava que uma breve eclosão de força dirigida com eficiência no presente – contra um inimigo potencial no exterior ou um perturbador da paz no país – eliminaria a necessidade de carnificina generalizada mais adiante, quando as coisas saíssem de controle. É a equivalência política do que chamamos agora de "ataque cirúrgico" dos militares. Segundo Maquiavel, o novo príncipe não alcançará meramente poder e glória como antigos conquistadores tipo Alexandre e César, embora eles tenham sido um ótimo ponto de partida em comparação com os displicentes governantes cristãos daquela época, mas será uma espécie de *cientista* do poder, reconstruindo metodicamente a sociedade no intuito de maximizar a segurança e o bem-estar de todos. Os romanos, que são sempre heróis maquiavélicos em comparação com os Estados fracos e vacilantes de sua época, são equiparados por ele a cirurgiões ou horticultores do poder.

Recordamos da Parte Um que os antigos enfatizavam a modelagem educacional de um bom caráter – *paideia* – como o melhor modo de prevenir o desenvolvimento de uma ambição potencialmente tirânica e redirecioná-la para o serviço do bem comum. A louca ambição de um Aquiles tem de ser redirecionada para as honrarias que um cidadão recebe por servir a seus concidadãos. Maquiavel rejeita essa abordagem educacional da cidadania. Simplesmente não acredita que ela funcione. Nenhum indivíduo ambicioso de verdade perderá a chance de ser mestre absoluto para ocupar o lugar um tanto pálido do segundo melhor concedido por seus iguais. Qualquer um com cérebro e coragem para achar que pode conseguir se tornar o chefe do bando partirá com tudo. Mesmo cidadãos comuns tentarão sempre escapar de seu dever para com o bem comum se puderem se concentrar em sua própria riqueza e *status*.

O que se requer não é uma educação moral, mas um *método* disciplinado de aplicação da força para alcançar o poder, o que significa que os príncipes devem empregar força e violência com a cabeça fria. Referindo-se a uma velha fábula, Maquiavel comenta que um príncipe deve saber combinar a ferocidade de um leão com a esperteza de uma raposa. Mas num aperto, a esperteza da raposa é preferível à fúria do leão, pois a fúria é uma paixão que pode nos arrebatar, fazendo com que nossa cólera, ódio, indignação ou alegria ante a perspectiva de vingança nos cegue para o que de fato precisa ser feito para remover um inimigo ou um obstáculo à nossa supremacia. Príncipes não precisam de um mentor filosófico para moderar suas ambições, como Platão e os antigos haviam ensinado. Precisam exercitar esse controle racional sobre si mesmos, não para moderar sua ambição, mas, ao contrário, para satisfazê-la além de seus sonhos mais selvagens. Príncipes, em outras palavras, precisam ser sábios. Mas não precisam da sabedoria dos filósofos ou da igreja para guiá-los, o que só levará ao fracasso. Precisam ser sábios nos caminhos do sucesso. Não precisam ler *A República*, de Platão, mas precisam saber sobre os romanos de Maquiavel.

Os antigos haviam ensinado que devemos viver dentro da ordem da natureza e refrear nossos impulsos. Maquiavel oferece agora a perspectiva inebriante de que o homem pode dominar a natureza, controlar seu próprio destino, "conquistar a deusa Fortuna"[*] por meio da ação corajosa feita de cabeça fria. Às vezes sugere que os governantes humanos poderiam alcançar uma liberdade de ação divina para seu poder. Em *O Príncipe*, ele diz que os príncipes mais destacados do passado – Rômulo, Ciro, o Grande, Moisés – foram literalmente capazes de "impor à matéria a forma que lhes agradasse" por meio de sua força de vontade. Qualquer leitor desse tempo reconheceria que Maquiavel estava transferindo a faculdade de Deus de impor forma à matéria – uma fórmula-padrão em teologia cristã – para um governante humano secular. Vimos que governantes do passado, dos faraós a Ciro, o Grande, dos imperadores romanos ao sultão otomano tinham se equiparado a deuses, afirmado que tinham o favor dos deuses, dito que eram deuses em forma humana ou reivindicado serem representantes de Deus na Terra. Mas ninguém antes de Maquiavel tinha sugerido que um governante pudesse realmente e num sentido bem literal *ser* Deus, recriando o mundo do homem.

O chamamento de Maquiavel para a conquista de Fortuna é reconhecido por Francis Bacon como a maior inspiração de sua nova ciência natural, cujo propósito é dominar a natureza por meio da investigação científica (ele compara isso à tortura) para desvendar seus poderes "para o alívio da condição do homem". Dessa maneira, o novo método de governar de Maquiavel é associado ao projeto da moderna ciência natural de dominar a natureza para criar crescente oportunidade econômica e riqueza

---

[*]   Deusa romana da sorte e do destino. (N.T.)

para o homem comum, primeiras origens da era industrial e da tecnologia global. À expansão do poder político tirânico de Maquiavel é acrescentado algo ainda mais inusitado – o poder do homem para tiranizar a natureza e o próprio mundo. Não é de admirar que muitos leitores de Maquiavel, então e mais tarde, encarassem-no como satânico – "Old Nick" [isto é, "Velho Nick"] (de Niccolo*) tornou-se um nome para o próprio Demônio.

POR DEUS E MEU DIREITO: ESSES FASCINANTES TUDORS

Um dos primeiros monarcas maquiavélicos da Europa foi Henrique VIII. Hoje o fascínio com Henrique VIII parece inesgotável. Se aceitamos que Henrique foi um tirano – mais sobre esse debate em breve – então ele ilustra perfeitamente o que eu disse sobre tiranos no início do livro. São personalidades extravagantes, imponentes, que fascinam assim como provocam repugnância. O charme turbulento de Henrique unido a uma crueldade de serpente foram muito bem retratados pelo ator Robert Shaw no filme *O Homem que não Vendeu sua Alma* (*A Man for All Seasons*) quando ele alterna com o erudito Thomas More, interpretado por Paul Scofield, entre muitos tapinhas nas costas entrelaçados com riso rouco e ameaças raivosas ante qualquer possibilidade de que More estivesse pensando em não cooperar para que Henrique se tornasse chefe da igreja na Inglaterra.

Em tempos mais recentes, o ator Jonathan Rhys Meyers proporcionou um retrato matizado e complexo de Henrique através de todas as etapas de sua vida na série de TV *The Tudors* [Os Tudors]. Começando como um príncipe jovem e prático, brigão e atlético, a cabeça quase toda raspada como um astro do futebol, ele progride dos divertimentos brutais de torneios a cavalo e caçadas para obter um controle cada vez maior sobre os assuntos do reino por meio de seus notáveis ministros e homens de confiança – o cardeal Wolsey, More e Thomas Cromwell. Novas afirmações de poder se alternam com intermináveis aventuras sexuais (algumas em busca de uma mulher para gerar um herdeiro, muitas apenas por diversão) e uma gula cada vez maior. Especialmente convincentes na interpretação de Rhys Meyers são as explosivas mudanças de humor de Henrique. Num momento ele abraça Cromwell com lágrimas nos olhos ao saber do nascimento do filho de seu ministro – momentos depois volta--se para ele com uma fúria intensa e o responsabiliza por todas as suas frustrações, sugerindo duramente que Cromwell pagará com a vida se as coisas não derem certo.

Casos amorosos em série de Henrique com outras mulheres, corneando abertamente maridos assustados e medrosamente ambiciosos, começam com charmosos

---

* Niccolo Machiavelli em italiano. (N.T.)

jogos de cavalheirismo e galanteio, cheios de suspiros, com cartas de amor e fita da senhora presa nas rédeas de um cavalo de torneio, tudo se tornando cada vez mais desesperado à medida que seu corpo e apetites exaustos fracassam, enquanto ele se mostra cada vez mais envolvido com políticas cortesãs da espécie mais literalmente mortal, incluindo enviar duas de suas seis esposas para o cepo. A um desenvolvimento magistral do enigmático Thomas Cromwell nos romances *Wolf Hall* e *Bring Up the Bodies*, a escritora Hillary Mantel acrescentou seu próprio Henrique: em seus primeiros anos essencialmente um rapaz grandalhão, risonho, de faces coradas e cabelo ruivo, que já está descobrindo seu poder de golpear e destruir. Alto, bonitão, com um bom físico quando jovem monarca, como um príncipe de conto de fadas, Henrique terminou como o monstro de gula na famosa pintura de Holbein, onde parece que a própria riqueza da Inglaterra está embrulhada em cobertores de seda ao redor de sua gigantesca carcaça, um verdadeiro dirigível de joias e veludo, talvez a se gabar de que todos os seus súditos engordaram e enriqueceram junto com ele.

Junte tudo isso – uma avidez por honra na guerra (abandonada depois que a captura de Boulogne, numa aliança com o Sacro Império Romano contra a França, foi deixada pela metade quando o imperador abandonou Henrique e firmou a paz com Francisco I da França); acrobacias sexuais inigualáveis; apetites titânicos; caçadas intermináveis, torneios a cavalo, bebedeiras, sedução, adultério; as selvagens mudanças de humor oscilando entre espasmos de ciúme, alegria, vaidade, medo e libido – e temos o tirano para bater todos os tiranos. Contudo, como todos os Tudors, Henrique foi sob muitos aspectos um verdadeiro príncipe da Renascença, excepcionalmente instruído e culto, talvez o mais culto dos monarcas ingleses. Sua corte reluzia com entretenimentos musicais e sofisticados bailes de máscaras. Ele sabia grego e latim e estudava teologia. Tocava flauta, trombone, trompete e pode ter composto "Greensleeves".* Antes de qualquer coisa, *tudo* era pessoal. Tudo dizia respeito a *ele*. Por fim, ele forçou o Parlamento a aprovar uma lei proclamando que sua vontade, escrita ou falada, tinha a força de lei absoluta. A divisa real preferida pelos Tudors, "por Deus e meu direito", exibe no caso de Henrique um tipo de narcisismo de punhos cerrados, semelhante ao de uma criança cuja raiva explosiva ao lhe ser negado um doce mataria, se equipada com uma energia adulta, a pessoa mais próxima.

Henrique, em suma, como temos visto neste livro recuando até Aquiles, combinava todos os ingredientes de uma personalidade tirânica. As explosões de excesso erótico e violência que correm à sua volta em nuvens escuras lembram os piores momentos dos tiranos variedade-jardim como Calígula. Mas seus esforços em grande escala para transformar a Inglaterra num importante ator econômico e

---

* Canção folclórica inglesa. (N.T.)

militar lembram o melhor dos tiranos reformadores, como Júlio César (que também compartilhava seu lado libidinoso). Ele é um exemplo convincente do paradoxo que vimos antes – como os atributos psicológicos de agressão e crueldade que caracterizam o tirano podem também caracterizar o grande estadista. Não vamos nos enganar – pode ser feita uma defesa eficiente da grandeza de Henrique. Quando ascendeu ao trono aos 18 anos de idade, Henrique herdou um tesouro completo, que esgotou rapidamente devido ao seu alto padrão de vida, aventuras militares mal planejadas e do gasto com nobres autonomistas e amotinados. Teve também de enfrentar a redução pela França das extensas possessões continentais da Inglaterra a quase nada. Embora nunca recuperasse o Império Plantageneta, no final de seu reinado o acúmulo de poder despótico absoluto lançou as bases para a transformação da Inglaterra numa grande, poderosa e próspera nação moderna. A política externa de Henrique tentou abrir um caminho neutro entre os dois grandes rivais da Europa, a França e o Sacro Império Romano. Ele fez alianças primeiro com o rei Francisco, depois com o imperador Carlos – nenhuma durou. Percebendo que a Inglaterra, com sua pequena população, nunca poderia competir como um poder terrestre continental, ele começou a se concentrar na construção da marinha, expandindo os cinco navios de guerra que herdou do pai para mais de 150 navios, tornando a Inglaterra um importante poder marítimo. No final de seu reinado, a Inglaterra tinha uma base no Novo Mundo (o bacalhau salgado da Terra Nova já era uma iguaria nas casas importantes da Inglaterra). Seu recorde na expansão do poder do Estado foi ampliado pela filha Elizabeth, sob muitos aspectos um Henrique de saias. Quando Henrique chegou ao trono, a era da cavalaria, embora principalmente como memória, ainda estava viva. Na época em que ele morreu, a Inglaterra era um país mais poderoso e mais formidável, mas também mais áspero, mais frio e mais cínico. Alguma coisa fora quebrada, mas alguma coisa tinha nascido – um Estado moderno.

Conta-se que quando Thomas Cromwell, que acompanhava de perto a literatura italiana, leu *O Príncipe*, de Maquiavel, resolveu aplicar suas máximas no serviço de seu mestre real, Henrique. Nunca saberemos se essa história é verdadeira, assim como nunca saberemos se Stalin mantinha um exemplar de *O Príncipe* em sua mesa de cabeceira. Mas ela não é de modo algum impossível e estou inclinado a lhe dar crédito. Cromwell era um leitor voraz e um homem intelectualmente curioso. Andarilho, soldado (serviu no exército francês na Itália), mercador (em Florença e Antuérpia), advogado, banqueiro, *bom-vivant*, protestante devoto, planejador-mestre, encarnava os valores conflitantes dessa era turbulenta de entrecruzamento religioso e agitação secular. Por que não poderia ter lido *O Príncipe*? Maquiavel aconselhara os príncipes a esmagarem a autoridade da igreja sobre seus assuntos. Aconselhava-os a conseguirem o apoio do povo comum à custa dos nobres. Enquanto os nobres eram demasiado arrogantes para aceitar a autoridade suprema de um príncipe sobre eles, o povo comum ficaria agradecido por ser deixado em paz com suas posses e por lhe permitirem sair--se bem e prosperar. Com esse objetivo, o príncipe deveria promover ativamente os ofícios e o comércio. Henrique VIII fez todas essas coisas. Tenha ele ou Cromwell conhecido ou não Maquiavel, Henrique foi o supremo governante maquiavélico.

Perguntei antes se ele deveria ser encarado como tirano. Por certo não era um usurpador, tendo recebido o trono do pai Henrique VII (que era). Mas sua expansão da autoridade real rompeu as fronteiras da restrição feudal e se aproximou da onipotência. Seu primeiro mentor, o cardeal Wolsey, era notavelmente capaz de trapaça e fraude. Mas não foi capaz de conseguir uma anulação do casamento de Henrique com Catarina de Aragão (ela não havia gerado um herdeiro homem) para que Henrique pudesse se casar com Ana Bolena e, como esperava, gerar um filho. E a claque de Bolena sussurrava que o cardeal estava deliberadamente fazendo corpo mole. Ele foi acusado de traição e morreu a caminho do julgamento. Por não conseguir reconciliar a lealdade à Igreja Universal com os esforços de Henrique para se tornar seu chefe supremo na Inglaterra, o próximo assessor de Henrique, Thomas More, também teve de partir. Foi mantido para interrogatório na Torre por Cromwell, esperando ansiosamente, para tomar o lugar dele. Podemos acreditar que as lágrimas e altas lamentações de Henrique por ter de mandar para o cepo um homem instruído, que havia moldado sua mente juvenil como uma figura paterna, fossem reais – mas não impediram o machado de cair.

Em Thomas Cromwell, Henrique finalmente encontrou o parceiro perfeito, um homem cujo protestantismo fervoroso – que incluía a insistência original de Lutero de que a igreja devia se despojar radicalmente dos corruptores enredamentos com o Estado secular –, combinado a uma completa falta de escrúpulos, capacitou-o a ajudar Henrique a construir seu poder absoluto enquanto promovia a causa da religião reformada. Henrique acumulou um poder sem precedentes apoderando-se das terras e riqueza da Igreja na Inglaterra. Dando-lhe assistência a cada momento, visitando igrejas e abadias para inventariar sua riqueza e depois supervisionar sua sistemática pilhagem, Cromwell purificou a fé (segundo sua visão) de suas posses mundanas enquanto forçava a Igreja de Roma e sua hierarquia na Inglaterra a reconhecer e aceitar a Igreja Reformada.

Como toda criança em idade escolar, aprendi que Henrique VIII queria se divorciar de sua esposa, Catarina de Aragão, que não lhe dera um filho, para que pudesse se casar com Ana Bolena, que, ele tinha certeza, iria gerar o requerido herdeiro. Quando o papa se recusou a lhe conceder o divórcio, Henrique assumiu o comando da Igreja na Inglaterra e forçou a sua separação. Enquanto fazia isso, roubou a riqueza da Igreja para si próprio. Embora, dentro de certos limites, tudo isso seja verdade, é uma explicação francamente simplista. É tão verdadeiro dizer que Henrique se fez chefe da Igreja da Inglaterra porque queria se casar de novo, gerar um herdeiro e roubar o tesouro da igreja quanto é verdade dizer que Constantino tornou o cristianismo sua religião preferida porque queria tornar sua dinastia mais popular. Em ambos os casos, estavam envolvidas questões de princípio religioso, uma mudança radical na crença religiosa.

Certamente, Henrique pouco se importava com o casamento com sua esposa, sete anos mais velha que ele e uma puritana severa, cercada por damas de companhia vestidas de preto e agarradas ao rosário. Estava apaixonado pela descarada e exuberante Ana Bolena, que se dizia ter aprendido na mais atrevida corte francesa a manter, digamos assim, o interesse de um homem por um tempo muito longo através de uma técnica especial. Ana, que se seguiu à irmã Maria na cama de Henrique, era filha de um incansável alpinista político, o conde de Wiltshire, e sobrinha de um ríspido e velho veterano, o duque de Norfolk, possuidor de um título tão antigo que as pessoas de Norfolk viam os Tudors como emergentes (seu filho, conde de Surrey, acabou perdendo a cabeça por exibir um brasão de armas real). Para promover seu clã, ele e o cunhado Wiltshire prostituíram sem pestanejar as filhas de Wiltshire. Uma parte da fúria de Henrique quando o divórcio lhe foi negado deveu-se à hipocrisia envolvida. O papa o concedera antes em condições semelhantes, mais recentemente em 1498, quando Luís XII, da França, teve o casamento anulado pelo papa Alexandre VI para que pudesse desposar Ana da Bretanha. O papa Eugênio tinha anulado o casamento de Eleanor da Aquitânia com o príncipe Luís da França quando a união não gerou um herdeiro homem. O divórcio de Henrique foi bloqueado porque sua ultrajada esposa, Catarina de Aragão, conseguiu a ajuda de um sobrinho, o imperador Carlos V, que mantinha o papa praticamente prisioneiro e, indignado com o mesquinho tratamento dado à sua tia, não considerou a possibilidade de uma acomodação com Henrique.

Quando começou a tratar pessoalmente do assunto estabelecendo sua supremacia sobre a Igreja da Inglaterra em questões tanto temporais quanto espirituais, Henrique VIII estava revivendo o modelo cesaropapista de unificação da autoridade imperial e religiosa que havia desaparecido na Europa quando o Império Romano se dividiu em duas metades, migrando para o Oriente, como vimos mais acima, com os imperadores bizantinos, e mais tarde para o norte, com os czares. O caminho fora aberto pelo imperador Constantino, que nunca hesitou em ditar questões doutrinárias a seus bispos. Além disso, assim como a legalização do cristianismo por Constantino foi um reconhecimento de sua popularidade e proeminência já muito amplas – ela não viera do nada –, quando Henrique rompeu com Roma, a Reforma já tinha uma base de suporte muito grande na Inglaterra. Henrique não a inventou de cima. A denúncia da corrupção papal feita pelos lolardos, seguidores de John Wycliffe, remontando à década de 1380, em conjunto com a influência mais recente do humanismo cristão de Erasmo, plantou as sementes do protestantismo inglês. Muitos dos mais proeminentes conselheiros de Henrique faziam parte do movimento, incluindo Ana Bolena e seu pai. Ávidos como estavam pelas riquezas e influência que viriam de Ana ser rainha, eles também a viam como um meio de promover a causa da Igreja Reformada. Era típico dessa época que as pessoas pudessem, com sinceridade, abraçar essas motivações ao mesmo tempo. O mesmo era válido para o confisco por Henrique das terras e riqueza da Igreja. Homens novos como Cromwell, juntamente com um grande número de nobres leais à supremacia de Henrique sobre a igreja e à causa da Reforma, desfrutaram como bandidos de sua parte na pilhagem, enquanto exultavam como se aquilo fosse uma vitória para o novo movimento religioso de purificação.

Pode-se argumentar que as terras, propriedades e tesouro da Igreja confiscados, uma fantástica soma de riqueza em dinheiro de hoje, ajudaram a enriquecer por um salto gigantesco a economia inglesa e criaram uma classe social inteiramente nova que devia sua riqueza aos Tudors, pois se servira da cornucópia aparentemente sem fundo de abadias, fazendas e casas desapropriadas. Muitas vezes, os lordes recentemente enriquecidos transformavam uma igreja antiga no grande salão de seu novo solar, construindo alas com outros cômodos em torno dela. Os fãs da série de TV *Downton Abbey* lembrarão como a estrutura original de igreja se ergue sobre as adições mais tardias, um padrão muito comum nas grandes casas do período.

Outra consequência importante do confisco feito por Henrique das propriedades da Igreja é que isso levou a uma súbita paralisação do papel que a Igreja tinha assumido, há séculos, de fazer regularmente caridade em favor dos pobres em seus mosteiros e igrejas, incluindo o fornecimento de comida e abrigo. De repente o governo Tudor teve de assumir responsabilidade por esses serviços, o início da criação dos serviços de bem-estar social do Estado moderno, uma substituição secular da caridade cristã. Sem dúvida a princípio não foi muita coisa, como se queixaram os pobres. Às vezes o modo de o governo Tudor lidar com a pobreza era brutal, como numa lei que ordenava que todos os mendigos fossem chicoteados pelas ruas e expulsos da cidade. Mas foi o começo da ideia de que o governo é responsável pelo cuidado de seus súditos mais pobres.

O esforço de Henrique para exercer sua supremacia sobre a Igreja andou inevitavelmente de mãos dadas com seu esforço para exercer supremacia sobre a nobreza. Ao assumir o trono ainda jovem, sua autoridade estava limitada por um punhado de grandes magnatas feudais, como Norfolk. Sempre fora assim na Inglaterra. Em vastas propriedades, com exércitos privados, eles governavam como reis em seus domínios. O reconhecimento da suserania do rei na hierarquia feudal era relutante e, muitas vezes, abertamente desdenhoso. Ao quebrar o poder da Igreja, Henrique também reuniu poder para dobrar a velha nobreza feudal. Depois que uma série de conspirações e tentativas de derrubá-lo foram esmagadas, esses antigos magnatas, no final do reinado de Henrique, haviam sido reduzidos a criaturas da sua corte, rondando o palácio, alimentando-se de intrigas e esperando um pouco da generosidade do rei por meio de títulos, sinecuras e cargos.

Desde Henrique VII, os Tudors haviam enfurecido a velha nobreza elevando homens de origens humildes a posições elevadas como assessores, homens que, portanto, deviam tudo ao rei. Tanto Wolsey quanto Cromwell sob o comando de Henrique VIII se ajustavam a esse molde. O movimento para a Igreja Reformada, embora tivesse aderentes entre a nobreza, era predominantemente de classe média, dos comerciantes e classes profissionais das grandes cidades e portos marítimos, sobretudo em Kent, Essex e East Anglia, cujo porto de Boston tinha íntimas conexões com a Liga Hanseática protestante. A ascensão dessa classe média comercial ilustra perfeitamente como a liberdade de consciência religiosa, promovida de início por Lutero, se encaixava facilmente com a liberação do interesse material, estimulada de início por Maquiavel, e com um forte interesse pelos assuntos públicos de um tipo absolutamente proibido ao povo comum na Idade Média, mas que o humanismo cívico da Renascença estava tornando generalizado. As duas novas forças do individualismo – religiosa e secular – faziam causa comum.

Lutero havia apelado para que os leigos fossem estimulados a ler e pensar sobre as escrituras em sua própria língua e a encontrar o caminho de sua consciência para Deus independentemente dos sacerdotes. De forma previsível, essa liberdade de pensamento em matérias religiosas levava também a uma nova atitude de pensar livremente sobre assuntos seculares e políticos. Não causa surpresa que, um século mais tarde, John Milton se tornasse tanto o poeta de uma obra-prima protestante, *Paraíso Perdido*, quanto um defensor da difusão do saber e do debater através da imprensa, bem como da abolição de toda censura. O elevado tom intelectual da Reforma, seu encorajamento de pensamento independente e novo aprendizado, ajustava-se até certo ponto ao temperamento do próprio Henrique, que tinha a mente notavelmente aberta para qualquer assunto que não ameaçasse seus interesses. O próprio Cromwell, que mantinha um animado círculo de humanistas e estudiosos sob seu patrocínio no seu palácio urbano de Austin Friars, refletia também esse tom. Henrique promoveu ativamente a educação, através da criação de escolas secundárias (pretendia selecionar os de maior mérito das classes inferiores e conceder-lhes o benefício de uma educação liberal nos clássicos) e destinando verbas para o King's

College, em Cambridge. Diz-se que, durante o reinado de Henrique, os filhos da nobreza começaram pela primeira vez a frequentar as universidades – domínio, até então, de clérigos de rosto pálido. Não se contentando mais em cavalgar, caçar e lutar, eles também queriam uma aprendizagem elevada e polimento cultural... para se tornarem "cavalheiros".

Por todas essas razões, o reinado de Henrique levou a classe média aberta à Reforma para uma recém-descoberta proeminência e isso, a princípio, perturbou muita gente. A famosa Rebelião de Camponeses de 1536, que o confiável veterano de guerra de Henrique, o duque de Norfolk, esmagou com uma minúcia sanguinária, foi na verdade uma rebelião de camponeses antiquados que rejeitavam tanto a nova igreja de Henrique quanto o fechamento dos mosteiros – encerrando seu serviço aos pobres – e faziam objeções à colocação acima deles de cidadãos comuns como Cromwell. Na realidade *queriam* que seus mestres fossem aristocratas e se ressentiam de tirar os chapéus para pessoas como eles! Foi provavelmente a última revolução da Europa a favor do privilégio.

Quando dizemos que Henrique seguiu a prescrição maquiavélica de reprimir a Igreja, não devemos nos esquecer de que ele era pessoalmente ambivalente acerca do movimento da Reforma. Sua visão parece ter sido que, com a única diferença de ele, e não o papa, ser agora o chefe da Igreja na Inglaterra e detentor de todas as suas propriedades, a liturgia, hierarquia e doutrinas permaneceriam as mesmas. A maioria das pessoas ainda não percebia que aquela devia ser uma igreja completamente *distinta*. A igreja a ser reformada era ainda a Única Igreja Verdadeira. Mas certos conflitos fundamentais no movimento pela Reforma estavam surgindo. Cromwell e seus seguidores luteranos acreditavam que os leigos deviam ser autorizados a ler as escrituras em sua própria língua, a estudar e refletir sozinhos sobre os ensinamentos de Cristo, independentemente dos sacerdotes. Eles também contestavam a doutrina da transubstanciação que igualava o vinho e o pão da Eucaristia aos verdadeiros sangue e carne de Cristo – o vinho e o pão, eles sustentavam, simbolizavam apenas a divindade de Cristo. Para os crentes tradicionais, isso ameaçava o *status* dos sacramentos como único caminho certo para a salvação do homem e ameaçava também colocar leigos que começavam a pregar por iniciativa própria no mesmo nível dos clérigos. Cromwell tomou providências para que as igrejas fossem dirigidas por sacerdotes que seguiam a trilha reformada. Mas enquanto alguns clérigos externamente alinhados com ele pretendiam se manter leais, em segredo, a Roma, outros queriam ir ainda mais longe que Cromwell: abolir inteiramente o sacerdócio e a missa e fazer com que as congregações elegessem seus próprios líderes espirituais. Talvez estivesse mesmo na hora de os homens serem iguais na terra como eram no céu, em vez de ficarem subordinados aos senhores. Isso foi realmente demais para o rei. Cromwell acabou caindo porque Henrique não confiava que ele fosse capaz de conter essas tendências mais radicais, que ele não detestava menos que o católico mais devoto. (Henrique também censurava Cromwell por querer induzi-lo a se casar com Ana de Cleves, a esposa número quatro. "Não é de modo algum tão bonita quanto tem sido relatado", resmungou depois de se encontrar com ela, reclamando do cheiro de seu corpo e dos seios flácidos. Henrique não podia representar com ela a Inglaterra, embora a essa altura seu tamanho imenso não ajudasse muito.)

Quem hoje visita a Inglaterra vai se deparar muitas vezes com o que é equivocadamente descrito como "ruínas" de prédios religiosos, como por exemplo os vestígios da enorme abadia vizinha à catedral de Canterbury. Essas estruturas não se desintegraram devido à idade ou causas naturais. Na realidade, foram desmanteladas tijolo por tijolo por agentes de Henrique depois de serem saqueadas. Muitas vezes isso era feito por pura mesquinharia. Mas, com a mesma frequência, era alimentado por fanatismo religioso. Assim como os primeiros cristãos tinham arrasado por mero prazer os templos pagãos e destruído sua arte, assim como os fanáticos religiosos do Talibã destruiriam a arte budista séculos mais tarde, alguns que abraçavam a causa da Igreja Reformada sentiam-se chamados a destruir a arte das grandes igrejas da Inglaterra. Na catedral de Ely, uma das mais esplêndidas igrejas da Europa, fanáticos despedaçaram deliberadamente os delicados relevos que revestiam as paredes da Capela de Maria. Foi uma época horrível (é bastante curioso que Ely tenha sido mais tarde a cidade natal de Oliver Cromwell, futuro generalíssimo e lorde protetor protestante, que durante algum tempo trabalhou como coletor de seus dízimos e talvez pudesse ver os pináculos da catedral de sua casa modesta).

O estabelecimento da supremacia de Henrique sobre a Igreja foi muitas vezes violento ao extremo, tanto no que diz respeito a vidas humanas quanto na destruição de propriedades. A divisa Tudor "Por Deus e Meu Direito" inspirava agora métodos que antecipavam Stalin. Usamos com frequência a expressão "tortura medieval" para descrever as agonias provocadas pelo cavalete e outros instrumentos de tormento nas masmorras da Torre. Na verdade, ele raramente tinha sido usado na Idade Média. Só se torna corriqueiro no reinado de Henrique VIII e sucessores e é, portanto, antes um vislumbre das coisas que apareceriam nas masmorras do Comissariado do Povo para Assuntos Internos (NKVD) e na *Schutzstaffel* (SS) do que um regresso a um passado bárbaro. Uma figura particularmente sinistra, Richard Topcliffe, que submetia católicos ao cavalete no governo de Elizabeth I, tinha uma câmara de tortura em sua própria casa, estuprou repetidamente uma de suas prisioneiras até ela concordar em testemunhar contra um jesuíta e foi acusado de torturar o pai de seu assistente até a morte, quando o filho o denunciou para herdar suas propriedades e compartilhá-las com Topcliffe. Foi um exemplo precoce dos psicopatas empregados pelo Estado como Lavrenti Béria e Klaus Barbie. Como Allan Massie coloca, Topcliffe foi "tão sádico quanto qualquer oficial da Gestapo ou do NKVD soviético". O regime da lei rapidamente se desgastou, de modo que as pessoas podiam ser sequestradas nas ruas e submetidas a esses tormentos sob suspeita de deslealdade política ou divergência religiosa – que eram com frequência tratadas como idênticas.

O reinado de Henrique foi violento, mas era apenas uma parte de uma vasta conflagração que se desenrolava na Europa entre as forças conflitantes da Igreja de Roma, a Reforma e a autoridade secular, e que perduraria por cento e vinte anos. Países como a Áustria se tornavam em grande parte protestantes depois novamente católicos pela força das armas. Durante o intervalo protestante, o grande mosteiro-palácio de Melk, na Áustria, substituía os assentos de mármore dos vasos sanitários por modestos assentos puritanos de madeira. Quando o catolicismo retornava, o mesmo acontecia com o mármore. Por volta de vinte anos após a morte de Henrique VIII, Catarina de Médici seguiu cuidadosamente seus passos de desafiar Roma concedendo tolerância limitada à minoria huguenote protestante na França. Isso desencadeou massacre e guerra até que Henrique IV, da França, reafirmou e ampliou os direitos dos protestantes pelo Édito de Nantes. Ele tentou promover a tolerância de diferenças religiosas, esperando que seus súditos passassem a se ver como franceses, independentemente de religião, em vez de (como a vasta maioria) católicos. Mas a revogação do édito em 1685 por Luís XIV fez milhares de protestantes saírem da França e aumentou as tensões com os países protestantes vizinhos.

Ambos os lados da disputa religiosa cometeram horríveis atrocidades nesse conflito de longa duração. Thomas More, amplamente encarado como um estudioso moderado e heroico mártir de consciência graças, em grande parte, à peça de Robert Bolt, *O Homem que não Vendeu sua Alma*, foi na verdade um fanático que, como chanceler de Henrique VIII, fez homens serem queimados vivos pelo crime de possuir uma tradução inglesa da Bíblia. Seus protestos de humanismo não combinavam bem com sua completa intolerância com relação até mesmo ao mais leve afastamento das tradições que sustentavam que os leigos não estavam preparados para ler as escrituras ou refletir sobre o significado da fé. Sua declaração de amizade pelo grande humanista Erasmo – que foi perseguido pela Inquisição por encorajar uma certa independência de especulação religiosa e que sustentava que os hereges não deviam ser executados, mas persuadidos de que estavam errados – é também desconcertante. Talvez, como a maioria das pessoas, inclusive as mais bem-dotadas, More não tivesse plena consciência das contradições em seus próprios princípios. A disposição de More para morrer em vez de renunciar à Igreja de Roma foi sem dúvida sincera, mas ele apenas causou a si próprio o que havia muito facilmente feito a outros que também agiam por motivos de consciência.

É um indício de como continuamos interessados nos Tudors que o caráter e motivações de More continuem sendo ainda hoje um ponto de intenso debate. Alguns ficaram enraivecidos pela descrição feita por Hillary Mantel em seus romances de More torturando com prazer hereges num cárcere privado em sua casa. A resposta de Mantel foi que ela queria corrigir o retrato francamente idealizado de More, na peça de Bolt, como um puro mártir de consciência. No mínimo faltam provas às acusações de tortura, uma possível propaganda protestante. Mas ninguém parece contestar que, nas palavras do historiador Richard Fox, "em geral se admite que o número de hereges queimados na fogueira no período em que More era chanceler foi de seis, com três casos em que More esteve diretamente envolvido". Para mim, isso é suficiente para uma séria escorregada de sua auréola. Mas a questão mais profunda, penso eu, é o grau em que as pessoas não aceitam mais sem reservas a teoria Whig da história que mencionei na Introdução. Para uma geração mais antiga de estudiosos, como G. R. Elton, o poder despótico reunido por Henrique VIII por intermédio dos métodos cruéis de Cromwell foi um interlúdio necessário para estabelecer as bases de uma Inglaterra moderna, próspera, finalmente tolerante e com um governo autônomo. O que hoje preocupa as pessoas (e preocupa as pessoas sobre a versão dos acontecimentos de Mantel) é que isso implica que, de alguma forma, esteja tudo bem com o uso frequente por Cromwell da execução e tortura a serviço de Henrique porque essas medidas eram necessárias para o progresso, enquanto More estava travando uma ação reacionária para preservar o passado obsoleto. As pessoas já não estão certas de aceitarem a necessidade histórica da revolução vinda de cima de Henrique, porque não estão certas sobre toda a noção do progresso da história em geral. Algumas perguntam se o humanismo católico não poderia ter evoluído sozinho para uma acomodação com a moderna liberdade secular, dispensando os intensos conflitos desencadeados pela Reforma e as ambições de déspotas construtores de Estados como Henrique. Não podemos responder a essa pergunta porque ainda estamos vivendo em sua sombra.

A sucessora de Henrique, Maria, empregou execução em massa e tortura para restaurar a Igreja Católica; sua sucessora, Elizabeth I, tomou as mesmas medidas para restaurar a Igreja da Inglaterra. Quando "Maria, a Sanguinária", como os protestantes a chamavam, casou-se breve e desastrosamente com o rei da Espanha, seus súditos fizeram protestos ruidosos, temendo que os horrores da Inquisição pudessem chegar às suas costas. A vontade dos Tudors foi cumprida por uma série de temidos vizires começando com Thomas Cromwell e continuando, sob o governo de Elizabeth, com o amplamente detestado William Cecil, outro protestante fanático de origens humildes que forrou o ninho de sua família com sinecuras e títulos, sem nenhuma ambição deixada para o futuro, parodiado de um modo instantaneamente reconhecível por plateias elisabetanas como Polônio, o alpinista social sorrateiro e prolixo do *Hamlet*, de Shakespeare.

A terrível convulsão moral da era Tudor que, assim como a Europa como um todo, oscilava numa fratricida carnificina entre predominância protestante e católica inextricavelmente entrelaçada com lutas pela supremacia política está refletida com precisão no drama elisabetano. A dúvida autodestruidora de Hamlet sobre o que fazer num mundo despojado de sentido aponta para a rejeição pelo luteranismo da celebração tomista da bondade natural da Grande Cadeia do Ser presidida, em seu apogeu, pela Igreja Romana com sua hierarquia ordeira, esplêndida e extremamente abrangente, que oferecia uma orientação autorizada sobre cada aspecto de como viver e no que acreditar. O individualismo tinha seu lado libertador. Mas também fazia as pessoas se sentirem solitárias e à deriva num mundo esvaziado de encantamento. De modo revelador, o Hamlet de Shakespeare estudara em Wittenburg, onde Lutero lançara a Reforma (não esqueça que a lenda de Hamlet datava pelo menos do século XIII – os elisabetanos sabiam da conexão entre Wittenburg e a Igreja Reformada). Em *Ricardo II*, ao projetar na Idade Média tardia o que acontecera à Inglaterra sob o comando dos Tudors, Shakespeare traçava um agudo contraste entre o ineficiente monarca medieval Ricardo – dado a jorros de poesia agostiniana sobre a fragilidade pecadora do homem enquanto seu poder real escapa – e o novo príncipe maquiavélico, Henrique Bolingbroke, frio, lacônico, calculista, que desliza sob os acontecimentos como uma barracuda, movendo-se inevitavelmente para seu objetivo de apoderar-se do trono. Como os Tudors, também ele, como descrito por Shakespeare, segue a fórmula maquiavélica criando laços com o povo comum e reprimindo a nobreza. Ele os abate como o Jardineiro no Ato III, que proclama: "Tudo deve estar uniforme em nossa comunidade".

Resumindo tudo, Christopher Marlowe faz o próprio Maquiavel aparecer no palco, no início de *O Judeu de Malta*, com sua célebre proclamação: "O único pecado que conheço é o pecado da ignorância". Havia ainda um número suficiente de tradicionalistas na audiência para verem nisto um comentário terrível, por mais inócuo que agora nos pareça. Para todas as três fés abraâmicas, a presunção de que o homem possa atingir sozinho o conhecimento, sem a ajuda de Deus, é o maior pecado possível, o auge do orgulho desastroso. Bem longe de ser o único pecado, a ignorância, se acompanhada pela fé em Deus e na completa submissão a Ele, é imensamente preferível a um conhecimento meramente humano e, portanto, corrompido dos assuntos mundanos. A descrição que Marlowe faz de Maquiavel reflete com precisão o homem e o surgimento da era moderna que ele ajudou a lançar. O florentino está celebrando a capacidade que tem o homem de compreender o mundo por si mesmo e, portanto, de dominá-lo para a maximização de poder e riqueza seculares. O único pecado verdadeiro é, em outras palavras, a falta de força de vontade para forjar seu próprio destino, para assumir o lugar de Deus como mestre do universo.

Começamos a dar uma olhada no tirano construtor do Estado moderno discutindo o encorajamento de Maquiavel a "príncipes e povos" para que alcancem "segurança e bem-estar" por meio da criação de Estados poderosos, patrióticos e prósperos, livres da interferência papal e do pacifismo cristão. Em ambas as alternativas – a autoridade de príncipes e de povos – Maquiavel imaginava o Estado secular aumentando seu poder à custa de todas as outras autoridades locais, de classe ou religiosas. Na ordem feudal da Idade Média, a autoridade fora em certo nível dividida: rei *versus* igreja, papa *versus* imperador, cada um em sua esfera distinta, às vezes em choque com a esfera do outro. Em outro nível, porém, a autoridade fora compartilhada. A nobreza, embora nominalmente constituída de vassalos do rei, tinha muito poder autônomo, incluindo grandes extensões de terra, produção agrícola e suas próprias forças militares (a que o próprio rei tinha de recorrer em tempos de guerra), enquanto a Igreja, independentemente do Bom Rei Venceslau e do Lava-Pés, se encarregava de atender aos necessitados, assim como da educação. Para complicar as coisas, os nobres podiam ser prelados e os arcebispos podiam governar principados. A característica distintiva do Estado moderno, ao contrário, é que ele concentra todos esses instrumentos de soberania – militares, econômicos, educacionais e de bem-estar social – sob um único governo centralizado privado de supervisão eclesiástica. O dilema, que remonta a Maquiavel e à Renascença, era se isso era feito *melhor* por um monarca todo-poderoso ou por uma república se autogovernando. A preferência de Maquiavel era o republicanismo, que ele esperava que sua amada Florença reavivasse, mas compreendia de forma realista os atrativos do governo estável e eficiente de um só homem. Henrique VIII foi, para o bem ou para o mal, um dos primeiros exemplos de como um tirano reformador pode começar a realizar uma modernização de cima.

O que há de verdadeiramente notável na evolução da Inglaterra é como ela *combinou* essas duas trilhas: um tirano reformador pavimentou o caminho para a emergência do povo inglês como livre e governando a si próprio. Ao contrário, digamos, da ditadura de Júlio César, que levava inevitavelmente ao permanente despotismo dos imperadores, a centralização de poder dos Tudors na Coroa levou, após um século de guerra civil, ao estabelecimento do governo constitucional e parlamentar na Revolução Gloriosa de 1688. Como isso aconteceu?

Antes de qualquer coisa, o Canal da Mancha protegeu a Inglaterra da escala de destruição realmente vasta desencadeada na Europa central pelas guerras de religião e construção de Estados entre o Sacro Império Romano, a França e a Espanha. A Guerra Camponesa Alemã de 1524 custou centenas de milhares de vidas. Durante a Guerra dos Trinta Anos, no século seguinte, a população das terras alemãs e tchecas foi reduzida de um terço. Na Inglaterra, houve um conflito civil, sem dúvida, tanto no governo de Henrique quanto no de Elizabeth e nas mais tardias guerras civis desencadeadas pelos Stuarts, mas nada que se comparasse à devastação na Europa. Isso foi um enorme incentivo para o crescimento econômico pacífico, juntamente com o crescente poder marítimo da Inglaterra, e aumentou os laços com a próspera Holanda protestante, colmeia de negócios e comércio, reduto de tolerância religiosa.

Temido enquanto vivo, Henrique foi, em retrospecto, cada vez mais apreciado pelo modo como construíra o reino através de sua titânica força de vontade, transformando-o num Estado poderoso e florescente, embora ainda campeie o debate sobre se ele foi um monstro egocêntrico, um estadista de visão ou uma combinação dos dois. O reinado de Elizabeth I começou em perigo e terminou em triunfo. Sucedendo no trono um protestante militante (o filho de Henrique, Eduardo VI, de vida curta) e uma católica militante (Maria I, a filha vingativa da esposa descartada de Henrique, Catarina de Aragão), ela tomou um rumo intermediário perigoso, mas finalmente bem-sucedido. A Igreja da Inglaterra era mais uma vez protestante, mas preservava símbolos católicos como o crucifixo e as vestes sacerdotais. Os puritanos mais radicais foram reprovados, enquanto leis contra a heresia foram repelidas. O comparecimento à igreja era compulsório, mas as punições pela ausência eram leves. A percepção da ameaça de uma cruzada católica contra a Inglaterra abalou a inclinação de Elizabeth para deixar em paz seus súditos católicos; muitos foram perseguidos como agentes de traição patrocinados do exterior. Mas ela declarou que não desejava se intrometer nas crenças religiosas particulares de seus súditos, desde que eles fossem leais a seu reino, uma abordagem pragmática que se tornou cada vez mais comum na política e na sociedade inglesas.

Enquanto isso, Elizabeth encorajava a exploração do Novo Mundo para benefício conjunto da Coroa e seus parceiros comerciantes. A província da Virgínia, batizada em homenagem a ela, a "Rainha Virgem", por *sir* Walter Raleigh, foi a primeira colônia do que finalmente se tornaria o Império Britânico e marcou o início do que é agora conhecido como mercantilismo – uma parceria entre o Estado e o setor privado para obter grandes faixas de território ou recursos para seu lucro mútuo, um modelo de desenvolvimento econômico vivo e atuante hoje na Rússia e na China (antecipado, como vimos antes, pelo Sultanato Otomano). Seu sucessor,

James I, autorizou o funcionamento de uma sociedade por ações conhecida como Virginia Company, primeiro de uma série de negócios semelhantes, incluindo a Hudson's Bay Company. Já no reinado de Elizabeth, o empreendedorismo econômico da classe média, estimulado e apoiado pela Coroa, estava avançando mais na Inglaterra que praticamente em qualquer outro lugar na Europa. Ela também fez vista grossa para piratas fanfarrões, incluindo seu amante *sir* Francis Drake, que pilhava, no Novo Mundo, os volumosos galeões espanhóis do ouro para encher seu tesouro depois de tirar a parte dele.

Na luta de vida ou morte contra a Armada Espanhola – uma vitória por um fio que antecipou Dunquerque e a Batalha da Grã-Bretanha – Elizabeth obteve reconhecimento e brotou um novo sentimento de orgulho nacional inglês. O rei Felipe II da Espanha, um dos mais poderosos monarcas da Europa, estivera determinado a aniquilar aquela desprezível herege inglesa, Elizabeth, em nome da Única Igreja Verdadeira. Para a Inglaterra elisabetana, a Espanha com sua Inquisição era um bicho-papão que em termos de hoje combinava Mordor, Darth Vader e Voldemort.* Emergindo da derrota final da Armada e, portanto, do poder sinistro e esmagador da Espanha católica, Elizabeth virou Gloriana,** transformada por seus vestidos de conto de fadas, maquiagem branca e enormes enfeites de cabeça com entalhes de pérolas numa equivalente mundana, secular da Virgem Maria. (Era mesmo virgem? Ou, como Doris Day, *tornou-se* uma? O júri de historiadores ainda não se manifestou.) Com seu cabelo ruivo Tudor, amor por aprender (supostamente sabia nove idiomas) e gosto pela música, com humor provocativo, dançando e flertando, era a verdadeira herdeira do pai, sobretudo pela determinação, caráter intransigente e singularidade de propósito. Uma vez repreendeu seu conselho que deixara de lhe providenciar uma orientação clara dizendo que, se *ela* fosse banida de seu reino na manhã seguinte, não usando nada mais que suas anáguas, ao pôr do sol *ela* já estaria prosperando, enquanto *eles* deviam a *ela* tudo que eram. Podia de fato afirmar, cavalgando com armadura completa no lombo de um cavalo sem proteção entre suas tropas apavoradas, sob ataque da força invasora da Armada, que embora fosse apenas uma mulher tinha "o coração de um rei". Na mitologia nacional inglesa, a derrota da Armada foi semelhante à derrota da Pérsia pelos gregos e à derrota mais tardia de Napoleão por Wellington – um pequeno povo valente que enfrenta um agressor tirânico e monolítico com suas hordas determinadas a roubar a liberdade deles.

---

* Respectivamente a "terra da sombra" de *O Senhor dos Anéis*, o personagem de armadura negra de *Guerra nas Estrelas* e o vilão principal dos livros de Harry Potter. (N.T.)

** Um de seus apelidos, neste caso tirado de um poema alegórico escrito em sua homenagem por Edmund Spenser, *The Faerie Queene*. (N.T.)

Quando a poderosa dinastia Tudor se encerrou com a falta de filhos de Elizabeth e a Casa Escocesa de Stuart chegou ao trono, todas as forças em disputa que os Tudors haviam conseguido conter graças a suas personalidades indomáveis, construtoras de um unificado Estado inglês, vieram com estrondo para a batalha. O conflito que ficava no centro do reconhecimento dual de Maquiavel de "príncipes" e "povos" – monarquia e república como caminhos alternativos para o sucesso de uma nação – explodia agora em dez anos de guerra civil, a derrubada da monarquia sendo seguida pelo estabelecimento de uma república governada apenas pelo Parlamento e depois o governo de um só homem como Lorde Protetor, Oliver Cromwell. Os lados opostos combinavam tanto o conflito entre a Reforma e a velha fé quanto a crescente demanda para restringir o poder dos reis a favor de alguma forma de autoridade popular e autogoverno. Essa tensão estava no centro mesmo da Renascença, pois Maquiavel, o defensor do despotismo absoluto em *O Príncipe*, era também o Maquiavel que pedia um ressurgimento da antiga liberdade republicana nos *Discursos*.

Enquanto o filósofo e historiador Thomas Hobbes insistia, no *Leviatã*, no endosso por Maquiavel da monarquia absoluta, justificando a proposta dos Stuarts de supremacia sobre o Parlamento como a única alternativa ao conflito e anarquia civis, os republicanos ingleses, entre eles James Harrington (na obra utópica *Oceana*), concebiam uma futura república inglesa modelada na Roma de Maquiavel, mas adaptada a características especificamente inglesas – uma república comercial de gente do mar, "determinada a crescer". Em outras palavras, Harrington concebia prosperidade material com um equilíbrio de poderes entre pessoas comuns, a nobreza e um "Lorde Arconte", um supremo cidadão-magistrado um tanto parecido com os ditadores romanos de antigamente, não um monarca hereditário. O contraste entre as visões que Harrington e Hobbes tinham da Inglaterra era mais ou menos semelhante àquele entre *sir* Francis Drake e *Laranja Mecânica*. Enquanto a Britânia de Harrington governaria mares agitados com seus intrépidos corsários, Hobbes queria que todas as formas de comportamento rebelde e indisciplinado fossem esmagadas.

Embora o objetivo principal de Hobbes fosse defender a reivindicação dos Stuarts à monarquia absoluta, evitando assim os horrores da guerra civil (ele estava atento às descrições feitas por Tucídides em *A Guerra do Peloponeso*, assim como à grande comoção da Guerra Civil Inglesa que se desenrolava à sua volta), a afirmação de que o "soberano" deveria ter autoridade ilimitada para esmagar qualquer resistência, através do terror se necessário, e até mesmo para ditar crenças religiosas às pessoas antecipava os regimes totalitários de Robespierre, Stalin e Hitler, como vamos examinar na Parte Três. Quanto a Harrington, sua visão de uma próspera república que se autogovernava tornou-se conhecida como parte da tradição

"Republicana Atlanticista", originando-se em Maquiavel, que se tornou realidade, pode-se argumentar, no futuro Estados Unidos da América. Lembramos que o próprio Maquiavel estava olhando para o Novo Mundo descoberto por Colombo como uma tábula rasa sobre a qual a história da Nova Roma seria escrita. Na Inglaterra, já no tempo da *Utopia*, de Thomas More, outro reino numa ilha imaginária, a Inglaterra da Renascença estava esperando do Novo Mundo um futuro de maior prosperidade e poder; *A Tempestade*, de Shakespeare, onde um filósofo usa os segredos da natureza para reconquistar poder político, era (muitos acreditam) passada em Bermudas. Enquanto isso, Francis Bacon, em sua fantasia utópica, *A Casa de Salomão*, outra ilha mágica, previa um futuro em que a ciência moderna criaria maravilhas técnicas (incluindo telefones, aviões e submarinos) que dariam fim à pobreza, ao trabalho penoso e à doença.

O novo individualismo introduzido pela Reforma em matéria de consciência religiosa reforçava a ênfase da Renascença no interesse individual e na liberdade política, um encorajando o outro. Como R. H. Tawney observou em seu clássico *A Religião e o Surgimento do Capitalismo*, a repressão dos desejos pedida pelo protestantismo para purificar os cristãos de seus vínculos mundanos entrou numa surpreendente parceria com a repressão dos desejos requerida para o trabalho árduo e para ser econômico, diligente e ter êxito nos negócios – isso se tornou conhecido como "a ética protestante do trabalho" ou o que Tawney chamava de "ascetismo mundano". Essas forças se aglutinaram no lado antirrealista da Guerra Civil Inglesa, dos conhecidos como Os Cabeças Redondas (*Roundheads*) – constituídos de aguerridos fanáticos protestantes (eles raspavam o cabelo para mostrar que não tinham vaidade acerca de sua aparência) que queriam dar fim a todos os traços de papismo, incluindo as remanescentes sugestões católicas da Igreja da Inglaterra, juntamente com partidários de liberdade republicana secular e da empresa comercial, muitas vezes as mesmas pessoas e esmagadoramente de classe média. Fazendo face a eles, do lado oposto, estavam os Cavaleiros – defensores da autoridade absoluta da Coroa por direito divino, inclinando-se para o catolicismo ou pelo menos para uma versão bem romana ou "elevada" da liturgia anglicana (sinos e incensos), quase todos aristocráticos, com os cachos compridos de cabelo, chapéus com plumas e a rica vestimenta de um janota da Renascença. Eram caçadores e cavaleiros, dissolutos e cavalheirescos.

Sob certos aspectos, os Stuarts eram monarcas renascentistas ideais. Seu impecável senso de estilo é captado pelos retratos de Van Dyke. Eram patronos das artes e da descoberta científica (a Royal Society, parcialmente inspirada pela *Casa de Salomão* de Bacon, foi fundada por Carlos II). James I, encomendando uma tradução inglesa oficial da Bíblia, tornou possível uma obra-prima literária que, por intenção consciente de James, também ultrapassava o rigor da abordagem puritana com uma riqueza de expressão que se ajustava à liturgia anglicana mais "romana" – na esperança de que a nova Bíblia ajudasse a reunir os extremos. Mas os Stuarts também tentaram exercer o poder absoluto estabelecido por Henrique VIII para arrecadar impostos sem autorização do Parlamento e o Parlamento não estava aceitando isso daqueles escoceses – além do que, um deles (Carlos I) era suspeitosamente papista em suas inclinações religiosas, enquanto James II, ao tornar pública sua conversão secreta ao catolicismo, foi obrigado a abdicar.

As forças antirrealistas mais radicais, como os Niveladores, estavam inclusive defendendo uma versão precoce de comunismo em que as posses dos homens seriam iguais e todas as distinções de classe erradicadas. Mas a maioria dos *Roundheads*, que incluíam alguns lordes, aristocratas e muitos comerciantes e fabricantes ricos, não queria chegar tão longe. A derrota e execução por decapitação de Carlos I lançou uma onda de choque por toda a Europa. Era a primeira vez que um rei coroado, que muitos ainda consideravam abençoado por Deus e seu representante na terra, fora amarrado e executado em público como um criminoso, quando em tempos passados o simples gesto de encostar a mão nele seria punido com a morte. Os Stuarts foram seguidos por uma república cujos impasses levaram à sua dissolução pela força e aos seis anos de protetorado de Oliver Cromwell, o Lorde Protetor que Harrington idealizara como o Lorde Arconte de sua utópica república na ilha de Oceana.

Cromwell era um homem que encarnava as contradições da época. Membro da pequena nobreza e, antes da guerra civil, membro sem destaque do Parlamento e coletor de impostos, é difícil saber se seria melhor descrevê-lo como um maquiavélico puritano ou um puritano maquiavélico. Defendia com igual vigor o fim do poder real arbitrário em nome da liberdade republicana e uma estrita versão puritana da fé protestante, sem missa, sem incenso, sem adornos e com a prática presbiteriana de um governo da igreja eleito pela congregação em vez de um clero outorgado. Pregava uma completa liberdade individual de culto, embora na prática detestasse católicos (sua campanha na Irlanda foi extremamente brutal). O protetorado patrocinou uma campanha nacional de "reforma devota" para estimular a aplicação no trabalho pela abolição de tabernas, teatros e esportes. Cromwell pode ser descrito como um ditador republicano puritano, lembrando um pouco, como sugerido antes, os ditadores romanos de antigamente, mesmo tendo algo do luterano afetado, austero e colérico que dera a saída. Mesmo sendo um completo amador na guerra, revelou-se um general brilhante e criou o Exército de Novo Tipo de camponeses e comerciantes que inesperadamente derrotou os cavalarianos profissionais de penacho dos Stuarts. Quando Cromwell morreu de uma infecção urinária em 1658, muitos acreditaram que seu poder ditatorial chegara a rivalizar com o dos destronados Stuarts, incluindo alguns dos adornos de um monarca.

Dois anos mais tarde, cansado dessa experiência republicana e ditaduras devotas, o Parlamento trouxe de volta os Stuarts que, apesar de terem prometido serem bonzinhos e não tentarem governar sem aprovação do Parlamento, logo estavam agarrados a seus velhos truques. James II desequilibrou os pratos da balança proclamando abertamente sua fidelidade à Igreja de Roma. Ele foi mandado para o exílio e o Parlamento convidou o príncipe Guilherme de Orange da amistosa Holanda, protestante e voltada para os negócios, a assumir o trono. Um casamento com a filha de James (com quem ele iria reinar em conjunto) enxertou-o na linhagem legítima. Ele prometeu solenemente consultar o Parlamento em todas as questões de dinheiro, enquanto o Parlamento decretava que, como chefe da Igreja da Inglaterra, ele e todos os seus sucessores deviam ser protestantes.

Desse modo, as forças religiosas, econômicas e sociais outrora suprimidas pela mão de ferro dos Tudors e que romperam seus grilhões durante a guerra civil estavam agora reconciliadas no que foi chamado a Revolução Gloriosa de 1688, uma das três grandes revoluções do mundo moderno, seguida pela Revolução Americana de 1776 e a Revolução Francesa de 1789, sobre as quais falaremos mais na Parte Três. Com uma Câmara dos Comuns eleita, fonte de toda a autoridade legislativa e orçamentária, e um monarca que, embora ainda um tanto poderoso (sobretudo em assuntos militares), não podia governar arbitrariamente, estando ele próprio sujeito ao regime da lei (e que, com o correr do tempo, começou a consultar como seu primeiro-ministro quem controlasse uma maioria de votos na Câmara dos Comuns), o modelo Westminster de governo – "a Coroa no Parlamento" – assumia suas diretrizes básicas. Agora o monarca era verdadeiramente um monarca – um monarca constitucional – em vez de um tirano, mesmo um tirano reformador ou um tirano que chegasse ao trono por legítima descendência, como Henrique VIII. Era uma combinação engenhosa da venerável aura da realeza hereditária com poderes limitados que, com o correr do tempo, tornaram-se cada vez mais os de uma figura de proa em grande parte simbólica. Sem dúvida, os novos arranjos criados pela Revolução Gloriosa não constituíram inteiramente uma república, mas houve um equilíbrio de poderes entre povo, lordes e coroa não diferente daquele que Maquiavel louvara na antiga Roma.

Como vimos, Thomas Hobbes havia proporcionado uma justificativa teórica para a monarquia absoluta a que os Stuarts aspiravam. Ironicamente, os Stuarts não gostaram da defesa que Hobbes fez de seu despotismo, pois ele a baseou em argumentos utilitários sobre o que era melhor para a sociedade e seus interesses materiais, enquanto eles realmente acreditavam no direito divino dos reis como únicos árbitros de Deus na terra para assuntos tanto religiosos quanto seculares, que tinha como origem a importação por Henrique VIII do cesaropapismo para a Inglaterra. Depois que os Stuarts foram varridos do trono de uma vez por todas, o roteiro da Revolução Gloriosa foi escrito pelo filósofo de Cambridge John Locke. Tolerância religiosa (mas não ainda para católicos); o inalienável direito natural de adquirir propriedade privada, que nenhum governo poderia infringir sem se revelar como tirânico; a proibição de o Parlamento aumentar impostos sem o consentimento dos donos de propriedades, cujos interesses eles eram eleitos para representar; um endosso geral da liberdade de pensamento; métodos mais humanos de criação das crianças; independência das mulheres da autoridade absoluta de seus maridos; e a importância de uma educação liberal nos clássicos – assim devia ser o apogeu da nova Inglaterra na visão de Locke.

Locke se empenhou sem êxito para encontrar um modo de distinguir entre as crenças religiosas privadas dos católicos, que deviam ser toleradas, e sua suposta lealdade política a um poder estrangeiro hostil, o papado. Gradualmente, a tolerância foi estendida a católicos e, em 1829, eles possuíam direitos civis quase iguais. Isso foi resultado da reflexão secular sobre os direitos do homem que começou na Renascença e com o Iluminismo ou, a longo prazo, o próprio protestantismo contribuiu para a tolerância religiosa? É uma questão em aberto. Vimos como a Reforma estava intimamente associada à causa parlamentar na Inglaterra. A Revolução Gloriosa tanto limitou os poderes da Coroa quanto enfatizou que ninguém, a não ser um monarca protestante, poderia ser o "defensor da fé", servindo tanto ao objetivo da Renascença de autogoverno livre quanto aos objetivos sectários da Reforma. Do início ao fim da Guerra Civil Inglesa e das guerras religiosas na Europa, tanto católicos quanto protestantes cometeram atrocidades uns contra os outros. Durante o protetorado de Cromwell, muitos protestantes queriam uma teocracia exatamente tão prepotente quanto qualquer coisa que tivesse existido sob o papado. Mas embora o protestantismo possa não ter sido inicialmente mais aberto à tolerância que o inimigo católico, talvez seja justo dizer que a *lógica interna* da Reforma compeliu-o, com o correr do tempo, a praticar precisamente essa tolerância de outras denominações e credos. Pois toda a afirmação luterana do direito a se libertar de Roma estava baseada, antes de qualquer coisa, na convicção central de que cada indivíduo devia ser capaz de comungar com Deus de sua própria maneira. Se era esse o direito de todo homem – estendendo-se, com bastante rapidez, à liberdade de pensamento não apenas sobre religião, mas sobre qualquer coisa – era preciso chegar finalmente à conclusão de que católicos e pessoas de outras fés possuíam esses mesmos direitos. Podia ser uma conclusão demorada, mas, como uma questão de princípio, me parece que ela tinha de vir.

Embora a tirania não tenha desaparecido da vida britânica (você podia ter perguntado aos arrendatários escoceses e ingleses expulsos durante o "cercado" das terras comuns por nobres gananciosos ou aos irlandeses que tiveram as terras confiscadas por serem católicos), nunca voltou a ser um perigo em solo inglês no sentido de assumir uma forma completa de governo (como oposto a periódicas ações repreensíveis), como acontecera, na opinião de muitos, sob os governos dos Tudors, dos Stuarts e de Cromwell. Durante o século XVIII, a Igreja da Inglaterra se tornou uma instituição nacional de reconciliação religiosa como Elizabeth tinha originalmente esperado que ela se tornasse. Do baixo anglicanismo ao alto anglicanismo, ela continha todos, exceto os puritanos de mentalidade mais independente, que não podiam tolerar qualquer forma de clero ordenado (muitos deles foram para o Novo Mundo) e aqueles que, fora o fato de não aceitarem que "o bispo de Roma" fosse chefe de sua igreja, eram em todas as questões litúrgicas e teológicas, incluindo a eucaristia, quase idênticos a católicos romanos, o que incluía recitar o Credo de Niceia e todos os tons intermediários. Até bem recentemente, a Igreja da Inglaterra foi uma poderosa fonte de coesão social.

Anteriormente, mencionamos a teoria de que há uma discrepância entre as perspectivas da democracia liberal, sua resistência à tirania e as esferas geográficas da Igreja ocidental e a Igreja ortodoxa. Antes da Reforma, já havia aqui um espaço relativamente maior do que no leste cesaropapista para a autoridade política secular independente da igreja e as perspectivas para um governo livre, se a teoria é válida, eram, portanto, maiores na Europa, com seu rito ocidental, que no leste ortodoxo. Quando a nova esfera da Reforma é acrescentada ao cristianismo ocidental, é impressionante que aqueles países onde o protestantismo se tornou muito cedo a principal preferência religiosa – Inglaterra, suas colônias no Novo Mundo, os Países Baixos, o norte luterano da Alemanha – sejam também os países modernos, onde a democracia secular e uma economia de mercado ganharam raízes mais profundas, enquanto países que se mantiveram predominantemente na igreja latina – França, Itália e Espanha – tenham enfrentado um caminho mais acidentado para um autogoverno democrático e uma economia baseada em forças do mercado. A Espanha é um caso revelador a esse respeito. No tempo da Armada Espanhola, a Espanha era uma superpotência mundial. No entanto, como uma forte ética do trabalho da classe média não ganhou raízes ali devido a uma tradicional desconfiança religiosa da empresa comercial e ao desprezo da aristocracia pela vida de um empresário, o imenso despojo que a monarquia espanhola adquiriu no Novo Mundo foi dissipado em magníficos palácios e catedrais, não investido na economia para criar riqueza duradoura. A Espanha declinou para uma estagnação cheia de entraves, paroquial. Quanto à França, ela finalmente se tornou uma democracia liberal, mas só (como veremos na Parte Três) depois de uma revolução muito mais violenta que as da Inglaterra e da América, e só após sucessivas ondas de governo imperial e novas eclosões revolucionárias entre suas facções democráticas, realistas e eclesiásticas, nunca plenamente reconciliadas.

Na realidade, é claro, temos apenas de formular essa teoria para ver quantos furos pode haver nela. Se as raízes da democracia fossem mais profundas na Alemanha protestante do que no sul latino, como explicar o nacional-socialismo, uma das piores tiranias da história? (Tentarei responder a isso na Parte Três). Contudo, embora possa não haver uma correspondência perfeita, no geral a possibilidade de que a democracia liberal se encaixe melhor em países com uma herança de individualismo protestante continua sendo uma hipótese intrigante a que retornaremos.

O TIRANO COMO CONSTRUTOR DE ESTADO CONTINUA VIVO: DESPOTISMO BENEVOLENTE

Já que nossa discussão do tirano reformador como construtor do Estado moderno chega ao fim, temos de ter em mente que grande parte da Europa tomou um rumo muito diferente após a Revolução Gloriosa. O caminho aberto por Henrique VIII – modernização baixada de cima por meio da autocracia real – se estende por outro século em grande parte da Europa e passa a ser conhecido como Despotismo Esclarecido ou Benevolente. Os exemplos notáveis são Luís XIV (1638-1715), Pedro, o Grande (1672-1725), Frederico, o Grande (1712-1786) e Catarina, a Grande (1729-1796). A outorga pela história do título "grande" a uma série deles não se deu necessariamente porque fossem *moralmente* grandes (longe disso), mas porque sua ambição, beligerância e falta maquiavélica de escrúpulos foram necessárias para arrancar suas sociedades pré-modernas do passado feudal e empurrá-las pelas brechas de uma passagem para o futuro. Como Henrique, chegaram a seus tronos por descendência hereditária e, portanto, não eram tiranos reformadores no sentido estrito de usurpadores carismáticos – "homens novos", como Édipo ou Júlio César. Mas, também como Henrique, foram revolucionários que usaram seus poderes para ignorar restrições tradicionais e legais e construir sociedades mais poderosas, o que é marca registrada do tirano reformador clássico. Combinavam reforma na nação com imperialismo agressivo no exterior. Afinal, não poderíamos realizar grandes reformas antes de termos adquirido um grande país para transformar. Embora diferentes sob muitos aspectos, compartilhavam a força de vontade dominadora para moldar a natureza humana e as circunstâncias externas que Maquiavel encarava como a marca singular dos "príncipes mais notavelmente virtuosos" – a capacidade, como ele coloca, de "dominar a deusa Fortuna" e "introduzir forma na matéria" para criar "novos modos e ordens". Quando contrariados, também eram capazes da raiva titânica que marca a personalidade tirânica durante toda a história, desde os tempos de Aquiles.

Numa escala que superava até mesmo os Tudors, Luís XIV seguiu o roteiro de modernização de Maquiavel reprimindo a nobreza, despertando o povo comum e controlando a religião. Seu reinado de setenta e dois anos, um período de tempo inédito na história europeia, lançou as bases para uma França centralizada, poderosa e próspera. Por grande parte desse tempo, a França foi o poder predominante na Europa e travou três guerras importantes. Como César com Marco Antônio e Otaviano com Agripa, Luís sabia delegar autoridade a homens capazes (incluindo seus ministros Mazarino e Colbert e seu general Turenne) e não sentia inveja de suas realizações desde que eles o servissem com firmeza. Essa é com frequência uma característica dos tiranos reformadores mais bem-sucedidos, ao contrário de tiranos comuns, como Calígula, que encarava o mérito de qualquer outra pessoa como um insulto pessoal. Ele a destruía, mesmo que isso significasse enfraquecer seu próprio regime. Nisso, Luís era mais coerente que Henrique VIII, que às vezes (como no caso de Thomas Cromwell) sucumbia a ressentimentos de algum conselheiro notável (ou, mais tarde, Stalin, que executaria generais e cientistas que o sobrepujassem). Luís encorajava o surgimento de talento e também patrocinava prodigamente artistas (Le Brun), escritores (Molière, La Fontaine) e compositores (Lully, Couperin) como adornos de seu reino, o que levou à sua famosa alcunha, "o Rei Sol", a fonte de toda iluminação, beleza e graça.

Uma primeira revolta da aristocracia contra a centralização de autoridade da monarquia Bourbon, que ameaçava sua autonomia e privilégios feudais, foi debelada pelo cardeal Mazarino, que desempenhou um papel comparável ao de Thomas Cromwell para Henrique. A paz de Westfália, que acrescentou a Alsácia e Estrasburgo à França, foi seguida por uma última revolta aristocrática, a Fronda. Assim como na época dos Tudors, a velha aristocracia se ressentia de ser substituída por burocratas reais selecionados entre os cidadãos comuns. Luís os preferia porque só eram leais a ele (como Maquiavel advertira, o povo comum amará o príncipe por quaisquer benefícios que ele lhes dê, mesmo que sejam apenas deixados em paz para trabalhar e prosperar, enquanto os nobres vão sempre se ressentir de terem de reconhecer sua proeminência). Depois de derrotar a Fronda, de modo a ampliar seu controle, Luís procurou atender ao desejo do povo francês de dar fim ao conflito civil. Seu ministro Colbert reforçou o comércio e a indústria franceses através de políticas mercantilistas, como tinham feito os Tudors e os Stuarts. Como os otomanos, Colbert convidou artesãos de toda a Europa a trabalhar na França. Também como os Tudors, Luís adquiriu colônias, não apenas na América, mas na África e na Ásia, patrocinando exploradores como La Salle (que fundou a Louisiana ao longo do Mississípi). As forças armadas foram profissionalizadas, com os postos superiores não mais reservados automaticamente aos nobres, cujos exércitos feudais privados foram proscritos, como acontecera na Inglaterra.

O Código de Luís foi o primeiro sistema de leis para toda a França, evocando um traço característico da atuação de déspotas reformadores que remontava a Hamurábi, Júlio César e Justiniano. Como muitos césares, Luís era um ávido planejador urbano que adornou Paris e criou os bulevares. A obra-prima que pretendeu deixar foi o Palácio de Versalhes. Com o que sempre me impressionou como sua fria, quase inumana grandeza – compridos espelhos d'água se estendendo para o horizonte, vastos bosques cravejados de estátuas, geometricamente formados, impostos a uma enorme paisagem artificialmente aplanada, e centenas de aposentos dourados, com relevos de gesso, cada qual mais resplandecente que o outro – o palácio se destinava a intimidar e deslumbrar. Como os antigos palácios dos reis-deuses do Oriente que comentamos na Parte Um, incluindo versões mais recentes como o Topkapi e o Alhambra, Versalhes era o microcosmos de um mundo criado ordeiramente por meio do controle real, com Luís literalmente em seu centro. Como os sultões e os últimos imperadores romanos, só quem ocupava os cargos mais elevados tinha acesso a ele. Esses nobres notáveis, duques, marqueses e condes, que antigamente se assemelhavam a monarcas em suas propriedades, serviam agora a Luís como participantes de um elaborado cerimonial da corte, recordando os otomanos e bizantinos, vivendo permanentemente em Versalhes e disputando ansiosamente o incomparável privilégio de passar ao Rei Sol um guardanapo, um garfo ou o papel higiênico. Proprietários de enormes castelos em suas terras, preferiam viver em minúsculas tocas em Versalhes a renunciar a seu lugar perto de Luís, o Grande.

A corte em Versalhes promovia a busca do que era espirituoso, da elegância, da intriga amorosa e da etiqueta, como as *Stuarts* promovem os 10 primeiros* (tudo belamente captado no filme francês *Ridicule*, de 1996). O próprio Luís dançou cerca de oitenta vezes em balés montados na corte, trazendo à lembrança as aspirações de Nero, embora, felizmente, não se assemelhando a ele em outros aspectos. É difícil, ao contrário, imaginar Guilherme de Orange dançando num balé na Inglaterra protestante. Aberto por Luís como uma galeria nacional, o palácio do Louvre adquiriu parte da extraordinária coleção de arte de mestres da Renascença, que pertencera aos Stuarts exilados, de puritanos com perucas sinistras a preços de liquidação relâmpago (seios demais rodopiando licenciosamente nas nuvens).

Luís consolidou seu poder absoluto sobre a Igreja Católica na França, imitando o modelo cesaropapista dos imperadores bizantinos revivido pela primeira vez no

---

* Referência aos exemplares de *Stuart Magazine*, uma revista que apresenta as "seleções de 10" comuns na internet (os dez maiores, melhores, piores ou mais curiosos de diferentes áreas). (N.T.)

Ocidente por Henrique VIII. Controlava todas as nomeações de bispos e todas as questões doutrinárias. Não era permitida qualquer comunicação direta com o papa, e o clero estava proibido de excomungar qualquer funcionário que cumprisse as ordens do rei. Com a revogação do Édito de Nantes, Luís também colocou na ilegalidade o protestantismo. Para ele, a falta de um completo acordo religioso na França sugeria uma falta de completo controle real sobre a totalidade do país, o que era intolerável. Em outras palavras, ele teve a mesma motivação que os Tudors – controle da religião pelo Estado – apenas com um resultado diferente. Nessa política, era menos guiado por devoção que por teóricos modernos da monarquia absoluta, como Hobbes, que afirmava que o soberano pode e deve ditar as crenças religiosas de seus súditos. Ao contrário da Inglaterra, que tinha uma forte presença protestante na época de Henrique, a França havia permanecido esmagadoramente católica. Isto, portanto, se adequava à decisão de Luís de ter completo controle para patrocinar com exclusividade o catolicismo, assim como tinha se adequado à decisão de Henrique de ter completo controle para suprimi-lo. Como questão prática, o domínio da igreja na França exercido por Luís foi exatamente tão completo quanto o domínio que Henrique exerceu na Inglaterra. O papa, é desnecessário dizer, reclamava dessa exclusão da autoridade de Roma no interior da França, mas em vão. Não precisamos duvidar dos relatos de que, num nível pessoal, Luís era devoto e piedoso – isso não era incompatível com um impulso maquiavélico para subordinar a religião à Coroa. Henrique também tinha continuado a amar a velha missa romana depois que o papa fora descartado.

No mutável tabuleiro de guerras de sucessão dinástica que convulsionaram a Europa durante todo o seu reinado, Luís enfrentou primeiro uma aliança chefiada pelo Sagrado Império Romano, que incluía a Espanha. Guilherme de Orange, agora Guilherme III da Inglaterra, levou seu novo reino protestante para essa coalizão antifrancesa, devido ao apoio de Luís aos Stuarts católicos exilados. Assim que esse conflito se resolveu, irrompeu uma disputa sobre a sucessão ao trono espanhol, que passou de Carlos II da Espanha, que não tivera filhos, para um parente de Luís, o duque de Anjou, que seria agora Felipe V da Espanha. A perspectiva dessa monarquia dual gaulesa-ibérica somou-se à crescente reputação de arrogância e agressão da França e provocou uma nova aliança contra Luís. Ameaçado por uma invasão da França pelo brilhante comandante inglês Marlborough e o igualmente brilhante Eugène de Savoy, Luís fez a paz concordando que a coroa da Espanha devia passar para o arquiduque Carlos, irmão do Sagrado Imperador Romano. Mas quando o arquiduque sucedeu a seu irmão, tornando-se ao mesmo tempo Sacro Imperador Romano e rei de Espanha, a Inglaterra e a República Holandesa ficaram repentinamente mais preocupadas com essa vasta e nova superpotência do que com a França, transformando-se de inimigos em aliados da França.

Como resultado de suas hábeis maquinações na guerra e na diplomacia, pelo final do reinado de Luís as fronteiras expandidas da França estavam basicamente preservadas e permaneceram inalteradas até a Revolução Francesa. Nesse meio-tempo, a corte francesa se tornara admirada por toda a Europa por seus modos, cultura e estilo requintados e o francês se tornou a língua dominante da classe alta da Europa. Como todos os grandes déspotas, o Rei Sol era odiado por alguns e idolatrado por outros. Saint-Simon afirmava que "não havia nada que ele gostasse tanto quanto a bajulação". Mas Napoleão, que em geral detestava os Bourbons, descreveu-o como "o único rei da França digno desse nome". Para Lorde Acton, ele era "de longe o homem mais capaz que nasceu nos tempos modernos nos degraus de um trono", uma feliz combinação de nascimento real com intensa e inata aptidão natural. Embora vaidoso, Luís não era cruel e lhe atribuíam um caráter em geral tranquilo e amável. Casado duas vezes, teve, de forma relativamente pacífica, uma longa série de amantes e gerou muitos filhos ilegítimos, misturando o tirano reformador com o hedonista variedade-jardim, como tinham feito César, Henrique e muitos outros. Lembrando o culto imperial romano que começou com Augusto, havia um sistemático culto da personalidade ao redor de Luís, incluindo sua representação padronizada em centenas de pinturas e esculturas por toda a França, com frequência misturando seus traços com os de grandes imperadores romanos, o deus Apolo ou Alexandre, o Grande. Não há prova de que um dia tenha dito "*L'état, c'est moi*", mas ele disse: "É legal porque é o que eu quero", juntamente com a observação, vinda direta de *O Príncipe*, de Maquiavel, de que "pouca coisa pode resistir a um homem capaz de superar a si mesmo".

Em nossa galeria de tiranos, reformadores ou de outro tipo, Pedro, o Grande, deve ser uma das personalidades mais bizarras. Elevando-se a 2 metros e 3 centímetros sobre a maioria de seus contemporâneos russos, mas com uma cabeça pequena demais para um corpo gigante, afligido por um tique nervoso da boca, era ao mesmo tempo uma pessoa estranha e extraordinária. Tinha uma fobia paralisante de insetos. A simples visão de uma barata o fazia entrar em convulsões e, para onde quer que viajasse na Rússia, casas novas, que estivessem livres de baratas, tinham de ser construídas para ele.

Às vezes, parecia um garoto grandalhão, ingênuo e um *nerd* tecnológico. Durante suas grandiosas excursões pela Europa, estudou os últimos avanços em construção naval (Amsterdã), arquitetura e planejamento urbano (Manchester), agronomia, odontologia (acredite!), como pegar borboletas e expô-las num quadro, bem como o uso de uma mangueira de incêndio. Encontrou-se com serralheiros, carpinteiros navais e marinheiros para aprender suas habilidades, às vezes (o que era impensável para a maioria dos monarcas) fazendo ele próprio trabalho manual. Escreveria ingênuos relatos dessas experiências como "Pedro Agricultor" e assim por diante, ao que parece realmente acreditando que estava viajando incógnito, apesar de uma enorme comitiva de cortesãos. Na Inglaterra, encontrou-se com Guillherme III. Em Amsterdã, foi apresentado à arte europeia, enquanto a beleza neoclássica de Leipzig, Dresden e Viena disparou seus sonhos de sua própria nova capital. Contudo, apesar de todo o seu amor pelo aprendizado técnico e a disposição de ser instruído pelo que encarava como uma cultura europeia superior, era muito ambicioso, calculista, agressivo e capaz de grande brutalidade, fazendo com que torturassem impiedosamente seu próprio filho para extrair uma confissão quando ele se tornou suspeito de tramar a derrubada do pai. O filho morreu mais tarde devido às lesões que sofreu durante esse tratamento selvagem.

Não é exagero dizer que Pedro literalmente queria ver a Rússia como uma grande nação moderna. Seguiu o mesmo roteiro geral que os Tudors e os Bourbons para a construção do Estado internamente e a expansão imperial (incluindo naval) no exterior. De acordo com a visão renascentista original de Maquiavel sobre a supremacia principesca, ele também esmagou o poder da nobreza, promoveu a meritocracia, o comércio e centralizou o poder do Estado. Por meio de uma combinação de guerras que expandiram o poder russo no exterior e uma revolução cultural doméstica para erradicar o passado medieval, Pedro transformou a Rússia numa grande potência voltada, como a Europa, para o progresso científico e tecnológico.

Enquanto desde os Tudors, monarquias europeias antes feudais importavam o modelo cesaropapista do Oriente para modernizar seus países do alto, em conformidade com os valores da Renascença e da Reforma, Pedro fazia o oposto. Já tendo herdado uma autocracia oriental absoluta, aquela do czarismo, Pedro importou o projeto ocidental de modernização da Europa para impô-lo de cima para baixo, revitalizando um antigo povo oriental com novas ideias europeias. Ao contrário de Henrique VIII e Luís XIV, que tiveram de modernizar antigas nações europeias, Pedro teve primeiro de *criar* de cima um país europeu para modernizá-lo. Enquanto eles tiveram de conquistar por etapas seu caminho para o poder autocrático, Pedro nasceu como um autocrata cesaropapista. Como os imperadores bizantinos e os sultões otomanos, possuía tudo e todos. Embora recorresse de forma decidida a assessores técnicos da Europa para levar a cabo a reorganização do exército russo segundo parâmetros modernos, assim como a certos generais de destaque como James Bruce, não parecia ter uma grande *eminence grise* do nível de Thomas Cromwell, que em seu apogeu foi quase parceiro de Henrique no poder. Pedro fez todas as coisas importantes por seu próprio comando direto. Ordenar que o próprio filho fosse torturado até a morte foi sinal de um domínio absoluto que mesmo déspotas europeus, como Henrique ou Luís, tinham hesitado em impor sobre os de sangue nobre. Seus nobres, sem falar de seus herdeiros, estavam isentos desses horrores – na Inglaterra, mesmo traidores condenados, se fossem nobres, eram apenas decapitados em vez de sujeitos à agonia de serem enforcados, estripados e esquartejados, como eram as pessoas do povo. Mas Pedro possuía o corpo e alma de cada russo como literalmente a classe de senhores da antiga Roma tinha possuído seus escravos. Servo ou lorde, o czar podia ordenar que fossem espancados até a morte no ato, sob qualquer pretexto.

Na verdade, Pedro colonizava seu país de cima para fazê-lo aceitar o que ele via como a superioridade da cultura, ciência e avanços técnicos europeus – mas nunca, é claro, o autogoverno do tipo inglês. O contraste entre como encontrou a Rússia e como a deixou é simbolizado pelo contraste entre Moscou e São Petersburgo. Moscou, com seus coloridos domos de cebola, evocava a conexão entre Rússia e Bizâncio, incluindo o rito ortodoxo, que remonta à conversão de Vladimir, o Grande, príncipe de Novgorod, em 987. Petersburgo, ao contrário, era uma magnífica capital barroca inspirada por Roma e Paris, como se tivesse sido aerotransportada e depositada plenamente construída perto do Círculo Ártico por um ato titânico de vontade despótica (milhares pereceram para erguê-la). Sua construção foi o mais espetacular esforço de usar a arquitetura para codificar valores imperiais desde o Império Romano.

Quando Pedro chegou ao trono, a nobreza da Rússia, os boiardos, identificavam sua cultura com Bizâncio e com distantes origens mongólicas – usavam túnicas compridas, chapéus macios que lembravam turbantes e barbas longas. Na época em que Pedro cortou relações com eles, esse tradicional estilo moscovita fora transformado à força, literalmente da noite para o dia, nas sobrecasacas, calças justas e perucas com pó de arroz de Versalhes. Pedro supervisionou pessoalmente a tosquia das barbas dos boiardos. O cabo de guerra cultural entre a visão europeísta de Pedro para a Rússia, sintetizada por Petersburgo, e as antigas raízes orientais ou eurasiáticas sintetizadas por Moscou, tem sido uma força propulsora na história russa até os dias de hoje – Turguêniev *versus* Dostoiévski, Sakharov *versus* Soljenítsin, Gorbachev *versus* Putin, o Iluminismo *versus* o nacionalismo tribal eslavófilo. Como veremos na Parte Três, esse conflito cultural moldou de forma decisiva o comprometimento da Rússia com sua última colonização europeia vinda de cima, o marxismo-leninismo.

Embora oficialmente um autocrata quando ascendeu ao trono aos 10 anos de idade, na prática, é claro, levou tempo para Pedro se apoderar das rédeas do poder sem travas ao qual tinha direito. Como as cortes bizantinas e otomanas, os sombrios recessos do Kremlin rodopiavam de intriga. Os Streltsy, a aristocracia militar feudal da Rússia, ajudaram Pedro em sua luta para conquistar seus poderes de uma irmã e uma mãe que governaram como regentes quando ele era jovem. Mais tarde, no entanto, quando perceberam a ameaça que a monarquia absoluta representava para seu *status* tradicional (a mesma ameaça representada pelos Tudors e Luís XIV para a nobreza feudal), os Streltsy conspiraram contra ele. Voltando às pressas de uma de suas excursões europeias para esmagar a rebelião, fez torturar e executar mais de 1.200 rebeldes. Depois disso, os nobres russos voltaram pacificamente a suas sobrecasacas. Todas as rebeliões parecidas que ocorreram durante seu reinado foram esmagadas com idêntico rigor e violência.

Como Luís, Pedro reorganizou o exército segundo parâmetros profissionais, despojando os Streltsy do direito hereditário a serem comandantes, além de marginalizá-los da mesma maneira como os Tudors e os Bourbons tinham feito com suas próprias ordens nobres. Ele construiu rapidamente uma marinha moderna e sonhava em ver a Rússia se transformar num grande poder marítimo. Sua política externa, como a de seus sucessores, incluindo Catarina, a Grande, foi guiada pela busca de portos marítimos no norte e no sul, o que o lançou num longo e duplo conflito com a Suécia e o Império Otomano. A captura do porto otomano de Azov, no Mar Negro, em 1696, marcou uma primeira vitória para sua nova marinha. Ele visitou a Europa no ano seguinte, tentando convocar uma aliança antiotomana. Não teve êxito – a França e a Áustria não queriam um novo confronto com os otomanos enquanto estivessem voltadas para a guerra sobre a Sucessão Espanhola, de que falamos mais cedo com relação a Luís.

Pedro declarou guerra a Suécia numa tentativa de ganhar controle do Mar Báltico, conseguindo a ajuda dos poloneses e lituanos. Após altos e baixos, incluindo uma derrota naval em Narva, em 1700, a Rússia derrotou decisivamente o exército sueco na Batalha de Poltava, nove anos depois. Aumentando a pressão, Pedro cuidou imediatamente de retomar a guerra com os otomanos, que terminou em desastre quando ele foi forçado a devolver seus portos no Mar Negro e os otomanos adquiriram um pedaço da Letônia de hoje. Mas Pedro compensou esses reveses se apoderando de grandes pedaços da antiga esfera de influência sueca, incluindo Estônia e Finlândia. Tanto nos assuntos estrangeiros quanto nos domésticos, Pedro definiu o curso para o desenvolvimento da Rússia. Catarina, a Grande, deu continuidade aos esforços duplos, de europeização e expansão imperial, de Pedro. Manteve uma longa correspondência com Voltaire, o famoso intelectual francês – cético, politicamente liberal, crítico do privilégio aristocrático, de espírito sociável e versátil homem de letras – que ela encarava como seu mentor e trouxe agricultores alemães para se instalarem nas margens do rio Volga, considerando-os trabalhadores mais esforçados e mais inteligentes que os russos. Ela também destruiu a frota otomana e dividiu a Polônia com a Áustria e a Prússia.

O enorme Império Russo multinacional, fundado por Pedro, preencheu o incômodo vácuo onde o cristianismo ocidental e o Ocidente moderno encontravam a zona instável do cristianismo ortodoxo e um declinante Oriente otomano, um vácuo amortecido na Europa central e oriental pela fragmentária miscelânea do Império Austro-Húngaro. Após a queda do Império Otomano em 1917, o resultante cabo de guerra entre a Rússia e os austro-húngaros pelo controle do vácuo deixado nos Bálcãs ajudou a desencadear a Primeira Guerra Mundial e acabou sendo brutalmente resolvido por Stalin, que devorou quase todo ele após a Segunda Guerra Mundial. A anexação da Crimeia e a ameaça à Ucrânia de Vladimir Putin mostram que, a despeito do subsequente colapso do Império Soviético na Europa central em 1989, o domínio da região por um autocrata de nossos dias pode estar novamente pronto para ocorrer, o que está de acordo com a geopolítica russa desde Pedro e Catarina (mas não desculpa sua completa ilegalidade).

Nos últimos anos de seu reinado, Pedro continuou a concentrar metodicamente o poder em suas mãos. Enquanto estava distante em campanhas militares, em vez de seguir a tradição e deixar a Duma, a velha assembleia dos boiardos (de quem ele ainda desconfiava), governar em seu lugar, ele a aboliu e criou um "senado" de 10 membros que lhe eram inteiramente fiéis. Também diluiu o poder do patriarca de Moscou, chefe tradicional da igreja ortodoxa, deixando o cargo caducar e substituindo-o por um conselho de 10 clérigos, também legalistas vinculados a Pedro. Novas regras impediram homens de se tornarem monges – Pedro sentiu que um número excessivo de russos estavam sendo desperdiçados como clérigos, em vez de ingressarem em seu novo exército profissional. Em 1721, ele foi oficialmente proclamado "Imperador de Toda a Rússia" – superando o título mais antigo de "czar", derivado de "César" – numa tentativa de colocar-se no mesmo nível de importância que o Sacro Imperador Romano. Tinha rejeitado o título alternativo de "Imperador do Oriente", com suas implicações de um Bizâncio restaurado e a implícita exclusão da Rússia do Ocidente europeu. Como Henrique VIII e Luís XIV, Pedro queria, como déspota modernizante, ser conhecido como fundador de uma nova nacionalidade, não um antiquado feudal ou um dinasta cristão. Uma das ironias do tirano como construtor do Estado é que a origem da moderna identidade nacional como algo territorial e, com frequência, etnicamente homogêneo começa muitas vezes com o despotismo esclarecido, não com o domínio poliglota de feudos extremamente dispersos, baseado em laços seculares de sangue real e casamentos que podiam, por mais bizarro que isso hoje nos pareça, fazer a Holanda pertencer à Espanha ou a Sicília a uma família de cavaleiros normandos.

Um ano mais tarde, sistematizando seus esforços para substituir a influente nobreza boiarda hereditária por uma nova aristocracia de ofício, baseada no mérito, Pedro criou o "Quadro das Categorias". Como os Tudors e Luís XIV, estava decidido a conseguir que o *status* não fosse mais determinado unicamente pelo nascimento, mas pelo talento demonstrado no serviço ao Imperador. Essa hierarquia de funcionários existiu, de fato, até a Revolução Russa de 1917, que foi liderada por um homem cujo pai tinha sido enobrecido por suas aptidões como burocrata czarista. Como Henrique, que havia autorizado nobres ingleses a se tornarem "cavalheiros" frequentando a universidade e consistente com a visão otomana dos janissários, uma elite de soldados-administradores, Pedro decretou educação compulsória, sobretudo em matemática e geometria, para filhos de nobres e de funcionários imperiais. Não viveu para ver a conclusão de seu palácio perto de São Petersburgo, um extenso complexo de jardins, fontes, dourados e espólios que ficou conhecido como o Versalhes russo.

Desde o início da Parte Dois, temos visto como a Renascença, em parceria com o novo espírito de independência difundido pela Reforma e sintetizado na receita de Maquiavel para a liberdade republicana *ou* a melhoria da sorte do povo comum por meio do despotismo racional, buscava inspiração na grandeza da Antiguidade greco--romana – seu espírito cívico, seus tesouros filosóficos, literários e artísticos, e seu heroísmo – para construir um mundo futuro melhor, mais feliz.

Luís XVI e Pedro, o Grande, adornaram seus novos reinos nacionais com os esplendores da arquitetura, arte e escultura neoclássicas. Nosso último Grande, Frederico, construiu o primeiro dos magníficos museus de Berlim, uma coleção de antiguidades alojadas num pavilhão de severas colunas dóricas, sugerindo que a Prússia era a herdeira da antiga virilidade espartana. Frederico também construiu um belo desvario de "ruínas" pseudorromanas com uma colunata circular, como as de Bernini. Elas podem ser vistas, no final de um parque comprido, do terraço de seu esplêndido palácio barroco, o *Sans Souci*. Realmente não parecem algo que se possa ver de relance, a certa distância, de uma viela cheia de árvores frondosas em Roma ou na Campanha – como traços sugestivos dos vestígios de um anfiteatro antigo e as colunas de um templo emoldurado por álamos. Frederico, no entanto, estava tão ocupado conquistando países para seu novo Império Prussiano – incluindo a Silésia e uma grande faixa da Polônia – que nunca foi capaz de partir para o Grande *Tour*. Ele próprio nunca viu suas ruínas, tendo de confiar em gravuras de Piranesi e outros para concebê-las. A loucura arquitetônica no Sans Souci foi um ato de nostalgia do instante, a "recordação" de algo sobre o qual jamais havia deitado os olhos. Existe algo de comovente no quanto ele amava a herança clássica, cujos vestígios lhe foram vedados. Mas naturalmente lhe foram vedados porque ele fizera guerra em metade da Europa! É difícil ser um turista quando você está sempre à frente de um exército de invasão.

Como os outros déspotas esclarecidos, Frederico combinava um apetite pela conquista imperial com uma profunda admiração pelos novos ideais de tolerância, mente aberta, fermentação intelectual e educação liberal da era moderna – desde que fosse ele o mestre inquestionável. Seus palácios estavam apinhados de tesouros da arte antiga e renascentista. Ele hospedou Voltaire perto de Sans Souci durante três anos, só pelo prazer elegantemente reembolsado de sua conversa irreverente, brilhante, que se destacava em suntuosos jantares organizados por Frederico para quaisquer luminares intelectuais locais ou visitantes que pudesse encontrar (finalmente ele e Voltaire brigaram devido à aversão de Voltaire pelo militarismo). A grande biblioteca de Frederico continha todos os clássicos gregos e romanos, que ele lia nas línguas originais, muita literatura e filosofia francesas, mas nem um só volume em alemão. A cultura francesa do Iluminismo, com sua ênfase na clareza, proporção, sutileza, elegância, modos polidos e distanciamento emocional, ainda era considerada o que havia de melhor. O romantismo alemão e a tempestade e tensão da emoção apaixonada, tanto pessoal quanto política, que ele inaugurava estavam apenas começando a nascer.

Músico talentoso, Frederico compôs cem sonatas para flauta. Ele construiu a reputação da Academia Prussiana, transformando-a num lar para intelectuais de destaque, incluindo Immanuel Kant e Jean le Rond D'Alembert. Com a ajuda de Voltaire, escreveu um tratado chamado *O Anti-Maquiavel*, uma defesa da virtude moral elevada como o melhor guia de governo em contraste com as recomendações inescrupulosas do florentino para a busca de poder em *O Príncipe*, muito popular como um guia para o despotismo benevolente no século XVIII. Mas como Voltaire divertidamente comentou sobre o ensaio de Frederico, a primeira coisa que alguém que realmente compreendeu Maquiavel faria seria escrever uma crítica generosa de si mesmo, disfarçando sua implacável busca de poder sob o manto do idealismo. Em outras palavras, Voltaire não se deixou enganar por Frederico, embora seja possível que Frederico realmente acreditasse que estava agindo por um desejo de fazer o bem para seu povo, como um príncipe virtuoso. Como temos visto desde o início deste livro, muitos tiranos reformadores se veem dessa maneira.

Frederico estava infeliz em seu casamento arranjado com Elizabeth de Brunswick – os dois viviam separados e Frederico pode ter sido homossexual. Ele aspirava a governar como um rei-filósofo, tomando Marco Aurélio como modelo. É correto dizer que combinava em alto grau o espírito tanto de Esparta quanto de Atenas – era tanto um guerreiro quanto um promotor do Iluminismo. Era destemido em batalha, comandando pessoalmente suas tropas e teve seis cavalos abatidos debaixo dele. Era também encarado como um gênio militar por sua reorganização do exército prussiano e os estudos que escreveu sobre estratégia e tática. Como os outros déspotas esclarecidos, promoveu o comércio interno (por meio de altas tarifas) e um serviço civil baseado antes na meritocracia que em nascimento nobre (cidadãos comuns podiam agora se tornar juízes e administradores de categoria superior). Os estoques de grãos do governo protegiam o povo comum em tempos de fome. Ele promoveu a tolerância religiosa por todo o reino, mas o protestantismo, com sua ênfase no autocontrole e trabalho árduo, tornou-se a fé preferida.

O lado sombrio e agressivo da benevolência de Frederico se manifestou na abominação dos poloneses, que ele encarava como atrasados e bárbaros (referia-se a eles como "todas essas pessoas com sobrenomes acabando em *ski*" e "repugnantes primatas") e estava determinado a civilizá-los por meio da conquista. A pilhagem da Polônia foi extensa, juntamente com a dissolução de sua nobreza. Por outro lado, drenando pântanos para criar novas terras de lavoura, construindo novos canais, introduzindo novas colheitas e fundando mil novas aldeias agrícolas (dizia, talvez num eco inconsciente de Maquiavel, que essas transformações estavam "dominando" a natureza), ele realmente favorecia a prosperidade econômica dos territórios que conquistava através de uma espécie de "germanização". Quando ascendeu ao trono, a Prússia era uma área estagnada; quando morreu, era uma das grandes potências da Europa. Sob esses aspectos, Frederico incorporava muitos traços do tirano reformador que temos visto desde o início do livro: capaz de grandes feitos, esclarecido e magnânimo, mas também implacável em sua ambição e convicção de que as pessoas devem ser forçadas a ter vidas melhores sob sua inquestionada autoridade.

Vamos abrir por um momento um intervalo do relato histórico e fazer algumas comparações entre tiranos reformadores antigos e modernos, porque *há* diferenças. Os tiranos reformadores modernos compartilham com seus antigos predecessores a mesma poderosa mistura de atributos – ambição ilimitada, paixão pela glória, gênio militar, generosidade para com os súditos combinada com violência letal para quem se atravessa em seu caminho, amor pelo saber e as belas-artes – que vimos em seus mais impressionantes colegas antigos, incluindo Alexandre, o Grande, e Júlio César. Os "déspotas benevolentes" modernos que examinamos também compartilharam com muitos daqueles antigos governantes uma grande vontade de embelezar suas cidades, codificar as leis e se cercarem de um imponente cerimonial cortesão.

Podemos pôr o que é *diferente* em foco dando uma olhada no Império Romano, a culminância, como vimos na Parte Um, da fusão entre o ideal heroico grego de masculinidade, celebrado pela primeira vez por Homero, e o despotismo racional universal, desenvolvido pelos reis-deuses do Oriente. Embora os cidadãos romanos possuíssem direitos iguais perante a lei, jamais entrou na cabeça de qualquer imperador romano trabalhar pela igualdade de oportunidades, muito menos igualdade de condições, para a grande massa da humanidade que labuta. Isso não só teria estado além da capacidade econômica de Roma, mas também teria violado a própria ordem da natureza que o império afirmava incorporar como seu aristocrático credo de legitimidade. Pois toda a filosofia moral, que remontava a Platão, sustentara enfaticamente que a existência de seres humanos superiores e inferiores era coisa natural; que pessoas destinadas a labutar para viver jamais possuiriam as horas vagas das classes proprietárias para cultivar suas virtudes e que sua possibilidade de progredir na vida, encorajada por alguns, só poderia existir em detrimento dos naturalmente superiores e da grande riqueza que eles precisavam para viver como cavalheiros. Além disso, embora Roma construísse estradas e frotas para dar suporte ao comércio dentro de seus domínios, sua tecnologia desenvolveu-se muito pouco durante centenas de anos. A noção de que o conhecimento científico poderia ser útil a um empreendimento público – militar, econômico ou social – também era desconhecida, já que o objetivo da filosofia natural era contemplar a bela ordem do cosmos, a "música das esferas" de Platão, uma atividade também reservada aos ricos instruídos.

Por mais que o glorioso precedente de Roma inspirasse déspotas construtores do Estado moderno, o projeto deles se diferenciava em praticamente todos os pontos daquele do Império Romano. Era guiado pelo valor supremo do indivíduo, enraizado na Renascença, na Reforma e também na noção de que cada indivíduo, pela simples virtude de sua condição humana, devia ter a oportunidade de prosperar na vida baseado em seus méritos. Embora acumulassem o máximo possível de poder em suas mãos e não se abrissem para a oposição, com frequência reprimindo brutalmente as vozes de discordância e as demandas pela partilha de poder, os déspotas construtores do Estado moderno acreditavam estar trabalhando em nome do triunfo *final* dos direitos individuais, do desenvolvimento pessoal e da melhoria econômica de todos.

Além disso, um relacionamento entre poder do Estado e conhecimento científico e tecnológico completamente diferente de qualquer coisa que pudéssemos encontrar no caso do Império Romano emergiu através da construção do Estado moderno. Desde Francis Bacon, a ciência moderna não se via mais meramente contemplando a bela ordem da natureza, mas extraindo da natureza o poder técnico para melhorar a saúde e longevidade do homem comum e aliviar as massas de sua esmagadora labuta. Os déspotas benevolentes da Europa estimulavam cada vez mais o desenvolvimento da ciência e tecnologia e faziam melhorias técnicas na manufatura e nos ofícios como meio de melhorar a vida de seus súditos, reforçando assim seu próprio poder. A longo prazo, é claro, o desenvolvimento da moderna tecnologia mecânica, da ferrovia e da eletricidade também capacitou o Estado moderno a centralizar sua autoridade – para o bem ou para o mal – de um modo que o Império Romano nunca chegou nem mesmo remotamente perto.

Enquanto isso, voltando à Inglaterra ao nos dirigirmos para o século XVIII, a vida parece tranquila em comparação ao continente, com esses titãs de guerra e reforma modelando o mundo. Não havia necessidade de despotismo esclarecido após a Revolução Gloriosa. Agora, na Inglaterra, o rei não exatamente governava, mas reinava com o consentimento do Parlamento e dentro dos limites fixados por um judiciário independente, embora ainda tivesse alguma liberdade de movimento em assuntos militares. Os ingleses eram livres para se aplicar no trabalho e prosperar – como observou Montesquieu, o filósofo iluminista francês, uma parte do gênio político da Inglaterra era que os aristocratas estavam dispostos a sujar as mãos e fazer dinheiro, enquanto empresários bem-sucedidos eram chamados à aristocracia. A ambição se transferia cada vez mais da guerra e do duelo para a competição econômica. Podia agora faltar à vida inglesa o perigo, a grandeza, as ideias valentes e as personalidades de vulto da era Tudor, mas todos estavam cantarolando num conforto cada vez maior. Alguns, como o arquirreacionário Jonathan Swift, nostálgico do passado antigo e medieval, viam seus contemporâneos como pequenos abelhudos medíocres, só interessados em dinheiro. Em *Viagens de Gulliver*, ele parodiava a Inglaterra de Guilherme e Maria como *Lilliput*, um reinozinho bem tratado, empertigado e decente de anões, que comparava com os gigantes heroicos da Antiguidade clássica na república aristocrática de Brobdingnag, parecida com Esparta.

Mas não foi essa a visão dominante. Se alguns ainda consideravam que John Locke lembrava muito um radical nivelador, com sua insistência nos inalienáveis direitos naturais de todas as pessoas, incluindo o direito à revolução, à tolerância religiosa, à liberdade de expressão e o direito de as mulheres possuírem propriedades em conjunto com homens, Edmund Burke apareceu e embelezou a ascensão da burguesia lockeana como uma firme, progressista marcha para a frente, abandonando o passado feudal pelo presente moderno – ora, a Revolução Gloriosa não foi de fato uma revolução, mas uma *evolução* (praticamente não houve derramamento de sangue). Os condes e duques de hoje, no entanto, poderiam cada vez mais estar se tornando magnatas da construção naval ou da mineração, mas na visão de Burke ainda constituíam uma hierarquia feudal a que o povo comum devia consideração (e Burke, um forasteiro irlandês, ansioso por ser aceito por eles, arruinou-se na compra de uma casa de campo cara, onde teve esperanças de ser encarado como um membro da aristocracia). Afinal, os bretões não tinham insistido desde a Carta

Magna nos direitos de propriedade (não importa que isto realmente só envolvesse os nobres mais poderosos)?

Como mencionamos pela primeira vez na Introdução, isso foi o começo do que passou a ser conhecido como teoria Whig da história. Cobrindo a violência revolucionária e brutalidade dos Tudors e as guerras civis, juntamente com os terríveis conflitos de religião, via a história progredindo desde os tempos mais remotos, com firmeza e por estágios, até o presente. Edward Gibbon, por exemplo, autor de *Declínio e Queda do Império Romano*, acreditava que a Europa do Iluminismo estava finalmente igualando – e mesmo ultrapassando – os feitos do Império Romano em termos de paz, prosperidade e uma vida melhor para o homem comum. Gibbon estava bem consciente dos riscos de tirania, mas tendia a crer que o benevolente progresso da história para uma liberdade, prosperidade e tolerância cada vez maiores tornariam tal barbárie cada vez menos possível no futuro: "Não podemos determinar a que estatura a espécie humana pode aspirar em seu futuro avanço para a perfeição; mas pode ser presumido com segurança que nenhum povo... sofrerá uma recaída em sua barbárie original... Os benefícios do direito e da política, do comércio e das manufaturas, das artes e ciências são mais sólidos e permanentes". Se ele pudesse ter visto o que aconteceria no século XX!

Na "Nova Inglaterra", como as colônias americanas eram chamadas, os americanos foram desde o início puros individualistas lockeanos num continente despojado dos vestígios burkeanos de privilégio aristocrático. Como calvinistas e puritanos que não podiam tolerar sequer as brandas reivindicações da Igreja da Inglaterra de possuir uma hierarquia eclesiástica, misturavam um talento para a agricultura e o comércio com um forte senso de liberdade individual e liberdade de consciência. Capazes como em nenhum outro lugar da Terra de ascender com base em seus méritos e trabalho árduo, os americanos, na véspera da Revolução Americana, estavam em média consideravelmente melhor de vida que os ingleses. A queixa que desencadeou sua revolução – que o Parlamento em Westminster taxava-os sem o seu consentimento, pois eles não tinham representantes lá – saiu diretamente do capítulo nove do *Segundo Tratado sobre o Governo*, de John Locke: nenhuma taxação sem representação. Whig coerente, que acreditava na liberdade e no progresso (não um Tory como às vezes se imagina), Edmund Burke apoiou os primos americanos contra o partido imperial da guerra, empenhado em esmagar a rebelião colonial e reunido em torno de George III, revelando suas verdadeiras cores lockeanas sob uma celebração de *Ye Olde England*,* com o chapéu sempre tirado para a tradição e o

---

* Expressão supostamente antiga, em geral usada em sentido irônico para significar "a velha (e feliz) Inglaterra". (N.T.)

costume. Tudo que os americanos queriam, Burke argumentava, era que a Revolução Gloriosa chegasse até eles.

Poucos ingleses ou americanos sabiam, independentemente de que lado ficassem em 1776, que apenas alguns anos mais tarde um novo tipo de revolução faria a "tirania" de George III parecer uma ópera cômica do excesso de zelo. Ela daria lugar a uma era de agressão tirânica sem precedentes, de genocídio e totalitarismo, o estilo milenarista de tirania que ainda hoje está atormentando o mundo. Sempre tinha havido tiranos considerados reformadores. Agora veremos algo novo – tiranos que lideram movimentos de fanatismo coletivo e cujo método de reforma é o extermínio sistemático de centenas de milhares, depois milhões, de pessoas. Além disso, enquanto tanto os antigos quanto os modernos primitivos, como Maquiavel, tinham compreendido a tirania como basicamente uma forma de governo de um único homem, veremos agora populações inteiras animadas pela paixão de destruir outras raças ou povos para realizar o céu na Terra. O objetivo delas, começando com a Revolução Francesa, não é substituir um tipo de autoridade por outra, mas acabar para sempre com *toda* autoridade na Terra – "nem Deus nem amo!".

PARTE TRÊS

As Águias Cairão Mortas dos Céus: Tirania Milenarista de Robespierre à Al-Qaeda

Enquanto as execuções em massa durante o Terror Jacobino da Revolução Francesa espiralavam para seu pico sangrento entre 1792 e 1794, "Festivais da Virtude", cada vez mais elaborados, estavam sendo simultaneamente organizados. Esses desfiles eram uma curiosa tentativa de criar uma religião política secular com sugestões romanas e da Grécia Antiga, início dos espetáculos operísticos que associamos a subsequentes movimentos e regimes totalitários, das paradas do Primeiro de Maio dos bolcheviques e desfiles dos nazistas em Nuremberg à aglomeração de centenas de milhares de marionetes humanos na teatral "capital" norte-coreana de Pyongyang.

Os festivais da Revolução Francesa destacavam uma pureza e inocência que atuavam em contraponto bizarro às cenas diárias de inacreditáveis selvageria e sadismo que se desenrolavam paralelamente a eles e contavam com os mesmos atores. Alternando com esses idílios sentimentais e bucólicos havia intervalos de horror organizado sobre os quais ainda hoje não podemos ler sem espanto. Christopher Hibbert escreve sobre as execuções em Paris: "Quando as pilhas de cadáveres aumentavam, carroças puxadas por cavalos... eram chamadas para levá-los para as catacumbas de pedra de Montrouge. Mulheres ajudavam a carregá-los, parando de vez em quando para dançar a *Carmagnole*; depois, rindo, pisavam na carne escorregadia... algumas com orelhas presas nos vestidos". Ele cita o relato de uma testemunha ocular: "As carroças estavam cheias de homens e mulheres que tinham acabado de ser massacrados e cujos membros estavam ainda flexíveis, porque não tinham tido tempo de esfriar, de modo que pernas, braços e cabeças se mexiam e balançavam de um lado e do outro". Hibbert continua: "Testemunhas confiáveis relataram que foram vistos homens bebendo, comendo e fumando entre a carnificina, usando por mesas e cadeiras os corpos nus de suas vítimas, cujas roupas tinham sido removidas...". Um espetáculo público especial foi concebido para a princesa de Lamballe, a amiga mais íntima da rainha Maria Antonieta – ela "fora despida e estuprada; os seios tinham sido cortados; o resto do corpo mutilado" e exposto à execração pública. "Um homem foi mais tarde acusado de ter cortado seus genitais, que empalou com uma lança, e de ter arrancado seu coração, que comeu 'depois de assá-lo num fogão'."

Quase vítimas do Terror (pouquíssimos dos acusados escaparam) observaram com que rapidez os executores podiam passar de um clima assassino para um clima sentimental e vice-versa, sendo ao mesmo tempo matadores psicopatas e acólitos da nova religião de amor, uma distorção psicológica mais tarde denominada, em conexão com o fascismo, "brutalidade sentimental". Elas descreveram "homens que pareciam inteiramente preparados para assassiná-las a qualquer momento" e que "em seguida as estavam abraçando entusiasticamente... Um assassino, recusando a oferta de uma recompensa, chorou de emoção ao devolver um pai a seus filhos. 'A nação nos paga para matar', disse outro que também recusou uma recompensa, 'mas não para salvar vidas'".

Os que fizeram a Revolução Francesa há muito imaginavam a restauração das severas virtudes da República Romana. O líder do Terror, Maximilien Robespierre, tinha absorvido essa atmosfera de nostalgia pela antiga Roma quando ainda era estudante. Um dos primeiros líderes radicais da revolução, Jean-Paul Marat ("chegou o tempo", ele proclamara, "de estabelecer um temporário despotismo da liberdade para acabar com o despotismo dos reis"), havia recebido um funeral de herói com sugestões da religião civil esboçada por Jean-Jacques Rousseau em *O Contrato Social*, incluindo toques pseudorromanos, inflamando a ambição de Robespierre de desempenhar um papel importante. Hibbert escreve: "O caixão (de Marat) foi seguido por mocinhas em vestidos brancos que jogavam flores sobre ele, por rapazes carregando ramos de cipreste... Suas cinzas ganharam mais tarde um lugar de honra no Panteão... Poemas e hinos foram compostos em sua homenagem... Não menos de 37 cidades... receberam seu nome". Já podemos olhar à frente para o modo como a União Soviética representava seus executores mais importantes como possuidores da condição heroica, realmente imponente, exigida para a reconstrução de sociedades inteiras através do genocídio, rebatizando cidades com os nomes de Lenin, Stalin, Sverdlov (o assassino do czar Nicolau II e sua família) e Kirov, chefe do partido em Leningrado e matador de milhares de "burgueses" durante a guerra civil (grotescamente, o Balé Imperial foi rebatizado com o nome desse bandido e bêbado, sendo ainda hoje amplamente conhecido como Balé Kirov, mais ou menos como se houvesse uma Filarmônica Goering ou uma Escola Heydrich de Belas-Artes na Alemanha de hoje).

Outro importante jacobino, Joseph Fouche, um frágil ex-professor de escola primária que implementou o Terror em Lyon, tornou-se um protótipo do revolucionário assassino de massas e, como chefe da polícia secreta (cargo que manteve sob o governo de Napoleão), foi um ancestral político de Béria e Himmler. Ele se deliciava particularmente em devastar igrejas e usá-las para encenar seus próprios festivais de virtude. Muitos líderes da revolução seguiram o que viram como apelo de Rousseau para uma nova mitologia, uma nova religião civil, para substituir tanto as superstições do cristianismo tradicional quanto o árido racionalismo do Iluminismo. No auge de seu poder, Robespierre montou um espetáculo particularmente extravagante. Os deputados da Assembleia Nacional eram "cercados por grupos de meninos com grinaldas de violetas nas cabeças, por rapazes com coroas de murta, por homens mais velhos usando folhas de carvalho, hera e oliveira... Uma orquestra começava a tocar; os vários grupos começavam a cantar; os rapazes sacavam espadas e juravam aos mais velhos defender a pátria...".

Essas cenas fortemente contrastantes – donzelas de branco carregando feixes de trigo alternando com turbas urrando diante de uma guilhotina encharcada de sangue – ilustram a patologia do jacobinismo e de todas as revoluções milenaristas subsequentes. As pessoas devem ser subjugadas e esmagadas, todas as suas tradições e vínculos habituais destruídos, para serem reconstruídos num coletivo mais puro, mais harmonioso. Selvageria e sadismo correm em contraponto a explosões de emoção e afeto, já que os defeitos das pessoas são purgados pelo terror para permitir que sua subjacente bondade natural venha à tona. O retorno ao "Ano Um", como proclamavam os jacobinos, a ostentação da produção rural e da simplicidade camponesa, de uma austeridade romana, guiavam a crença de que as pessoas podiam ser despidas de seu materialismo egoísta, de seus defeitos e devolvidas pela força à desaparecida Era Dourada do que Rousseau havia chamado "condição natural" do homem.

Muitos traços específicos do genocídio revolucionário mais tardio já estão em evidência no Terror Jacobino. Quando o campo de ação do terror se intensifica, o mesmo ocorre com seu sadismo. Como nas revoluções milenaristas mais tardias dos bolcheviques, maoístas e partidários do Khmer Vermelho, sádicos camuflados, que normalmente teriam de ocultar seus impulsos ou confiná-los ao crime privado, são convidados a assumir um papel de importância na política, com seu séquito de honrarias e *status* elevado. A violência política em grande escala é cultuada quase como uma força religiosa, mística (um deputado da assembleia nacional exultava com o que chamou a "Missa Vermelha" praticada diariamente "no grande altar da sagrada guilhotina"). Fouche, julgando a guilhotina lenta demais para o número requerido de mortes "contrarrevolucionárias", experimentou abrir fogo de canhão contra uma multidão de detidos, matando trezentos de uma vez, deixando "pilhas de vítimas mutiladas, gritando, semimortas, que tinham de ser liquidadas com sabres e tiros de mosquete por soldados fisicamente nauseados com a tarefa". Fouche exultava: "Terror, salutar terror, é agora a ordem do dia... Estamos fazendo correr muito sangue impuro, mas é nosso dever fazê-lo, é pelo bem da humanidade". Assim como os bolcheviques defenderiam mais tarde falando de inimigos de classe como os kulaks, e os nazistas da raça judia, os jacobinos acreditavam que a violência contra os inimigos da Revolução era justificada pelo fato de que aquela singular sangria em massa introduziria, para todo o sempre, uma nova era de felicidade para o restante da humanidade. O Terror Jacobino também estabeleceu a marca registrada de futuras revoluções milenaristas com a crença de que ser suspeito de ou denunciado por deslealdade equivalia quase sempre a uma prova de culpa.

À medida que o Terror ultrapassava Paris e se espalhava pelo campo, onde novas execuções em massa foram organizadas em áreas como a Vendeia, que ainda era leal à Igreja e ao *ancien régime*, tornava-se cada vez mais evidente que a maioria das vítimas não eram absolutamente aristocratas, mas camponeses e trabalhadores comuns. Pois no fim das contas, revolucionários milenaristas não estão preocupados em servir o verdadeiro povo à sua volta, nem mesmo os oprimidos que afirmam defender. Eles cultuam o ideal de um coletivo puramente virtuoso em cujo benefício os infinitos defeitos e a perfídia das massas reais devem ser impiedosamente extirpados. Como Lenin ia dizer mais tarde, o proletariado da Grã-Bretanha pode ter sido muito maior que o da Rússia, mas isso era apenas o proletariado "empírico" e, portanto, o fato de ele não ter apoiado uma revolução socialista era irrelevante. O que importava não era o apoio de trabalhadores reais ou mesmo sua presença em grande número, mas a "consciência proletária", genuinamente revolucionária, daqueles designados pela história (quase nenhum dos quais era de fato operário) para criar o novo mundo proletário de trabalho coletivizado. Este devia ser, como *A Educação Sentimental*, de Flaubert, descrevia os objetivos da Revolução de 1848, uma "Esparta Americana" em que os trabalhadores seriam acorrentados a seus tornos mecânicos e governados por advogados, professores e intelectuais de café. O mesmo raciocínio permitiu que Lenin e Stalin identificassem camponeses modestamente bem de vida – os kulaks – como inimigos trapaceiros da revolução, que mereciam de fato ser liquidados porque sua posse de uma vaca ou de algumas galinhas era um obstáculo no caminho de um mundo intocado pela corrupção da propriedade privada.

Sem a menor dúvida, no Terror de 1793 já estamos pisando no mundo do Gulag, de Auschwitz, da Revolução Cultural, dos Campos de Morte e do Estado Islâmico. Como essa loucura ocorreu no coração da Europa do Iluminismo?

A CONDIÇÃO NATURAL DO HOMEM: SONHO ASSASSINO DE ROUSSEAU

Se John Locke escreveu o roteiro da Revolução Gloriosa e da Revolução Americana, o roteiro da Revolução Francesa – certamente sua culminância no Terror Jacobino – foi escrito por Jean-Jacques Rousseau, como foi reconhecido na época por Edmund

Burke, mais tarde por Hilaire Belloc, o melhor (na minha opinião) biógrafo de Robespierre e, mais recentemente, na ótima história da Revolução Francesa, *Cidadãos*, de Simon Schama. Rousseau, intencionalmente ou não (um longo debate), foi o padrinho da Revolução Francesa e de todas as revoluções milenaristas subsequentes. As primeiras duas grandes revoluções modernas, a Revolução Gloriosa e a Revolução Americana, foram revoluções liberais pelos direitos do homem e a liberdade do indivíduo. Foram revoluções desencadeadas pela Era da Razão e o Iluminismo. Rousseau dá início ao grande protesto romântico contra o Iluminismo e apela para o retorno coletivo "do povo" à Era Dourada da bem-aventurança arcadiana sem propriedade, classe ou religião e a submersão do indivíduo na Vontade Geral.

Na época em que Rousseau começou a se tornar um escritor realmente conhecido, na década de 1750, a Europa tinha passado por uma notável transformação mais ou menos um século antes. A velha ordem feudal estava cedendo lugar aos monarcas absolutos que, como vimos na Parte Dois, promoviam a expansão do comércio e o avanço do conhecimento em benefício das massas. Locke, "o fundador do Iluminismo" segundo Peter Gay, que era muito admirado pelos *philosophes* franceses, entre eles Voltaire (para quem ele era "o homem da maior sabedoria... O que ele não viu claramente, eu perco a esperança até mesmo de vislumbrar"), tinha afirmado que o contrato social existe apenas para reforçar o interesse pessoal e a segurança do indivíduo. Se os representantes que elegemos protegem nossos interesses, especialmente nossos direitos de propriedade, o governo é legítimo e seu papel deve acabar aí. Os governos deviam estimular o desenvolvimento da empresa privada pacífica, mas fora isso deixar as pessoas viverem como quiserem, desde que não prejudiquem os outros. O Estado não deveria legislar sobre moralidade pública ou sobre qualquer doutrina religiosa particular (como outro dos admiradores de Locke, Thomas Jefferson escreveu: "Não afeta meu bolso nem quebra minha perna" se meu vizinho diz "há vinte deuses ou nenhum Deus"). A transformação demorou um longo tempo para se impor e o fez num ritmo irregular. Mas na época de Rousseau, apogeu do Iluminismo francês, o governo tinha visto seu próprio poder aumentado pela promoção dessas medidas, enquanto os *philosophes* organizavam ataques a todos os remanescentes da velha moralidade pública – contra a censura, a intolerância e o militarismo. Era o repúdio sistemático da velha civilização clássica cristã, a Grande Cadeia do Ser, uma crítica que começara com a Renascença e a Reforma, mas que agora assumia um tom muito mais radical. Esqueça-se de salvação eterna, santidade e glória marcial. Em vez disso, como Voltaire escreveu, "cultive seu jardim" – ganhe dinheiro, relaxe, divirta-se, guarde suas pistolas de duelo, viva e deixe viver.

Não surpreende, portanto, que Rousseau tenha se tornado uma celebridade da noite para o dia no mundo intelectual francês quando ganhou um concurso de ensaios defendendo que o Iluminismo *não* tinha melhorado a humanidade. Isto causou comoção. No espírito dos *philosophes*, todos os outros concorrentes afirmaram que, sim, naturalmente que tinha melhorado. "Não mais amizades sinceras", Rousseau lamentou ao descrever a França que ele afirmava que os *philosophes* queriam, "não mais uma verdadeira estima; não mais uma confiança de base sólida. Suspeitas, ofensas, medos, ousadia, reserva, ódio, traição se esconderão continuamente sob esse uniforme e falso véu de polidez, sob essa tão alardeada cortesia que devemos à iluminação de nosso século".

Rousseau achava que havia dois modos autênticos de os seres humanos viverem: "o homem natural" e "o cidadão". Na distante aurora da história, acreditava ele, antes de a civilização reprimir nossos impulsos naturais, cada homem vivia inteiramente por si mesmo, capaz de sobreviver se alimentando de nozes e frutas silvestres. Era bom simplesmente estar vivo – "o doce sentimento da existência". Ninguém pensava em explorar os outros; todos eram iguais. Não havia propriedade privada, nem hierarquia social, nem religião, nem governo. O cidadão, ao contrário, era inteiramente *antinatural*. Tinha de fazer sua individualidade submergir totalmente num serviço severo, abnegado ao bem comum, como nas antigas e virtuosas repúblicas de Esparta e da primitiva Roma. Mas embora completamente antinatural, a vida do cidadão era enobrecida. O homem moderno, do Iluminismo, era um cruzamento abastardado entre esses dois genuínos extremos: como Homem Natural, ele era egoísta mas, ao contrário do Homem Natural, cuja necessidade simples de autopreservação podia ser atendida pela natureza, o homem moderno só podia sobreviver explorando outros para alimentar suas infladas paixões por riqueza e *status*, o que significava que ele também não podia ser um bom cidadão. Foi essa odiada e nova espécie que Rousseau rotulou como "o burguês", pegando uma palavra que até então havia simplesmente significado uma pessoa de uma cidade (como o alemão *Burger*) e transformando-a no símbolo de tudo que havia de mais corrupto, degradado e espiritualmente vazio na era moderna, e que foi adotado com entusiasmo por Marx e inúmeros incendiários radicais.

"A propriedade é um roubo", tinha clamado Rousseau no *Discurso sobre a Origem da Desigualdade*. Em *O Contrato Social* (cuja abertura proclama que "o homem nasce livre e por toda parte o encontramos acorrentado"), ele afirma que "o homem deve ser forçado a ser livre" – todos devem ser impedidos de agir movidos por seus impulsos burgueses de dominar e explorar os outros para serem protegidos de serem tratados assim *pelos* outros. Constituído para regular esses impulsos egoístas para nosso próprio bem coletivo, um governo encarnando a Vontade Geral "nunca pode cometer erros" – uma fórmula que estudiosos mais tardios, como J. L. Talmond, viram como predecessora da "democracia totalitária" da União Soviética e do

Terceiro Reich, bem como do princípio de que o Partido (significando seu líder ditatorial) nunca pode estar errado. É perfeitamente possível, como sustentam os defensores de Rousseau, que *O Contrato Social* fosse no fundo uma receita moderada de reforma, não fazendo mais que adicionar a uma defesa lockeana padrão da propriedade privada um traço de compaixão pelos desfavorecidos para abrir espaços a medidas de bem-estar social, revestindo-as de um vago apelo por um espírito mais cívico e de uma excêntrica religião civil pagã. Nesta visão, o que é provavelmente correto, Rousseau era (em linguagem de hoje) antes um social-democrata que um revolucionário. Infelizmente, a extravagância da retórica de Rousseau tornava fácil para leitores menos cuidadosos, como Robespierre, ignorar o núcleo moderado e se deixarem levar pelas formulações mais apaixonantes. Ao levar a cabo o Terror, ele se considerava o mais fiel discípulo de "Jean-Jacques".

Despidos de suas nuances e qualificações, reduzidos ao mais memorável estilo inflamado de sua prosa, os escritos de Rousseau pareciam estar reclamando uma sociedade coletivista que usaria a força para tornar os homens virtuosos. Em *O Contrato Social*, ele também escreveu num tom agourento sobre "o Legislador", o homem que funda essa sociedade justa, que precisava estar equipado com poderes divinos para recriar a natureza humana: "Aquele que se atreve a criar as instituições de um povo devia se sentir capaz, por assim dizer, de mudar a natureza humana, de transformar cada indivíduo [...] em parte de um todo maior do qual ele de certa maneira recebe sua vida e seu ser". Esse mandato divino para submergir o individual no coletivo ultrapassa em muito o apelo de Maquiavel para o "príncipe exemplar" fazer valer sua vontade sobre a natureza, porque mesmo déspotas construtores de Estado como Henrique VIII e Frederico, o Grande, ao seguir a cartilha de Maquiavel, estavam em última análise assentando as fundações de sociedades em que o indivíduo seria livre para buscar seu interesse econômico e prosperidade, juntamente com os outros direitos do homem. Rousseau, ao contrário, queria que os homens fossem perfeitos, o que significava que o governo não podia simplesmente facilitar o interesse do indivíduo, mas devia, ao contrário, curá-lo dele.

Rousseau queria reavivar o espírito das antigas repúblicas como Esparta e Roma. Mas era uma visão das antigas repúblicas muito diferente daquela que fora adotada pela Renascença e o Iluminismo. Enquanto os romanos, como descrito pelos primeiros pensadores modernos como Maquiavel e Montesquieu, eram racionalistas friamente calculistas voltados para o poder e a prosperidade, a visão nostálgica de Rousseau os torna fervorosamente heroicos, totalmente coletivistas e febrilmente patriotas. Enquanto Maquiavel concebia uma nova Roma ascendendo de República a Império – uma visão inspirada no expansionismo comercial inglês e americano – Rousseau quer que Roma permaneça sempre como um amontoado de choupanas e fogueiras às margens do Tibre, austera e autossuficiente. Sua visão da primitiva Roma é moldada pelo anseio por nosso retorno a uma inocência desaparecida. Sua crença de que os seres humanos foram um dia felizes no primitivo estado da natureza, mas se tornaram desafortunados pela corrupção material, soberba e competição por honrarias e riquezas, estabelece um padrão de legitimidade política que nenhum governo real poderia jamais satisfazer, sendo assim um catalisador para uma interminável agitação revolucionária.

Rousseau deflagra a chamada de um fundador que eliminará pela força os traços de egoísmo burguês adquiridos pelo homem e devolverá todos nós a um estado mítico de pureza e inocência coletivas, "a condição natural do homem". Encorajando o indivíduo a buscar abertamente o interesse próprio, Maquiavel e seus seguidores ingleses, como Harrington e Hobbes, estavam apenas suspendendo algumas restrições morais convencionais perto da superfície do que, de qualquer modo, a natureza humana realmente era. Rousseau, ao contrário, abre a porta ao uso da autoridade política para nos deixar a todos completamente altruístas, algo de que não há prova que as sociedades humanas, mesmo as mais primitivas, tenham de fato conseguido ser (mesmo na Idade do Ferro as tribos tinham propriedade privada, casas de diferentes tamanhos, trancas nas portas e se envolviam com artesanato e comércio). Ele estava se apegando ao sonho infundado de inocência coletiva no início dos tempos como guia para a ação política no presente.

É de admirar, então, que fanáticos como Robespierre tenham se sentido chamados a pôr essa receita em prática, da maneira mais literal e violenta, inflamados pela convicção de que a imposição da Vontade Geral pelo terror e a violência revolucionários contra uma natureza humana corrupta ocorreria para o próprio bem da humanidade, forçando-nos a retornar ao "doce sentimento da existência" que todos nós, um dia, desfrutamos no estado natural e que podemos de novo desfrutar assim que tenhamos sido libertados pela força das pesadas agonias psicológicas da propriedade privada, da competição por riqueza e *status* e das ilusões criadas pela religião ao fazer com que a tirania do privilégio pareça estar sancionada por Deus? Como observa Simon Schama, as contradições na filosofia de Rousseau são captadas no quadro de Jacques-Louis David, *O Juramento dos Horácios*. No lado direito, uma família se agrupa em terno afeto. No lado esquerdo, severos guerreiros romanos fazem um juramento de vingá-la. A Revolução Francesa explodiu no zelo dos jacobinos por usar o que viam como energia e força romanas para criar um mundo de amor para todas as vítimas do privilégio.

A convocação de Rousseau para a volta à Era Dourada fez a Revolução Francesa se transformar de outra revolução liberal e modernizante em algo inteiramente novo. Os jacobinos, liderados por Robespierre, tinham por objetivo realizar bem literalmente a visão de Rousseau através das primeiras campanhas de extermínio metodicamente planejadas baseadas em classe, lealdade regional e fé religiosa – o início do genocídio utópico. Os resultados são cenas sem precedentes da execução em massa de centenas de milhares de "contrarrevolucionários", inimigos de classe como o campesinato católico na Vendeia. Um novo tipo de líder, o técnico do assassinato, o idealista da morte, emerge.

ROBESPIERRE E A ÁLGEBRA DO ASSASSINATO EM MASSA

Quando começou a ser deflagrada em 1789, a Revolução Francesa foi comandada por homens como Mirabeau, Talleyrand e Lafayette, que queriam trazer para seu país os benefícios da Revolução Americana e de sua antecessora, a Revolução Gloriosa. Uma monarquia constitucional, governo representativo, o regime da lei, liberdade de expressão, culto, reunião e o direito de adquirir propriedades – em outras palavras, eram lockeanos. Lafayette, sem dúvida, era célebre por ter lutado do lado americano durante a Guerra de Independência, tornando-se uma espécie de filho postiço de George Washington. Esses homens também compartilhavam a preocupação dos fundadores americanos, manifestada especialmente por George Washington, de que nunca se deve deixar que a nobre ambição de servir a nosso país se transforme na ambição de exercer uma tirania sobre ele. Devemos sempre seguir o exemplo de Catão, não de César.

O caminho para a Revolução Francesa foi pavimentado pela monarquia reformista de Luís XVI. Isso é difícil de apreender se você, como eu, se acostumou às imagens dickensianas da Revolução sendo desencadeada pela arrogância e ambição dos Bourbons que passavam por cima de famintos moleques de rua com suas carruagens enquanto se embebedavam de champanhe e Maria Antonieta zombava: "Se não têm pão, que comam brioches!". Na verdade, Luís XVI foi um monarca de mentalidade reformadora que tinha apoiado a Revolução Americana e tentado governar a França de acordo com os princípios do Iluminismo. Graças a seus ministros Turgot e Necker, a odiada *taille* ou imposto sobre todos os domicílios camponeses foi reduzida, foram feitos esforços para abolir a servidão, o monopólio da aristocracia sobre o comércio de grãos foi quebrado e os comerciantes de classe média encorajados a crescer. Isso desagradou a boa parte da aristocracia, que encarou o rei como um traidor de classe a ponto de se manter em grande parte indiferente quando ele foi deposto do trono. Luís também convocou um parlamento, mas depois hesitou sobre quanto poder estava de fato disposto a lhes conceder. Quando eles, de qualquer modo, o reivindicaram, a revolução começou. Mas o rei se recusou a reprimi-la pela força armada e seu poder de fazê-lo logo se extinguiu. As reformas parciais de Luís abriram a comporta para forças mais radicais que estavam à espreita. Impacientes com a agenda moderada de Mirabeau e Lafayette, os verdadeiros incendiários como Marat, Danton e Robespierre tomaram a frente. Não queriam meros direitos. Queriam total igualdade, o controle e expropriação (até mesmo a abolição) da propriedade privada e o fim da monarquia.

Alexis de Tocqueville extraiu desses acontecimentos uma teoria que mais tarde passou a ser chamada "a revolução das expectativas crescentes". Em outras palavras, não foi porque a monarquia resistiu à reforma que a revolução ocorreu. Foi precisamente *porque* deu andamento à reforma, mas de modo irregular, hesitante e cauteloso, que despertou expectativas que ela não podia satisfazer e a fez ser levada de roldão. Isso é um padrão que vemos continuamente se repetir nas grandes revoluções dos séculos vindouros: um déspota reformador promove a agenda de uma reforma gradual e limitada para pôr em prática um governo constitucional sem comprometer a autoridade monárquica, mas é sobrepujado pelos verdadeiros radicais.

Como autoproclamado discípulo de Rousseau, Robespierre acreditava que a Revolução Francesa podia devolver "o povo" à bênção do estado natural original por meio da destruição revolucionária da civilização tanto moderna quanto pré-moderna, incluindo o extermínio sistemático de classes e forças sociais consideradas infectadas, de modo terminal, pelos vícios do interesse burguês, fé religiosa, lealdade regional e sentimentos realistas. O que começou como uma revolução no molde americano, com um equilíbrio constitucional de poderes derivados de Montesquieu e garantidores da liberdade individual – continuada pelos principais oponentes dos jacobinos, os *girondinos* – terminou com os jacobinos tentando trazer o céu para a Terra por meio do terror. O Terror Jacobino foi o protótipo de todos os movimentos totalitários futuros. Visava acelerar a marcha da modernização centralizando o poder do Estado. Mas enquanto os construtores do Estado moderno que examinamos na Parte Dois, incluindo os Tudors, Pedro, o Grande, e Frederico, o Grande, construíam tais Estados para promover a ênfase moderna no interesse individual, os jacobinos procuravam restaurar uma origem arcadiana tão distante e depurada de cobiça, egoísmo, hierarquia e futilidade que todas as tradições interpostas de patriotismo, religião, classe e casta tinham de ser eliminadas. Seu objetivo era destruir *tanto* as autoridades pré-modernas do Trono e Altar *quanto* o primeiro projeto moderno para os direitos do indivíduo.

Como aconteceria repetidamente com as Revoluções Russa, Nacional-Socialista, Maoísta e Iraniana, muitas pessoas – sobretudo jovens – saudaram a Revolução Francesa com um otimismo romântico. Mais tarde elas ficariam abaladas pelas revelações de imensa brutalidade e crueldade. O jovem Wordsworth estava morando em Paris quando a revolução irrompeu e mais tarde recordou em *Os Prelúdios* seu regozijo com "esquemas especulativos/que prometiam abstrair as esperanças do Homem/de seus sentimentos, para serem fixadas daí em diante/Para sempre num elemento mais puro...". O ataque maciço da Revolução a todos os "sentimentos", enraizados numa antiga tradição, em nome da racionalidade da completa igualdade humana, ele escreve, especialmente "adulava o jovem, que se satisfaz com extremos/ Inclusive com aquilo que torna o ego nu de nossa Razão/o objeto de seu fervor". A única forma sincera de viver, em outras palavras, era estar despido, "nu", de todos os laços habituais, lealdades herdadas e hábitos de reverência, reduzido a um puro (significando vazio) ego pronto para ser coletivizado com outros egos vazios. Era, Wordsworth tinha acreditado nessa época, um novo começo para toda a humanidade, o desejo "de que o homem/devia começar a sair de sua condição terrestre, como a da minhoca, e espalhar no exterior as asas da Liberdade/Senhor de si mesmo, num imperturbado deleite... Arrastando todos os preceitos, julgamentos, máximas, credos/ Como delinquentes para o tribunal".

Do outro lado do canal, na Inglaterra, Edmund Burke tinha encarado de modo muito diferente essa tentativa de "abstrair" ou arrancar o homem do contexto de toda a tradição recebida e aplicar puramente a razão para reconstruir a sociedade por meio da força revolucionária. Seus camaradas Whigs, como Charles James Fox, estavam perplexos com sua crítica feroz da Revolução Francesa após o apoio que ele dera à Revolução Americana em 1776. Mas ao contrário deles, Burke cedo previu que a Revolução Francesa não era apenas um novo episódio das Revoluções Gloriosa e Americana, mas algo sem precedentes e sinistro. Antes mesmo do pleno apogeu do Terror, cujo prenúncio foi a execução pública, pela guilhotina, da rainha fútil e inconsequente, mas politicamente inocente, ele previu que "todas as agradáveis ilusões que tornavam o poder suave e a obediência branda, o que harmonizava as diferentes nuances da vida [...] hão de ser dissolvidas por esse novo império triunfante de luz e razão". Ele antecipa a descrição feita por Wordsworth do objetivo da Revolução Francesa como a implacável exposição do "ego nu de nossa Razão" quando escreve: "Toda a decente roupagem da vida deve ser bruscamente rasgada. Nesse esquema das coisas, um rei é apenas um homem, uma rainha é apenas uma mulher, uma mulher é apenas um animal e não um animal da ordem mais elevada". O zelo dos revolucionários por impor modelos abstratos para alcançar a igualdade da noite para o dia, Burke argumentou, tinha sido nutrido durante décadas pelos *philosophes*, que ele misturava (talvez injustamente) com o homem que julgava ser o vilão que os liderava, Rousseau. Na opinião de Burke, isso levava a um fanatismo secular que não tolerava qualquer oposição (principalmente visões tradicionais baseadas em posição social, fé e mérito), a um gosto pela crítica feroz e a uma necessidade de purgar as pessoas de seus maus hábitos. Igualmente satisfeitos por ver seu modelo imposto pela massa ou por um tirano, "esses pais ateus têm uma intolerância toda especial e aprenderam a falar contra monges com o espírito de um monge... Ao odiar demasiadamente os maus hábitos, passaram a gostar muito pouco dos homens". A perfeita igualdade do estado da natureza de Rousseau estava completamente "desprovida de hábito, tradição, costume e variedade. Por isso, quando ela se torna o modelo para o Estado, as diferenças têm de ser podadas, como a eliminação de equações em álgebra". Rousseau e os esquemas utópicos de reforma dos *philosophes*, por mais que tivessem uma motivação idealista, tornavam a violência revolucionária e o assassinato em massa inevitável: "No final de todos os seus panoramas se encontra um patíbulo".

Robespierre nasceu para levar esta revolução a seu zênite de violência em nome da utopia abstrata dos *philosophes*, como Burke diagnosticou. Seu biógrafo mais perspicaz, Hillaire Belloc, demonstrou a centralidade de Rousseau para Robespierre e todo o projeto jacobino: "A filosofia geral e tendência do século (XVIII)", escreve ele, "foi reunida, organizada, carimbada pelo gênio de Rousseau... Ignorar isso é não entender o espírito mesmo da revolução". Ele continua: "Em sua sinceridade, seu anseio retrógrado por um passado Éden, sua inumana sensibilidade ao contato do mundo, (Rousseau) tinha todas as características dos homens que impulsionaram as origens das religiões e foi considerado... o agente de uma missão...". Rousseau, Belloc afirma, foi para a França do século XVIII o que a Bíblia do Rei James fora para a Inglaterra: "Homens que confessam espanto ante o encantamento que ele atirou sobre a nação são como estrangeiros que interpretam mal metade da nossa história porque não conseguem avaliar o poder que a (Versão do Rei James) da Bíblia exerceu sobre a raça inglesa". Num trecho que mostra por que a teoria política de Rousseau exigia uma espécie de geômetra da violência política que, como Burke havia colocado, "podaria" a desigualdade como se eliminasse equações em álgebra, Belloc escreve: "No mais curto de seus panfletos, *O Contrato Social*, ele fixou em pequenas cláusulas pétreas o credo político que os homens exigiam... O que é comum a todos os homens está totalmente além dos acidentes pelos quais eles diferem, como na ciência matemática" e esses "acidentes" (de nascimento, fé, *status*, talento) devem, portanto, ser aplainados.

Robespierre era o homem para realizar o aplainamento, a álgebra do assassinato em massa, tendo a guilhotina como sua régua de cálculo. Belloc escreve: "(Robespierre) não podia senão aceitar tudo isso... como uma verdade matemática, nem podia deixar de reverenciar seu expositor como o profeta e guia de uma mudança necessária. Admitia como evidentes os primeiros postulados de *O Contrato Social*, sabendo perfeitamente que todos ao seu redor faziam o mesmo. Deduzia a partir deles e ainda assim deduzia com um procedimento de fatal exatidão, com uma fatal ignorância das coisas e sem avaliação das chances cada vez maiores de erro". Quando suas tentativas de impor a razão pura sobre a realidade se deparavam com a resistência da realidade, e especialmente a resistência da natureza humana a desistir de suas conquistas e lealdades, isso só poderia ser resultado dos maus hábitos de seus oponentes: "Considerava as resistências que esses absurdos encontravam como rejeição consciente de uma lógica estrita, graças à corrupção das motivações particulares ou ao casuísmo de homens perversos. Em tal caminho, inteiramente mental e separado da realidade, seu ser estava absorvido". Enquanto os que tinham realizado as Revoluções Gloriosa e Americana se empenhavam para nunca confundir uma honrada ambição de servir à causa do autogoverno livre com um desejo de tiranizar, o próprio caráter do projeto jacobino de trazer o céu para a Terra da noite para o dia não só tolerava a tirania, mas requeria seus piores extremos. Belloc conclui sobre Robespierre: "Ele tem sido chamado de puritano; era parcialmente um inquisidor. Sua ideia de ser o servo e agente da pureza de direitos tornou-o", sob ambos os aspectos, "um tirano, justamente onde a tirania é mais monstruosa". Ou como o próprio Robespierre resumiu sua missão em nome da pureza de direitos: "Temos de sufocar os inimigos internos e externos da República ou perecer com eles... O terror nada mais é que justiça rápida, severa, inflexível; é, portanto, uma emanação da virtude".

AS CARACTERÍSTICAS DA TIRANIA MILENARISTA

Argumentei neste livro que, dos três tipos principais de tirania, a tirania milenarista é exclusiva da era moderna – não aparece até a Revolução Francesa e alcança um zênite no Terror Jacobino de 1793, padrão de todas as tiranias milenaristas futuras. Como a tirania milenarista se diferencia dos outros dois tipos? Vamos examiná-la em linhas gerais antes de nos voltarmos para os sucessores dos jacobinos – os bolcheviques, nazistas e outros movimentos totalitários dos séculos XX e XXI, chegando à Jihad Internacional.

A tirania milenarista é impulsionada por um objetivo utópico de que a sociedade deve ser transformada por completo, deixando de ser injusta, materialista e egoísta como no presente para ser intelectualmente pura, altruísta e comunitária no futuro. Essa transformação resulta numa diferença da noite para o dia – quase nada pode ser salvo do presente corrupto para realizar o novo mundo purificado em termos espirituais. Por isso ela é muitas vezes equiparada a uma versão secular do messianismo e do apocalipticismo, como a vinda bíblica do Julgamento Final antes do (ou, dependendo da teologia, após o) Reino de Deus de 1000 anos (daí o termo "milenarista", ecoado no "Reich de mil anos" dos nazistas) ou a vinda do Messias. A revolução milenarista é uma versão terrena dessa completa transformação da natureza e da natureza humana – não mais um objeto de fé a ser devotamente esperado para quando Deus, em seus caminhos misteriosos, decidir por fim concedê-lo, mas uma luta bastante literal para reconstruir de imediato o mundo em que vivemos, com assustadoras e monstruosas consequências.

Todos os movimentos revolucionários milenaristas têm um conjunto comum de objetivos genocidas. Todos imaginam o retorno "do povo" à simplicidade de suas origens, ao que os jacobinos chamavam "o Ano Um", a ser atingido por uma utopia coletivista, implacavelmente repressiva, de puro dever, submissão e autossacrifício, onde a liberdade individual é eliminada ao ser despojada de todas as fontes de "alienação" do coletivo, incluindo propriedade, liberdade de pensamento, fé religiosa e as satisfações da vida familiar e privada. Começando com os jacobinos, esse retorno às origens é desencadeado por uma intensa aversão à moderna era do Iluminismo, com sua alegada vulgaridade, egoísmo e materialismo. De modo paradoxal, retornar a um passado tão distante requer um salto para o futuro que destruirá todo um feixe de tradições comuns e herdadas, incluindo as de patriotismo e hábito religioso. Como disse um compositor do século XIX, Richard Wagner, sobre o anarquista Mikhail Bakhunin: "O aniquilamento de toda a civilização era o objetivo a que tinha dedicado sua vida... Era necessário, dizia ele, imaginar todo o mundo europeu... transformado numa pilha de escombros".

O segundo objetivo que todos esses movimentos revolucionários compartilham é a identificação de inimigos de classe ou raça como um obstáculo para o futuro nirvana, inimigos que são a própria síntese de todas as piores qualidades do mundo moderno. O inimigo se torna a encarnação de todo o mal humano, cuja destruição purificará o planeta. Para os jacobinos, era a burguesia e os aristocratas. Para Stalin, eram os "kulaks", os chamados camponeses ricos, enquanto para Hitler eram os judeus. Aniquilar esse inimigo é necessário para promover um mundo melhor e a violência necessária para fazê-lo fornece também uma catarse emocional para os revolucionários. Não é preciso dizer que a demonologia identificando essas classes ou pessoas como a fonte de todo o mal no mundo é uma completa ilusão requerida para sancionar o genocídio e dotar sua violência de uma justificativa moral supostamente absoluta.

Tiranias reformadoras ou monarquias universais do passado por certo visavam transformações sociais e políticas em grande escala, como vimos na Parte Um com Ciro, o Grande, Alexandre, o Grande, e Júlio César. Mas essas transformações estavam sempre limitadas a impor um padrão histórico e cultural antigo e já familiar a povos ainda não afortunados o bastante para participar dele – por exemplo, a difusão pelos romanos da cultura greco-romana de uma ponta à outra de seus domínios. As estruturas de autoridade de impérios mundiais como Roma eram desenvolvimentos e extensões dos padrões culturais originais da terra natal do conquistador – por exemplo, cada cidade romanizada tinha seu próprio Senado. Além disso, as transformações eram apenas uma versão mais plenamente desenvolvida da cultura aristocrática que já estava disseminada pelo mundo antigo. Proprietários de terras e chefes entre os povos conquistados precisavam apenas se adaptar à cultura do novo senhor, vestindo togas e aprendendo latim para conservar seu *status* privilegiado como espanhóis e sírios ricos, agora romanizados.

Em contrapartida, a tirania milenarista é profundamente igualitária em seus objetivos. Isso não é democrático – pois as pessoas não se autogovernavam e não se respeitavam direitos individuais – e sim uma igualdade de condição absoluta, instantânea, a ser imposta pela força revolucionária através do nivelamento de toda riqueza, talento e *status*, mantido por um Estado totalitário. É por essa razão que os Estados modernos construídos por figuras como Henrique VIII, Luís XIV e os "déspotas esclarecidos" da Europa – Estados que, por mais brutais que possam ter sido seus métodos, tentaram com o tempo promover a prosperidade econômica e algum grau de liberdade individual e tolerância religiosa para seus povos – tinham, segundo os jacobinos, de ser completamente destruídos, assim como a hierarquia feudal com caráter de classe que os havia precedido. Aos olhos da tirania milenarista, tanto o Estado moderno quanto a velha ordem feudal estão irremediavelmente maculados. Na verdade, o Estado moderno é pior, porque rouba das pessoas até mesmo a precária ilusão de harmonia social que elas tinham possuído como vassalas do feudalismo e a substitui por um franco, desnudo, grosseiro egoísmo individual e uma obsessão com o sucesso econômico. A nova ordem não deve ter posto ou hierarquia, quer política, econômica, cultural ou religiosa, significando, de novo, que tudo que é tradicional tem de ser destruído. Apelos ao populismo igualitário foram característicos, por exemplo, de Hitler. Ele deixou repetidamente claro que, no Terceiro Reich, posição hereditária, educação, *status* e riqueza não serviriam para nada. Hitler tinha realmente em mira a parte "socialista" no nacional-socialismo. Se naquele momento o poder do *Führer* era ilimitado, isso só acontecia para que ele pudesse realizar a "Bênção Nacional-Socialista Mundial" do amanhã.

Um paradoxo consistente da tirania milenarista é que o quadro tem de ser muito bem apagado de todas as autoridades e costumes tradicionais no futuro para recapturar uma suposta Idade Dourada do passado mais distante: o "retorno ao Ano Um" (jacobinos), "a comunidade de destino" (nazismo), o "Ano Zero" (Khmer Vermelho) ou a comunidade original do islã. A ação revolucionária remodela o presente para concretizar um futuro guiado por um passado *por trás* do passado, *por trás* de toda tradição recebida. Porque por mais que as tradições de um povo pareçam estar profundamente enraizadas e há muito estabelecidas – como nas histórias de muitos séculos da França, Alemanha e Rússia, com suas complexas camadas – também elas estão completamente infectadas pela corrupção e maus hábitos, tendo portanto de ser rejeitadas por inteiro, juntamente com influências iluministas mais recentes, para nos transportarmos de volta à bênção e pureza coletivas das origens míticas e primordiais. Por isso os jacobinos tentavam destruir não apenas os remanescentes do *ancien régime*, mas a imatura sociedade moderna de individualismo lockeano que estava começando a substituí-lo. É preciso um Messias revolucionário para nos levar lá – Robespierre, Lenin, Stalin, Hitler, Mao, Pol Pot, Khomeini, Abu Bakr al--Baghdadi; para conduzir um mundo corrupto e decaído, se preciso for contra a sua vontade, para esse radiante novo dia. Seu poder absolutamente tirânico no presente é justificado como necessário para dar fim para sempre à toda tirania e desigualdade.

É verdade que esses movimentos supostamente igualitários têm muitas vezes um núcleo duro de quadros revolucionários que seguem o Líder e executam sua vontade – os jacobinos com seus tribunais de cidadãos, os bolcheviques com o KGB, os nazistas com a SS, a sombria "Organização Maior" do Khmer Vermelho (todos intelectuais francófonos de classe média). Visto que a revolução está sendo realizada para criar um Estado totalitário, esses homens por certo formam uma elite distinta dos quadros de base. Mas não é uma aristocracia tradicional com suas restrições de educação liberal, cavalheirismo, respeito aos costumes e um senso de responsabilidade (*noblesse oblige*) pelo bem-estar do povo comum. Os quadros revolucionários são muitas vezes bandidos grosseiros e violentos, até mesmo psicopatas que, em épocas normais, esconderiam seus impulsos ou acabariam na prisão ou num hospital psiquiátrico. Segundo uma definição de fascismo, ele é o lugar onde a elite encontra a sarjeta; onde as fantasias utópicas agitadas por descontentes estudantes recém-formados, jornalistas desempregados, intelectuais de café um tanto excêntricos, advogados de porta de xadrez e artistas fracassados passam a contar com a violência frontal dos *skinheads*, dos brutamontes e dos sádicos que formam as tropas de choque para o genocídio utópico. Tem sido assim em cada revolução milenarista, do sádico jacobino Fouché ao jovem canadense matando para o Estado Islâmico na Síria que se gabou num vídeo de que aquela farra homicida era "a verdadeira Disney World". A crueldade dos quadros no presente é justificada pela sociedade igualitária coletivista, de paz e harmonia permanentes, a ser realizada amanhã.

Outro modo em que a tirania milenarista difere até mesmo da mais brutal das tiranias anteriores, quer da variedade reformista ou da variedade-jardim, é a imensa escala da violência necessária para realizar a passagem apocalíptica de hoje para o futuro radiante e a aplicação metódica dessa violência. A história, antes de 1789, não desconhecia a guerra, a violência, o conflito civil, o derramamento de sangue, a tortura e o assassinato em massa. Mas só agora o assassinato é usado de um modo desapaixonado e metódico para remover cirurgicamente da existência, de modo integral, determinadas classes e raças, forças que personificam toda depravação e todo mal e que, portanto, constituem um obstáculo para a futura Era Dourada coletivista. Como vimos, desde os jacobinos, o uso de pelotões de fuzilamento e canhões para dizimar homens e mulheres à beira de fossas de execução já estava estabelecido, antecipando os *Einsatzgruppen* dos nazistas ou os recentes assassinatos em massa no autoproclamado califado do Estado Islâmico. O número de pessoas liquidadas passou de mais de 250 mil na França, durante o Terror Jacobino, a dezenas de milhões sob as ditaduras milenaristas do século XX, com sua tecnologia extremamente melhorada de "assassinato industrializado", como no Gulag e Auschwitz, nos campos de reeducação de Mao e do Khmer Vermelho. Durante os últimos anos do czarismo na Rússia, o número de prisioneiros políticos executados chegou a 1.144 após a fracassada Revolução de 1905. Logo em seguida à Revolução Bolchevique de 1917, Lenin ultrapassa 100 mil "inimigos da revolução" liquidados e, na época de sua invalidez, em 1922, estima-se que 5 milhões perderam a vida devido à fome. O pior, é claro, ainda estava por vir.

Enquanto as tiranias do passado tinham assassinado pessoas que desafiavam seu poder através de levantes ou oposição militar, as tiranias milenaristas cometem genocídio coletivo contra classes e raças inteiras, quer estas se oponham a elas ou não. Têm de ser aniquiladas até o último membro antes que o nirvana possa ocorrer. Não é nada pessoal. Aliás, a violência em grande escala não é necessária apenas para realizar a utopia; é uma experiência terapêutica para os revolucionários. O derramamento do sangue da classe ou raça inimiga é uma catarse violenta que purifica a própria determinação interior, capacitando-os a se livrarem de escrúpulos burgueses ou religiosos que impedem que as massas, ainda apegadas a uma obsoleta fé religiosa ou respeito à tradição, se apoderem do novo mundo futuro.

Mesmo o fato de pertencer às classes ou comunidades nacionais que devem se beneficiar com a vinda da nova ordem do mundo não serve para nada se a pessoa é vista como resistente ou apegada de alguma maneira a velhas tradições. A maioria das vítimas do Terror Jacobino não eram os *aristos*, mas o povo comum que eles afirmavam estar libertando e que se agarrava obstinadamente a suas lealdades para com a igreja, o rei, a nobreza e seu torrão local. Ser russo ou alemão não nos salvava da liquidação se de alguma maneira nos opuséssemos às Revoluções Bolchevique e Nazista ou mesmo se nos limitássemos a tornar nossas objeções conhecidas, mesmo sem nos atrevermos a agir de acordo com elas. Que a maioria dos trabalhadores fabris russos tivessem preferido alguma forma de sindicalismo britânico ou alemão não teve em absoluto nenhum impacto sobre Lenin – novamente se tratava apenas do proletariado "empírico", cujas visões atrasadas e egoístas teriam de ser extirpadas e transformadas pelos quadros bolcheviques que, embora provenientes na maioria das vezes da classe média e de ambientes não proletários, eram animados pela verdadeira "consciência proletária". Lenin também não teve o menor interesse em melhorar a sorte material do trabalhador. Ele tinha de ser forjado pela coletivização como um Homem Novo, totalmente submerso no coletivo e capaz de trabalhar para o Estado sem compensação. Da mesma maneira agora, ser muçulmano não garante que se esteja protegido de movimentos jihadistas revolucionários. Se estivermos do lado errado do islamismo, se resistirmos à coletivização absoluta e ao fanatismo moralista do emergente e autodeclarado califado ou até se estivermos dispostos a não nos manifestar para evitar o conflito, seremos exatamente tão merecedores de morte quanto Israel, os Estados Unidos e os infiéis.

Revolucionários milenaristas não estão interessados em reforma parcial ou gradual, do tipo burkeano, ou nos objetivos tangíveis de uma revolução liberal, como a Revolução Gloriosa ou a Revolução Americana, de estabelecer direitos individuais e capacitar cada cidadão a melhorar sua sorte. Para os milenaristas, direitos individuais são parte da enfermidade da sociedade, exatamente como a hierarquia feudal que eles substituíram. Ambos são corruptos e egoístas e ambos têm de ser expurgados para que se crie um coletivo puro, em que cada indivíduo seja permutável por todos os outros e esteja submerso num monólito governado pelos próprios revolucionários, ex-terroristas, agora vitoriosos senhores divinos. É tudo ou nada – como disse Lenin, "quanto pior, melhor". Quanto mais intransigentes ou opressivos sejam os inimigos da revolução no presente, mais necessário será removê-los através de uma violência aniquiladora. Verdadeiros revolucionários milenaristas não *querem* que as coisas melhorem, não *querem* concessões concretas como salários mais altos, desenvolvimento econômico ou serviços sociais. Tais reformas só ameaçam corromper ainda mais "o povo", transformando-os em *petites bourgeois*. A Revolução precisa se retratar como incessantemente "cercada por inimigos" para criar o sentimento do perigo, necessário para galvanizar ação e vigilância violentas. Tanto Hitler quanto Stalin tinham de descrever suas respectivas nações como continuamente à beira da destruição por uma conspiração secreta de pessoas malignas, nações que, diante disso, não podiam de forma alguma tolerar (e na realidade não toleravam) uma tal ameaça – os míticos "kulaks" da demonologia bolchevique e a mítica "conspiração nacional judaica" do nacional-socialismo.

O progresso da história tem sido visto por Gibbon, Burke e amigos do mundo moderno da liberdade individual e do governo representativo como um processo basicamente benevolente, desdobrando-se em estágios lentos, mas firmes, no sentido de maior liberdade para todos – uma evolução pacífica, mesmo que às vezes marcada por lamentáveis quedas na violência e guerra. Revolucionários milenaristas, ao contrário, veem o progresso da história até agora como inteiramente opressivo, injusto e explorador, mas prestes a engendrar, por meio de um espasmo final de violência revolucionária, um mundo de perfeita harmonia amanhã. O progresso da história é concebido como um violento dínamo de conflito social, cultural e econômico para destruir a corrupção e a complacência no presente e preparar o palco para o futuro, uma convicção que, de variados modos, é comum às filosofias de Karl Marx, Friedrich Nietzsche, Mikhail Bakhunin e Martin Heidegger. Além disso, a revolução milenarista é inevitavelmente imperialista, pois deve culminar numa guerra para fazer as bênçãos do futuro chegar a todos pela força – uma tendência permanente dos jacobinos ao Estado Islâmico. Seja qual for a situação em que a revolução possa se encontrar no momento, isso não é mais que um posto avançado para a próxima fase de conquista, sendo por essa razão que os movimentos revolucionários não têm interesse na "política comum", nas tarefas de melhoria concreta para seus povos. Como escreveu Trotsky, a Revolução Russa era "uma vida provisória", um acampamento temporário onde "tudo é extraordinário, temporário, transitório" porque é apenas uma estação no caminho para o comunismo mundial.

Revoluções milenaristas parecem ser mais violentas quando irrompem em sociedades onde a presença da tradição e autoridade pré-modernas é ainda muito forte. Os valores do Iluminismo começam a corroer o poder da autoridade pré-moderna antes de conseguirem estabelecer com firmeza as liberdades individuais e o governo autônomo, levando a uma nostalgia pela memória mística de uma totalidade comunitária "perdida" antes que os benefícios da era moderna tenham sido plenamente experimentados. Essa tendência também começou com a Revolução Francesa. As Revoluções Gloriosa e Americana ocorreram em sociedades onde os valores de interesse econômico, liberdade de culto e governo autônomo já tinham se tornado amplamente influentes – a culminância política no estabelecimento da democracia representativa foi o mero resultado final de um longo período de gestação em que a ordem feudal tinha sido continuamente minada. Requereu guerra civil e revolução, mas não o assassinato de centenas de milhares de pessoas. Em contrapartida, quando eclodiu na França, a Revolução se defrontou com a oposição feroz de uma ordem vigente aristocrática e eclesiástica ainda poderosa ao extremo e profundamente hostil a toda a era moderna. Essa velha ordem só poderia ser destruída pelo equivalente político da dinamite.

Esse momento explosivo de uma conversão protelada ou apenas parcialmente bem-sucedida a valores do Iluminismo, produzindo a saudade de uma "perdida" comunidade do passado e requerendo enorme violência para reverter os ganhos, ainda muito limitados, da era moderna na busca pela comunidade mais pura das distantes origens primordiais é uma tendência recorrente em todas as grandes revoluções que ocorreriam na Rússia, na China, no Camboja e no Irã. O caminho para a frente é o caminho para trás da moderna era de liberdade individual, para a bênção comunitária das origens. Talvez a Alemanha não se ajustasse inteiramente a esse padrão porque, antes da ascensão do nacional-socialismo, já havia uma longa tradição de governo autônomo, valores iluministas de tolerância e liberdade de pensamento e consciência disseminados por figuras como Goethe e Schiller, e uma das economias mais produtivas do mundo. Mas como examinaremos com maior detalhe, o nacional-socialismo de certa forma foi sempre um ideal do sul da Alemanha, ou austríaco, do romântico nacionalismo wagneriano – uma "nostalgia anticapitalista", como um de seus primeiros líderes o denominou –, gerado na Bavária católica e no Tirol, uma visão de vida intensamente antimoderna que conseguiu conquistar o grande estado prussiano, com poderio militar e industrial, do norte protestante.

Para enfatizar uma observação anterior, as revoluções milenaristas irrompem com frequência não quando a velha autocracia está em seu momento mais repressivo, mas quando a autocracia introduz reformas modernas sem estar disposta a compartilhar o poder absoluto. Uma revolução liberal pelos direitos do homem ocorre com o consentimento inconsistente ou relutante do autocrata, mas as expectativas de reforma já desencadeadas afastam os liberais e fazem os coletivistas passarem ao primeiro plano. Assim, as tentativas de Luís XVI de encorajar forças de mercado e um certo grau de autonomia legislativa realizaram a fase liberal da Revolução Francesa, logo posta de lado pelos jacobinos. A hesitação do czar Nicolau II entre liberalização e repressão desencadeou uma revolução pelos direitos liberais comandada por Kerensky, posta em seguida de lado por Lenin. Os esforços esporádicos do xá Reza Pahlevi para modernizar o Irã sem abrir mão do poder absoluto desencadearam a Revolução Iraniana, inicialmente liderada por tecnocratas e socialistas, logo postos de lado pelos khomeinistas. Mubarak tinha trazido para o Egito um certo grau de prosperidade econômica, mas o monopólio que ele e seus amigos exerciam sobre o poder desencadeou uma revolução pacífica de liberais seculares por direitos e autonomia, logo apropriada pela Irmandade Muçulmana, empenhada em estabelecer uma república teocrática e dar fim à paz com Israel.

É às vezes sugerido que as revoluções milenaristas modernas, começando com os jacobinos, foram uma tentativa de "secularizar" a pressão apocalíptica no cristianismo medieval – seriam continuações modernas de movimentos religiosos dissidentes como os Cátaros e os Anabatistas que, antecipando a Reforma, haviam tentado viver em suas próprias comunidades de crentes devotos sem posses ou com poucas posses privadas, alcançando, livres de interferência sacerdotal e controle eclesiástico, sua própria visão de Deus.

É uma comparação justa dentro de certos limites. Houve definitivamente um lado revolucionário na Reforma. Como mostrou o historiador Paul Rahe, os puritanos, em seu registro mais radical, previram uma revolução se espalhando da Inglaterra e por toda a Europa para livrar os homens de "padres e reis". Como vimos na Parte Dois, não era fácil determinar se Oliver Cromwell e seus seguidores puritanos eram de início revolucionários religiosos ou políticos. Robespierre e os jacobinos, segundo o historiador Crane Brinton, "devem ser rotulados puritanos em termos de moralidade" e alimentavam emoções de zelo e fanatismo semelhantes às de seitas religiosas apocalípticas e seus perseguidores – Belloc, recordamos, equiparava Robespierre tanto a um puritano quanto à Santa Inquisição. Mas a comparação entre milenarismo medieval e moderno não vai muito longe. Os movimentos religiosos milenaristas da Idade Média foram rapidamente esmagados. Foram feitos por pacifistas ingênuos achando que podiam de fato viver fora da autoridade feudal da Igreja e do rei. Além disso, tinham pouquíssimas aspirações a constituir Estados, muito menos a dominar outros países. Queriam ser deixados em paz com seus exercícios espirituais em suas pequenas comunidades.

Em agudo contraste, os regimes revolucionários, começando com os jacobinos, também visavam se tornar Estados grandes e poderosos para difundir as bênçãos de sua revolução pela força das armas. As velhas potências europeias ficaram espantadas ao ver como os exércitos esfarrapados da Revolução, comandados no início por homens sem experiência militar, alcançaram rapidamente vitórias importantes, culminando na glória marcial de Napoleão. Puritanos radicais quiseram purificar os homens e suas instituições corruptas para abrir caminho para eles no céu. Para fazer isso, como vimos na Parte Dois, a Reforma foi capaz, em seus piores momentos, de atos bárbaros de destruição e opressão. Mas os jacobinos e seus sucessores os deixaram na sombra. Isso porque é completamente diferente purgar os maus hábitos dos homens para torná-los dignos de salvação na vida após a morte e purgar os maus hábitos para realmente *criar* o céu na Terra, aqui e agora, sem a ajuda de Deus. É a diferença entre ensinar os homens a quererem ser menos gananciosos e expropriar pela força o que eles têm. Além disso, embora os movimentos apocalípticos na Idade Média provavelmente contivessem Robespierres em ascensão, ávidos para se lançarem contra a autoridade estabelecida, precisamente por esses movimentos terem como objetivo uma sagrada comunidade de crentes vivendo de modo pacífico sem depender de ninguém, não era oferecida a esses homens a oportunidade de uma imensa carnificina. Ao contrário, eles é que foram cruelmente suprimidos pelo poder real e papal. As revoluções milenaristas que começaram em 1793, no entanto, em vez de imitar o apocalipticismo medieval, libertaram os impulsos mais niilistas de suas anteriores restrições religiosas. Conceber os movimentos medievais como os verdadeiros ancestrais da moderna revolução milenarista seria mais ou menos imaginar os quakers dispondo da *Wehrmacht* ou os anabatistas equipados com mísseis balísticos intercontinentais.

Antes de investigarmos alguns exemplos importantes de tiranos milenaristas como Lenin, Stalin e Hitler, quero deixar claro que não estou afirmando que a tirania milenarista tenha sido a única fonte de violência e exploração em grande escala no mundo moderno. Não devemos esquecer que a abertura do Novo Mundo pela Inglaterra, Portugal, Espanha, França e Estados Unidos teve também seu lado obscuro. O Mundo Novo só era um "quadro vazio" de uma perspectiva europeia, no sentido de que havia um número limitado de potências europeias competindo e muito espaço para expansão. Ao fugir da aristocracia feudal da Grã-Bretanha, os colonos da América logo se chocaram com os habitantes originais, cujas tribos, ironicamente, formavam uma espécie de aristocracia guerreira. Suas compridas casas comunitárias e os intermináveis combates de cavalaria que travavam entre si evocavam os chefes guerreiros da Idade do Bronze que examinamos na Parte Um. Também tinham alguma coisa em comum com os *vikings*, que também tinham vivido de acordo com um código de honra que requeria batalhas intermináveis, inconclusivas, para que a nobreza guerreira pudesse exibir sua coragem pessoal em combate (um paralelo sugerido com grande eficácia na série de TV *Vikings*, em especial nos créditos de abertura, que parecem misturar música e imaginário nórdicos com os das tribos norte-americanas). As casas compridas dos iroqueses, com suas irmandades de guerreiros, mostravam alguma semelhança com as primeiras cidades-Estados dos gregos. Exceto pelo grande chefe shawnee Tecumseh, sob certos aspectos um aborígene aspirante a Napoleão que queria unir as tribos contra o homem branco invasor, também eles, como os primeiros gregos, resistiam obstinadamente a qualquer forma de autoridade universal.

Os Filhos da Liberdade da colônia, em outras palavras, possuíam uma nobreza feudal local para competir pela posse da terra e, graças a efetivos e armamento extremamente superiores, tiveram êxito nisso, usando com frequência de grande brutalidade com relação aos nativos. Mas não escapou a observadores que, ao conquistar a cultura nativa, os americanos estavam agindo com relação aos nativos como os romanos tinham agido com relação aos nativos da Gália e da Germânia – e, assim como observadores romanos, como Tácito por exemplo, não puderam deixar de admirar os membros das tribos conquistadas que defenderam suas antigas liberdades como os próprios romanos já tinham feito, alguns americanos recorreram à história da Roma republicana e, desaprovando o Império dos Césares, sentiram um escrúpulo moral similar acerca do tratamento dos nativos: aquilo era um tipo de tirania.

Por fim, quando o desenvolvimento econômico do Novo Mundo leva à escravidão e aos horrores da Passagem do Meio,* o republicanismo atlanticista deixa de girar apenas em torno de corajosos pequenos proprietários rurais vivendo em solo livre e entra no reino do genocídio. Estamos sem dúvida em águas turbulentas quando tentamos distinguir entre o genocídio totalitário dos movimentos revolucionários milenaristas, que começaram na Europa com os jacobinos, como tentativa deliberada de exterminar uma raça ou classe, e o genocídio da escravidão africana. Embora este tivesse em mira a exploração econômica e não estivesse empenhado, como uma tirania milenarista, em remover classes e raças inteiras da face da Terra, ainda assim incluía horrores de crueldade de que só nos aproximaríamos com os próprios bolcheviques e nazistas. Não foi meu propósito neste livro negar que as democracias modernas sejam capazes de tirania, quer em âmbito doméstico ou no exterior. O que faz toda a diferença, no entanto, é que, por mais tempo que possa demorar, elas podem ser forçadas por seus próprios princípios morais a reconhecer essa tirania e a finalmente revertê-la. O protestantismo americano, que encarava o Novo Mundo como seu terreno sagrado, também comandou a batalha de consciência para remover a mancha moral da escravidão, culminando na presidência de Lincoln e na Guerra Civil.

A HORA DO GRANDE MEIO-DIA: A REVOLUÇÃO MILENARISTA ENTRA NA CLANDESTINIDADE

Após a queda de Robespierre em 1794, vítima da guilhotina à qual tinha enviado tantas pessoas, a tirania milenarista e o terror entram na clandestinidade na Europa. Eles se desenvolvem sob a superfície durante um século até que, ajudados pelo ódio sempre crescente da civilização do século XIX em ambos os extremos, Esquerda e Direita, explodem com renovada selvageria em 1917.

O homem que enterrou a Revolução foi um de seus descendentes diretos. Napoleão Bonaparte foi uma figura singular – em parte um tirano reformador da era moderna, mas também o último estertor do esplendor tirânico do mundo antigo. Como jovem oficial de artilharia, iniciou sua carreira após a queda de Robespierre, esmagando uma sublevação realista, disparando seus canhões pelas ruas de Paris e matando 1.400 pessoas. Planejou sua própria imitação da política da Antiguidade quando concebeu um golpe para se tornar "primeiro cônsul", no estilo romano, da República, na realidade uma ditadura que fazia lembrar a ascensão de Júlio César ao governo de um único homem. Sua campanha egípcia em 1798, de valor militar

---

* Isto é, do tráfico negreiro. (N.T.)

duvidoso, também imitou Júlio César, combinando glória na guerra com a captura de uma coleção de antigos tesouros culturais para enriquecer a terra natal. Usando seu gênio militar, com frequência equiparado ao de Alexandre, o Grande, e César, estendeu através da conquista e de um imenso banho de sangue a versão *girondina* original e mais moderada da Revolução Francesa ao restante da Europa. Usou a necessidade de suprimir contínuas conspirações tanto de realistas quanto de jacobinos para se fazer proclamar Imperador em 1804, levando a efeito uma reencenação da ascensão de Júlio César à condição de Augusto. Criou um culto imperial renovado com tons de Augusto e Carlos Magno, centrando-se em sua própria magnificência divina. Dizia-se que sua conversa tinha um efeito hipnótico, conquistando exaltados seguidores para sua causa.

Após derrotar a Áustria, Napoleão criou a Confederação do Reno, uma coleção de Estados alemães que lançaram a base para a posterior unificação da Alemanha. Seguiram-se vitórias espetaculares contra a Prússia e a Rússia. No auge de sua extensão, o império de Napoleão rivalizava com o de Roma e incluía cerca de 70 milhões de súditos. Como autocrata liberalizante, ele realmente levou à conclusão todo o empreendimento de construção do Estado moderno que remontava aos Tudors e aos déspotas esclarecidos, abolindo o feudalismo remanescente na Europa. O Código Napoleônico, que visava tornar a lei clara e disponível para todos, foi adotado por países de todo o mundo. Napoleão desmantelou o Sacro Império Romano e a Inquisição, estabeleceu a tolerância religiosa e o direito ao divórcio, deu fim aos dízimos feudais, fechou os guetos e tornou os judeus cidadãos. Como resume o historiador Andrew Roberts: "As ideias que escoram nosso mundo moderno – meritocracia, igualdade diante da lei, direitos de propriedade, tolerância religiosa, educação secular moderna, finanças equilibradas e assim por diante – foram defendidas, consolidadas, codificadas e estendidas geograficamente por Napoleão".

Contudo, essas coisas só puderam ser alcançadas por uma década de guerra que, somada às guerras mais antigas travadas pela Revolução contra as potências monarquistas, custou mais de 800 mil mortes no campo de batalha do lado francês. Como no caso de Henrique VIII e os outros tiranos reformadores que temos examinado, ainda impera o debate sobre se Napoleão foi um libertador benevolente ou um egomaníaco sedento de sangue. Na tradição do tirano reformador e das monarquias universais que discutimos na Parte Um, Napoleão foi capaz de grandes e boas obras, promovendo a lei, a arte e o saber como adorno para suas guerras de agressão encharcadas de sangue. As emoções conflitantes que provocou são talvez melhor captadas pelo historiador francês François Guizot, que escreveu uma geração mais tarde sobre "a página da história universal que o general Bonaparte reivindica como sua e que conseguiu cobrir de glória e crime".

Como os tiranos reformadores e monarcas universais que remontam a Ciro, o Grande, Napoleão promoveu o talento natural. Seus seguidores originais, muitas vezes de classe média ou de origens mais humildes, ascenderam através de seus méritos para criar uma aristocracia napoleônica nova em folha (alguns diriam "emergente") que rivalizava com o que restou da aristocracia antiga, vinda do *ancien régime*. Como um forasteiro corso cuja família, mais tarde enxertada em diversas linhas europeias reais e ducais, lembrava alguma coisa saída de *O Poderoso Chefão,* Napoleão percebia o ressentimento oculto da velha aristocracia que o considerava um arrivista e que ele resumiu ao dizer francamente a Talleyrand que era "uma merda numa meia de seda" (a piada de Talleyrand dizendo ao embaixador russo que, enquanto a Rússia era uma nação de bárbaros governada por um homem civilizado, no caso da França era exatamente o contrário, tinha chegado a ele). As camadas pensantes da Europa oscilavam entre a admiração por suas tentativas de difundir o Iluminismo entre suas próprias e atrasadas autocracias e detestavam a tentativa de aniquilar suas independências nacionais. Tolstói capta essa ambivalência no personagem de Pierre Bezhukov em *Guerra e Paz* – como um liberal sincero, ele quer que a Rússia se torne um país moderno, mas por meio de seus próprios esforços, não por imposição estrangeira.

A derrota final de Napoleão em 1815, pelo duque de Wellington, em Waterloo, concentra uma série de temas de que temos falado neste livro e que vêm desde os tempos antigos. A vitória de Wellington foi encarada como a defesa de orgulhosas tradições inglesas de autonomia dentro da benigna hierarquia de classes elogiada por Burke. Wellington, um membro da nobreza anglo-irlandesa, era o perfeito oposto de Napoleão, um forasteiro corso que vencera por esforço próprio. Wellington admitia o brilho de Napoleão como general, dizendo que sua mera presença no campo de batalha "valia por 40 mil homens". Mas não o encarava como um cavalheiro. Enquanto Napoleão era carismático e sedutor, Wellington mantinha uma atitude notoriamente distante dos que lhe eram socialmente inferiores. Não gostava que seus soldados o ovacionassem – isso ficava, dizia ele, "muito próximo de uma expressão de opinião", como se a aprovação deles pudesse ter alguma importância. Napoleão, ainda um revolucionário por trás do título de Imperador, desprezava Wellington como um "oligarca". A derrota de Napoleão passou a ser vista como um novo episódio na luta épica da liberdade contra a tirania, de um povo livre repudiando um tirano universal, remontando a Salamina e Maratona, a Elizabeth I *versus* a Invencível Armada, aos Cabeças Redondas *versus* os Stuarts, aos colonos americanos *versus* o rei George III e avançando para Churchill e a flotilha de Dunquerque enfrentando Hitler, o novo malfeitor tirânico. Nós, herdeiros da Guerra Fria entre o Império Soviético e o Ocidente nos encontramos nessa mesma linha direta de herança, o que fornece uma bússola moral para resistirmos hoje ao Estado

Islâmico e ao Talibã. Isso, no entanto, nem sempre é história perfeitamente exata – seria difícil dizer se Wellington, impassível e conservador, era um ser humano mais grandioso que o imperador reformista, mesmo que encharcado de sangue – mas os contornos dessa persistente tradição da resistência à tirania por pessoas livres são acentuados, nítidos e ainda extremamente relevantes.

Entre a Batalha de Waterloo e a eclosão da Primeira Guerra Mundial, a Europa desfrutou de um extraordinário período de paz e prosperidade interrompido por ocasionais distúrbios de curta duração, como as revoluções de 1848, a Comuna de Paris de 1870 e a breve Guerra Franco-Prussiana. Observadores como Ortega y Gassett e Stefan Zweig, relembrando, ao término das catástrofes da Primeira Guerra Mundial e do fascismo, o final do século XIX, viram-no como um dos períodos mais felizes da humanidade desde os Bons Imperadores do período antonino. E no entanto, durante todo esse período basicamente benevolente, as camadas intelectuais e criativas que se conservaram em seu topo conceberam um ódio e desprezo cada vez mais profundos pelos valores iluministas que estavam por trás desse sucesso, expressando na arte, literatura e filosofia um anseio cada vez mais drástico por uma nova era que pisasse em tudo isso, revivendo e estendendo o *cri de coeur* original de Rousseau contra a existência "burguesa". Quer suas soluções culminassem na extrema-esquerda do comunismo emergente ou na extrema-direita do nacionalismo tribalista de "sangue e solo", ambas no final das contas ansiavam por aquele puro coletivo milenarista que purgaria "o povo" de sua corrupção materialista.

Direita e Esquerda deram-se as mãos nesse ódio pela moderna Europa burguesa, a ponto de personagens de ambos os lados do espectro, incluindo Edmund Burke, o Marquês de Rivarol, Karl Marx, Hyppolite Taine e outros, escreverem denúncias da superficialidade e vulgaridade do mundo moderno que são quase permutáveis entre si. Vejamos o trecho abaixo do *Manifesto Comunista*, de Marx, sobre os efeitos destrutivos do moderno individualismo liberal e do interesse pessoal sobre a tradicional coesão social da Europa, grande parte do qual poderia ter vindo das *Reflexões sobre a Revolução na França*, de Burke:

A burguesia, onde quer que tenha conseguido se impor, deu fim a todas as relações feudais, patriarcais e idílicas. Despedaçou sem piedade os variados laços feudais que prendiam o homem a seus "superiores naturais" e não deixou subsistir outro vínculo entre homem e homem senão o frio interesse, esse duro "pagamento à vista". Afogou os êxtases mais celestiais do fervor religioso, do entusiasmo cavalheiresco, do sentimentalismo filisteu, nas águas geladas do cálculo egoísta. Fez da dignidade pessoal um valor de troca... Ela substituiu, em suma, a exploração velada por ilusões religiosas e políticas pela exploração aberta, cínica, direta, brutal. A burguesia despojou de sua auréola todas as ocupações até então veneradas e encaradas com reverente respeito... A burguesia rasgou o véu sentimental da família e reduziu as relações familiares a meras relações monetárias.

Recordamos que Burke também lamentara o modo como o Iluminismo tinha "bruscamente rasgado... toda a decente roupagem da vida". Marx saúda o poder do capitalismo (até agora "a força mais revolucionária da história") para varrer os remanescentes da velha ordem feudal e cristã, mas ao mesmo tempo lamenta seu desaparecimento e odeia sua mesquinha e degradada substituta. O mesmo poder revolucionário destrutivo que construiu o capitalismo, Marx acreditava com fervor, deve agora ser mobilizado para nos fazer saltar da era burguesa para uma comunidade restaurada do futuro. Essa combinação de nostalgia por uma desaparecida harmonia comunitária e um anseio por uma destruição sem paralelos para restaurá-la é, como temos visto, a característica psicológica do revolucionário milenarista.

Em suma, então, no século XIX o projeto jacobino para a realização da felicidade futura da humanidade por meio do genocídio no presente sobrevive a Napoleão e à era da reação conservadora inaugurada após sua morte por Metternich e o Congresso de Viena. Ele passa à clandestinidade para acumular novas energias, tornando-se o que Marx celebremente denominou "o espectro que assombra a Europa". Enquanto isso, o percurso da tirania reverteu em grande medida à autocracia variedade-jardim – estreitamente nacionalista, profundamente tradicional e devota, captada pela imaginação europeia no retrato que faz Puccini, na *Tosca*, do sinistro Scarpia, chefe da Polícia do Vaticano que, num antiquíssimo tema opondo a paixão erótica do tirano à luta pela liberdade que encontramos pela primeira vez na Parte Um, usa seus sombrios poderes para tentar cativar a heroína Tosca contra o pano de fundo da iminente libertação da Saboia por Napoleão. Por mais perigosos que pudessem ser, esses homens não passavam de intransigentes de ópera cômica em comparação com o que estava se aproximando no século XX. Fora isso, a maior parte da Europa, em especial as classes média e superior, divertia-se nos ensolarados planaltos de prosperidade crescente e liberdade individual.

O extremismo da Revolução Francesa tinha levado às vezes a uma desilusão com todas as expectativas da política e, por certo, da política revolucionária – Wordsworth e o escritor alemão Friedrich Schiller sendo casos típicos. Mas também levou a um anseio cada vez mais extravagante por um futuro mundo milenarista que destruiria por completo o mundo burguês moderno, um mundo futuro comandado por uma vanguarda dos fanaticamente puros (o proletariado de Marx, o Super-Homem de Nietzsche, o Hitler logo revelado pelos apelos de Heidegger, em 1927, para que "o povo"... "escolhesse seu herói"). Romancistas europeus foram com frequência os primeiros a capturar o perfil psicológico do revolucionário e nem sempre em termos lisonjeiros. Por exemplo, o personagem Sénécal, de Flaubert, em *A Educação Sentimental*, é um protótipo do revolucionário milenarista que tanto lembra Robespierre quanto antecipa Stalin, Hitler e seus principais auxiliares. Sonha governar uma "Esparta americana", um Estado totalitário coletivizado e industrializado para se vingar de seu fracasso em ascender na sociedade burguesa. Aspirante a matemático como Robespierre, que também quer "liquidar" a desigualdade e hierarquia sociais como se resolvesse uma equação, Sénécal é também um puritano que fantasia sobre o austero coletivismo da sociedade feudal. É tanto um modernizador quanto um romântico, uma mistura, Flaubert escreve, "do pedante e do padre".

Romancistas como Flaubert e Turguêniev lançam um olhar relutante aos revolucionários de sua época – o suposto anarquista Bazarov em *Pais e Filhos* despreza todos os vínculos tradicionais do afeto familiar, fé, patriotismo e boa criação, encarando os humanos como seres que a ciência moderna provou não serem mais que mecanismos para produzir e consumir *commodities*, e cuja indolência materialista tem de ser expurgada numa nova ordem futura. Mas muitos ativistas e ideólogos políticos tentaram fazer da revolução um empreendimento estético, semelhante a uma grande obra de arte modelada do barro humano. Tanto por razões estéticas quanto como protesto contra a injustiça, era feita a crítica da burguesia, cuja deformidade espiritual, feiura, materialismo grosseiro e mau gosto (podemos pensar em Uriah Heep, de Dickens) só poderiam ser corrigidos por sua erradicação no belo mundo vindouro. Marx, com efeito, toma a experiência da totalidade humana – de um laço entre o homem e o mundo que Schiller, em sua obra *A Educação Estética do Homem: Numa Série de Cartas*, tinha sustentado que só poderia ser experimentado através da grande arte contemplativa, nunca na política com sua inevitável sectarização, partidarismo grosseiro e devoção ao lucro econômico – e sustenta que o futuro mundo do socialismo alcançará essa mesma experiência de totalidade e unidade para toda a humanidade, não por meio da contemplação da arte, mas submergindo, em sentido bem literal, o indivíduo na bênção do coletivo.

Essa visão do embelezamento da era vindoura que transcenderá toda a mera disputa política foi acompanhada pelo embelezamento da violência revolucionária como um ato heroico. A filosofia e o pensamento social alemães do século XIX, como um todo, contribuíram, e muito, para o desencanto das elites instruídas com a era moderna e sua preparação para a revolta milenarista. A grande exceção foi Hegel, guardião do centro, cuja ênfase no precedente histórico e na acumulação de costumes foi uma tentativa de resgatar a era moderna de ataques revolucionários dos extremos, tanto da esquerda quanto da direita. Em sua defesa do progressismo moderado, foi um espírito semelhante ao de Tocqueville, Burke e J. S. Mill. Mas seus sucessores, Marx, Nietzsche e Heidegger, destruíram esse solo médio à medida que o século XIX se desdobrava no XX e insistiram que a verdadeira totalidade humana só poderia ser alcançada por meio da violência milenarista. Às chamadas sempre mais intensas da esquerda por um Estado socialista monolítico, superjacobino, corresponde o apelo da direita para que "o povo" destrua a prisão do racionalismo iluminista e retorne ao "sangue e solo" de seu destino coletivo.

Aliados do liberalismo progressista moderado continuaram a vir em sua defesa e fizeram soar um alarme sobre as nuvens escuras no horizonte à medida que o século XIX avançava. Pensemos na profética advertência (que fornece o título dessa parte do livro) do poeta alemão de origem judia Heinrich Heine, em 1834, de que as poderosas tendências anti-iluministas na cultura alemã produzirão uma Revolução Alemã no século seguinte que abalará o mundo: "Então sabe por fim que o relâmpago alemão caiu. Sob essa comoção as águias cairão mortas dos céus... Será desempenhado um drama na Alemanha comparado ao qual a Revolução Francesa parecerá um idílio inocente". Alexis de Tocqueville, evoluindo de um precoce e brilhante observador dos Estados Unidos para um moderado experiente e neutro na política turbulenta da França de meados do século, advertira em *A Democracia na América* que o materialismo, apatia e indiferença de cidadãos democráticos podem levar ao surgimento de um "déspota democrático" que os despojará de suas liberdades prometendo igualdade e prosperidade cada vez maiores em troca de lhe cederem poder total. Esse novo tipo de déspota, ele advertiu, dará continuidade ao projeto jacobino de criar um Estado monolítico, extremamente abrangente, como substituto artificial para o sentimento de harmonia social e unidade que o Velho Mundo da hierarquia feudal e fé religiosa tinha fornecido antes de ser assaltado pelo credo individualista do Iluminismo.

Tocqueville viveu para ver a materialização de seus medos não nos Estados Unidos, mas na França com Napoleão III, que chegou ao poder por intermédio de um golpe militar seguido por um plebiscito em que o povo francês só poderia "votar" por ele (um expediente que os déspotas passariam a usar rotineiramente, incluindo o plebiscito de Hitler nos Sudetos anexados e o "referendo" de Putin na anexada Crimeia). Foi apoiado pela direita, que queria estabilidade social e econômica após as revoluções de 1848, e pela esquerda, que pensava que ele limitaria o poder dos ricos. Sénécal, o personagem de Flaubert, migra durante toda a evolução de *A Educação Sentimental*, passando de jacobino moderno a agente da polícia secreta e a assassino político para Napoleão III, ilustrando perfeitamente como os extremos de esquerda e direita se combinam no anseio por uma ditadura.

Alguns dos primeiros analistas do fascismo do século XX viram corretamente em Napoleão III um antecedente para a demagogia populista de Mussolini e Hitler. Para Konrad Heiden, Napoleão III foi um "mestre da multidão moderna e de seu estado de espírito... Conspirador, usurpador... ao mesmo tempo nacionalista e socialista, democrata e tirano, pacifista e conquistador, ditador pela graça de baionetas e plebiscitos, aplaudido pelas massas que tinha violentado politicamente". Tudo isso de fato é verdade, mas deve ser acrescentado que Napoleão III não era movido por uma visão milenarista requerendo um genocídio utópico. Embora antecipasse algumas das táticas das tomadas bolchevique e fascista do poder, entrava mais na categoria de tirano reformador. Como seu tio, Napoleão I, muito mais bem-sucedido, e tiranos reformistas mais antigos, como César, ele embelezou Paris, trazendo os grandes bulevares. Assim que firmou seu controle, seu governo foi afável e deixava as pessoas se divertirem. Ele também imitou as primeiras aspirações imperiais de Napoleão que, em vista da completa falta de aptidão militar e mediocridade geral do sobrinho, levaram a uma derrota arrasadora pelas forças da Prússia de Otto von Bismarck, em Sedan, e sua apressada abdicação.

Se havia defensores de moderação política, como Heine e Tocqueville, entre camadas intelectuais da Europa, eles não estavam entre os pensadores mais admirados e influentes. Ao lado da detestação do que Nietzsche chamava o "homem de rebanho", de "niveladora" moralidade democrática, havia um anseio entre as elites instruídas pelo retorno ao heroísmo do mundo arcaico, pelo surgimento de novos heróis homéricos que comandariam a luta para esmagar o desprezível presente burguês e restaurar um senso de hierarquia, grandeza e honra. As famosas escavações de Schliemann em Micenas com as quais começamos a Parte Um galvanizaram a imaginação europeia com visões de uma nova raça de Aquiles. Na Alemanha, o nome *Herman*, versão moderna do nome do guerreiro germânico Armínio, que tinha repelido a conquista por Roma, tornou-se extremamente popular. O deslocamento gradual do cristianismo como autoridade intelectual e moral na Europa do século XIX pelo marxismo e o darwinismo popularizou uma visão de mundo que via todas as espécies sendo movidas por um impulso irresistível para conquistar e dominar seus competidores. Isso abalou as restrições religiosas que ainda existiam sobre a violência revolucionária e levou a um novo paganismo em que o impulso para o predomínio e a dominação de Estados individuais e dos "grandes homens" se tornou amplamente admirado na cultura de elite.

Sob todos esses aspectos, o grande compositor Richard Wagner foi a encarnação de seu século. Sua vida também refuta por completo os que insistem em ver uma aguda distinção entre a extrema-esquerda e a extrema-direita – geralmente acompanhada pela opinião de que o extremismo de esquerda era um excesso involuntário ou traição por algumas pessoas de seus valores humanos, enquanto a violência na extrema-direita era inteiramente característica de sua perspectiva imoral. Na realidade, eles são imagens no espelho opostas uma da outra, como veremos com mais detalhe quando passarmos ao bolchevismo e ao nazismo. Wagner começou como um agitador na Revolução de 1848 antes de migrar para a direita "popular", quando criou uma nova mitologia milenarista por meio de suas impressionantes óperas. Mas essa migração da esquerda para a direita não foi uma mudança de mentalidade ou de sentimentos, só um caminho mais eficaz para o que ele queria fazer desde o começo. *O Ciclo do Anel* encarna todo o psicodrama revolucionário que surge com Rousseau – o apelo para voltar a uma Idade do Ouro mágica, primordial, que instiga o impulso à frente para destruir o moderno mundo burguês numa "política de grandeza" do futuro século XX, a luta (como diz seu amigo de outrora, Nietzsche) entre o "homem de rebanho" de moralidade democrática e os novos "senhores da Terra".

O antissemitismo mais vil se combinava em Wagner com um profundo nacionalismo romântico que ele nutria sob o patrocínio do rei da Bavária, mais tarde berço do movimento nacional-socialista. Wagner foi também muito influenciado por Feuerbach, que inspirou Marx e que tinha argumentado contra a visão benigna de Hegel do progresso histórico gradual, guiado pelo avanço anterior. Feuerbach proclamava que o homem deve afirmar sua vontade contra a natureza e remodelá-la do modo que achar conveniente, demolindo todos os precedentes, quebrando todas as tradições, compreendendo finalmente que aquilo que chamamos de Deus é apenas o limite mais distante de nossas *próprias* aspirações à completa liberdade criativa. A descrição mitológica da destruição do mundo feita por Wagner em *Götterdämmerung* refletia seu gosto muito real pelo anarquismo. Pense na sua descrição conflituosa, mas fascinada, de um encontro com o famoso anarquista Bakhunin, um trecho da qual citei mais acima: "Neste homem notável, o mais puro idealismo humanitário estava combinado com uma selvageria extremamente hostil a toda cultura e assim meu relacionamento com ele flutuou entre horror instintivo e atração irresistível" (Wagner poderia estar descrevendo Hitler como muitos de seus primeiros admiradores o viam, incluindo a nora de Wagner, Winifred Wagner, em geral com a mesma mistura de repugnância e fascínio). "O aniquilamento de toda a civilização era o objetivo no qual (Bakhunin) estava concentrado", Wagner recordou. "Era necessário, dizia ele, imaginar todo o mundo europeu, com Petersburgo, Paris e Londres, transformado numa pilha de escombros." Ele teria seu desejo atendido.

Friedrich Nietzsche, que no final da vida tornou-se o mais famoso pensador da Alemanha, contribuiu para o sentimento crescente de catástrofe e destruição iminentes que produziriam um mundo novo. "Essa é a hora", escreveu ele na década de 1880, "do *grande meio-dia da mais terrível* claridade..." Os futuros "senhores da Terra", os "super-homens", enfrentariam pesados testes espirituais de autossuperação para serem capazes de cumprir sua missão sem escrúpulos burgueses: "Ganhar essa tremenda energia de grandeza para moldar o homem do futuro por meio da procriação e, por outro lado, garantir o aniquilamento de milhões de fracassos e não perecer do sofrimento que se cria, embora nada como isso tenha jamais existido!". Como ele diz na *Genealogia da Moral*, "os doentes são o grande perigo do homem, não os maus, não os 'animais de rapina'. Aqueles que estão desde o início estragados, subjugados, destroçados, são eles, os mais fracos, são eles os que mais corroem a vida sob os pés do homem".

Quanto ao comunismo, Nietzsche saudou a tentativa de criá-lo exatamente por prever o desastre que aquilo seria: "A Terra é grande o bastante e o homem ainda não está de todo exausto; portanto essa instrução prática e demonstração *ad absurdum* não me pareceriam indesejáveis, mesmo se fossem obtidas e custeadas por uma tremenda perda de vidas humanas". O violento empenho, ele continua, para criar tamanho absurdo como uma sociedade sem classes "será capaz de ser algo útil e terapêutico: retarda a 'paz na terra' e o total apaziguamento do democrático animal de rebanho; força os europeus a preservar o espírito, nomeadamente a astúcia e o prudente cuidado, a não abjurar inteiramente virtudes viris e guerreiras – a preservar algum resto de espírito, de clareza, de sobriedade e frieza do espírito...".

Mais tarde os nazistas tomariam conscientemente emprestado de Nietzsche os conceitos do "super-homem" e "o triunfo da vontade" para sua própria propaganda. A irmã de Nietzsche, Elisabeth Forster-Nietzsche, disse a Hitler que ele era o super-homem que o irmão estivera esperando. Será que Nietzsche pretendeu que seus escritos contribuíssem para uma revolução milenarista? Aqui o tema é muito semelhante à questão da contribuição de Rousseau para a Revolução Francesa. Defensores de Nietzsche sustentam que seus apelos para um super-homem que exercesse a vontade de poder eram inteiramente metafóricos – que ele estava apelando por uma luta interna para purificarmos nosso próprio espírito, não literalmente por uma guerra de destruição em torno do "homem de rebanho" e da criação de um novo mundo. É possível que em parte tenham razão, embora tivéssemos de ler os livros de Nietzsche com vendas nos olhos para evitar os muitos trechos que tratam de acontecimentos do mundo real, e da necessidade de uma nova e terrível tirania de "senhores" emergentes, para nos concentrarmos apenas em um desenvolvimento pessoal, interior. Mas tenham razão ou não, a retórica de Nietzsche é tão extravagante, tão violenta, tão empolgante em sua celebração da luta e domínio que, assim como no caso da influência de Rousseau sobre Robespierre, dificilmente causaria surpresa que alguém como Hitler o tomasse em sentido literal, o mesmo Hitler que via nas óperas de Wagner uma convocação para criar o *Götterdämmerung* nacional-socialista.

Enquanto a Europa adernava inconscientemente para a Primeira Guerra Mundial, as classes instruídas da Alemanha devoravam livros de autores *Volkish*, como

Paul de Lagarde, que pedia a expulsão de todos os valores iluministas e liberais da Alemanha para promover "o crescimento do que germinará do velho solo assim que ele tiver sido limpo de detritos: as raízes de nosso ser ainda estão vivas". Os contornos do vindouro "Terceiro Reich" começavam a tomar forma na imaginação alemã, uma expressão que transferia deliberadamente para a violenta guerra e luta revolucionárias o tema bíblico do retorno do Messias e seu estabelecimento do Reino de Deus na Terra. "O Terceiro Reich", escreveu Arthur Moeller van den Bruck, "é uma meta espiritual e abarca simultaneamente uma tarefa política". Um líder supremo seria necessário para nos levar a esse novo mundo.

Herman Hesse, em seu romance *Demian*, de 1919, alimentou a noção de que a Primeira Guerra Mundial inauguraria a luta apocalíptica pela Nova Ordem. Após a derrota da Alemanha, essas fantasias revolucionárias só se intensificaram. A carnificina e destruição sem precedentes da guerra, para a maioria das pessoas uma fonte de dor e horror, foram vistas por outros como exatamente a forja espiritual que Nietzsche vira como necessária para a energia da vontade requerida para moldar o "novo homem". Como Ernst Junger – cujo folheto *O Trabalhador* previa uma nova estirpe de trabalhadores-guerreiros, antecipando a arte em cartazes com grandalhões musculosos tanto bolchevique quanto nazista – escreveu sobre a geração da Primeira Guerra Mundial levada pela guerra total a uma crueldade férrea: "Nunca antes uma raça de homens como a nossa avançou para a arena do mundo para decidir quem deve exercer poder sobre a época". Para Hitler e os outros veteranos que compunham o núcleo do movimento nazista, a guerra nunca acabara. Cinco anos antes da tomada do poder por Hitler, o poeta *Volkish* Stefan Georg já estava concebendo o *Führer*:

> "Ele traz o verdadeiro símbolo da bandeira do povo,
> Comanda o grupo de leais seguidores pela tempestade
> e temíveis prenúncios de aurora, para a obra
> de ampla claridade
> e funda o Novo Reich."

NÃO UM SEGUNDO TERMIDOR: A TIRANIA MILENARISTA RETORNA

Saídos da tremenda comoção política e cultural do século XIX em sua busca de um escape do moderno mundo burguês, dois caminhos revolucionários fundamentais para a utopia se abrem no século XX: a reconstrução bolchevique da sociedade, vinda "de cima", e a revolução nacional-socialista do "destino do povo", vinda de baixo. Os bolcheviques tentam realizar, com um foco renovado e numa escala muito maior, o projeto jacobino de criar um Estado monolítico, integral, industrializado (a "Esparta americana" de Sénécal). A formulação original de Tocqueville da tese da revolução das expectativas crescentes aponta para algumas amplas similaridades históricas entre as revoluções francesa e russa que ajudam a explicar por que a Rússia estava madura para essa explosão. Pois, assim como a monarquia cautelosamente reformista de Luís XVI e a revolução liberal original de Lafayette deram lugar aos jacobinos muito mais radicais, o reformismo inconstante do último czar e o governo liberal de Kerensky foram varridos pela força bruta dos bolcheviques.

As teorias de Karl Marx deram aos bolcheviques um verniz de pseudorracionalidade graças à afirmação de que a história estava se desenvolvendo através de estágios inevitáveis segundo os princípios do "socialismo científico". Igualmente importante, no entanto, foi a própria ambivalência de Marx quanto a preferir uma revolução violenta ou uma evolução gradual para fazer a história avançar e como sua atitude evasiva sobre as perspectivas do socialismo na Rússia estimulou Lenin e Trotsky a dar à história um forte empurrão, apoderando-se do Estado através de um *coup d'état*. No fundo, o verdadeiro núcleo do bolchevismo, tipificado por Lenin e Stalin, era a pura destruição prometeica, não limitada por quaisquer considerações de prudência ou consistência teórica. Na verdade, embora Lenin com certeza se encarasse como marxista, há razão para acreditar que os mais diretos antecessores espirituais e psicológicos dos bolcheviques não fossem absolutamente marxistas europeus, mas seitas russas milenaristas e místicas, como os "construtores de Deus", inspirados pelos escritos de Nietzsche sobre o Super-Homem a criar um mundo completamente novo sobre as ruínas do antigo. Dostoiévski e o nacionalismo eslavófilo, paralelo russo da busca por escritores e pensadores alemães de um nacionalismo tribal "arraigado", também coloriram a visão bolchevique de uma futura sociedade sem classes purgada dos maus hábitos e do individualismo egoísta. O antigo senso de missão da Igreja Ortodoxa Russa como o avatar de uma "terceira era" apocalíptica redimindo toda a humanidade transferia-se agora do anseio religioso para o objetivo da ação revolucionária.

Crucial para o dinamismo do que Trotsky chamava de "revolução permanente" foi a famosa máxima de Lenin, "quanto pior, melhor". Essa máxima forneceu um alicerce para todos os movimentos revolucionários milenaristas subsequentes. Caracteriza qualquer oposição a uma utopia coletivista como irremediavelmente hostil e corrupta, cujo aniquilamento é, portanto, necessário e inevitável. Consequentemente, verdadeiros revolucionários (como opostos a meros reformadores burgueses ou sindicatos), além de não acreditarem que Estados e sociedades liberais possam se reformar, eles não querem que o façam. Quanto mais oprimidas são as classes revolucionárias, mais serão impelidas pela desesperança, o desespero e o ódio a desencadear uma luta violenta. Lenin detestava os social-democratas comuns e os liberais progressistas porque, ao extrair dos capitalistas melhores condições para os trabalhadores, eles impediam que estourasse uma verdadeira revolução. Cada brutal repressão e pelotão de fuzilamento czarista era avidamente saudado porque transformava o reformismo liberal numa opção impossível.

Essas poderosas correntes históricas, ideológicas e culturais culminaram na "revolução de cima" de Stalin, as sangrentas campanhas de coletivização e industrialização que custaram cerca de 60 milhões de vidas. Mas seus traços já estavam definidos no tempo de Lenin. A ânsia dos bolcheviques para forçar a Rússia a se transformar da noite para o dia de uma sociedade agrária num Estado moderno plenamente industrializado, impedindo ao mesmo tempo o surgimento de direitos individuais e da propriedade privada, requereu um projeto de genocídio dirigido pelo Estado cujo número final de mortos está na casa das dezenas de milhões, incluindo extermínio em massa, campos de trabalho escravo e fomes criadas artificialmente pelo Estado (uma técnica de reconstrução da sociedade mais tarde imitada na Etiópia pelo autoproclamado dirigente marxista-leninista coronel Mengistu). Não havia diferença importante entre os objetivos genocidas de Lenin, Trotsky ou Stalin. O comunismo de "reforma" dos mencheviques e de Bukharin – dispostos a cooperar até certo ponto com as forças do mercado – era incompatível com a visão central do bolchevismo de destruição genocida e da criação de um "homem novo", purificado do individualismo egoísta. Assim como os jacobinos tinham inventado a categoria do "contrarrevolucionário" – a força cuja liquidação tiraria a humanidade da garra dos maus hábitos e da alienação, conduzindo ao bravo novo mundo futuro –, os bolcheviques inventavam agora a fictícia categoria do "kulak" , o imaginário "camponês rico" que se torna a sinistra materialização de toda a ambição, fraude e deslealdade, barrando o caminho do coletivismo integral.

Outra tendência que se originava dos jacobinos, mas que agora se expandia de modo exponencial sob o ímpeto do fascínio do século XIX com o Super-Homem revolucionário, o memorável construtor de novos mundos, era o crescimento da polícia secreta bolchevique, o NKVD, como vanguarda de elite encarregada da missão espiritual de um metódico assassinato em massa, um Estado dentro do Estado como mais tarde a SS ia se tornar. Já em 1917, primeiro ano dos bolcheviques no poder, o determinado e frio Félix Dzerjinsky, do NKVD, chocava um líder menchevique mais moderado, que sustentava que a sociedade russa evoluiria de modo gradual por meio do "desenvolvimento econômico e político", ao perguntar calmamente por que essa transformação não poderia ser realizada com mais rapidez "através da sujeição ou extermínio de algumas classes da sociedade". O genocídio utópico já estava na agenda.

Eu me lembro de ler, quando cursava os últimos anos da escola secundária, que os líderes da Revolução Russa juravam que não haveria um segundo Termidor como o primeiro Termidor durante a Revolução Francesa. Ingenuamente eu supunha que aquilo significava que eles não permitiriam que o idealismo de sua revolução fosse traído por outro Robespierre sedento de sangue. Só mais tarde descobri que o Termidor foi quando Robespierre *caiu*. Os bolcheviques não estavam prometendo *evitar* outro Terror – estavam prometendo *continuá-lo* numa escala muito mais vasta. O terror era seu ideal e não iam permitir que quaisquer liberais burgueses ou meros reformadores obstruíssem sua missão de reconstruir a sociedade de alto a baixo. A tirania milenarista, tendo conhecido um hiato desde 1793, voltava agora fazendo muito barulho.

Na versão de Lenin do marxismo, antes da revolução era possível o compromisso tático com outros grupos políticos, mas não poderia haver compromisso sobre o objetivo estratégico de uma sociedade coletiva sem propriedade. Como Robespierre, Lenin visava impor uma pureza geométrica sobre a corrupta matéria-prima humana. Como mencionado na Introdução, essa fria avidez por destruição brotou originalmente de sua revolta por um irmão ter sido executado por traição e pela desgraça da família que resultou daí, finalmente projetada como vingança contra o mundo inteiro. Lenin nunca acreditou que o socialismo pudesse triunfar apenas na Rússia e nunca teria se contentado com um prêmio tão pequeno ("Pouco me importa a Rússia", ele disse um dia. "Esta é apenas uma fase que temos de atravessar a caminho de uma revolução mundial"). Achava que a Revolução Russa agiria como um incentivo para uma Revolução Europeia, que ajudaria então o desenvolvimento da atrasada sociedade agrária da Rússia com sua economia industrial muito mais avançada. Tomando o poder num *coup d'état* em que a dinastia Romanov desmoronou, os bolcheviques usaram a casca vazia do agora desocupado Estado absoluto dos czares, cesaropapista, para começar a impor o comunismo pela força. Como observamos, no entanto, desde o primeiro momento a selvageria bolchevique superou até mesmo os momentos mais autocráticos dos czares. Como Lenin comentou: "Uma revolução sem pelotões de fuzilamento não faz sentido... O objetivo do terror é aterrorizar".

Embora afirmasse ser um marxista ortodoxo (e pode inclusive ter acreditado nisso), Lenin na verdade era um *golpista* com pretensões a ditador. Como já mencionei, os verdadeiros predecessores dos bolcheviques incluíam uma seita nietzschiana chamada "construtores de Deus", que tinham em mente criar um mundo novo sobre os escombros do antigo, assim como o movimento "Vontade do Povo", que era impelido por uma nostalgia, no espírito de Rousseau e Tolstói, de uma suposta e perdida era dourada de plenitude camponesa. Como observou Robert Conquest, "a liderança do partido comunista não era um grupo de economistas racionais... embora eles às vezes se imaginassem assim e assim descrevessem suas ações para os observadores no Ocidente. Era um grupo que havia aceito uma doutrina milenarista e sua lógica para se apoderar do poder era o desejo de colocá-la em prática para produzir uma sociedade nova e superior". Quando a Rússia czarista foi abalada em suas fundações pela Primeira Guerra Mundial, com milhões de baixas nas trincheiras e uma economia em colapso provocando distúrbios, Trotsky instigou Lenin a assumir o controle entre o caos. Apesar da postura de intelectual sensível que mais tarde adotou em seu exílio no Ocidente, Trotsky foi um completo niilista e um assassino em massa (centenas foram exterminados por seu trem blindado por nenhum outro crime senão serem bem-sucedidos, algo que ele nunca conseguira ser em tempos normais). Era Sénécal trazido à vida, a vingança do boêmio armado contra sua exclusão da aceitabilidade social. "Não importa o que possam dizer os eunucos e fariseus", ele se entusiasmava, "o sentimento de vingança tem sua justificativa... [Devemos] dirigir todas as nossas energias para uma luta coletiva contra essa estrutura de classe. Esse é o método pelo qual o desejo ardente de vingança pode alcançar sua maior satisfação moral".

Lenin e seus homens de confiança eram desprovidos de patriotismo, já que sua revolução deveria ser o primeiro estágio de uma vindoura ordem comunista internacional. Enquanto Kerensky tentava desesperadamente prosseguir com o esforço de guerra após a abdicação do czar, Lenin – que fora devolvido do exílio e mandado para a Rússia pelo kaiser alemão como, nas palavras de Churchill, um "bacilo de peste" para minar o regime – abriu mão de enormes porções do país para fazer a paz, para que a "ditadura do proletariado" pudesse entrincheirar-se no que restou. Quaisquer ilusões que as pessoas pudessem ter de que Lenin defendesse a democracia eleitoral foram perdidas quando a rebelião de Kronstadt, em 1921, contra a emergente ditadura soviética foi cruelmente reprimida. Num nível pessoal, Lenin era frio como gelo e não tolerava qualquer debate. Era tanto um "teórico" quanto Hitler, com escritos sombrios que eram principalmente ferozes diatribes contra seus rivais. Nacos pilhados de marxismo serviam a seu propósito de conquistar poder absoluto e esmagar a sociedade, assim como Hitler fez mais tarde invocando Nietzsche. Não sabia falar em público de modo inspirador, embora seu famoso apelo por "paz, terra, todo poder aos sovietes" ao chegar à Estação Finlândia no vagão blindado do kaiser tivesse uma impressionante simplicidade.

Em *Lenin em Zurique,* Soljenítsin conta a história de como a esposa de Lenin, Krupskaja, levou a mãe muito doente para morar com eles enquanto estavam no exílio. Ela passava noites em claro velando pela mãe e certa vez, precisando de algumas horas de sono, pediu a Lenin, que sempre ficava lendo até tarde, para acordá-la se a mãe precisasse de alguma coisa. Na manhã seguinte, ao acordar, Krupskaja ficou sabendo que a mãe já estava morta há várias horas em seu quarto. Quando, muito perturbada, perguntou a Lenin, ainda na escrivaninha, por que não a tinha acordado, ele respondeu num tom calmo: "Você me pediu para acordá-la se sua mãe precisasse de você. Ela já estava morta... e obviamente não precisava mais de você". O que mais precisamos saber?

Foi um velho camarada de Lenin, Pyatakov, quem deixou a imagem, reforçada pelos bolcheviques, de Lenin como uma figura transcendental, monumental, alguém que, como Mussolini observou com admiração, era um escultor de almas humanas. As ações de Lenin não eram guiadas por uma análise de condições sociais e econômicas, como ensinava o marxismo. Ao contrário, ele *criava* essas condições, como o Legislador de Rousseau ou o Super-Homem de Nietzsche: "O verdadeiro Lenin", Pyatakov escreveu, "foi o homem que teve a coragem de fazer primeiro uma revolução proletária e depois dedicar-se a criar as condições objetivas, teoricamente necessárias, como base preliminar de uma tal revolução. O que foi a Revolução de Outubro, o que de fato é o Partido Comunista senão um milagre?". Ele continuou: "Segundo Lenin, o Partido Comunista está baseado no princípio da coerção, que não reconhece quaisquer limitações ou inibições. E a ideia central desse princípio de coerção ilimitada não é a coerção em si, mas a ausência de qualquer limitação, seja qual for – moral, política e mesmo física, não importa". Era a completa identificação da ação política revolucionária com uma onipotência outrora reservada a Deus: "Tal partido é capaz de realizar milagres e fazer coisas que nenhum outro coletivo de homens poderia realizar... Um verdadeiro comunista... se torna de certa forma um homem prodigioso".

O NÚMERO-UM LENINISTA

Stalin foi durante muito tempo mal compreendido no Ocidente devido ao retrato utilitário que Trotsky fizera dele como um obscuro "borrão cinzento", que tomara o poder controlando a burocracia do partido e expulsando Trotsky, herdeiro de Lenin e sensível e sincero social-democrata, traindo a Revolução ao governar como um Gênghis Khan da época moderna. Tudo isso era falso. Ao contrário de muitos que usavam pincenê e faziam discursos nos cafés, panfletários boêmios e estudantes reprovados que cercavam Lenin, Stalin vinha realmente de um meio camponês. Georgiano – como Alexandre, o Grande, Napoleão e mais tarde Hitler, um forasteiro vindo de uma área um tanto atrasada e interiorana –, ele pode ter nutrido um ressentimento contra os verdadeiros russos. O fato de ter sido criado por um pai alcoólatra e brutal parece que lhe deu um gosto duradouro pela brutalidade e pela vingança projetadas sobre o mundo do privilégio. Sua compreensão do marxismo se comparava à absorção de um catecismo, assim como seus discursos, áridos e numa voz rala, refletiam o período em que fora seminarista, talvez um primeiro canal para seu fanatismo. Mas ele realmente acreditava no comunismo como fora criado por Lenin e cumpriu ao pé da letra as genuínas políticas de Lenin: industrialização e coletivização rápidas, a um custo de dezenas de milhões de vidas. Na verdade, Lenin favoreceu-o desde muito cedo, admirando sua crueldade e gosto pela violência física. Stalin foi um dos principais angariadores de fundos para o partido por meio de roubos a bancos. Lenin deu-lhe o cargo de secretário-geral do Partido Comunista não porque Stalin fosse um mero burocrata, mas porque confiava nele. Lenin absolutamente não tinha tempo para intelectuais – se esse é o termo adequado para um agitador golpista e assassino como Trotsky – além dele próprio. Embora histórias convencionais e apologéticas descrevam as medidas extremas de trabalho escravo durante o período do "comunismo de guerra", entre 1918 e 1921 (avidamente orquestrado por Trotsky), como uma reação temporária à desesperada ameaça de derrota do governo soviético pelos Russos Brancos, desviando Lenin das tarefas construtivas de desenvolvimento de uma economia moderna, na verdade "comunismo de guerra" era o que Lenin sempre quis. A chamada Nova Política Econômica (NEP) de Lenin nos anos 1920, quando o ritmo da coletivização foi temporariamente desacelerado e foi permitido um limitado grau de propriedade da terra e pequenos negócios, era uma concessão para evitar a fome completa, em especial para membros do partido, e se destinava a ser encerrada logo que possível, para que o partido pudesse retornar à sua missão de completa coletivização. Em outras palavras, "comunismo de guerra" *era* comunismo.

O triunfo de Stalin sobre Trotsky após a morte de Lenin e sua ascensão ao poder supremo foi uma manobra brilhante que humilhou o vaidoso e loquaz Trotsky, que achava que o fato de o deixarem fazer discursos inflamados de três horas indicava que todos concordavam com ele. A princípio, Stalin tratou Bukharin e a NEP com indulgência, acusando Trotsky de ter ido excessivamente para a esquerda. Depois, no entanto, de mandar seu principal adversário para o exílio, ele próprio se voltou para a extrema-esquerda e denunciou Bukharin e os reformistas. Seguiram-se os horrores da coletivização total, justo como Lenin quisera, uma tarefa que Trotsky, como demonstrado por seu papel anterior na organização de trabalho escravo e na liquidação em massa de "inimigos de classe", teria cumprido se lhe tivessem dado oportunidade. Ao retornar à visão utópica de Lenin da coletivização rápida, Stalin percebeu de maneira correta a orientação psicológica do partido, em especial dos jovens – eles queriam a vibração e o idealismo do que Lenin, o "homem prodigioso", tinha concebido e queriam eles próprios se tornarem homens prodigiosos por meio do exercício ilimitado da vontade política contra os inimigos da Revolução.

O NKVD, mais tarde KGB, a turma favorita de Stalin (ao contrário dos elitistas intelectuais de café da Velha Guarda Bolchevique, que ele desprezava), tornou-se um Estado dentro do Estado enquanto servia de ponta de lança na missão genocida, um exercício de poder mais tarde imitado pela SS nazista. O terror implacável era justificado pela doutrina econômica soviética da "acumulação primitiva socialista". Em outras palavras, tinha de ser extraído do povo cada grama de riqueza para financiar a construção de fábricas da noite para o dia e enormes e modernas forças armadas. Afinal, raciocinavam os bolcheviques, o próprio capitalismo não tinha feito o mesmo durante os séculos de criação da moderna produtividade industrial? Marx chamava isso de extração de uma "mais-valia" do que os trabalhadores produziam, enquanto lhes era paga uma parcela ínfima do valor real de seu trabalho e confiscado o restante para lucro e para a construção de novas fábricas. Tratava-se apenas de acelerar o processo mas, dessa vez, a força econômica serviria a um ideal altruísta, não ao luxo e cobiça burguesas. Um moderno Estado industrial tinha de ser construído da noite para o dia, de cima, no meio de uma cultura inteiramente agrária. Mas a ninguém devia ser permitido lucrar com isso – todo trabalho seria organizado pelo Estado. Fora essa a missão de Lenin e Stalin estava determinado a levá-la até o fim. Como diagnosticado de modo inesquecível por Soljenítsin, o sistema do Gulag não era apenas um meio de conseguir trabalho escravo, mas também o protótipo do mundo ideal por vir; era o próprio "Homem Novo Soviético", despojado de todos os vínculos com o solo, a fé, a família e as posses privadas, leal apenas ao esmagador monólito do Estado estalinista. No fundo, esse processo de subordinação total do indivíduo ao coletivo era ainda mais importante para o bolchevismo que a construção de uma economia industrial. Como o próprio Stalin disse, ele estava menos interessado em construir mais fábricas que em ser "o engenheiro de almas humanas".

O Terror da Fome de 1932-1933 na Ucrânia, deliberadamente organizado por Stalin para extrair cada grama da produção agrícola para vender no exterior, financiava assim novas fábricas enquanto os ucranianos famintos eram, como Robert Conquest escreveu, "um vasto Belsen"* em que os pais eram impelidos a canibalizar os próprios filhos ou a vender partes de seus corpos como alimento. O Politburo tinha resolvido que "o tempo [estava] maduro para a questão da eliminação do kulak ser colocada de uma forma específica" – o mesmo tipo de linguagem burocrática usado mais tarde por Heydrich e Eichmann para discutir a "questão" do extermínio dos judeus. Não devia haver hesitação, nem escrúpulos morais burgueses, quanto à destruição da classe dos chamados camponeses ricos. Como diz Zinoviev: "Temos de levar conosco 90 milhões dos 100 milhões da população soviética. Quanto ao

---

* Campo de concentração nazista. (N.T.)

restante, não temos nada a lhes dizer. Eles devem ser aniquilados". Na realidade, o número de mortes por meio de execução, fome, coletivização e trabalho escravo esteve mais próximo de 20 milhões, segundo Roy Medvedev, não contando os 20 milhões de mortes da Segunda Guerra Mundial que foram também culpa de Stalin, como discutiremos em breve (o historiador Norman Davies situa o número de mortos em 50 milhões, não contando as baixas do período da guerra). O próprio Stalin justificou: "É ridículo e tolo ficar hoje divagando sobre a expropriação dos kulaks. Não lamentamos a perda de cabelo de alguém que foi decapitado". Os jovens quadros do partido que foram supervisionar o genocídio no campo fizeram-no com entusiasmo e severo zelo. Como explicou um organizador: "Devemos assumir nossos deveres com o sentimento da mais estrita responsabilidade partidária, sem nos queixarmos, sem qualquer liberalismo podre". Uma jovem "ativista" recordou: "Para massacrá-los, era necessário proclamar que os kulaks não eram seres humanos. Assim como os alemães proclamavam que os judeus não eram seres humanos. Assim Lenin e Stalin proclamaram: os kulaks não eram seres humanos". Outro funcionário comentou: "Sabemos que milhões estão morrendo. Isso é lamentável, mas o glorioso futuro da União Soviética vai justificá-lo". Se nesses relatos substituíssemos "kulak" por "judeu", poderíamos estar citando os nazistas, a SS e Himmler.

Ao contrário de Lenin, Stalin acreditava que o comunismo podia ser plenamente realizado na Rússia. Mas depois suas bênçãos deviam ser estendidas ao mundo inteiro – como ele observou em seu discurso *Dominando o Bolchevismo*, de 1937, na medida em que "o poder soviético" só cobria um sexto do globo, havia muito a ser feito. Como revolucionário milenarista, ele era necessariamente um imperialista. Devido ao pacto que fez com Hitler em 1939 – o único homem, como Soljenítsin comenta num tom mordaz, em quem Stalin realmente confiou – nenhuma outra pessoa foi mais responsável, depois do próprio Hitler, pela Segunda Guerra Mundial e a morte, destruição e sofrimento que ela desencadeou do que Stalin. Pois sem esse pacto, jamais Hitler poderia tomar a França e (como ele acreditava) a Grã-Bretanha, voltando-se depois para a Europa Central e dando início ao Holocausto. Sim, o povo russo sofreu incrivelmente – um fato desde então evocado de modo incansável por líderes soviéticos e russos, incluindo Putin, como se esse sofrimento passado justificasse, de alguma maneira vaga, a conquista que hoje ele faz de outros povos. Mas esse sofrimento também foi resultado das ações de Stalin, incluindo sua persistência em ignorar os sinais de uma iminente traição e invasão nazistas. Quando Hitler invadiu, os exércitos russos foram impelidos contra os alemães a ponta de faca, incluindo mulheres, crianças, pacientes mentais e prisioneiros que foram forçados a preceder as tropas, em campos que se suspeitava estarem minados, para explodir as minas. Após a derrota da Alemanha, Stalin estava decidido a manter cada pedaço de território que entrara no acordo original que fizera com Hitler, principalmente a Polônia – foi por essa razão que sua promessa em Yalta de realizar eleições livres nos territórios ocupados pelo Exército Vermelho foi, desde o início, uma mentira, tornando a Guerra Fria inevitável.

Pessoalmente, segundo todos os relatos, Stalin era inteligente, versado em vários assuntos e curioso. Era capaz de exibir um charme um tanto sombrio a seus subordinados, mas não podia suportar que contestassem seus pontos de vista e jamais esquecia a afronta. Também não podia suportar ficar em segundo plano. Durante a parada da vitória na Praça Vermelha, após a derrota da Alemanha, o mais bem-sucedido comandante militar da Rússia, marechal Zhukov, disse "nunca ter perdido uma batalha" e cavalgou um elegante garanhão branco. Stalin planejara fazer o mesmo, mas caiu ao tentar montar no cavalo. Depois da guerra, Zhukov foi relegado a um posto regional menor (ocupando uma rara posição entre os subordinados de Stalin por discordar abertamente dele sobre a condução da guerra, ganhara o respeito de Stalin, o que o pode ter salvo de um destino muito pior). Stalin parecia acreditar em sua própria propaganda de ser um gênio em todas as esferas da atividade humana e intervinha com frequência nas artes. Advertiu Pasternak sobre como escrever ficção soviética e deu conselhos a Shostakovich sobre a composição de música verdadeiramente bolchevique (sem influências modernistas, que Stalin encarava como anticomunistas). Desconfiava de qualquer um que tivesse suas origens numa classe alta e quase perdeu a guerra para Hitler por ter expurgado grande parte dos oficiais militares. Mas os expurgos em massa do partido permitiram que pessoas jovens ascendessem com rapidez às posições que ficavam vagas, e isso, juntamente com o fato de ser cultuado pelo alcance divino de seu poder, tornou-se uma fonte de sua autoridade entre a geração mais nova. Outro "homem prodigioso" como Lenin, Stalin atendeu ao verdadeiro núcleo nietzschiano do ethos bolchevique. Nenhum ato de brutalidade, crueldade ou sadismo mais tarde cometido pelos nazistas deixou de ser testado em caráter pioneiro por Stalin e os bolcheviques. Não causa muito espanto que, depois de visitar Moscou para selar o pacto Hitler-Stalin, o ministro do exterior alemão, Von Ribbentrop, tenha dito com entusiasmo ao *Führer* que o encontro com Stalin e seus paladinos fora "exatamente como estar entre nossos velhos camaradas do partido!".

A morte de sua primeira esposa, afirmava Stalin, tinha removido qualquer traço de piedade de seu coração. Mas será que algum dia ele teve algum? Soljenítsin observou que seu único talento real era sentir com precisão onde a alma de cada homem se cruza com a lama (aquele ponto onde nossas melhores aspirações a fazer o bem são subvertidas por nosso medo e ambição) e tirar proveito disso. Sentia prazer em brincar com suas vítimas, atormentando Bukharin ao mandar o NKVD chamá-lo para interrogatório, depois dando a entender que o salvaria da prisão – sabendo o tempo todo que logo iria ordenar que o prendessem. Disse a Dzerjinsky num momento revelador: "Escolher as vítimas, preparar os planos de forma minuciosa, satisfazer uma vingança implacável e ir para a cama... Não há nada mais agradável no mundo". Afirmava (como Saddam Hussein, um de seus admiradores, faria mais tarde) que podia ver a traição nos olhos de um homem. Seu humor era sarcástico, como na descrição que fazia dos simpatizantes comunistas no Ocidente como "idiotas úteis" ou no hábito de convocar algum perito internado no inferno do Gulag para receber uma missão cobiçada e sorrir ante o assustado espectro dizendo: "Yuri, por onde afinal você andou? Fiquei o procurando por toda parte! Precisamos de você!". Seu íntimo colaborador, Béria, chefe do KGB, entregava-se a excessos sádicos no nível de Klaus Barbie, tendo um calabouço em sua casa para a tortura de inimigos e o estupro de escolares sequestradas.

Embora muita gente importante do partido vivesse prodigamente, o estilo de vida de Stalin não era opulento. Ele desfrutava do poder, não do gozo das riquezas que o poder trazia. Seu biógrafo Simon Sebag Montefiore compara o padrão e o mobiliário de seu apartamento no Kremlin aos de um professor de Oxford. Seus gostos eram toscos – enormes porções de carne tragadas com galões de vinho suave. Passava meses a fio na Crimeia devido ao clima, como tinham feito os czares. Como um tirano dos velhos tempos, era difícil distinguir sua esfera pessoal da esfera de governo – administrava o país inteiro de sua mesa de jantar, muitas vezes entre bebedeiras turbulentas que se estendiam pela noite. Seguia a visão utópica de Lenin com o que Montefiore descreve como um "fanatismo quase islâmico", mas no final das contas todo o experimento foi uma vasta e inútil tragédia. Antes de 1917, a Rússia tinha uma das economias em mais rápido crescimento da Europa – tudo que Lenin e Stalin realizaram, depois da morte de dezenas de milhões, foi deteriorá-la, deixando o país quase além da possibilidade de recuperação.

Por isso acho que Maquiavel, que como vimos na Parte Dois lançou os princípios da construção do Estado moderno, não teria incluído Lenin ou Stalin na categoria do "príncipe notável" que exercita sua vontade para "domar a Sorte". Maquiavel não fazia objeções ao uso da força, mas só se isso resultasse em prosperidade e segurança para os súditos do príncipe. Era essa a "crueldade bem usada" e como era basicamente preventiva e feita por prudência, argumentava Maquiavel, sua escala e duração não precisavam ser imensas. Matar milhões de pessoas para seguir uma fantasia de um mundo "além da política", uma "sociedade sem classes" de completa felicidade e unidade eterna teria parecido a Maquiavel inteiramente sem sentido. Mais uma vez, a tirania milenarista difere, na escala da violência e na fantasia dos objetivos, do tirano reformista, mesmo nos momentos em que ele é mais cruel.

Guerra e agressão imperial compensaram os fracassos econômicos da União Soviética – da ocupação por Stalin do leste europeu e do flerte de Kruschev com a possibilidade de provocar uma guerra nuclear através de seu procurador Castro durante a crise dos mísseis cubanos à invasão do Afeganistão por Brejnev. Ao contrário de uma visão ainda inexplicavelmente disseminada no Ocidente, a Guerra Fria foi em sua totalidade culpa de Stalin, que quebrou todas as promessas feitas em Yalta, chegando inclusive a ameaçar a Grécia até que os Estados Unidos, na época a única potência nuclear, o advertissem para recuar. De todas as desconfortáveis decisões sobre escolher o mal menor que têm sido discutidas neste livro, a mais repugnante foi sem dúvida a necessidade de uma aliança com o falso e cínico Stalin contra o mal maior, Hitler, o que abria uma zona moral cinzenta simbolizada pela presença, no tribunal de Nuremberg, de oficiais soviéticos que tinham cometido algumas das mesmas atrocidades de que os nazistas no banco dos réus estavam sendo acusados, como Iona Nikitchenko, que tinha orquestrado os célebres "julgamentos espetaculares" durante o Grande Expurgo de Stalin, e Roman Rudenko, que mais tarde comandou um campo do NKVD em que 12.500 prisioneiros morreram de fome e enfermidades.

O tipo de aliado que obtivemos com a União Soviética é captado pelo relato de uma testemunha ocular de uma cena deixada para trás pelo NKVD durante a fuga do avanço alemão na Polônia e que revela os métodos de governo que tinham sido exportados da Rússia para os territórios recentemente adquiridos por meio do pacto Hitler-Stalin. O chão estava coberto por 20 centímetros de sangue. "Órgãos sexuais de homens e seios de mulheres haviam sido dilacerados ou decepados. Olhos tinham sido arrancados, os corpos estavam espancados ou esmagados, convertidos em massas irreconhecíveis de ossos e carne... Traziam nos rostos expressões distorcidas de inimaginável agonia... O corpo morto de uma menina pequena, de uns 8 anos, pendia da luminária do teto."

Essas atrocidades podem não ter sido de conhecimento amplo, mas foram certamente conhecidas por alguns, inclusive nos círculos oficiais de Washington. Viktor Kravchenko, que havia escapado do Gulag, narrou em seu livro de 1946, *Escolhi a Liberdade*, muitos dos mesmos horrores que mais tarde foram mais extensamente divulgados por Soljenítsin. Para seu espanto, ele se deparou com um muro de tijolos de obstinada ignorância entre os "idiotas úteis" (expressão de Stalin) nos Estados Unidos. "Vi homens e mulheres que chamavam o presidente Roosevelt de ditador ficarem furiosos quando Stalin era chamado do mesmo jeito... Grandes parcelas da realidade comunista – como trabalho escravo, ditadura policial, os enormes expurgos periódicos, os padrões de vida fantasticamente baixos, a Grande Fome de 1932-1933, os horrores da coletivização, o trabalho infantil organizado pelo Estado... quando eu me aventurava a mencionar essas coisas os americanos me olhavam com ar incrédulo e alguns inclusive se apressavam a dispensar arrogantes negações... Para minha surpresa, descobri que eles achavam que a Rússia era um país onde 'os trabalhadores governavam', onde os agricultores 'viviam numa sociedade cooperativa' em que 'todos eram iguais'!" A explicação para essas ilusões sobre o governo soviético talvez não seja mais sofisticada que o fato de a União Soviética afirmar que defendia a igualdade (enquanto os nazistas proclamavam abertamente que não o faziam) associado a uma tradição, já agora de séculos no Ocidente, de liberdade individual, tolerância e domínio da lei que, tendo resultado em sociedades tão prósperas e pacíficas, tornava difícil que as pessoas entendessem que seres humanos como elas pudessem afundar a ponto de se tornarem feras tão depravadas.

A BÊNÇÃO MUNDIAL NACIONAL-SOCIALISTA

Caminhando pelo que sobrou do campo da morte de Auschwitz-Birkenau, na Polônia, ocorre-nos a ideia de que aquilo é uma vasta bateria de extermínio, acumulando e distribuindo numa rede de 40 quilômetros quadrados a energia do assassinato em massa. É comparável a um abatedouro para seres humanos ou a uma versão estática dos navios negreiros que transportavam carga humana da África. Os galpões de prisioneiros se parecem muito com os desenhos que temos visto daqueles porões dos navios negreiros, currais para seres humanos, ainda que num verdadeiro curral os animais nunca tenham sido empilhados como toras de madeira e tratados tão mal. As ruínas das câmaras de gás me deram uma sensação esquisita, como se eu estivesse excursionando pelas ruínas de uma desaparecida e brutal cultura antiga, como a das pirâmides maias, onde eram realizados incontáveis sacrifícios humanos. Há uma estranha serenidade ali e isso foi observado por testemunhas oculares até mesmo quando o campo ainda estava em operação: "O que nos impressionava", recordou mais tarde um dos médicos da SS, "era o fato de Auschwitz ser um esforço coletivo... e o perturbador era que o campo não era uma coisa passional... Era uma coisa calma. Não havia nada emocional em Auschwitz". Como Reinhard Heydrich, arquiteto da Solução Final sob o comando de Himmler – certa vez descrito como um "jovem deus da morte" –, comentou de forma macabra sobre os métodos de extermínio levados à perfeição ali: "Tenho de admitir que esse gaseamento tinha um efeito calmante sobre mim. Eu ficava sempre horrorizado com as execuções por pelotão de fuzilamento".

Mesmo hoje a pessoa fica impressionada pela grande simetria e o planejamento impecável do local, essencialmente duas longas avenidas se cruzando perto da plataforma onde os prisioneiros eram descarregados dos vagões de gado. Se o médico da SS lhe fazia sinal para seguir à esquerda, você ia direto para as câmaras de gás. Se o mandava seguir à direita, você ia para os galpões dos trabalhadores escravos. Ver o campo inteiro do alto da torre de entrada, onde os trens passavam sob a famosa placa *Arbeit Macht Frei* ("O Trabalho o Liberará"), com a sinistra elegância de seu padrão de ferro trabalhado, ver todo o imenso complexo com as duas avenidas enormes e milhares de galpões com espaços perfeitamente uniformes entre um e outro, intercalados com centenas de torres de vigia com espaços perfeitamente uniformes entre elas, fazia de novo a pessoa pensar numa gigantesca bateria de extermínio.

Uma coisa é ler sobre a Solução Final, como fiz durante anos. Ver de perto o que sobrou é outra, muito diferente, pois você vê com os próprios olhos o modo incrivelmente metódico, tijolo por tijolo e tábua por tábua, como essas fábricas da morte, de operação perfeita, de simetria perfeita, foram criadas – quanta engenhosidade, talento, imaginação e, sobretudo, convicção profunda e entusiasmo foram investidos em sua criação por homens dedicados como Adolf Eichmann e Heydrich. Como um sobrevivente de Treblinka, Richard Glazer, disse após a guerra: "Isso é algo, percebe, que o mundo nunca entendeu, como essa máquina era perfeita. Foi só a falta de transporte devido [à guerra] que os impediu de trabalhar com números muito maiores que os alcançados. Só Treblinka poderia ter dado conta de no mínimo 6 milhões de judeus. Com transporte ferroviário adequado, os campos de extermínio alemães... poderiam ter matado todos os poloneses, russos e outros europeus do leste que os nazistas planejavam matar".

O historiador Ian Kershaw, ao colocar a questão de por que a Alemanha nazista lutou até o amargo fim sem que a autoridade civil desmoronasse sob um conflito civil como tinha acontecido no fim da Primeira Guerra Mundial, sugeriu que a resposta era "em última análise, um senso de dever profundamente inculcado e distorcido ao extremo..." As "mentalidades básicas... são o mais fundamental... Todos os outros fatores estavam em última instância subordinados ao modo como o carismático regime do *Führer* estava estruturado". Em outras palavras, o que sustentava o regime, mesmo diante da derrota certa, era a utópica visão milenarista do nacional--socialismo, muito diferente do mero militarismo de Grande Potência que motivava o Kaiser na Primeira Guerra Mundial. Como o ministro da propaganda Joseph Goebbels tinha formulado anos antes: "O nacional-socialismo é uma religião. Um dia que não está longe será a religião de todos os alemães... Esse é o meu evangelho". O rito central dessa religião, seu principal sacramento, era a remoção do povo judeu da face da Terra para introduzir os mil anos da "bênção mundial nacional-socialista".

Em seu estudo clássico de 1937, o antigo membro do partido e mais tarde desertor Herman Rauschning chamou o nazismo de "a revolução do niilismo". Mais importante que qualquer doutrina ideológica específica, escreveu ele, era seu impulso básico para a completa destruição, aniquilamento e reconstrução do mundo como um coletivo monolítico baseado em pureza racial. Era adotada a visão de Bakhunin e dos anarquistas de reduzir a cinzas a civilização europeia e colocar isso a serviço da futura Nova Ordem – uma consistência de objetivo e um plano utópico para o futuro que explica por que o movimento anarquista alemão afluiu muito cedo para as tropas de choque nazistas. Como disse Herman Goering de modo revelador: "Ingressei no partido para me tornar um revolucionário, não por causa de alguma bobagem ideológica!". Em outras palavras, ele estava disposto a ação e aventura, não a monótonos debates políticos. Invocar a violência espontânea "do povo" para quebrar o domínio do Iluminismo e do liberalismo sobre a Alemanha levava a uma ênfase constante na paixão do jovem – o nazismo era amplamente conhecido como "o movimento da juventude".

Para Rauschning, a revolução do niilismo era "um sistema filosófico equivalente à crença de que o uso da violência num esforço supremo liberta forças morais criativas na sociedade humana, que levam a uma renovação social e nacional". A própria tendência promovida pelo Iluminismo para sermos céticos sobre absolutos, sobre tradições de deferência e contenção, alimentou com o tempo uma atmosfera que solapava *toda* autoridade, mesmo aquela da democracia e dos direitos e, em vez disso, cultuava a pura força de vontade instintiva. "Quando todos os outros padrões foram desmascarados pelo ceticismo com relação a todas as doutrinas, a própria razão é despojada de sua força. A anti-intelectual atitude intelectual do 'dinamismo' não é mero acaso, mas resultado necessário de uma completa ausência de padrões. O homem, ela sustenta, não é um ser lógico, mas uma criatura seguindo seus instintos e impulsos... O elemento bárbaro da violência, que o socialismo reformista e o marxismo moderado colocariam em custódia segura, trancado a chave, é o único elemento que pode mudar uma ordem social." Em outras palavras, por meio da revolução nazista do niilismo, *A Vontade de Poder* de Nietzsche encontra a sarjeta do totalitarismo e do cassetete. "Essa gente jovem", Rauschning continua, "já vê o único elemento comum essencial nos processos revolucionários em seu caráter destrutivo e não atribui mais qualquer importância às doutrinas que a dividem... Veem o sentido da vida em seus perigos, o propósito da vida como dominação, os meios como violência e a meta como o império totalitário mundial". Substitua a última expressão por "califado mundial" e todo esse último trecho poderia ser uma descrição do que anima os jovens combatentes do Estado Islâmico.

O trecho seguinte, extraído da revista oficial da SS, também poderia ter sido escrito para cortejar os potenciais jihadistas de hoje: "Quando falamos da jovem Europa e de suas jovens nações, nós as contrastamos com o mundo senil do liberalismo moribundo... Proporcionamos ao jovem a liberdade de desenvolver... espaços para a fantasia criativa, a oportunidade de transformar grandes pensamentos em realidade fora da sala de palestras. Proporcionamos a concretização de sonhos numa escala mundial". Esse sonho veio a ser o Holocausto e aqui está como ele se parece: "No quarto transporte, um pequeno bebê acomodado num travesseiro foi atirado do caminhão. Ele começou a chorar. Os homens da SS riram. Metralharam o bebê e o atiraram na vala".

Há outros observadores contemporâneos que, como Rauschning, viram em geral o nazismo e o fascismo como os movimentos revolucionários que realmente foram, em discordância completa não só com o conservadorismo tradicional, mas também com o liberalismo. Ortega y Gassett encarava o fascismo como uma moderna e democrática rebelião do homem-massa contra a cultura elevada e a política cordial, defendendo os padrões educacionais da alta civilização burguesa da Europa de fins do século XIX que o homem democrático queria jogar fora para adotar a brutalidade da "ação direta". Ortega acreditava que líderes fascistas como Mussolini e Hitler apelavam a uma ânsia oculta do povo comum por um chefe capaz de aliviá-los das responsabilidades e fardos do autogoverno, satisfazendo a advertência mais antiga de Tocqueville sobre o surgimento de um "déspota democrático". Sob certos aspectos, Hitler mostrava de fato um certo retorno aos demagogos de tempos antigos e ao modo como cortejavam a massa. Afirmava que *Rienzi*, de Wagner, sobre como um *condottieri* troca a fidelidade ao déspota que o está pagando pela lealdade ao povo comum que o déspota está tentando reprimir, foi "o começo de tudo" em seu desejo de se tornar o tribuno do povo alemão. Mas o projeto utópico que animava o nacional-socialismo, culminando no Holocausto e cujo principal visionário era Hitler, tornou Hitler muito diferente daqueles antigos demagogos ou de um autoritário cínico fazendo-se passar por amigo do povo como Napoleão III.

A obra-prima da propaganda dirigida por Leni Riefenstahl, *O Triunfo da Vontade* (um título com deliberadas sugestões nietzschianas), cristalizava o bravo mundo novo que os nazistas, liderados por Hitler, acreditavam com fervor estar criando e mostrava como ele se mostraria uma "bênção mundial" para toda a humanidade assim que seu principal obstáculo, os judeus, tivesse sido removido para sempre. Hitler participou ativamente em cada estágio da realização do filme – compreendia o potencial da mídia cinematográfica para a manipulação do imaginário político e da emoção de massa. O êxtase milenarista e a alegria jovem, comunal, captada pelo filme inspiraram as energias que levaram diretamente ao Holocausto – o meio necessário para levar a cabo uma extasiada visão da renovação nacional e, finalmente, mundial –, as convicções que motivaram toda a política externa e objetivos de guerra de Hitler. Central para a visão de mundo nacional-socialista era o uso da tecnologia moderna, no que ela tinha de mais avançado, para destruir a era moderna e retornar ao destino original do povo alemão. Em função disso, os nazistas eram ao mesmo tempo ultratradicionalistas (mas atentos a um destino primordial muito mais recuado que o conservadorismo convencional da tradição recebida) e ultramodernistas. O filme de Riefenstahl tem início com Hitler num avião fazendo círculos esmerados sobre Nuremberg, navegando pelas nuvens como uma Valquíria sob uma variedade de sons wagnerianos, enquanto lá embaixo os antigos pináculos góticos da cidade são enfeitados com bandeiras da suástica. Ele é tanto o homem do futuro quanto o restaurador do passado mítico.

O nacional-socialismo alcançou a vitória política em 1933 quando, ao conquistar o maior bloco de deputados do Reichstag (mas não um bloco majoritário), Hitler foi convidado a se tornar chanceler (muito contrariamente às preferências pessoais do ríspido e velho aristocrata e marechal de campo da Primeira Guerra Mundial, o presidente Paul von Hindenburg, que desprezava Hitler como um arrivista) por cínicos conservadores que achavam que poderiam "conter" Hitler e usar sua popularidade para combater a extrema-esquerda. Hitler rapidamente usou seus poderes para criar um Estado unipartidário com toda a autoridade concentrada em suas mãos, dando inteiramente fim às eleições. Quando Hindenburg morreu, deixaram que o cargo de presidente caducasse e o exército fez um juramento de lealdade pessoal ao líder supremo. A popularidade de Hitler subia.

Essa vitória não pode ser compreendida sem referência à cultura potente e de longa gestação de repugnância ao Iluminismo que discutimos antes. O caminho do poder para o nazismo foi preparado por pelo menos meio século de fantasias acumuladas de forma contínua sobre o destino da Alemanha, que se encontraria "no Leste", no reino arcaico do mito e solo teutônicos, não no corrupto "Ocidente" iluminista da França exausta e da gananciosa Inglaterra. Como observamos, intelectuais populares como Paul de la Garde e Moeller van den Brucke tornaram esse tema respeitável entre um educado público leitor. Ele foi intensificado pela popularidade crescente, chegando às raias do endeusamento, da música de Wagner, que apelava para que o homem moderno se livrasse do fútil materialismo burguês da era moderna e retornasse às fantasias primitivas da cavalaria nórdica e da luta que abalava o mundo. É por isso que Hitler foi, a seu modo, um dos mais genuínos discípulos de Wagner. *Götterdämmerung*, de Wagner, usufrui a visão de um cataclismo mundial, inspirando o jovem Hitler a imaginar uma Alemanha futura como senhora do mundo ou ardendo em chamas. O fim do Terceiro Reich no *bunker* de Hitler, com Berlim em ruínas ardentes ao seu redor, cumpria as exaltadas profecias de catástrofe de Wagner.

O nacional-socialismo foi muitas vezes mal compreendido nos Estados Unidos e na Grã-Bretanha como um retorno ao militarismo de grande potência de Bismarck, Von Moltke e do estado-maior da Primeira Guerra Mundial, "o Hun". Na realidade, ele foi sobretudo um movimento revolucionário milenarista, como o bolchevismo. A maioria de nós em nossas escolas éramos – e ainda somos – submetidos à falsidade de que o nazismo foi também uma forma de capitalismo "radical" ou "tardio", que ele existiu para proteger a ordem capitalista. Essa distorção foi inventada pela esquerda na década de 1940 e persiste até hoje. Observadores europeus e americanos com algum discernimento se tornaram cada vez mais conscientes das semelhanças entre bolchevismo e nazismo. Pessoas cultas reconheceram que eram duas variantes do mesmo movimento, "a revolução do niilismo" para usar a expressão de Rauschning, e pessoas em ambos os movimentos também reconheceram isso (lembremos de Von Ribbentrop sentindo-se muito à vontade entre auxiliares de Stalin). Mas muita gente na esquerda ficava embaraçada com essa semelhança, assim como ficou embaraçada pelo pacto Hitler-Stalin. Sua reação foi convencerem a si próprios (quem poderá dizer com que grau de sinceridade...) de que não havia qualquer semelhança entre esses dois movimentos na realidade intimamente relacionados, reivindicando que o nazismo correspondia à face bruta do capitalismo despido de suas pretensões à democracia. Desse modo, podiam pintar o pacto Hitler-Stalin como a necessidade moralmente justificada que tinha a União Soviética de desviar a ameaça nazista para salvaguardar os ganhos do socialismo, em vez do que ele realmente foi – dois lobos concordando em devorar as ovelhas antes de se voltarem um contra o outro para o duelo final entre suas duas visões de mundo totalitárias. Na verdade, os nazistas detestavam o capitalismo com a mesma intensidade do ódio contra o bolchevismo, equiparando ambos à "conspiração judaica mundial" que podia usar ambos os chapéus conforme lhe conviesse em sua missão de destruir a integridade do povo com seus valores materialistas. Como Gregor Strasser, um membro-fundador do Partido Nazista que mais tarde deixou o movimento, explicou, Hitler e os nazistas eram fortemente motivados pela "nostalgia anticapitalista", o anseio por uma bucólica Era Dourada de bem-aventurança comunitária e a liquidação do egoísmo materialista da era moderna.

Os nazistas encaravam o bolchevismo como uma falsa versão do socialismo que, acreditavam eles, deveria ser nacionalista e patriótico, não internacional. Mas eles próprios acreditavam numa "sociedade sem classes" (como os discursos de Hitler em *O Triunfo da Vontade* frisam repetidamente) e num planejamento central (imitando o vocabulário soviético, tiveram um "plano quinquenal"). Seu hino, *A Canção de Horst Wessel*, trovejava contra o "bolchevismo e a reação", a segunda indicando não só os tradicionais e antiquados conservadores aristocráticos e religiosos que defendiam o Trono-e-Altar, mas também o grande capitalismo, a alta finança, os plutocratas, "os homens de cartola" – todas as forças que muitos, nos Estados Unidos e na Grã--Bretanha, cometiam o equívoco de achar que eles representavam. Os nazistas acreditavam que o capitalismo, juntamente com os demais valores individualistas do Iluminismo, tinham levado à furiosa corrupção e degradação espiritual, incluindo o escândalo de a Alemanha ter dúzias de partidos políticos batendo boca entre si. Eles se chamavam o "antipartido" porque, acima de qualquer política específica, acreditavam personificar a vontade e o destino de todo o povo alemão. Como acontecia com a dedicação dos bolcheviques em difundir a revolução mundial, acreditavam na necessidade da guerra mundial e do genocídio para introduzir, para toda a humanidade, o que chamavam "a Bênção Mundial Nacional-Socialista". A guerra entre Alemanha e Rússia no leste, ao contrário das conquistas da Alemanha no Ocidente, tinha os atributos de uma guerra santa de extermínio apocalíptico – sem dúvida esses dois primos de primeiro grau, revolucionários e niilistas, combatiam pelo futuro domínio da Terra.

A missão do nazismo estava baseada na mobilização do ódio das massas e na destruição de todos os laços sociais, religiosos e culturais tradicionais. Em seu empenho em completar a coletivização de todas as forças sociais dentro da "comunidade de destino" – um processo que chamavam "coordenação" (*Gleichschaltung*) –, o verdadeiro antepassado do nacional-socialismo era o Terror Jacobino e seu verdadeiro equivalente era a agenda de destruição implementada pelo bolchevismo na Rússia. Assim como Stalin inventou "os kulaks" como os inimigos da felicidade e da paz, cujo extermínio traria a utopia, Hitler inventou "os judeus". Num caso, o extermínio de uma classe imaginária leva ao nirvana, no outro o extermínio de uma raça imaginária (os judeus não tinham mais semelhança com as fantasias de Hitler sobre eles que os kulaks com o modo como eram descritos por Stalin). As similaridades estruturais entre bolchevismo e nazismo, e a escala de seu genocídio e violência, são muito mais importantes para explicar o nazismo que quaisquer conexões episódicas ao passado alemão, que, até a Primeira Guerra Mundial, a despeito de casos de antissemitismo e de alguns grupos antissemitas a nível local, era justificadamente admirado como uma das culturas mais avançadas e humanas da Europa, e onde os judeus orgulhosamente participavam de suas elites culturais, profissionais e econômicas. Ao tentar exterminar os judeus como Lenin e Stalin haviam tentado exterminar os kulaks, o Terceiro Reich trilhou um caminho já aberto pela União Soviética – expropriação, marchas da morte, campos de concentração, trabalho escravo, fome, tortura, execuções em massa – e acrescentou refinamentos que só a superioridade da tecnologia alemã poderia fornecer, o "assassinato industrializado" dos campos de extermínio com suas câmaras de gás e crematórios. Embora felizes em se beneficiar de espontâneas explosões locais de antissemitismo, os nazistas desaprovavam seu caráter caótico. Era necessário um plano metódico.

Para compreender a evolução do nazismo, é importante destacar que ele ganhou forma ao vir *depois* do bolchevismo, sendo em parte uma reação às reivindicações deste ao racionalismo (a doutrina do marxismo-leninismo) e à sua ênfase cruel na produtividade econômica. Antecipando o socialismo de Terceiro Mundo e o jihadismo, os nazistas se opunham igualmente ao comunismo estilo soviético *e* ao capitalismo (contra "o bolchevismo e a reação", como dizia o hino do partido). O nazismo se comprometeu com maior intensidade com a radical espontaneidade populista do retorno dos jacobinos ao Ano Um, enquanto, acreditavam eles, o bolchevismo tinha imitado as pretensões do Iluminismo a universalidade, cosmopolitismo e razão. Isso, no entanto, havia tornado o bolchevismo um opressor da igualdade de oportunidades que erradicava sinais *Volkish* ou "chauvinistas", como a União Soviética os chamava, de nacionalismo étnico ou tribal do tabuleiro. Assim, enquanto Hitler era um pseudoartista e boêmio que falava com paixão existencial, refletindo a escalada demoníaca da energia revolucionária sendo conjurada de baixo, Stalin era um pseudocientista com um estilo escolástico seco, refletindo a revolução guiada pelo Estado, concebida de cima conforme o "socialismo científico". O contraste entre o estilo catequizador da fala de Stalin e a intensidade emocional e demagógica de Hitler é captado num discurso de 1936, onde Hitler trabalha seu laço íntimo com o povo alemão numa linguagem pseudobíblica: "Vocês um dia ouviram a voz de um homem e ela tocou seus corações. Ela os despertou e vocês seguiram essa voz sem sequer ter visto o dono da voz, vocês meramente ouviram uma voz e a seguiram... Nem todos vocês me veem e eu não vejo cada um de vocês, mas sinto vocês e vocês sentem a mim! Estamos juntos agora e somos a Alemanha!".

No entanto, a visão que compartilhavam de uma sociedade utópica purgada de individualismo dava, em última análise, às revoluções bolchevique e nacional-socialista muito mais pontos em comum que diferenças. Isso incluía a escala e intensidade de suas missões genocidas e o crescimento de uma elite, como um Estado dentro do

Estado, de zelosos assassinos ideológicos (o NKVD e a SS) para executá-las. Embora fosse basicamente nacionalista, o nazismo também concebeu sua própria "Internacional" de povos arianos racialmente puros ao redor do mundo, prefigurada nas brigadas internacionais da SS, no cultivo de nacionalistas e antissemitas árabes indignados pela emigração de judeus sionistas para a Palestina e no "eixo" com as outras potências fascistas, incluindo Itália, Espanha e Japão. Não era apenas o interesse material que unia essa constelação de forças. Hitler expressava com frequência admiração pela crueldade revolucionária de Stalin e o desprezo por escrúpulos burgueses, dizendo no final da guerra, quando a derrota estava próxima, que desejava que os nazistas tivessem adotado o mesmo rigor dos expurgos de Stalin para liquidar as velhas fileiras de oficiais e a aristocracia *Junker*, de cuja lealdade ele desconfiava. Comum a ambos os movimentos milenaristas era a crença de que a única objeção ao genocídio não era o sofrimento das vítimas, mas o custo psicológico arcado pelas delicadas emoções dos *assassinos*, que tinham de reprimir todos os escrúpulos humanos normais para cumprir seu dever para com a humanidade e o futuro. Como disse Himmler numa fala secreta para a alta liderança da SS em 1943, "a maioria de vocês sabe o que significa ver uma centena de cadáveres, ou quinhentos, ou mil, estendidos lado a lado. Termos convivido com isso e, excetuando casos de fraqueza humana, termos mantido nossa integridade, é o que nos tornou fortes. Em nossa história, essa é uma página de glória não escrita e que nunca há de ser escrita". Podem ser encontradas numerosas declarações de líderes bolcheviques expressando exatamente o mesmo sentimento, como esta de Bukharin, elogiando as operações de execução em massa do NKVD: "Não vamos esquecer quantos daqueles que restam estão destroçados, e às vezes irremediavelmente doentes. Pois o trabalho era tamanha tortura, exigia uma concentração tão gigantesca, era um trabalho tão infernal que era preciso ter um caráter realmente de ferro".

Mais importante que quaisquer diferenças entre eles era o subjacente anseio comum por uma luta apocalíptica culminando em genocídio e guerra mundial para engendrar um futuro de bênção comunitária. A principal distinção era essa: na dinâmica de um salto para um futuro desconhecido para recuperar um passado mítico, os bolcheviques enfatizavam o salto à frente no domínio tecnológico do mundo, enquanto os nazistas enfatizavam um salto para trás, para a vontade primordial do povo. Mas até mesmo essa distinção não era absoluta – como vimos, os bolcheviques também invocavam "a vontade do povo" e os nazistas desenvolviam avidamente nova tecnologia. Para ambos, a guerra no leste, com suas dezenas de milhões de baixas, era a luta final entre esses dois caminhos rivais para a utopia.

O *FÜHRER*

Muitos fatores explicam a ascensão dos nazistas e a eclosão da Segunda Guerra Mundial – a Depressão, a humilhação com a derrota na Primeira Guerra Mundial e a busca de um bode expiatório a censurar "pela punhalada nas costas".* Mas era necessária uma visão central (o que Ian Kershaw descreve como as "mentalidades básicas") – insana, mas internamente coerente – para reunir as queixas num programa de levante revolucionário. Foi essa a contribuição de Adolf Hitler – ele era, como diz seu biógrafo Joachim Fest, "o Nacional-Socialista Número Um", o crente mais fervoroso no Terceiro Reich, sobre o qual tinha poder absoluto.

Segundo todos os relatos, Hitler era uma espécie de filhinho de papai que nunca teve de trabalhar de verdade quando garoto e que, desde cedo, era monstruosamente vaidoso, preguiçoso e cheio de pretensões que não se baseavam em qualquer realização mensurável. Quando foi recusado como estudante na Academia de Belas-Artes de Viena, acreditou que o mundo tinha conspirado para negar sua genialidade, passando a nutrir aquele ardente sentimento interior de rancor comum a tantos tiranos milenaristas: "Ele via em toda parte somente obstáculos e hostilidade", recordou seu amigo de infância de Linz, Auguste Kubizek. "Estava sempre irritado com alguma coisa e em rixa com o mundo... Nunca o vi encarar coisa alguma de modo descontraído". Seu ilimitado ódio dos judeus como fonte do infortúnio dele e de todos parece ter sido tirado de um mundo de fantasia, pois Hitler teve pouco contato real com judeus. O primeiro e único verdadeiro sucesso que teve na vida foi como líder político e, no fundo, isso aconteceu porque encarnava as experiências de vida e os valores de seus seguidores – era um soldado comum, condecorado por bravura, que não podia acreditar que a Alemanha tivesse perdido a Primeira Guerra Mundial, que achava que ela devia ter sido traída na frente doméstica por uma conspiração dirigida por judeus que levou ao poder a odiada República de Weimar, entulhada de pacifistas e comunistas.

Milhões de alemães compartilhavam esses pontos de vista, mas ele os destilou em dois ou três pontos básicos que todos poderiam entender. Hitler não tinha de hipnotizar pessoas. Mesmo Thomas Mann, um ornamento da alta cultura que, desprezando o pródigo apadrinhamento do regime balançando como um pêndulo na

---

* Dolchstoßlegende ou a "Lenda da Punhalada pelas Costas" foi popular lenda política inculcada no imaginário do povo alemão pela extrema-direita do período entreguerras na Alemanha, e que se manteve até às vésperas da Segunda Guerra Mundial. Essa lenda atribuía a derrota do Império Alemão na Primeira Guerra Mundial ao fracasso do povo em responder ao "chamado patriótico" e à sabotagem do esforço de guerra pelos socialistas, bolcheviques e judeus alemães, e não pela incapacidade do *Reichswehr* (Exército Alemão) de participar da batalha de forma eficiente. (N.E.)

sua frente, preferiu deixar a Alemanha a viver sob um governo nazista, admitiu que o jovem Hitler fez com que ele visse certas coisas. Hitler formou sua visão de mundo no início dos anos 1920, quando era um agitador defendendo generais e políticos nacionalistas de extrema-direita decididos a subverter o regime de Weimar, e ela nunca mudou. Fez muitas alterações táticas para adquirir poder, mas a meta estratégica foi sempre a mesma. Ia travar uma guerra de vida ou morte com o "bolchevismo judeu" no leste para conseguir "espaço vital" para os alemães e levar a bênção nacional-socialista à Alemanha e ao mundo, exterminando a fonte de todo mal, cobiça e injustiça – o "Judeu Cosmopolita". Como só havia 200 mil judeus na Alemanha na eclosão da guerra, os nazistas *precisavam* conquistar o leste para encontrar o maior número possível de judeus para exterminar. Mesmo os calejados matadores dos esquadrões da morte da SS, os *Einsatzgruppen*, enviados para a Polônia com a *Wehrmacht* para começar a liquidar os "comissários judeus", logo perceberam que as pessoas pobres e assustadas que estavam massacrando raramente ocupavam algum cargo de poder, principalmente não no Partido Comunista. Mas não importava – eram um espectro metafísico em disfarce humano que tinha de ser erradicado.

Se o bolchevismo havia sido uma revolução feita de cima para baixo, conduzida do topo de uma desvirtuada autocracia czarista, os nazistas, em parte para ganhar as eleições, mas também por convicção, foram mais inclinados a uma revolução de baixo para cima, um genuíno movimento de massas cujos talentos e entusiasmo eram bem acolhidos desde que estivessem associados a uma total obediência ao Líder. O expurgo feito por Hitler de seu braço-direito Ernst Rohm, chefe das formações paramilitares do partido, as *Sturmabteilung* (SA, as "tropas de assalto"), foi em parte guiado pela necessidade de sufocar as raízes populistas e anarquistas do partido, já que o poder do Estado fora conquistado e era necessário uma maior disciplina, assim como garantir o apoio das forças armadas profissionais, que temiam a competição da SA. Mas assumir a iniciativa de servir o Reich, com seus punhos ou cérebros, era ainda encorajado. Hitler não estava mentindo quando proclamou no Comício de Nuremberg, em 1935, "o Estado não dirige o movimento nacional-socialista. O movimento nacional-socialista dirige o Estado". Membros do partido eram instruídos a perguntar a si mesmos em qualquer situação: "Como agiria o *Führer*?", e a "trabalhar para o *Führer*", por exemplo calculando como matar mais judeus mais depressa com gás em vez de balas. Hitler deixava que seus objetivos mais amplos fossem conhecidos e as pessoas competissem para agradá-lo tornando-os realidade. Isso refletia sua crença social-darwinista de que os melhores homens surgem da luta que travam com outros pela predominância. Promoção social e prestígio recompensam tal sucesso. Não invejando a capacidade de outros como Stalin, Hitler promovia o talento, favorecia jovens oficiais arrojados em detrimento de cautelosos profissionais da velha guarda. Enquanto o coronel Charles de Gaulle foi completamente ignorado pelas instituições militares francesas quando defendeu, em 1934, o uso de formações em massa de tanques na guerra, Hitler deu respaldo ao general Heinz Guderian na implementação do mesmo programa, levando às impressionantes vitórias iniciais da *Blitzkrieg* alemã na Polônia e na França. Hitler tinha lido o livro de De Gaulle! De novo, ao contrário de Stalin, após a queda de Rohm, Hitler não levou a cabo expurgos em grande escala no partido. O fracasso não garantia a morte – generais derrotados ou tímidos eram em geral apenas transferidos ou encaminhados para a reforma. Algumas pessoas, incluindo Albert Speer, podiam, mesmo que de maneira cautelosa, discordar das opiniões de Hitler e serem ouvidas.

Hitler deu a Walter Schacht, o mais conceituado monetarista do mundo, carta branca para tirar a Alemanha da Depressão por meio de enormes projetos de obras públicas, mais tarde imitados por FDR [Franklin Delano Roosevelt], e sem se preocupar com os resmungos do setor privado. Embora simulasse o temperamento artístico de alguém que agia apoiado no impulso e no instinto, Hitler era capaz de grande autocontrole. Seus famosos frenesis quando falava em público não eram próprios da vida particular do homem com quem alguns tinham contato. Um desses relatou: "Nunca vi Hitler ser qualquer coisa além de inteiramente cortês... Tinha uma voz muito baixa, tímida e simpática para os alemães com seu leve sotaque austríaco". Lord Robert Boothby descreveu a "voz suave, hesitante e séria".

Como Stalin, ele tinha pouca disciplina no trabalho diário. Grandes vitórias domésticas e de política externa alternavam-se com longos períodos ociosos em sua casa de verão em Berchtesgaden, nos Alpes Bávaros, onde horas de projeção de filmes se alternavam com os intermináveis monólogos de Hitler sobre todo e qualquer assunto concebível, de arqueologia antiga a dietas. Assim como a Villa Jovis com a qual começamos este livro abrigava o imperador Tibério como se ele fosse uma contrapartida terrena de Júpiter, Hitler transformou sua casa de verão numa espécie de palco wagneriano preparado para sua missão histórica. As visitas contemplavam de seu terraço o imponente Untersberg onde, segundo a lenda, Carlos Magno ficaria dormindo até ser chamado de volta para comandar uma batalha final entre o bem e o mal (um dia Hitler disse a uma visita frequente, Albert Speer: "Veja o Untersberg ali. Não é por acaso que tenho minha poltrona na frente dele"). Ainda mais evocativa da Villa Jovis é a Casa de Chá de Hitler, que sobreviveu ao bombardeio aliado e está empoleirada no pico de uma alta montanha, onde se chega por um enorme elevador de latão – e nada se parece tanto com a Fortaleza da Solidão do Superman. Como Stalin e muitos tiranos antigos da variedade-jardim, Hitler governava o Estado de sua casa e mesa de jantar particulares.

Mas o genocídio utópico continuava sendo a missão central, ainda mais importante que a vitória na guerra (durante o ano final, de derrota iminente, trens indispensáveis ao esforço de guerra eram desviados da tarefa de transportar armamento e tropas para serem usados como transporte para os campos de extermínio). Segundo Himmler, Hitler sabia de cada detalhe do que estava acontecendo no Holocausto. Mas embora sua visão fosse insana, não há prova de que estivesse louco. Queremos que houvesse algo fora do normal com Hitler porque é menos perturbador acreditar que só um completo maluco, representante de um minúsculo grupo desajustado entre os seres humanos, poderia fazer tais coisas, não alguém que fosse como nós. Mas pelas indicações que temos, sua vida privada era inteiramente comum, incluindo o doce consolo de uma namorada.

Para compreender as políticas externa e militar de Hitler, precisamos ter em mente que o projeto genocida da destruição do "bolchevismo judeu" orientou-as desde o primeiro momento, até mesmo nos detalhes mais pragmáticos. Hitler esboçou esse projeto em *Mein Kampf*, em 1927, e seguiu-o, de modo inabalável, até seu suicídio no *bunker* em 1945. Hitler não lançou o Holocausto por ressentimento ou frustração pelo fato de estar perdendo a guerra. Ao contrário, travou a guerra da maneira como fez para poder lançar o Holocausto. O plano foi sempre derrubar a França e a Grã-Bretanha no Ocidente enquanto o pacto com Stalin evitava o perigo de uma guerra em duas frentes – a despeito do que Stalin possa ter pensado, o pacto nunca pretendeu ser permanente –, depois dar meia-volta e atacar a União Soviética com força devastadora para executar o derradeiro Armagedon contra o adversário mais importante. Quando se convenceu de que com o tempo a vantagem militar da Alemanha estava diminuindo, Hitler fez sua jogada radical de invadir a Rússia antes do programado, enquanto a Grã-Bretanha ainda se mantinha firme. Talvez não tenha sido uma estratégia militar sensata, pois deixava a Alemanha lutando em duas frentes, mas era coerente com a missão que ocupara toda a vida de Hitler.

A política externa de Hitler, no entanto, tinha pouca semelhança com a de Bismarck ou o antigo militarismo de Grande Potência, incluindo a agressão do Kaiser na Primeira Guerra Mundial. Era inteiramente dirigida pela missão de enfrentar os judeus personificados como bolchevismo e destruí-los. Goering, no fundo uma espécie de *condottieri* italiano que só queria desfrutar suas riquezas recém-descobertas, comprometeu-se ao sugerir que talvez devessem se contentar em ter criado o maior império europeu desde Carlos Magno e desistir da invasão da Rússia. Mas de modo algum Hitler poderia *não* levar adiante a Operação Barbarossa. Dizer que ele estendeu em excesso as forças alemãs não faz sentido. A força de vontade que o capacitou a alcançar as antigas vitórias-relâmpago na Polônia e na França esteve sempre a serviço de seu principal objetivo. Hitler associou, desde o primeiro momento, o Holocausto com a guerra e assim se dirigiu ao Reichstag em 1939: "Hoje serei mais uma vez um profeta. Se os financistas judeus internacionais dentro e fora da Europa conseguirem mergulhar de novo as nações numa guerra mundial, o resultado não será a bolchevização do mundo e, portanto, a vitória do mundo judeu, mas o aniquilamento da raça judaica de uma ponta à outra da Europa". Ele repetiu muitas vezes essa profecia, inclusive em seu "Testamento Político" antes de se matar no *bunker*. Como sugere sua linguagem pseudobíblica, a guerra no leste ia ser uma guerra santa: "A severidade é generosidade para com o futuro", instruiu seus comandantes na véspera da Operação Barbarossa. "Os líderes têm de exigir de si mesmos o sacrifício de superar seus escrúpulos." Como o fiel Goebbels, ministro da propaganda nazista, registrou em seu diário: "O *Führer* percebe as plenas implicações das grandes oportunidades oferecidas por essa guerra. Está consciente de que está travando uma batalha de dimensões gigantescas e que o destino de todo o mundo civilizado depende de seu resultado... A raça judia é a mais perigosa que habita o globo... Essa gentalha tem de ser eliminada e destruída. De outro modo, não será possível trazer paz ao mundo".

Quando a guerra passou a correr mal, o Holocausto se intensificou – como era a essência da visão utópica, tinha de ser cumprido a qualquer custo. Como movimentos milenaristas mais antigos que remontavam aos jacobinos, este atraiu sádicos, psicopatas, arruaceiros e bandidos. Mas também atraiu estudantes (um dos primeiros grupos sociais a se associar em massa aos nazistas) e outros que acreditaram no perverso "idealismo" de que o genocídio tornaria o mundo um lugar melhor – uma mistura de meliantes e verdadeiros crentes similar à que vimos na Fome de Terror de Stalin. Dos quinze altos oficiais que participaram da Conferência de Wansee em que Heydrich e Eichmann traçaram o plano para exterminar a comunidade judaica europeia, seis tinham doutorados. O romance de Jonathan Littell, *The Kindly Ones* [Os Generosos], relata como as divisões da *Wehrmacht* inicialmente vitoriosas no Leste Europeu e na Rússia foram seguidas por destacamentos de etnógrafos, arqueólogos e antropólogos enviados das melhores universidades alemãs por professores nacionalistas para realizar pesquisas sobre raças inferiores e encontrar vestígios de sangue "ariano". Como Robert J. Lifton escreveu em seu magistral relato sobre os médicos da SS nos campos de extermínio, "o genocídio se torna uma forma difícil, mas necessária de *ideal pessoal*". Heinrich Himmler disse à sua equipe que "um homem tem de se sacrificar" pelo "mundo alemão como um todo... mesmo que isso seja com frequência muito difícil; ele não deve pensar em si mesmo". Quanto aos médicos, Lifton continua: "Precisamente por estarem convencidos da justeza... da

'Bênção para o Mundo' do nacional-socialismo e de que os judeus eram a raiz dos males do mundo... acreditavam... que os judeus tinham de ser, em termos da sua existência mesmo, completamente exterminados".

Um dos paradoxos do nacional-socialismo era seu desenvolvimento da mais avançada tecnologia moderna – o novo armamento mais letal assim como a maquinária dos campos de extermínio – para tornar realidade a visão milenarista de um mundo antitecnológico de "sangue e solo". Os nazistas não exterminaram milhões de judeus pelo fato de possuírem a tecnologia para fazê-lo. Desenvolveram a tecnologia porque queriam exterminar milhões de judeus. A tecnologia não era um fim em si mesmo, mas um meio de recuperar o destino do povo e introduzir um coletivo arcadiano de paz e plenitude. É por isso que a utopia nacional-socialista requeria um poderoso Estado moderno. Em *Hitler's Willing Executioners*, Daniel Goldhagen afirma, em oposição a Hannah Arendt, que o Holocausto foi em grande parte um fenômeno local espontâneo de que os nazistas se aproveitaram. Eu sustentaria que foi, ao contrário, um projeto concebido e metodicamente executado nos níveis mais altos do regime; a SS não gostava da indisciplina e do caráter caótico dos surtos locais. Arendt tinha razão em achar que havia um plano-mestre cumprido pelo Estado. Mas estava errada sobre a motivação e deixou passar inteiramente a visão utópica que tornava o Holocausto tão estimulante para seus planejadores, incluindo Adolf Eichmann.

Vistas contra o pano de fundo do projeto milenarista dos nazistas, figuras como Eichmann eram o extremo oposto do burocrata sem emoções que estava "apenas cumprindo ordens", tornado famoso por Arendt em *Eichmann in Jerusalem*. Eichmann foi apaixonadamente dedicado a seu papel no Holocausto e, longe de ser mera engrenagem na roda, participava dele no nível mais alto de autoridade, distante apenas alguns degraus de Himmler e Hitler, e com uma satisfação e uma empolgação consciente. Suas últimas palavras registradas ao encarar a forca, desistindo da charada do burocrata anônimo com que tentara enganar o tribunal israelense, revelaram seu verdadeiro eu: "Vou saltar para o meu túmulo rindo, sabendo que ajudei a matar 6 milhões de judeus!". Ele também disse: "Eu não recebia só ordens... Participava da tomada de decisões. Eu era um idealista". Seu único lamento foi que "não fizemos nosso trabalho como devíamos. Podíamos ter feito mais". Rudolf Höss, comandante de Auschwitz, sentia vergonha de sua "fraqueza" por ter às vezes lamentado o gaseamento de crianças mesmo "após ter conversado com Eichmann", que explicou que "as crianças têm de ser mortas primeiro, pois onde estava a lógica de matar uma geração de pessoas mais velhas e deixar viva uma geração de pessoas jovens que podem ser possíveis vingadores dos pais?". Franz Staengl, comandante de Treblinka, não tinha escrúpulos em cumprir essa "lógica". Afinal, como ele observou, as vítimas "eram carga... Aquilo nada tinha a ver com humanidade. Era uma massa... uma massa de carne apodrecendo".

Com as câmaras de gás e os crematórios funcionando a plena capacidade enquanto cidades alemãs se encontravam em ruínas, com a *Wehrmacht* em plena retirada, Hitler, Goebbels e o círculo mais central do movimento, longe de desesperarem com a destruição da Alemanha, exultavam no ato final do drama wagneriano. Para Hitler, aquilo provava que o povo alemão tinha se mostrado inferior a seus inimigos e assim, segundo a lei de Darwin da sobrevivência do mais apto, merecia ser aniquilado. Divertindo-se na orgia de destruição que tinham desencadeado, os "Velhos Camaradas do Partido", que tinham estado com Hitler desde os anos 1920, reverteram à dinâmica subjacente da "revolução do niilismo" – a destruição de toda a civilização. Fazendo eco aos anarquistas, incluindo a citação de Bakhunin que, vimos antes, Wagner achava tão fantástica, Goebbels escreveu perto do fim: "Sob as ruínas de nossas cidades devastadas, as últimas chamadas realizações do século XIX burguês foram finalmente enterradas... Agora, quando tudo se encontra em ruínas, somos forçados a reconstruir a Europa... [sem] restrições burguesas... [O bombardeio de cidades alemãs] só derrubou os muros das prisões que as encarceravam... o inimigo que ambicionava aniquilar o futuro da Europa só conseguiu aniquilar o passado e, consequentemente, tudo que estava velho e gasto se foi". O sonho de Bakhunin tinha por fim se tornado realidade – mas a única coisa que ele trouxe foi miséria.

Terá o "Reich de Mil Anos", derrubado após somente doze anos, deixado uma herança?

Um dos paradoxos do nacional-socialismo foi que, como a Revolução Russa, sob certos aspectos ele fez avançar a modernização da Alemanha – mas a um custo catastrófico e desnecessário de genocídio e guerra. Até certo ponto, ele misturou certos ingredientes de tirania reformista com sua missão milenarista, que era muito mais importante. O movimento nazista era com frequência mencionado como "a Revolução Alemã", sugerindo que era a continuação de outras grandes revoluções nacionais, como a Gloriosa, a Americana e a Francesa. Em certo nível, era verdade. Os nazistas forjaram uma identidade nacional pangermânica num país que, a despeito de seu impressionante nível de industrialização, continuava fragmentado em numerosos ducados e principados, antigos, pequenos e tradicionais, que muitas vezes inspiravam uma lealdade mais sincera que a Alemanha como um todo. Sob o Império Guilhermino, grande parte da unidade nacional da Alemanha era imposta de cima pelo culto do Kaiser e, em especial, pelo comando exclusivo que ele detinha dos assuntos militares, parte do legado de Frederico, o Grande (de modo significativo, quando o Japão começou a se modernizar, o modelo de cima para baixo da Alemanha guilhermina lhe pareceu mais atraente que as plenas democracias representativas do Reino Unido e dos Estados Unidos – com efeito, o *Mikado* foi transformado de rei-deus sacerdotal em um monarca constitucional, mas cuja divindade perene ainda exigia completa obediência). Essa unidade imperial de cima para baixo foi encerrada pela derrota da Alemanha na Primeira Guerra Mundial e os nazistas tiveram de reconstruir a identidade nacional alemã, desta vez de uma maneira genuinamente populista, de baixo para cima.

O filme de Riefenstahl, *O Triunfo da Vontade*, mostra com que habilidade os nazistas se aproveitaram de uma nostalgia pelo passado pré-moderno – moças com vasilhas de leite em trajes de época, oferecendo flores ao *Führer* – enquanto deslocam essas lealdades paroquiais para um novo e férreo sentimento de unidade coletiva, como na cena em que milhares de membros do Labor Service [Brigadas de Trabalho], usando uniformes idênticos, gritam suas diferentes origens regionais de um modo que simboliza claramente como esses laços foram agora suplantados pelo novo nacionalismo pangermânico. O *slogan* da campanha de Hitler em 1933, "Hitler sobre a Alemanha", não só projeta sua futura supremacia numa eleição democrática que ia suprimir a necessidade de outras eleições e livrar-se das querelas corruptas do "parlamentarismo podre", mas era uma alusão ao fato de Hitler ser o primeiro político a fazer visitas eleitorais por todo o país de avião, outra paradoxal confiança na tecnologia de ponta para restaurar o sentimento da "perdida" comunidade pré-moderna. Isso também apontava a viagem aérea, o cinema e o rádio (juntamente com as novas rodovias) como meios de unir "a comunidade de destino". *O Triunfo da Vontade* foi exibido por toda a Alemanha, pois mesmo o povoado mais humilde tinha com certeza um cinema. A ênfase do filme na Juventude Hitlerista, vivendo na camaradagem de seus acampamentos, fazendo refeições comunitárias, também falava de uma nova geração que tinha o dever para com a Alemanha em primeiro lugar. Eles entraram em massa no exército – em especial nas unidades de elite Waffen-SS – quando a guerra eclodiu e estiveram entre os mais firmes defensores do regime até o momento final.

Os termos fascista e nazista são muitas vezes usados de modo permutável e têm algumas raízes comuns. Ambos surgiram do ódio que a extrema-esquerda e a extrema-direita tinham do liberalismo no século XIX. Em vez dos valores humanitários e tolerantes do liberalismo, elas queriam força, glória, coragem e heroísmo. Oswald Spengler em *A Decadência do Ocidente* imaginou um novo "César" que sufocaria as disputas políticas democráticas e seus políticos mercenários, um papel que fora em parte cumprido pelo "déspota democrático" Napoleão III. O fascismo era contra o capitalismo e o socialismo, mas se aproximava mais do socialismo em seu anseio por uma sociedade coletiva. Como o revolucionário ficcional de Flaubert, Sénécal (e como Wagner), Benito Mussolini começou na extrema-esquerda e moveu-se para a extrema-direita. Estudante dos ensinamentos de Georges Sorel, que exaltava a violência como o impulso mais criativo do homem, ele admirava Lenin como (já comentei anteriormente) um "escultor" das massas, confirmando a falta de importância da doutrina marxista em comparação com o desejo de "ação direta" para destruir o mundo da tradição e construir a "Esparta americana" de Sénécal. Mussolini usou o Estado fascista italiano para introduzir algumas das políticas econômicas redistributivas que Schacht desenvolveu para os nazistas, reprimiu a Máfia e "fez os trens circularem no horário". Extensas escavações do Fórum Romano patrocinadas por *Il Duce* (o início dos trabalhos delicadamente omitido nas placas atuais, com exceção da data) tinham a intenção de mostrar que a Itália fascista era a herdeira das glórias de Roma, embora seu único sucesso militar tenha vindo do uso de maciços bombardeios aéreos e gás venenoso contra um exército abissínio equipado com rifles e lanças.

A passagem de Mussolini da esquerda socialista para a direita fascista não deve nos surpreender, pois ambas queriam usar o Estado moderno para melhorar a situação das massas por meio de obras públicas e da assistência social. Em seus primeiros anos, tanto o fascismo italiano quanto o nacional-socialismo exibiam uma dimensão genuinamente populista. No auge da Depressão, Hitler encorajava muitas vezes seus seguidores a deixar que concidadãos alemães participassem de suas refeições comuns, mesmo que eles não apoiassem o Movimento, um método usado mais recentemente com grandes resultados pela Irmandade Muçulmana para conquistar "a rua árabe"* em detrimento de seu corrupto financiador baathista ou de governantes nacionalistas árabes. Mas o fascismo italiano não era um movimento verdadeiramente revolucionário – o nazismo foi um primo muito mais próximo do bolchevismo que outros regimes fascistas. Os fascismos italiano e espanhol não tinham um projeto milenarista de revolução mundial nem pretendiam realizar uma utopia através do genocídio. A Itália fascista cooperou com a Alemanha baixando diretivas antijudaicas e detendo judeus, mas rejeitou o Holocausto em escala total. Como o fascismo de Franco na Espanha, o fascismo italiano tinha raízes num antiquado corporativismo autoritário e religioso e na hierarquia de classe. A Igreja Católica apoiou ambos os regimes – embora o fascismo italiano em particular tivesse um forte traço anticlerical – porque os dois concordavam com a noção de que o povo precisava fazer parte de um todo social maior, que a ambição e o interesse pessoal deviam ser restringidos e a decência moral promovida. Como os fascistas italianos

---

* Isto é, a opinião pública e os árabes mais pobres. (N.T.)

eram mais cooperativos que os nazistas com o tradicional conservadorismo de Trono e Altar, Mussolini, ao contrário de Hitler, nunca obteve um poder ditatorial supremo. Continuou sendo formalmente o indicado pelo rei, que o destituiu quando as coisas andaram mal. Hitler começou como um parceiro mais novo de Mussolini na constelação fascista, mas isso mudou com as espetaculares vitórias iniciais das forças armadas da Alemanha. Cada vez mais, Hitler, Goebbels e a liderança nazista passaram a encarar Mussolini e Franco como meros reacionários e conservadores, não verdadeiros revolucionários, e sem estômago para uma ação radical.

Em suma, embora todos os nazistas e bolcheviques fossem fascistas, nem todos os fascistas eram revolucionários milenaristas. O fascismo era uma mistura de tirania variedade-jardim e reformista. Seus descendentes, mais cleptocratas que reformistas, incluíram Salazar em Portugal, ditadores latino-americanos como os Somoza, da Nicarágua, governantes nacionalistas árabes, incluindo Mubarak e Assad, e a União Soviética em sua fase final como um Estado da *nomenklatura*, onde o fervor revolucionário tinha há muito tempo dado lugar a uma congelada hierarquia de privilégios do partido, não diferente de Bizâncio. Com seu machismo fanfarrão, Mussolini foi também um modelo para um *caudillo* populista como Juan Perón. Seu contemporâneo, o governador Hughie Long, de Louisiana (descrito por H. L. Mencken como "um Mussolini do sertão"), tinha uma receita semelhante para ajudar o "homem modesto" com esquemas de assistência social e obras públicas, e remoía um violento ressentimento populista pelos sabichões do "bom governo" que desprezavam "os caipiras", entre os quais ele orgulhosamente se gabava de estar incluído. Quando trouxe os *Progressive* [Progressistas] e os *Prairie Populists* [Populistas da Pradaria] para sua grande coalizão, FDR adotou alguns programas econômicos de redistribuição de renda de Long.

O favoritismo característico da tirania variedade-jardim, mesmo quando ela se vangloria de um programa de reformas para ajudar o povo comum, era desenfreado sob o governo de Mussolini, que nunca pareceu ter falta de parentes a nomear para cargos elevados. Embora no Terceiro Reich não faltassem hedonistas corruptos e depravados (pensemos em Goering) entre a liderança (não Hitler, que compartilhava com Stalin a falta de interesse por qualquer luxo pessoal significativo e, para começar, era abstêmio e vegetariano), eles apresentavam externamente uma imagem de férrea dedicação ao dever e à honradez. O regime fascista na Itália, ao contrário, ostentava seu hedonismo, mais ou menos como a França de Vichy, e o clímax vergonhoso – quando Mussolini e sua amante, depois de se embebedarem durante semanas, caindo num entorpecimento diário enquanto fugiam da captura, foram por fim amarrados pelos calcanhares diante de uma multidão ululante – fez lembrar tanto a criminalidade erótica de antigas tiranias quanto um acerto da Máfia.

Como temos visto desde o início do livro, tiranias com algum tipo de reivindicação ou pretensão a criar uma nova cultura universal tentam com frequência pôr sua marca na sociedade por meio da arquitetura. Mas enquanto os césares embelezavam Roma e o desejo de Napoleão de restaurar a grandeza imperial romana sob seu reinado produziu algumas joias arquitetônicas, o ímpeto anarquista dos bolcheviques e dos nazistas para destruir toda a civilização passada se combinou com sua contraditória nostalgia por um sentimento pré-moderno de grandeza "heroica" para produzir um pastiche geralmente horrível, sem quaisquer qualidades que o distingam além da escala gigantesca. Para Stalin, isso tomou a forma de arranha-céus de uma feiura estupenda, combinando brutalismo com entradas repentinas de Art Déco e pinceladas góticas, como algo saído da mente subconsciente da escritora e dramaturga Ayn Rand sob o efeito do soro da verdade. O principal arquiteto de Hitler, Albert Speer, começou como um modernista influenciado pelo funcionalismo de Bauhaus, que queria fundir com as tradicionais articulações neoclássicas palladianas, uma respeitável ambição. Mas sob a influência de Hitler, sua tentativa de enxertar esses toques palladianos nas proporções faraônicas exigidas por Hitler em suas fantasias de uma Berlim totalmente reconstruída (cujo grandioso domo seria seis vezes maior que o Pantheon de Roma) produziu uma coisa pesada, vista no prédio sobrevivente do ministério da aeronáutica, de Speer, em Berlim, que, apesar dos precários esforços de deixar as imposições palladianas salpicadas de forma desconexa no topo de quilômetros quadrados de severo granito, ficou parecido demais com uma enorme prisão.

Na verdade, o extraordinário memorial Topografia do Terror, na Berlim atual, apresenta nada menos que um enorme monte tumular em camadas, como na escavação de Troia, para os dois fracassados impérios totalitários que ali se viram em um choque frontal – o primeiro deixando o palco da história em 1945, o segundo em 1989. A camada mais baixa é a escavação do complexo da SS-SD-Gestapo em Berlim. Até o momento que o vi, não imaginava que este complexo (incluindo células de interrogatório) ficasse tão próximo do centro mesmo do quarteirão do governo, perto do Ministério do Exterior e quase na esquina da Reichschancellory de Hitler. A pessoa se pergunta se não seria quase possível ouvir os gritos. Sobre o complexo corre uma seção plenamente intacta do Muro de Berlim. Agigantando-se sobre ambos, está o Ministério da Aeronáutica de Speer, cada tijolo do qual sobreviveu ao bombardeio Aliado. Caminhando pelo nível mais baixo, podemos erguer os olhos e contemplar três camadas de quase incompreensível desgraça e terror humanos.

Não há como duvidar do brilho maquiavélico dos primeiros triunfos de Hitler – o golpe sem derramamento de sangue nos Sudetos (uma combinação de intimidação com a alegada defesa dos "direitos da minoria", recentemente imitado por Putin na Ucrânia), a vitória relâmpago sobre a França. Ele viu corretamente na

Conferência de Munique que as democracias ocidentais, que entregaram a Tche-coslováquia para desmembramento, não tinham estômago para a guerra e explorou isso ao máximo, até elas despertarem. Mas essas vitórias pragmáticas de *Realpolitik* foram todas em benefício da guerra final, catastrófica, travada no Leste a partir da fantasia do "bolchevismo judeu" e que levou o Terceiro Reich à ruína. Aqui é onde Maquiavel teria visto Hitler como um tolo, sacrificando a "segurança e o bem-estar" dele e de seu povo por uma ilusão, pelo que Maquiavel teria chamado uma "repú-blica imaginária".

Para Maquiavel, recordamos da Parte Dois, um príncipe deve combinar o cálculo da raposa com a paixão do leão. Enquanto Hitler tinha muita coisa de leão, con-fiando demais em seus instintos "artísticos", Stalin exibia principalmente os atribu-tos da raposa. Tocou um jogo mais longo, sobrevivendo à invasão de Hitler ao se aliar ao Ocidente e se apoderando de tudo que ele e Hitler tinham originalmente concordado em compartilhar. Um historiador militar, B. H. Liddell-Hart, resumiu a questão dizendo que a guerra acabou "se mostrando proveitosa apenas para Stalin... ao abrir caminho para a dominação comunista da Europa Central". Outros 44 anos iam se passar antes que o Império Soviético, com a convicção revolucionária há muito deteriorada e frustrada pelo próprio atraso econômico, se juntasse ao primo nazista no túmulo da história.

DO NACIONAL-SOCIALISMO AO SOCIALISMO DO TERCEIRO MUNDO E À JIHAD INTERNACIONAL

Agora a estranha carreira da tirania se desloca das ruínas de Berlim para a Paris libertada, onde o fatídico casamento pós-guerra entre marxismo e existencialismo dá origem ao Socialismo de Terceiro Mundo, cuja rejeição tanto do modelo ameri-cano quanto do modelo soviético de desenvolvimento econômico e social teve tam-bém influência profunda na ascensão da Jihad Internacional.

Em uma arrojada transformação das correntes mais antigas de tirania milenarista que examinamos na Parte Três, a fantasia do "povo" se desloca agora da extrema--direita coletivista do nacional-socialismo para a extrema-esquerda coletivista do marxismo. O catalisador dessa transição foi o filósofo-fundador do existencialismo, Martin Heidegger, o "rei oculto" do pensamento do século XX, como Hannah Arendt o chamara anos antes. O mais ardoroso discípulo filosófico do nazismo tornava-se agora o herói dos marxistas franceses e dos existencialistas liderados por Jean-Paul Sartre. Já em sua *magnum opus* de 1927, *Ser e Tempo*, Heidegger atara seu código existencialista de risco apaixonado, audácia, determinação e compromisso com o retorno do povo alemão a seu "destino" coletivo a uma luta de vida ou morte contra as forças espiritualmente degradadas do materialismo e individualismo modernos, concebendo assim a "comunidade de destino" nacional-socialista que chegou ao poder em 1933. Como George Steiner comentou, Heidegger já estava procurando Hitler quando escreveu, em 1927, que o povo alemão devia "escolher seu herói". Em 1935, Heidegger escreveu sobre "a verdade e grandeza interiores do nacional-socialismo" em sua luta para "construir um novo mundo", elogio de que nunca se retratou durante toda sua longa vida.

Por meio da influência de Heidegger sobre os intelectuais franceses e seus discípulos, incluindo aspirantes a revolucionários como Pol Pot e o padrinho intelectual da Revolução Iraniana, Ali Shariati, a visão *Volkish* do nacional-socialismo, com "o povo" resgatando suas origens primordiais das influências alienantes do Iluminismo, da democracia liberal e do capitalismo se converte no "povo" do Socialismo de Terceiro Mundo resgatando seu destino por meio da luta violenta de "movimentos nacionais de libertação" contra as nações colonizadoras do Ocidente. Desse modo, "o povo" substitui "o proletariado" no psicodrama revolucionário e o foco da luta revolucionária se desloca da luta de classes *dentro* das democracias industriais avançadas para a luta *entre* o Oriente colonizado e seus opressores ocidentais – entre o que o ideólogo maoísta Lin Piao chamava "as áreas rurais do mundo" e os valores do individualismo liberal e do Iluminismo, agora personificados pelos Estados Unidos (e, em pouco tempo, por Israel). Por que isso aconteceu? Porque, após a Segunda Guerra Mundial, o "proletariado" da Europa e da América do Norte não existia mais ou não tinha qualquer potencial para uma revolução dos trabalhadores. Os próprios trabalhadores tinham se tornado parte da burguesia, mais interessados em férias de verão e carro novo que em revolução. Os que continuavam a odiar o Ocidente precisavam encontrar uma nova força para sua destruição e acreditaram que a tinham encontrado no Terceiro Mundo.

Dando continuidade ao tema apocalíptico que identificamos em todos os movimentos revolucionários milenaristas anteriores, a única força opressiva que tem de ser destruída para tornar a utopia realidade é agora transferida da "burguesia" como uma classe internacional para os Estados-nação capitalistas do Ocidente. O mundo futuro não será uma sociedade universal como Marx havia imaginado, mas um florescimento de "povos" únicos e distintos. Ao mesmo tempo, uma máxima revolucionária de Lenin – "quanto pior, melhor" – é conservada. Pois na visão socialista de Terceiro Mundo, não pode haver evolução nem progresso pacífico nas relações entre Oriente e Ocidente, nenhuma extensão gradual dos benefícios da modernização econômica e do pluralismo liberal. A opressão das nações colonialistas – suas gananciosas corporações, exércitos, polícia e esquadrões de tortura – é ativamente bem recebida para libertar os povos colonizados de quaisquer ilusões sobre a possibilidade de seus países se tornarem modernas democracias capitalistas.

Frantz Fanon, o intelectual argelino educado na Sorbonne e protegido de Sartre, foi o principal visionário do Socialismo de Terceiro Mundo porque casou a filosofia *Volkish* de Heidegger, da direita radical, ao marxismo revivido da esquerda radical. "O povo", Fanon escreveu em *Os Condenados da Terra*, tem de experimentar a violência dos opressores e reagir de modo violento para conquistar sua liberdade. A violência não é só um meio de alcançar a liberdade, mas uma "catarse", uma purificação espiritual por meio da luta de "vida ou morte" com o amo colonial. E, assim como na invocação feita por Heidegger de um místico destino alemão, um passado muito anterior a quaisquer tradições comuns recebidas sobre o passado, Fanon exorta "o povo" a "resgatar seu destino" rejeitando suas tradições sociais e religiosas nativas porque essas "máscaras" estão irremediavelmente manchadas por séculos de colaboração com o amo colonial. Gungha Din e Tio Tom devem abandonar a medrosa lealdade a seus amos e estender a mão para uma Kalashnikov. Jogar fora *O Livro da Selva* – pegar o Livrinho Vermelho de Mao.

Muitas dessas novas correntes foram colocadas em prática por um dos mais cruéis ditadores da época, o presidente Mao Tsé-tung (o número de mortos de seu governo foi estimado em 70 milhões, resultando de execução, incitação de justiça pela massa, suicídio, fome e campos de trabalho). Sua "revolução cultural" (3 milhões de mortos) foi uma tentativa deliberada de destruir a modernização econômica muito limitada alcançada sob o comunismo chinês para purificar o povo de qualquer materialismo burguês, latente ou revitalizado, ou valores confucianos tradicionais, forçando-o a voltar a um coletivo mais primitivo, versão do retorno original dos jacobinos ao Ano Um. Ele não queria sequer um tipo de progresso econômico precário como o que a União Soviética tinha alcançado no tempo de Kruschev, ao qual se referia num tom de desprezo como o "socialismo *goulash*",* porque realmente tentava alimentar o povo, corrompendo assim sua pureza coletivista por uma revoltante motivação egoísta. A Revolução Cultural apelou para o que havia de mais fanático entre a juventude visando aterrorizar e torturar os mais velhos por seus patéticos ganhos em *status* e conforto. Mao contemplava com alegria seus jovens e ferozes guerreiros fazendo professores e pais idosos marchar usando chapéus de burro e confessar seus pecados contrarrevolucionários, além de encorajá-los a dinamitar antigas obras da arquitetura chinesa. A "descoberta" do famoso exército de terracota hoje excursionando pelo mundo resultou na verdade de uma tentativa da Guarda Vermelha de explodir o monte tumular que o continha, interrompida quando

---

* O *goulash* é um ensopadinho de carne e batata, prato típico da Rússia. (N.T.)

Mao declarou a Revolução Cultural encerrada. O próprio Mao tinha supervisionado a destruição da maior parte da Cidade Proibida para abrir espaço a rodovias modernas para carros que ainda não existiam. Assim como Stalin fizera durante sua revolução de cima, Mao recorreu aos jovens para fornecer os quadros do terror institucionalizado como meio de impedir que alguém, em especial entre a geração mais velha, adquirisse independência suficiente para fazer o ditador compartilhar seu poder absoluto. Os guardas vermelhos de Mao eram os descendentes diretos da Juventude Hitlerista e dos jovens e idealistas estudantes alemães que Heidegger exortou a liquidar o mundo burguês de seus pais e a marchar atrás do *Führer*.

O maoísmo ampliou o alcance e o ímpeto do terror revolucionário. O objetivo do terror de Stalin fora reduzir as pessoas a meros números permutáveis com qualquer outro número do coletivo, despojadas de toda liberdade, lealdade e vínculos individuais. Mao e o Socialismo de Terceiro Mundo levaram isso um passo à frente. Agora o Estado reduz deliberadamente seu povo a uma Idade da Pedra de bárbara privação e primitivismo, não só para maximizar o controle sobre ele, mas impelido por uma fantasia sentimental rousseauana acerca de como isso capacitará o povo a desfrutar de uma existência espiritualmente mais pura, aliviada do fardo da corrupção materialista (não incluindo os líderes, é claro, que viviam em recintos murados de imenso luxo). Stalin quisera construir uma produtiva economia moderna sem propriedade privada ou lucro. A partir de Mao, o objetivo do Estado no Socialismo de Terceiro Mundo era aniquilar por completo a economia.

Esse impulso aparentemente idealista de purificação fanática, de redenção do povo da corrupção burguesa, atraiu gente jovem no Ocidente, que o observava de longe, através de uma névoa de intermináveis desfiles e festivais, aparentemente alegres. Um padrão que remontava à Revolução Francesa é repetido. Como vimos, observadores estrangeiros da Revolução Francesa no início do Terror – e mais tarde dos primeiros dias da Revolução Russa e do Terceiro Reich – admiravam com frequência o que lhes parecia um estilo de vida mais virtuoso, com mais sentido e maior camaradagem que aquele que a sociedade burguesa podia oferecer. Da mesma maneira, muitos jovens nos Estados Unidos e na Europa se identificavam com os guardas vermelhos, usando seus lenços vermelhos e andando de bicicleta como eles, simpatizando com a percebida necessidade de depurar a geração mais velha de seu gigantesco egoísmo e apatia. A mesma tendência continuou com a visão romântica do vietcongue, da OLP e dos sandinistas. O nacionalismo palestino sempre fora atraído para o nazismo, como inspiração tanto para o nacionalismo quanto para a destruição dos judeus. Hassan al Banna, fundador da Irmandade Muçulmana, era um admirador de Hitler, e o Grande Mufti de Jerusalém organizou uma unidade muçulmana da SS. Mas comprendendo o *Zeitgeist* dos anos 1960, Yasser Arafat vestiu o uniforme de campanha verde de Castro e outros "movimentos nacionais de libertação" e começou a repetir *slogans* marxistas. Sabia que os jovens nos Estados Unidos e na Europa iam ter uma visão romântica da luta da OLP com Israel, equiparando-a à luta do exército vietcongue contra os Estados Unidos.

A fusão do existencialismo político de Heidegger e Fanon com o marxismo para produzir o Socialismo de Terceiro Mundo foi resumida, de forma terrível, pelos horrores do regime do Khmer Vermelho no Camboja. Pol Pot e Khieu Samphan tinham estudado em Paris nos anos 1950 e estavam influenciados por Sartre e Fanon. Tomariam por base o modelo deles para o que fariam mais tarde, quando chegassem ao poder em seu país. Quando aplicado na prática pelo Khmer Vermelho, tal modelo levou ao banho de sangue de 1975-1979, em que as cidades do Camboja foram eva-cuadas pela força e o povo cambojano foi purificado da mancha da corrupção oci-dental ao ser reduzido a um coletivo primitivo de trabalho escravo. O projeto deles era nada menos que a tortura e carnificina deliberadas, a sangue-frio, de cada rema-nescente da sociedade cambojana que estivesse marcado, sob qualquer aspecto, pelas obsoletas lealdades religiosas e de classe ou por qualquer exposição à ocidentalização, democracia liberal, educação moderna e direitos individuais. Mais de 6 milhões de cambojanos foram sistematicamente exterminados em campos de trabalho e morte, lembrando os dos bolcheviques e nazistas. Num determinado campo, os guardas tinham uma árvore favorita onde balançavam bebês pelos pés (na frente das mães) para esmagar seus crânios, lançando os pequenos cadáveres numa cova.

Os líderes do Khmer Vermelho, a "Organização Maior" (um pequeno grupo de intelectuais francófonos de classe média, incluindo cinco professores de primeiro e segundo grau, um professor universitário, um funcionário público e um economista), estavam determinados a transformar da noite para o dia seu próprio povo em sel-vagens da Idade da Pedra, cuja única função era trabalhar como escravos, sem remu-neração ou metas de produção, e que eram assassinados à vontade. As montanhas de crânios recuperados de seus campos de extermínio mostravam a descida cons-ciente de intelectuais de educação parisiense, vindos da camada mais privilegiada da sociedade, para a selvageria do mais primitivo passado que puderam imaginar, a mais direta e determinada tentativa de cumprir o projeto jacobino original de retornar ao Ano Um – ou, como diziam eles, saindo-se melhor que Robespierre, ao Ano Zero – na convicção fanática de que o povo escravizado, faminto e aterrorizado experi-mentaria bênçãos à la Rousseau retornando ao "estado natural", salvo da agonia psicológica do materialismo burguês. Isto ia *manter* o Ano Zero para sempre.

A PERSONALIDADE TIRÂNICA

Repetidamente, desde o início da era moderna e do Iluminismo, seus otimistas sustentaram que a tirania e guerras injustas seriam logo eliminadas quando as pessoas começassem a experimentar os benefícios da paz, da prosperidade e dos direitos duradouros. *The Decline and Fall of the Roman Empire*, de Edward Gibbon, por exemplo, traz ideias brilhantes sobre a psicologia e a prática da tirania na Antiguidade. Como vimos, no entanto, escrevendo na década de 1750, Gibbon não acreditava que o progresso da Europa moderna pudesse algum dia regressar à barbárie do declínio de Roma para a Era das Trevas – para não falar em coisa pior. O filósofo alemão Immanuel Kant previu em 1795 que, à medida que alcançassem uma prosperidade maior e mais generalizada, os Estados modernos não a colocariam em risco entrando em guerra, um argumento revivido nas vésperas da Primeira Guerra Mundial num *best-seller* de Norman Angell. A Guerra Mundial foi amplamente proclamada "a guerra para acabar com todas as guerras", pois se acreditava que sua carnificina e destruição catastróficas ensinariam finalmente a todos a loucura que era a guerra e o imperialismo. Contudo, 1914 foi apenas o prelúdio de uma série de tiranias e revoluções sem paralelo na história por seus níveis de carnificina genocida e devastação. Mesmo isso, porém, não impediu que as mesmas esperanças no progresso da história fossem mais uma vez levantadas após a Segunda Guerra Mundial e de novo após a derrota do "Império do Mal" na Guerra Fria, quando foi dito que tínhamos chegado ao "fim da história" e à inevitável expansão da democracia liberal pelo mundo afora. Então veio o 11 de Setembro. Mais recentemente, quando Vladimir Putin tentou reverter o resultado da Guerra Fria através da invasão e anexação da Crimeia e ameaçando o resto da Ucrânia, o secretário de Estado americano expressou perplexidade por alguém tão "século XIX" ter conseguido, de maneira inesperada, ressurgir – a citação com que começamos o livro.

A razão que me levou a escrever este livro sobre o estranho percurso da tirania foi sugerir que, ainda que muitas vezes pessoas respeitáveis expressem a decente esperança de que a humanidade tenha aprendido a lição, o impulso de tiranizar é uma paixão permanente na psicologia humana. Nunca nos deixa. Teremos sempre de estar de guarda contra ele, preparados para resistir a ele, se necessário for para combatê-lo. Tenho também sustentado que, através de suas muitas variedades, a tirania sempre revelou ao mesmo tempo uma forma de governo e um tipo de ser humano. Antes de nos voltarmos para o último cenário no percurso da tirania até o presente – o terrorismo islâmico –, vamos fazer algumas observações gerais sobre as características psicológicas da tirania milenarista.

As biografias dos tiranos milenaristas, incluindo Robespierre, Lenin, Hitler, Mao, Pol Pot e Bin Laden (todos de classe média ou ambientes ainda mais prósperos) confirmam que a privação econômica não é a "causa principal" do terrorismo, mas sim uma paixão fanática por justiça e vingança. Eles querem uma revolução agora para construir um futuro coletivista que consagrará seu poder absoluto, vingará desfeitas e injustiças cometidas contra eles próprios e forçará todos a vestir uma sinistra camisa de força de submersão na massa para depurá-la do egoísmo do materialismo e individualismo modernos. Uma paixão excessiva e implacável pela justiça como parte de um desejo imperioso de poder, influência e fama é traço característico de um certo tipo de jovem e, o que não é de espantar, a tirania em geral sempre tem sido uma espécie de oportunidade de emprego para um jovem. Alexandre, o Grande, Júlio César, Otaviano, Robespierre, Stalin, Hitler, Mao – todos começaram a ascensão para o poder relativamente com pouca idade.

Embora eu tenha sustentado que a tirania milenarista não aparece antes da Revolução Francesa, os tiranos milenaristas compartilham certos traços psicológicos com os antigos tiranos que examinamos na Parte Um – a inclinação, diagnosticada por pensadores antigos liderados por Platão, para o zelo excessivamente rigoroso, a raiva, a belicosidade, o ciúme dos rivais, a desconfiança e a possessividade (Platão chamava isso a parte "irascível" da alma, em contraste com a razão e com o desejo de mera sobrevivência). No nível mais baixo de convivência básica com a brutalidade, a ascensão de um Saddam Hussein por meio da traição e do assassinato poderia ter saído dos anais de tiranos e aventureiros políticos do passado, incluindo Híeron de Siracusa ou César Bórgia, e Platão e Aristóteles não teriam dificuldades em reconhecer em Bashar al-Assad um típico cleptocrata tirânico lutando para controlar um país inteiro como sua propriedade pessoal. Mas no geral, os tiranos milenaristas têm muito menos em comum com exemplos antigos de excessiva paixão erótica e ânsia de glória (como Alcibíades ou, dependendo de nosso ponto de vista, César) e mais em comum com Torquemada e a Inquisição. São fanáticos seculares, abstêmios e ascéticos, não propensos a exibições públicas de exuberante grandeza pessoal, com ornamentações, esplendor arquitetônico e trajes de Estado característicos de monarcas universais tradicionais remontando a Ciro, o Grande (o cerimonial imperial de Napoleão, que pretendia revestir a modernização da Europa através da conquista de um revivido esplendor romano, foi a exceção que comprova a regra).

Foi Robespierre – "o Incorruptível" – quem lançou a ideia de que, em contraste com os governantes esplêndidos, encantadores e hedonistas da Antiguidade, o governante moderno deve ser "desinteressado" (livre de interesse próprio), uma espécie de "santo secular" (para usar a expressão de Michael Walzer) que despreza prazeres e entretenimento fúteis. Robespierre usava um casaco comprido e sóbrio, enquanto

Stalin, Hitler e Castro preferiam a túnica militar sem adornos ou o sobretudo do soldado raso. A nítida ausência de belas medalhas, faixas e tiras, à primeira vista um sinal de modéstia, tinha por objetivo mostrar que o posto deles superava radicalmente o de qualquer mero general. Sendo a fonte de todas as honrarias concedidas a outros, mantinham-se eles próprios acima delas. A Cruz de Ferro e um pequeno distintivo do partido usados por Hitler e a não menos discreta Ordem de Lenin que Stalin colocava nos uniformes sem outros enfeites que usava confirmavam o alcance exclusivo e total de suas autoridades pessoais. Mao e seus camaradas escolheram uma túnica de serviço também sem adornos, a famosa "túnica Mao" (embora fossem feitas sob medida para os postos mais altos). Apesar das pretensões à magnificência imperial em sua corte, Napoleão também criara um traço característico no campo de batalha ao usar um sobretudo simples, embora cercado pelos adornos esplendidamente trançados e emplumados dos marechais. Seu hábito de beliscar as bochechas em público quando concedia mais uma honraria destinava-se a mostrar que os postos nada significavam sem o seu favor pessoal, que poderia retirar a qualquer hora.

Ao contrário do tirano vibrante e cortês do mundo antigo, o tirano milenarista tem uma imagem pública titânica, onipresente e além da escala humana (refletida no genocídio industrializado e no brutalismo arquitetônico de Stalin e Hitler) e mostra na vida pessoal uma espécie de discrição, mau humor, vulgaridade ou inépcia. Enquanto as vidas dos tiranos antigos estão perfeitamente entrelaçadas com o caráter patrimonial de seus regimes, de modo que sua predominância política está unida à possessividade, mas também, às vezes, à generosidade, charme ou extravagância de um amante (pensemos em Alcibíades ou César), ficamos espantados com o tipo de "borrão cinzento" (para usar a famosa, mesmo que tendenciosa, descrição que Trotsky fez de Stalin) que se encontra por trás das alavancas do poder sobre-humano do Estado totalitário. Embora cercado por milhões de mortos, Hitler exibia uma elaborada cortesia austríaca com relação a seus secretários, como a de um banqueiro burguês, caçoando que eles o estavam fazendo engordar com bolo demais. Himmler sofria de dores de estômago crônicas e, enquanto supervisionava o Holocausto, recordava-se atentamente dos aniversários de seus secretários. Esses governantes não parecem à procura de glória pública – pelo menos não com o esplendor tradicionalmente reconhecível de imperadores ou reis do passado – e evitaram o público durante anos a fio em seus *bunkers* ou recintos murados. O retiro de verão de Hitler foi comparado ao de um empresário relativamente próspero. Osama bin Laden, outrora aspirante a líder revolucionário do mundo muçulmano, foi morto num quarto quase vazio. O que importa não é que esses líderes fossem ou não de fato incorruptíveis, que não tivessem vícios secretos e riqueza furtada. O que importa é que suas vidas pessoais estavam desconectadas de sua monumental imagem pública, enquanto os déspotas do passado viviam numa escala e de um modo (pensemos na Casa Dourada de Nero ou no Versalhes de Luís XIV) que fundiam o gosto por luxo, adorno e refinamento a suas identidades públicas como governantes. De Ciro, o Grande, ao Rei Sol, eles eram símbolos de um mundo ordeiro e beneficente.

Reclusos em seus "aposentos espartanos", os tiranos milenaristas modernos têm visado purificar e recriar a existência humana, numa vasta escala, através da destruição e degredo de milhões de pessoas para atender a doutrinas que proclamam um ideal, além do compromisso, de igualdade, virtude, ausência de classes e pureza comunal ou racial. Embora capazes de colocar em movimento prodígios de terror que no passado só podemos encontrar em descrições das divindades mais vingativas – e que o Iluminismo acreditou que desapareceriam com o fim das guerras religiosas na Europa –, pessoalmente nossos tiranos tendem a ser sombrios, brandos, sem vaidade no trajar ou nas atitudes, estudiosos, glutões e detalhistas. Às vezes são histriônicos no estilo de um professor exagerado ou de um intelectual de bar, ávidos para externar suas opiniões um tanto inflamadas sobre todas as facetas da vida, de ciclos de império a música, dieta alimentar e cuidados pessoais.

Uma breve ilustração da literatura antiga e moderna dará forma mais precisa a esse contraste. Na descrição que Aristóteles faz na *Política*, o tirano é um monstro de desejos que maltrata os súditos pilhando-os ou violentando-os. Os cidadãos são impelidos ao tiranicídio pela necessidade de livrar a sociedade desse arrogante explorador. Examinamos alguns exemplos do tirano como um monstro de excesso erótico na Parte Um, com as histórias de Harmódio e Aristógito e a derrubada dos Tarquínios. Essa condenação, repetida e embelezada por comentadores humanistas tanto religiosos quanto seculares, ainda anima muitas denúncias de regimes opressivos, como nos levantes de 2011 na Tunísia, no Egito e na Síria contra cleptocratas corruptos, suas famílias ociosas, mimadas, e seus seguidores. Em chocante contraste, no entanto, como vimos antes na clássica exposição moderna do credo do terrorista, *Catecismo do Revolucionário*, de Sergey Nechaev, a violência do terrorista está voltada para eliminar o *próprio* aumento dos desejos, além da corrupção da sociedade. Métodos tirânicos são usados para objetivos ascéticos por ascetas que querem obrigar todo mundo a ser ascético. O próprio uso por Nechaev do termo *catecismo* sugere que o terrorismo visa criar a versão politizada, secularizada, de uma comunidade de penitentes religiosos com uma absoluta disciplina monástica, forçados a renunciar a seus prazeres e desejos pelo bem do coletivo. Mas a compaixão pelos oprimidos, pobres e desfavorecidos não pode impedir o ataque aos que dentre eles, devido a insensatez ou venalidade, dão força à ordem estabelecida. Como observamos, a maioria das vítimas da guilhotina sob o governo de Robespierre era das camadas médias e baixas. O credo do terrorista pede um tirano idealista e sem interesse pessoal, assassino e puro de espírito, algo difícil de reconhecer na antiga personalidade hedonista do tirano. "Severo consigo mesmo", escreve Nechaev numa linguagem ao mesmo tempo íntegra e impiedosa, "ele tem de ser severo também com relação aos outros... Não deve ser o que as motivações de suas inclinações pessoais gostariam que fosse, mas o que o interesse geral da revolução prescreve".

Assim como esses reais ou aspirantes a tiranos terroristas promovem a imagem de que não são hedonistas, vaidosos ou extravagantes em seu desejo de bajulação pública, eles não atraem seus seguidores devido ao fato de cederem, como Platão afirmara, ao hedonismo e relaxamento moral das massas, pois para Platão a tirania emerge diretamente dos traços mais desprezíveis da democracia. Ao contrário, tiranos milenaristas inspiram muitas vezes uma espécie de zelo altruísta também em parcelas de seus seguidores. Os seguidores participam do sentimento do líder de ter uma "missão histórica" de cujo alcance e intensidade de destruição só as mais selvagens guerras e perseguições religiosas tinham até então se aproximado, uma missão que requer, de todos os seus participantes, não só a renúncia a uma vida fácil de prazer e de relaxamento, mas ao luxo de escrúpulos morais comuns e sentimentos decentes de tolerância e compaixão, como vimos no infame discurso de Himmler em Posen para a liderança da SS. O que distingue, na própria opinião deles, os movimentos revolucionários milenaristas dos interesses egoístas tanto da política democrática burguesa quanto da política conservadora tradicional é precisamente a falta de atitude venal ou de paixão pessoal que caracteriza os quadros de elite que realizam a reconstrução cirúrgica da sociedade através do genocídio. A "grandeza" dos revolucionários, na própria opinião deles, vem de sua capacidade de não sentir nada com relação a suas vítimas, nem mesmo um mal-humorado surto de inveja, crueldade ou triunfo. Eles aspiram a uma prática homicida puramente desinteressada.

Aspirar a esse ideal de destruição impessoal protege a pureza do movimento revolucionário não só de objeções morais baseadas em noções tradicionais e habituais de vergonha, compaixão e decência, mas da tentação de alguém cumprir o dever de matar por alguma motivação de recompensa pessoal, para não falar em lucro. O importante não é que os assassinos alcancem de fato ou mesmo com frequência esse estado de pureza interior, mas que os movimentos tenham compreendido esse objetivo e se apresentado desse modo, que tenham isso como um ideal ao qual devem aspirar. Himmler ficava chocado com cada caso de violência desorganizada ou sadismo espontâneo para com as vítimas do Holocausto, coisas que poderiam manchar, com motivações pessoais corruptas, a vontade de aniquilar os judeus. Ele ficou escandalizado, e procurou punir o roubo generalizado dos pertences das vítimas pelos guardas e oficiais do campo. O povo alemão deve tirar tudo do conquistado com a consciência limpa, mas o homem da SS deve ter por objetivo um padrão mais elevado: liquidar os inimigos do povo alemão sem ganância pessoal ou malícia para com os indivíduos.

Esse ideal de genocídio utópico perdura na Internacional Terrorista de hoje, como vamos ver agora.

TIRANIA MILENARISTA HOJE

Chegamos agora ao último episódio no estranho percurso da tirania, que nos traz de volta ao presente – o terrorismo jihadista. Na esteira do ataque da Al-Qaeda em 11 de Setembro, muitos observadores ocidentais começaram a perguntar, nas palavras de Bernard Lewis, "o que andava errado" com o islã? Como era possível que homens reivindicando ser muçulmanos, uma das três grandes religiões monoteístas que moldaram nossa história, estivessem visivelmente dispostos a destruir o Ocidente, incluindo Israel e outros muçulmanos por meio do assassinato em massa? Vou sustentar que o terrorismo jihadista é melhor compreendido como herdeiro direto do Socialismo de Terceiro Mundo e dos outros movimentos revolucionários milenaristas que examinamos até agora. Antes, porém, de traçar essa genealogia, vamos dar uma olhada no contexto mais amplo.

O debate sobre "o que andava errado" continua, já que a Al-Qaeda foi sucedida pelo Estado Islâmico e há muitas respostas possíveis. Não creio que o islã seja inerentemente mais inclinado ao terrorismo e à violência que as outras duas fés abraâmicas. Todas as três falam com vozes misturadas. Como Rezla Aslan observa: "A mesma Bíblia que manda os judeus 'amarem o próximo como a si mesmos' também os exorta a 'matar todo homem e mulher, toda criança e bebê, boi e ovelha, camelo e asno' que cultuarem qualquer outro Deus. O mesmo Jesus Cristo que mandou seus discípulos 'virar a outra face' também lhes disse 'eu não vim trazer a paz, mas a espada...' O mesmo Alcorão que adverte os crentes de que 'se matas uma pessoa é como se matasses toda a humanidade' também os manda 'matar os idólatras onde quer que os encontres'".

Muitas guerras de conquista foram conduzidas sob a bandeira do cristianismo, incluindo, como vimos na Parte Dois, atos bárbaros de assassinato e destruição contra não crentes e minorias cristãs. Note bem, assim como seria tendencioso pretender que só o islã é inerentemente propenso à conquista violenta, enquanto agimos como se a tirania cristã fosse uma traição dos altos padrões morais da fé por homens que não tinham a pretensão de serem seus representantes, não é menos hipócrita os muçulmanos pretenderem que a tentativa da Europa cristã de reconquistar seu tradicional reduto no Oriente Médio, para não falar da Espanha, foi uma espécie de inacreditável "catástrofe", a tal ponto que o próprio termo "Cruzada" é profundamente ofensivo. Exércitos muçulmanos tomaram pela força o que antigamente pertencera ao Império Romano, incluindo o berço do cristianismo, e tentaram conquistar também a Europa. Então os europeus tentaram retomar esses territórios. Nenhum lado era moralmente superior ao outro.

Várias interpretações de "o que andava errado" são especialmente relevantes para nosso tema sobre o percurso da tirania. Como seus predecessores romanos e bizantinos, o Império Otomano declinou gradualmente da vitalidade e inovação para a corrupção, a estagnação e o apego ao passado. Durante quinhentos anos, os sultões otomanos tinham materializado sua pretensão a serem califas num sólido registro de estabilidade institucional e legal, tolerância (falando em termos relativos) de outras fés e promoção da educação e da iniciativa econômica. Quando o Império Otomano caiu, o anseio pelo califado penetrou num reino de fantasia fanática, separado de qualquer noção de governo estável e legítimo, e isto continua existindo ainda hoje, como comprovam as tentativas criminosas do Talibã e do Estado Islâmico de aplicar a versão mais severa da lei da Sharia sobre quem eles governam. Não mostram qualquer interesse pela verdadeira história do Califado Otomano, qualquer conhecimento dela ou de qualquer precedente muçulmano bem-sucedido de governo ordeiro, preferindo – como todos os revolucionários milenaristas desde Robespierre – retornar a um passado por trás do passado, um coletivo mítico de total pureza, supostamente a primeira comunidade muçulmana fundada pelo próprio Profeta. Invocar esse precedente permite, de forma conveniente, que os jihadistas de hoje descartem 1200 anos de experiência histórica, juntamente com a necessidade de se instruírem acerca dela (o que deixa mais tempo para jogos de computador e planejamento de assassinatos).

Tem sido sugerido que, ao contrário do Ocidente cristão, o islã não passou por uma reforma religiosa nem por um renascimento secular. Os princípios geminados do individualismo religioso e político (incluindo o individualismo econômico) – a chave, como vimos na Parte Dois, do surgimento da democracia liberal – não criaram raízes. Ainda na Idade Média europeia, o tomismo reconheceu uma divisão entre as reivindicações de autoridade divina e as do reino secular de vida política e econômica que constituiu a base para a separação final de Igreja e Estado, mas tal transformação não ocorreu no islã. Enquanto o tomismo ganhava a batalha com os fundamentalistas cristãos que queriam todos os assuntos humanos diretamente governados pela revelação e a teocracia religiosas, no mundo muçulmano, o brilhante período inicial de esclarecimento filosófico deflagrado por Al-farabi e Avicena numa tentativa de reconciliar a antiga filosofia grega com a revelação islâmica foi sufocado pelo fundamentalismo abrangente de Ibn Tamiyya, que acreditava que as reivindicações da razão têm de ser inteiramente postas de lado em nome da lei da Sharia. Ele foi um dos pioneiros da severa interpretação da Sharia dos wahhabistas adotada hoje pelos fundamentalistas islâmicos.

Acrescentemos a isso que, quando o Império Otomano entrou finalmente em colapso na esteira da Primeira Guerra Mundial, as triunfantes potências europeias se apoderaram de suas antigas satrapias e, seguindo seu próprio interesse, improvisaram uma série de novas "nações" artificiais, incluindo a Síria e o Iraque. Quando por fim a modernização chegou a essas entidades muitas vezes frágeis, elas optaram, de modo significativo, antes pelo modelo soviético que pelo modelo europeu. O movimento nacionalista que varreu o mundo árabe governado pelos "jovens coronéis", como Gamal Abdel Nasser e Muammar Khadafi, tinha inicialmente grandes esperanças de que seus povos pudessem ser trazidos para a era moderna. Mas, talvez devido a uma inerente desconfiança conservadora de um governo popular e a uma preferência pela hierarquia política, preferiram o modelo soviético de desenvolvimento "de cima" em um Estado unipartidário. Também aceitaram a afirmação soviética de que nações atrasadas podiam "pular" o estágio do desenvolvimento capitalista e, por meio de planejamento central, construir da noite para o dia modernas economias industriais. Isso ia de mãos dadas com uma admiração pelo brutal exercício de poder absoluto de Stalin para transformar tão rapidamente a sociedade. Segundo V. S. Naipaul, muitos árabes, incluindo Saddam Hussein, ostentavam um bigode espesso numa imitação do Pai dos Povos.

Por fim, essas esperanças de reforma murcharam juntamente com a própria experiência soviética, e os regimes baathistas e nacionalistas se tornaram o que eram na véspera da Primavera Árabe – Estados de partido único ou ditaduras onde a economia precária, com o desenvolvimento paralisado pela ausência de genuínas forças de mercado e empreendedorismo, fora retalhada e distribuída pelos ditadores a suas famílias e amigos. Assad, Mubarak, Saddam e o velho sobrevivente Khadafi foram todos dessa variedade de tirano reformista fracassado, as alegações de serem modernizadores finalmente desmascaradas como um verniz exausto, esgotado, já que a União Soviética tinha há muito desmoronado sob sua própria mediocridade econômica. A denúncia dessas ambições foi um convite aberto ao trabalho da Irmandade Muçulmana de proporcionar alívio caritativo às massas.

O duplo objetivo do terrorismo jihadista, que remonta à declaração de guerra da Al-Qaeda contra os Estados Unidos, Israel e o Ocidente, sempre foi derrubar esses regimes nacionalistas reacionários, corruptos, ou monarquias impostas de modo colonial (embora aceitando de bom grado seu financiamento) e ao mesmo tempo buscar a destruição do "Grande Satã", os Estados Unidos, e de seu procurador local, o "Pequeno Satã", Israel. A meta suprema é a criação de um califado mundial, abandonando assim a visão do Socialismo de Terceiro Mundo de um futuro florescente de "povos" autônomos e adotando a concepção mais leninista de um Estado coletivo mundial. Mesmo grupos terroristas, como Al-Fatah, que inicialmente afirmavam ser "socialistas seculares", combatentes pela liberdade e contra o colonialismo inspirados por Ho Chi Minh e Che Guevara, por fim islamizaram suas doutrinas, visto que o jihadismo disseminava um novo fervor revolucionário entre os jovens e os despossuídos. Entre seus últimos lances desesperados, Saddam relançou-se como "a Espada do Islã", embora seu herói tivesse sido Stalin. Ainda que as táticas tenham variado em torno de que objetivo ganhava prioridade – combater os Estados Unidos ou derrotar Estados árabes corruptos –, a estrutura global da crença revolucionária permaneceu coerente, pelo menos enquanto escrevo essas palavras, até o Estado Islâmico. Mas de importância central para a evolução do jihadismo é a extensão em que o extremismo islâmico recorre a consagradas correntes *europeias* de niilismo revolucionário que remontam aos jacobinos, bolcheviques, nazistas e movimentos socialistas do Terceiro Mundo.

Antes de voltarmos a essa genealogia, vamos fazer uma pausa para examinar um dos exemplos relativamente mais bem-sucedidos de construção de Estado despótico a partir de cima no mundo muçulmano e que teve lugar entre as próprias ruínas do grande Império Otomano. Com Kemal Ataturk, sentimo-nos na presença de nossos grandes modernizadores, incluindo Henrique VIII, Pedro, o Grande, e Frederico, o Grande – "grande", como já observamos, significando não necessariamente grande em termos morais, mas com uma combinação incomum de inteligência, sagacidade e discernimento da psicologia, resistência e perseverança humanas. Ao contrário de movimentos mais tardios de modernização no mundo árabe, Ataturk compreendeu que apenas construir fábricas ou comprar armas do Ocidente sem o acompanhamento de uma transformação cultural a longo prazo não daria certo. Ele e os outros "Jovens Turcos", oficiais do exército modernizadores, voltados para o Ocidente, acreditavam que a influência do islã tinha de ser abrandada pelo Estado secular, exatamente como havia acontecido com a Igreja na Europa (enquanto os outros Jovens Turcos tentavam converter o Estado otomano numa monarquia constitucional, Ataturk se empenhou em sua substituição por uma república em 1922, incluindo a abolição do califado). Ataturk também quis dar fim ao sentimento de dependência dos turcos da cultura árabe e iraniana, substituindo o uso do árabe na mesquita e da língua persa entre as elites políticas e culturais por uma língua turca inteiramente modernizada, uma reconstrução que antecipou o milagre linguístico similar ocorrido mais tarde com o hebreu moderno (e, falando em termos linguísticos, recordou a ordem de Pedro, o Grande, para que os boiardos cortassem suas barbas).

Como nossos outros déspotas construtores de Estado, Ataturk pôs em prática uma calculada violência e brutalidade no esforço para criar um novo sentimento de nacionalidade étnica turca. Durante os últimos dias do regime otomano, não menos de meio milhão, talvez um milhão de armênios perderam a vida numa campanha descrita muitas vezes como genocida. Alguns acusam os Jovens Turcos de terem sido cúmplices. Embora seja provável que Ataturk, na época estacionado nos Dardanelos, não estivesse envolvido, sua opinião sobre o que aconteceu na Armênia nunca ficou clara. Durante a Guerra de Independência Turca em que, após o colapso do Estado otomano, os kemalistas* lutaram contra as potências ocidentais e seus representantes, incluindo a Armênia e a Grécia, mais de 12 mil armênios foram mortos na Batalha de Marash e 264 mil gregos perderam a vida. A troca de populações em 1923 entre Turquia e Grécia forçou a ida para a Grécia de milhões de gregos da Anatólia e a vinda para a Turquia, muitas vezes sob condições muito brutais, de muçulmanos gregos. O papel de Kemal em todos esses eventos ainda é calorosamente debatido. Na melhor tradição de Pedro, o Grande, ele não acreditava que o povo turco estivesse "pronto" para um verdadeiro governo autônomo. Um Estado unipartidário respaldado por forças armadas dominadas pelos kemalistas devia manter o controle até que os turcos comuns se livrassem dos retrógrados costumes muçulmanos. Kemal foi um modelo para autoritários liberalizantes como Anwar Sadat e Pervez Musharraf (com resultados sem a menor dúvida controversos). Podemos nos perguntar se o presidente egípcio Morsi, com seu apelo à reforma islâmica, também não o está tomando como padrão.

Tem sido sustentado que a modernização foi *relativamente* mais bem-sucedida, relativamente mais próspera, criando sociedades que até certo ponto são mais abertas e estruturas políticas que, embora não de todo democracias eletivas, até certo ponto refletem os interesses dos principais grupos da sociedade em países como Turquia, Egito e Irã, que sempre foram grandes centros civilizatórios, mesmo antes do islã e que, portanto, têm um nível incomum de autoconfiança cultural e coesão nacional. Aqui não podemos fazer mais que detectar padrões, não as "leis" ou "paradigmas" buscados como Dulcineia pelos Dom Quixotes da ciência política. Irã e Turquia são nesse momento governados por muçulmanos, enquanto a coisa ainda não está decidida no Egito. Mas pelo menos alguma forma de complexa sociedade civil existe nesses países, assim como o sentimento de uma grandeza e um enraizamento "perdidos" que desencadeou as grandes revoluções da Europa desde 1789. A modernização, ao contrário, parece ter conseguido muito menos êxito em países como Paquistão, Iraque, Líbia e Síria, além de muitas nações africanas, que foram criadas do nada pelas Grandes Potências do Ocidente e sobrecarregadas com a necessidade de edificar Estados modernos da noite para o dia.

---

* Partidários de Kemal Ataturk, fundador do moderno Estado turco. (N.T.)

UM CALIFADO MUNDIAL: VISÃO UTÓPICA DO JIHADISMO

A Jihad Internacional é a principal herdeira no século XXI dos movimentos revolucionários milenaristas que remontam ao socialismo de Terceiro Mundo e ao nacional-socialismo, recuando até os jacobinos. Sejam quais forem as diferenças que possam existir entre khomeinistas, Al-Qaeda, Talibã, Hamas, Hezbollah e Estado Islâmico, todos compartilham o mesmo objetivo utópico – o estabelecimento de um califado mundial – e estão unidos pelo ódio implacável ao "Grande Satã" América e seu representante local, o "Pequeno Satã" Israel.

A Al-Qaeda surgiu da luta dos mujahedins, no Afeganistão, contra a União Soviética, origem de seu culto de honra e morte em batalha (como disse um dos mujahedins afegãos: "Os americanos acreditam na Coca-Cola. Nós acreditamos na morte"). Como proclamado na *Declaração de Guerra contra a América* da Al-Qaeda em 1996, a jihad tornou-se uma chamada mobilizadora dessa revolução mundial, secular, contra o Ocidente e regimes corruptos ao mesmo tempo, que se autodenominam muçulmanos e que, na opinião dos jihadistas, colaboram com o Ocidente e estão maculados por seu materialismo egoísta e degradação hedonista. Na *Declaração*, Osama bin Laden exorta os muçulmanos a pôr de lado suas diferenças para se concentrarem no inimigo ocidental, um movimento descrito dois anos depois como "Frente Islâmica Mundial". A Al-Qaeda misturou muitas críticas do Ocidente feitas pelo socialismo de Terceiro Mundo a seu supostamente religioso apelo às armas – a lista de queixas incluía colonialismo ocidental, exploração econômica e a tentativa de reprimir movimentos de libertação nacional, como o do vietcongue.

Comentaristas, como Bernard Lewis e este escritor constataram muito cedo uma afinidade entre o ideal coletivista de um Estado islâmico puro, como visado pela Al-Qaeda, o nacionalismo *Volkish* de Heidegger e os movimentos fascistas europeus das décadas de 1920 e 1930. Lewis faz "o clima de antiocidentalismo" no islamismo político remontar a Heidegger, Ernst Junger, Rainer Maria Rilke e os nazistas. Com o declínio do apelo do marxismo-leninismo, com seu cenário de luta de classes internacional, ele argumentou, a simpatia pela ideologia fascista exaltando "a espiritualidade e vitalidade das culturas enraizadas, humanas, nacionais dos alemães e outros 'povos autênticos'" alimentou "a nova mística do terceiro-mundismo emanando da Europa Ocidental" entre intelectuais muçulmanos.

O jihadismo também tomou emprestado do socialismo de Terceiro Mundo a crença na existência de um "povo" com raízes autênticas, cujo verdadeiro passado existe muito antes da ortodoxia convencionalmente recebida sobre o significado da tradição, um verdadeiro passado que só pode ser recuperado por um ato de violência revolucionária. Como observamos antes, a Al-Qaeda e outras visões islâmicas de um

Estado islâmico puro têm pouca semelhança com a história de como o rico conjunto dos valores religiosos, políticos e culturais muçulmanos foi se desenvolvendo com o passar dos séculos. Ao situar a sociedade pura nas origens mais primitivas do Islã, a Al-Qaeda sugeria que toda a sua história subsequente está manchada de modo irremediável pela ocidentalização e colonização, assim como Fanon sustentara ser o caso das tradições recebidas ("máscaras") dos povos de Terceiro Mundo. Essa visão de uma comunidade dos fiéis restaurada em sua pureza reduz-se a pouco mais que generalizações extremamente vagas sobre comunidade, ausência de egoísmo e de corrupção. É tanto um salto para um futuro incognoscível quanto um retorno ao passado, pondo de lado qualquer alerta de prudência, sabedoria recebida, precedente teológico e princípio legal – os verdadeiros herdeiros da tirania milenarista retomando o retorno dos jacobinos ao "Ano Um".

De especial interesse é o fundador intelectual do islamismo, o egípcio Sayyd Qutb, e sua crítica da corrupção espiritual, decadência, depravação sexual e niilismo ocidentais baseada em observações que ele fez ao visitar os Estados Unidos quando estudante. Essas críticas contribuíram para uma extensa linhagem de denúncias do Iluminismo secular e da democracia liberal que começou, como vimos na Parte Três, no próprio Ocidente, representada por Rousseau, Marx, Nietzsche, Heidegger, além de numerosos promotores do fascismo, e foi exportada para o mundo não ocidental em conjunto com a influência econômica e cultural do Ocidente. Por ironia, ao encontrar essas falhas no Ocidente, Qutb estava contribuindo, do Oriente, para um léxico que surgia na cultura anti-iluminista do próprio Ocidente em um registro tão recuado quanto o *Discurso sobre as Ciências e as Artes*, de Rousseau, em 1750.

Todas as características da revolução milenarista que examinamos na Parte Três e que retrocedem aos jacobinos reúnem-se na Jihad Internacional. * O retorno ao Ano Um, uma sinistra utopia coletivista supostamente baseada na versão mais primitiva, mais pura da sociedade muçulmana no século VII. * A identificação de *uma* força que se coloca no caminho do nirvana para toda a humanidade e que deve, portanto, ser eliminada. Para os jihadistas, essa força são os Estados Unidos – a encarnação do Iluminismo, capitalismo, globalização, corrupção burguesa – aliados a Israel e aos judeus. * A máxima de Lenin "quanto pior, melhor". A Al-Qaeda atacou os Estados Unidos no dia 11 de Setembro porque *queria* que a América respondesse com força letal, desmascarando-se assim como um opressor colonialista, galvanizando as massas islâmicas e suprimindo qualquer esperança de acomodação. Movimentos revolucionários não *querem* paz, prosperidade ou bom governo para seus povos (e isso se aplica hoje ao Estado Islâmico e ao Hamas). * Enfim, assim como tiranias milenaristas mais antigas encontravam "idiotas úteis", como Stalin os denominava, que realmente acreditavam que o Ocidente do Iluminismo era responsável pela justificada raiva dos revolucionários, numerosos estudiosos e eruditos americanos acreditaram que os próprios Estados Unidos tinham provocado o 11 de Setembro porque, como a revista *The Nation* publicou poucas semanas depois do ataque, fora um "Estado selvagem", oprimindo durante décadas os povos do Terceiro Mundo.

A REPÚBLICA NUCLEAR DE DEUS

Isso nos leva à República Iraniana, onde vamos encerrar nossa discussão da tirania milenarista. Além de resumir a visão global do extremismo jihadista, incluindo Al-Qaeda, Hamas, Talibã e Estado Islâmico, ela pôs em prática quase todos os procedimentos das revoluções milenaristas que discutimos na Parte Três, remontando aos jacobinos.

A República Iraniana instalou uma teocracia radical, de severa lei islâmica, no território de um Estado importante (objetivo fundamental de todos os movimentos jihadistas, mas não alcançado em outros locais, apesar da instável influência regional do Talibã e do Estado Islâmico, bem como do pequeno Estado do Hamas em Gaza), que é um influente poder militar regional. Ela tenta exportar terrorismo e revolução por meio de seus representantes, incluindo o Hezbollah e o Hamas, contra o que encara como regimes corruptos ou pró-ocidentais (em especial Israel). Como no caso dos jacobinos e dos bolcheviques, a Revolução Iraniana começou com uma insurreição reformista contra um autocrata vez por outra liberalizante, o xá Reza Pahlevi, mas logo os progressistas seculares originais, os marxistas e os tecnocratas foram postos de lado pelas forças do carismático aiatolá Khomeini, o equivalente de Lenin ou Hitler na revolução, com sua mensagem de uma completa transformação da vida humana. Como anteriores regimes totalitários onde terroristas chegaram ao poder, a exemplo da União Soviética e do Terceiro Reich, a "República de Deus" khomeinista age em toda parte como um farol para sua congênere revolucionária.

Como o KGB dos bolcheviques e a SS dos nazistas, os quadros de elite da Guarda Republicana Iraniana criaram um Estado dentro do Estado que não só preserva a pureza radical da revolução e executa o terror contra sua própria população e também no exterior, mas controla faixas inteiras da economia. O mais significativo de tudo é que, como os jacobinos, os bolcheviques e os nacional-socialistas, a República Iraniana tem um projeto utópico a ser levado a cabo por genocídio – um Estado islâmico mundial introduzido pela destruição de Israel e, por fim, dos Estados Unidos. Mas enquanto imperialistas totalitários do passado só poderiam esperar difundir as bênçãos de suas revoluções por meio de força militar convencional, o Irã acrescentou um ingrediente novo e realmente aterrador – a realização do Armagedom por meio da guerra nuclear mundial.

Essa nova versão de genocídio utópico foi articulada por outro carismático líder iraniano, o presidente Mahmoud Ahmadinejad. Embora não sendo um ditador absoluto como Stalin ou Hitler devido à autoridade suprema dos aiatolás, ele sintetizou os princípios mais extremos da Revolução Iraniana. Pouco se sabe a seu respeito, exceto que se formou em engenharia e foi supostamente escolhido, quando prefeito do Teerã, como um presidente mais maleável após as tentativas de reforma democrática de Hahmed Khatamai (inconclusivas, mas ainda assim intoleráveis para os aiatolás). Se isso é verdade, ele provou ser muito mais formidável que um mero instrumento. Embora não seja mais presidente (o que não significa que esteja necessariamente sem poder – sabemos muito pouco do mundo pantanoso das lealdades tribais e políticas na política iraniana), sua visão de um genocídio nuclear ainda influencia a alta liderança iraniana.

Lúcido e de aparência afável em entrevistas que deu no Ocidente (ainda que, segundo círculos de expatriados iranianos, fosse um homem que havia matado prisioneiros com as próprias mãos), o presidente Ahmadinejad sempre parecia estar sorrindo, como se soubesse de algo que ignorávamos, ou pelo menos ainda ignorávamos. Era tentador encará-lo como um louco (como se David Koresh governasse um país que logo estaria equipado com armas nucleares, como disse o primeiro-ministro israelense Netanyahu); desse modo, quando falava em varrer Israel da face da Terra, poderíamos nos ter convencido de que ele não era mais que uma fanática figura de proa do desejo da República Iraniana de possuir armas nucleares para se autoafirmar no estilo da China ou de qualquer outro aspirante a grande potência.

Infelizmente, louco ou não, Ahmadinejad tinha uma visão ideológica coerente em que a chamada para liquidar Israel não era uma manifestação ordinária de antissemitismo. Na realidade, é o aceno para um evento apocalíptico que introduzirá um milênio de bênção para todos os crentes e, de fato, para toda a humanidade. Armas nucleares são o meio indispensável para tal fim, pois são o modo mais confiável de exterminar o Estado judeu. Existem, portanto, não para sua eliminação ser negociada em troca de benefícios econômicos ou de segurança. A revolução precisa de armas nucleares para cumprir sua missão utópica.

Ahmadinejad deixou muitas vezes seus objetivos claros em público. Numa conferência sobre um "Mundo sem Sionismo", em Teerã, em outubro de 2005, na qual também pediu "morte aos Estados Unidos", disse: "Eles perguntam, é possível vermos um mundo sem os Estados Unidos e o sionismo? Mas agora vocês já sabem que essa palavra de ordem e esse objetivo são atingíveis, que certamente podem ser alcançados". Na mesma conferência, pediu que Israel fosse "varrida do mapa",

251

acrescentando que "muito em breve, essa mancha de desgraça desaparecerá do centro do mundo islâmico. Isso é atingível". Os líderes islâmicos mais tradicionais do Irã deram pleno apoio a tal objetivo genocida. Ahmadinejad anunciou que pretendia devolver o Irã à pureza da revolução que levou o aiatolá Khomeini ao poder em 1979. O aniquilamento de Israel, ele afirmou, era uma meta que fora anunciada pela primeira vez pelo próprio Khomeini, sendo portanto um projeto revestido da mais alta autoridade possível.

Como muitos tiranos milenaristas, incluindo Hitler e Stalin, ele apregoava um amor pela humanidade, justiça e paz mundial enquanto instalava os mecanismos de assassinato em massa necessários para tornar esse mundo realidade. Ahmadinejad refletia a assimilação pela Revolução Iraniana de categorias islâmicas tradicionais de fé a um léxico marxista de revolução violenta (não constitui surpresa que tenha feito causa comum com ditadores seculares marxistas como Hugo Chavez e Robert Mugabe na denúncia do imperialismo americano). O ramo do jihadismo da Revolução Iraniana tem íntimas semelhanças estruturais com variedades do niilismo revolucionário europeu – e uma real descendência histórica delas –, incluindo a dos jacobinos, bolcheviques e nazistas, e se estende para ramificações mais tardias no Terceiro Mundo, como o Khmer Vermelho.

Como vimos de uma ponta à outra da Parte Três, todos esses movimentos revolucionários têm um conjunto comum de objetivos genocidas que tornaram a emergir na retórica letal de Ahmadinejad. Todos imaginam um retorno a uma utopia coletivista cruelmente repressiva na qual a liberdade individual é eliminada em nome do bem comum e as pessoas são purificadas de seus maus hábitos. Retornar a um passado tão puro e distante requer a destruição de toda a tradição recebida, incluindo tradições religiosas que remontam a um passado de séculos e, ao mesmo tempo, paradoxalmente, um salto radical para o futuro. É por isso que nem a suposta fé sunita do Talibã nem a suposta fé xiita da Revolução Iraniana têm qualquer semelhança real com as tradições e restrições impostas por essas fés, em especial restrições quanto ao extremismo político mundano, terrorismo e chacina de não combatentes.

Como vimos, o segundo objetivo que todos esses movimentos revolucionários compartilham é a identificação de uma classe ou raça inimiga cujo extermínio é o passo necessário e crucial para realizar a comunidade utópica onde toda a alienação e vício acabarão para sempre. A classe ou raça inimiga, cuja destruição purificará o planeta, torna-se a encarnação de todo o mal humano. No flerte de Ahmadinejad com o Armagedom nuclear, a destruição de Israel desempenha o mesmo papel apocalíptico que os nazistas atribuíam à destruição da comunidade judaica da Europa. Stalin atribuía papel idêntico à destruição dos "kulaks", os chamados camponeses ricos. Agora era de novo a vez dos judeus. Quando Ahmadinejad prometeu aos muçulmanos "um mundo sem sionismo", pretendia dizer bem literalmente isso.

Já destacamos as conexões entre a Al-Qaeda e ideologias europeias de extremismo revolucionário. As conexões da Revolução Iraniana com essas ideologias estão, pelo menos, ainda melhor documentadas. A figura-chave aqui é o reconhecido padrinho intelectual da Revolução Iraniana, Ali Shariati. Para compreender a campanha de Ahmadinejad de retorno à pureza da revolução khomeinista original e por que ela leva ao flerte com o Armagedom nuclear, é necessário entender Ali Shariati.

Ali Shariati (1933-1977) foi um intelectual iraniano que estudou literatura comparada em Paris no início dos anos 1960 e foi influenciado por Jean-Paul Sartre e Frantz Fanon. Traduziu a obra filosófica mais importante de Sartre, *O Ser e o Nada*, para o pársi e foi coautor de uma tradução do famoso tratado revolucionário de Fanon, *Os Condenados da Terra*. Como vimos, Sartre e Fanon foram responsáveis por revitalizar o marxismo recorrendo à filosofia do existencialismo de Martin Heidegger, que enfatizava a necessidade coletiva de o homem lutar contra um mundo burguês sem objetivo para dotar a vida de sentido por meio do compromisso apaixonado. Enaltecendo a violência revolucionária em si como uma catarse purificadora que nos obriga a virar as costas para o mundo burguês, Sartre e Fanon esperavam resgatar o oprimido da sedução do materialismo ocidental. Fanon foi ainda mais importante porque importou da filosofia de Heidegger um compromisso apaixonado com o destino do povo, o anseio pela pureza perdida do coletivo pré-moderno que havia atraído Heidegger para o nacional-socialismo.

Essa potente infusão de luta violenta e compromisso apaixonado com a visão utópica de um passado coletivista renascido como futuro influenciou de maneira profunda Ali Shariati, assim como havia influenciado outro estudante em Paris alguns anos antes, o futuro líder do Khmer Vermelho Pol Pot. O intuito de Ali Shariati foi politizar a fé xiita de seus concidadãos iranianos com o mesmo credo existencialista de violência revolucionária e purificação. Sua contribuição específica ao milenarismo jihadista estava enraizada numa diferença teológica entre o islã sunita e o islã shia [xiita] iraniano, uma variedade messiânica shia que espera o retorno do Imã Oculto para estabelecer a justiça na Terra. Ali Shariati pôs o messianismo shia a serviço de criar uma revolução puramente mundana em que, não mais se contentando em esperar passivamente o retorno do Imã Oculto, as massas criarão uma sociedade justa por meio da luta política – uma fusão do apocalipticismo shia com a mistura de Heidegger, Fanon e o socialismo de Terceiro Mundo que Ali Shariati havia absorvido em Paris. Ele procurava desviar o xiismo de esperanças devotas em um mundo melhor para a criação de uma utopia política aqui e agora.

Embora não possamos ver o que se passa no coração de outra pessoa e avaliar a sinceridade de suas crenças religiosas, os críticos de Ali Shariati sustentam com alguma plausibilidade que, sob muitos aspectos, o islã não era mais que uma religião de conveniência para ele. Como se tratava da força social mais poderosa do Irã, Ali Shariati subverteu suas categorias com uma agenda neomarxista alheia à verdadeira fé. Seguindo Fanon, Ali Shariati acreditava que "o povo" tinha de retornar a suas origens mais distantes, criando assim o que Fanon denominara um "novo homem" e uma "nova história". Também como Fanon, Ali Shariati definiu que um povo compartilhava "um sofrimento comum" que lhe era imposto pela opressão ocidental.

Citando Sartre com frequência, proclamou o existencialismo superior a todas as outras filosofias porque, nele, "os seres humanos são livres e são os arquitetos, assim como senhores, de sua própria essência". Essa afirmação do absoluto controle do homem sobre seu destino viola todas as três fés abraâmicas, que enfatizam que os seres humanos são servos de Deus e incapazes de fazer o bem sem Ele. Quando foi criticado em 1972 por tradicionalistas entre o clero iraniano, Ali Shariati escreveu a seu pai sustentando que aqueles que lutaram contra o colonialismo francês na Argélia estavam mais perto do verdadeiro espírito revolucionário do xiismo que tradicionalistas como o aiatolá Milani, que evitava todo envolvimento em política.

Durante todas as discussões do xiismo por Ali Shariati, a religião está atrelada à política revolucionária. Ele tentava transferir esperanças xiitas de um mundo melhor alcançado através do retorno do Imã Oculto, o Mahdi, para projetos revolucionários de luta armada e progresso histórico. O retorno do Mahdi, ele proclamava, trará uma "sociedade sem classes", um *slogan* marxista. Sendo no mínimo um muçulmano nada convencional, Ali Shariati estava profundamente interessado no misticismo sufi, incluindo os poemas de Rumi, e também gostava muito de Honoré de Balzac e outros escritores europeus. Como Sartre e mais tarde Michel Foucault, Ali Shariati tinha uma paixão por literatura que andava de mãos dadas com uma paixão por revolução, uma confusão de política com arte – o desejo de moldar a massa humana num todo harmonioso – que, como vimos, é um tema comum em movimentos revolucionários milenaristas. Em suas obras, a luta política se torna um mito embelezador do valor heroico e do triunfo da vontade, a ilusão de que "o povo" pode realizar por meio da violência revolucionária a totalidade e unidade estéticas de uma obra de arte.

Retornando ao Irã no início da década de 1970, durante o governo do xá Reza Pahlevi, Ali Shariati começou a organizar a revolução vindoura. Embora repudiasse a doutrina formal do marxismo-leninismo devido a seu ateísmo e à interpretação materialista da história, expressava admiração pelo fervor revolucionário dos marxistas iranianos e, vez por outra, apoiava seus protestos contra o regime. As palestras que fazia no Instituto Ershad, em Teerã, onde apresentava sua fusão de xiismo e luta revolucionária, eram extremamente populares. Ele teve vários problemas com a Savak, a polícia secreta do xá, que monitorava suas exposições.

Shariati também tentou criar vínculos com o *establishment* religioso iraniano. Contudo, muitos dos teólogos mais conceituados continuavam a encarar a tentativa de misturar xiismo com revolução de Terceiro Mundo como herética. Sustentavam que o islã xiita não tinha como sancionar o tipo de causa revolucionária secular abraçada por Shariati; o homem nada podia fazer, através de suas próprias ações, em especial da ação política, para apressar o advento dos Últimos Dias e o retorno do Imã Oculto. Uma importante figura, no entanto, recusou-se a atender o pedido que os clérigos seus pares lhe fizeram em 1970 para que condenasse Ali Shariati: o aiatolá Khomeini. Ele e Ali Shariati não eram aliados diretos. Mas Khomeini – que um dia dissera que "islã é política" – também não era tradicionalista e quis tirar proveito da energia popular que Ali Shariati tinha estimulado entre estudantes iranianos para ajudar a abastecer seu próprio movimento político por uma ditadura teocrática.

Ali Shariati morreu em 1977, dois anos antes da Revolução Iraniana, mas, graças em grande parte à sua influência, a ideologia levada ao poder pelo governo de Khomeini seria um islã distorcido pelo existencialismo e a romantização da violência da esquerda europeia. A poderosa variedade messiânica do xiismo o exclui da hegemonia do islã sunita. Os xiitas rejeitaram a instituição de um califado terreno que constituísse a fonte da autoridade tanto secular quanto religiosa, como o sultanato otomano, em favor do governo dos descendentes do Profeta. O último deles, o Imã Oculto, deixou o mundo em 874 e os xiitas devotos aguardam com dedicação o seu retorno. Quando retornar, ele vai liderar os justos numa guerra contra os perversos e estabelecer um reino de perfeita justiça na Terra. Enquanto isso, como as únicas esperanças de verdadeira justiça residem no Imã Oculto, em sua ausência o mundo é um lugar triste e vazio, proporcionando um laço institucionalizado mais fraco entre os crentes e Deus que no caso do islã sunita, com seu envolvimento mais direto no governo terreno. A fusão cesaropapista da monarquia absoluta com a suprema autoridade religiosa que acompanhamos, na Parte Dois, de Bizâncio aos sultões otomanos não tinha, tradicionalmente, lugar na Shia. Tudo isso mudou graças a Shariati e Khomeini.

Ali Shariati pegou a variedade messiânica que distingue o xiismo do islã dominante e secularizou-a, transformando-a no veículo para o compromisso, determinação e vontade existencialistas heideggerianas em nome do povo oprimido. O messianismo tornou-se o impulso para a luta política coletiva. Os Últimos Dias, que os crentes tradicionais só podem esperar na fé, esperança e devoção piedosa, podiam se tornar realidade aqui e agora pela ação humana, criando um regime capaz de alcançar a pureza do coletivo, o retorno ao Ano Um. No xiismo tradicional, as bênçãos do retorno do Imã Oculto não podem ser apressadas pela ação política mundana. Devido ao grande fosso entre o mundo imperfeito de agora e o reino perfeito que chegará quando o Imã Oculto retornar, não pode haver governo terreno de simples homens reivindicando governar diretamente em nome de Deus. É por isso que a noção mesma de uma mulocracia* governante como na República Iraniana dos dias atuais é uma distorção do xiismo, que é ainda mais cético acerca de uma fusão da revelação religiosa com poder político terreno que o islã sunita, com sua tradição do califado. Ao secularizar essa variedade messiânica, Shariati tentava transformar a Shia numa versão muito *mais* mundana e politicamente engajada da fé. A teocracia iraniana atual, com seu ímpeto incessante para a centralização do poder e arregimentação de todos os aspectos da vida, é um afastamento do islã tradicional, mas carrega uma forte semelhança com o Partido Totalitário dos Jacobinos, Bolcheviques, Nazistas e Khmer Vermelho. Como o desaparecido Partido Comunista da União Soviética, a teocracia iraniana reivindica a posse exclusiva da "unidade de teoria e prática".

Como Ali Shariati morreu antes da revolução, não podemos saber com certeza qual teria sido sua reação ao reino de terror do aiatolá Khomeini. Teria ficado chocado, desiludido ou disposto a esperar e dar uma chance à revolução? Alguns sustentam que, com seu credo socialista do Terceiro Mundo, Ali Shariati não era, estritamente falando, um khomeinista ou partidário da teocracia. Mas até que ponto Khomeini era um governante genuinamente islâmico? Antes dele, os aiatolás nunca haviam empunhado os instrumentos de poder estatal para executar milhares de indivíduos definidos, por sua ideologia, como inimigos ou para coagir centenas de milhares ao exílio, confiscar propriedades e dar início a guerras. Como Bernard Lewis observou: "Tudo isso deve mais aos exemplos de Robespierre e Stalin que aos de Maomé e Ali. Esses métodos são profundamente não islâmicos, mas totalmente revolucionários". Antes de Khomeini chegar ao poder, a autoridade política direta no Irã nunca fora exercida pelos homens de religião. Os mulás iranianos não restauraram uma ordem antiga. Ao contrário, seguindo Ali Shariati e Fanon, tentaram criar um "novo homem" e uma "nova história" por meio de uma ditadura sem precedentes islâmicos.

Na fantasia assassina de destruir Israel, Ahmadinejad uniu todos os fios da ideologia islâmica de Ali Shariati e acrescentou seu próprio e sinistro nó, que a tornou muito mais perigosa. Embora utópico na crença de que um xiismo politizado trouxesse um regime por meio do qual a dignidade do povo pudesse ser resgatada

---

*   Governo dos mulás. (N.T.)

das influências corruptoras do Ocidente e fosse estabelecida uma sociedade sem classes, Ali Shariati, pelo que sabemos, não tinha de fato em mente tornar realidade os Últimos Dias, a luta apocalíptica entre os justos e os perversos por intermédio de um cataclismo militar mundial. Ahmadinejad sim. "A missão de nossa revolução", ele declarou, "é pavimentar o caminho para o reaparecimento do Décimo--Segundo Imã". Um rumor negado pelo governo, mas amplamente considerado verdadeiro no Irã, sustentava que Ahmadinejad e seu gabinete tinham assinado um "contrato" secreto se comprometendo a trabalhar para o retorno do Mahdi. Ahmadinejad acreditava que o apocalipse era iminente e o Irã poderia acelerar o cronograma divino. Não se contentava, como faria um crente tradicional, em esperar que o Imã Oculto retornasse. Planejava fazer os Últimos Dias obedecerem à sua própria agenda, usando armas nucleares para destruir os perversos o mais depressa possível. Ahmadinejad associava o desenvolvimento pelo Irã de uma capacitação nuclear ao vindouro apocalipse – com a ameaça implícita de um ataque nuclear que conscientemente pediria uma resposta nuclear de Israel e dos Estados Unidos, desencadeando assim uma conflagração mundial e o início dos Últimos Dias. Como nas anteriores revoluções milenaristas, um grupo era acusado de se colocar de forma pioneira no caminho da futura bênção da humanidade – Israel. O aniquilamento nuclear proporcionava um novo método para o genocídio utópico, mais rápido e mais completo que campos de extermínio.

E nesse plano utópico – insano como o de Hitler, mas internamente coerente – o custo para os próprios iranianos é sem importância. Quando a liderança islâmica do Irã – incluindo o supremo líder religioso aiatolá Ali Khamenei e o aiatolá Akbar Hashemi-Rafsanjani – se apressou em apoiar o chamado de Ahmadinejad ao aniquilamento de Israel, Rafsanjani, um ex-presidente da República Islâmica, acrescentou um detalhe louco: a liderança iraniana ficaria feliz em ver o Irã devastado por um ataque nuclear israelense de retaliação se isso significasse que eles podiam apagar Israel do mapa. "O emprego de uma bomba atômica", acrescentou num tom confiante, "faria com que nada sobrasse em Israel, mas também produziria danos no mundo muçulmano".

Essa disposição de ver o Irã absorver os "danos" de uma resposta nuclear israelense (certamente milhões de vítimas) fazia lembrar a disposição de Hitler em desviar recursos necessários à vitória na Segunda Guerra Mundial, expondo a Alemanha a bombardeios e invasão catastroficamente destrutivos, para acelerar o Holocausto, mesmo que isso significasse mergulhar a Alemanha em chamas – valia a pena pela oportunidade de matar milhões de judeus. Alguma coisa parecida a uma demente hilaridade cintilava nos olhos de Ahmadinejad quando ele fazia as piadinhas enigmáticas sobre "surpresas" futuras.

Ahmadinejad não representava todas as forças políticas do Irã, nem mesmo todas as forças radicais. Sem dúvida, a aquisição de armas nucleares pelo Irã é, para muitos iranianos, uma questão de tradicional orgulho nacional ou uma aposta no *status* de grande potência. Mas Ahmadinejad representou uma dimensão importante da Revolução Iraniana que não podemos nos dar ao luxo de ignorar. Os que descartam suas opiniões como mera fanfarronice ou provocação retórica para reanimar o movimento não devem esquecer que muita gente achou o mesmo no caso do plano de Hitler de guerra genocida em *Mein Kampf,* antes que ele tomasse o poder e começasse a cumpri-lo de forma sistemática. Até os dias de hoje, a República Iraniana não repudiou o projeto do Armagedom nuclear de Ahmadinejad. Na verdade, ainda recentemente, o líder supremo, aiatolá Khamenei, estigmatizou mais uma vez os Estados Unidos como "o Grande Satã" e previu que, daqui a 25 anos, Israel não existiria mais. Por mais que o tempo passe e a despeito das mudanças táticas que possam ocorrer nas relações do Irã com o Ocidente, é extremamente duvidoso que o Ocidente possa negociar um acordo confiável e verificável com o Irã acerca de armas nucleares. O compromisso deles com a destruição dos judeus é uma questão de princípio, assim como foi a implementação do Holocausto para os nazistas e a liquidação dos kulaks para os bolcheviques. O genocídio por meio das armas nucleares está destinado a tornar realidade a felicidade do Ano Um para todos nós. É por isso que Ahmadinejad estava sempre sorrindo.

O TERRORISMO É UM MEIO PARA UM FIM: A UTOPIA REVOLUCIONÁRIA

Onde quer que a Jihad Internacional ataque hoje, ela o faz em nome do mesmo objetivo – o estabelecimento de um Estado islâmico mundial. Isso é tão verdadeiro para as unidades do Talibã conduzindo operações terroristas no Paquistão quanto para a República Iraniana, cuja constituição o proclama como meta suprema da Revolução. É igualmente verdadeiro para as tentativas terroristas levadas a cabo na América, Europa, Ásia e África, seja em Fort Hood, Londres, Madri, Mumbai, Detroit, Boston, Moore em Oklahoma, Paris, Nairóbi ou Copenhague. E não faz diferença se os terroristas são de origem local, se vieram de outro lugar ou se são americanos treinando nos campos da Al-Qaeda no Iemên. Seja qual for a questão regional favorecida, por conveniência retórica, pela rede jihadista – dignidade nacional, expulsão do invasor estrangeiro, dar fim à injustiça social – todos esses atores terroristas, estatistas ou não estatistas, estão unidos por uma única meta revolucionária, uma ideologia milenarista exigindo a destruição do Ocidente, e de seu código de valores iluministas, por meio da luta violenta para introduzir um novo milênio de felicidade para toda a humanidade.

O desespero sobre o futuro econômico em países não ocidentais tem sido por certo uma área de recrutamento para movimentos islâmicos, como foi para movimentos revolucionários anteriores, por exemplo o socialismo de Terceiro Mundo. Os jihadistas utilizam muitas vezes a linguagem da luta de classes marxista, dos movimentos de libertação nacional, do ambientalismo e do anticapitalismo em sua chamada supostamente religiosa para a luta armada. Mas a explicação pelo "desespero" não é suficiente para esclarecer os motivos dos líderes da Jihad, os verdadeiros planejadores e estrategistas de ataques terroristas, porque ela ignora o fato de que as pessoas são capazes de um ódio baseado em princípios, metódico, da democracia liberal e dos valores políticos do Iluminismo, em especial quando são vistos como forças que mancham a pátria muçulmana com invasão estrangeira ou valores corruptos. Reduzir as causas primárias do terrorismo à pobreza ignora a possibilidade psicológica há muito estabelecida, ainda que pouco edificante, de que um ódio nascido de honra ferida e ultraje moral esteja enraizado de forma autônoma no caráter humano, sendo portanto uma variável independente no extremismo político violento, uma percepção cuja genealogia se estende até a consideração de Platão da parte irascível da alma.

Terroristas são revolucionários comprometidos com o genocídio utópico para realizar seu ideal de um mundo melhor para todos nós. Para se encaixar nessa tribo especial, seus membros têm de executar atos em grande escala de assassinato político em benefício de uma sociedade futura que, acreditam eles, acabará para sempre com toda a alienação, maus hábitos e infelicidade, submergindo o indivíduo na bênção do coletivo. Atuando nos Estados Unidos ou no exterior, os revolucionários jihadistas de hoje estão voltados para a derrubada final do governo americano e de todas as outras democracias liberais reais ou que aspiram a sê-lo, substituindo-as por uma ditadura coletivista global. Embora imitando às vezes a linguagem da liberdade e igualdade, movimentos revolucionários tão recuados quanto os jacobinos, assim como os bolcheviques, os nazistas, o Khmer Vermelho e os jihadistas de hoje têm origem na convicção de que governo representativo e os demais valores do Iluminismo, incluindo a liberdade do indivíduo, foram desastrosos para a dignidade humana, foram distorções espirituais e uma degradação de tudo que é de fato virtuoso.

O terrorismo é o meio requerido pelo objetivo de criar a utopia coletivista futura que eliminará para sempre a praga do Iluminismo e, embora o mais terrível, é apenas um meio entre outros, como propaganda contínua, suborno, intimidação de oponentes, organizações militares paralegais, guerra convencional, boas obras caritativas entre potenciais convertidos, compromissos táticos com processos políticos ordinários e o incessante condicionamento psicológico do pessoal jovem para lutar contra aquela singular força opressiva que, supostamente, está bloqueando o caminho das pessoas para a felicidade, tudo isso integrado e dirigido pelo plano da nova sociedade futura. De Robespierre a Stalin, Hitler, Pol Pot e aos atuais jihadistas, todos deveriam ser descritos pelo que são – *revolucionários*, cuja violência é hoje o necessário instrumento de sua crença ardorosa no mundo de amanhã, onde eles governarão.

Os terroristas de hoje são aspirantes a tiranos, matam para tornar realidade um sinistro coletivo cujo poder sobre nós será absoluto, tornando-nos assim a todos "felizes", ao nos purificar da corrupção do individualismo, do bem-estar econômico, da liberdade de escolha e dos direitos. E onde quer que tais idealistas da morte tenham chegado ao poder, construíram regimes que continuam a aterrorizar suas populações para construir o "novo homem". Ao examinar as declarações de princípios e pronunciamentos de grupos como o Talibã ou o Hezbollah, nunca muito abaixo da superfície pseudorreligiosa está a linguagem do socialismo (tanto nacional quanto internacional), o nivelamento de classes e a erradicação da liberdade individual sob uma ditadura monolítica. A despeito de como possam ver a si próprios, os jihadistas, como seus predecessores bolcheviques e fascistas, não podem ser considerados verdadeiros homens de fé, porque todas as três fés abraâmicas negam que o homem possa salvar o mundo por meio da ação política secular, muito menos através da violência em massa. Para pessoas realmente devotas, só Deus pode redimir o mundo. Autoridades religiosas muçulmanas moderadas têm denunciado de maneira consistente os jihadistas como hereges. Na Jordânia, um desses grupos escreveu que "o islã não aprova a ideologia utópica" e acrescentou: "Quando alguém justifica um ato em nome de uma utopia mundana, entrou no puro utilitarismo".

Isso nos leva ao fim de nossa pesquisa do estranho percurso da tirania, de Aquiles à Al-Qaeda. Espero que os dragões naquele mapa de Mercator de que falei na Introdução se destaquem mais claramente agora nas águas profundas logo depois da borda da civilização. Na Conclusão, vamos dar uma olhada na topografia da tirania e do terror no mundo do século XXI e refletir mais um pouco sobre como as democracias ocidentais podem defender o espírito da liberdade humana contra seus inimigos.

CONCLUSÃO

Como a Democracia Pode Vencer

Na primeira página deste livro, sugeri que poderíamos achar que não valia a pena continuar a lê-lo se estivéssemos convencidos de que o progresso da história estava transformando a tirania numa coisa do passado – que, a despeito de algumas colisões na estrada com o Estado Islâmico ou Putin, estávamos avançando inevitavelmente para a expansão mundo afora da democracia estilo americano. Se você continuou a ler até agora, isso significa que está disposto a admitir a possibilidade de que o perigo da tirania seja um traço permanente da paisagem humana e política, hoje como sempre. Nunca desaparece e nem a necessidade de defender as sociedades que se autogovernam livremente.

Com o que o mundo se parece quando removemos nossos óculos cor-de-rosa do "fim da história" e o encaramos de frente? O mundo é o que sempre foi. Mas o veremos de modo um tanto diferente. Vamos dar uma volta pelo mundo tendo nossas três variedades principais de tirania como guia de viagem.

TODOS A BORDO PARA O GIRO PELA TIRANIA

As tiranias cleptocráticas da variedade-jardim têm estado vivas e bem o tempo todo. Às vezes são revestidas pelo exausto princípio de pertencer ao "mundo em desenvolvimento" (os exemplos incluem boa parte da África, as ditaduras baathistas árabes, os Duvaliers do Haiti) como chamariz para ajuda estrangeira a ser furtada (o ex-presidente do Malawi, Bakili Muluzi, foi acusado de desviar 12 milhões de dólares do dinheiro de ajuda externa, apenas um caso numa longa lista de escândalos), às vezes são usadas para remendar e integrar países inventados (por exemplo a Jordânia, o planejado Estado palestino original, com sua monarquia hachemita respaldada pelos britânicos), às vezes se ocultam com uma falsa aparência beata (os sauditas, que se escondem em luxuosas habitações enquanto os súditos são deixados aos zelosos caprichos da mais severa versão salafista* da lei da Sharia). Enquanto escrevo este livro, Fidel Castro era o último do clube dos ditadores-satélites dos soviéticos. Ao permitir que o irmão suspenda algumas restrições sobre negócios e viagens na busca por normalizar as relações com os Estados Unidos, espera, ao que parece, evitar o destino de Nicolae Ceausescu e outros ditadores comunistas há muito desaparecidos, enquanto reserva o controle supremo para seu próspero clã. Depois de arruinar, como era previsível, a economia cubana ao nacionalizá-la conforme a doutrina marxista soviética que, combinada com a morte ou o exílio forçado do que havia de melhor ou mais brilhante em Cuba, reduziu a ilha ao corte da cana--de-açúcar (revestido do pretexto de ser uma campanha "de volta ao campo" de tipo maoísta para livrar os cubanos da corrupção burguesa por meio do trabalho rural), os Castros há muito se tornaram cleptocratas gananciosos e seu "socialismo" é um estratagema vazio para justificar um maciço Estado policial. Além de enviar forças cubanas para se infiltrarem em Angola como agentes soviéticos enquanto na ilha o povo mal tinha o suficiente para comer, a realização mais notável de Fidel Castro foi colocar o mundo à beira da Terceira Guerra Mundial incitando Nikita Krushchev a provar que era um *hombre* instalando mísseis soviéticos em Cuba.

O giro continua: Rússia e China são despotismos oligárquicos construídos sobre os restos de Estados totalitários marxistas-leninistas. Em certo sentido, qualificam--se como tiranias reformistas. Para elas, a transição para um sistema de livre mercado significou apenas que o Partido Comunista passaria de imediato a ser o proprietário de toda a indústria e negócios importantes. Como o comunismo tinha previamente escravizado e dominado as pessoas comuns, estas se encontravam disponíveis como trabalhadores mal pagos de fácil manejo, com todo o poder político ainda nas mãos de seus antigos amos comunistas, agora relançados como os ricos titãs de uma economia mercantilista. Não obstante, ambos os Estados estão tentando elevar o padrão de vida das massas, dando assim continuidade à tradição de despotismo benevolente e monarquia universal. A China, em particular, está gastando bilhões por ano em infraestrutura, fábricas e moradias econômicas. Estão apostando que podem criar prosperidade generalizada sem um verdadeiro empreendedorismo (a China tem sido muito lenta em regulamentar empresas iniciantes não fortemente conectadas à elite do partido e à burocracia do governo) ou o conjunto pleno das liberdades individuais ocidentais, em particular a representação eleitoral. A oligarquia da China misturou o antigo conceito comunista-maoísta do Estado unipartidário a uma suposta revitalização de valores tradicionais "confucianos" de harmonia social, que, na prática,

---

* Os salafistas são muçulmanos sunitas ultraconservadores, fiéis às tradições religiosas do século VII. (N.T.)

significam basicamente que as massas devem obedecer. A China também está flexionando seu músculo militar com uma nova frota oceânica. Não tendo mais uma missão revolucionária para exportar, seus objetivos parecem limitados a uma estratégia militarista de Grande Potência do século XIX de garantir uma zona de influência no sudeste asiático, o que está sem dúvida compreensivelmente preocupando a Índia, o Japão, as Filipinas, a Austrália e os Estados Unidos. Tem sido manifestada preocupação sobre uma liga global de despotismos incluindo a China, a Rússia e os emirados petrolíferos, que também controlam enormes somas de capital ("fundos soberanos"), em parte pela compra da dívida americana. É duvidoso, no entanto, que possam chegar algum dia a uma estratégia política unificada para combater as democracias.

Nossa terceira variedade, a tirania milenarista, é hoje encabeçada em sua forma mais pura pela Jihad Internacional, herdeira de Robespierre, Stalin, Hitler e Pol Pot. Para eles, o terror não é uma tática temporária ou extremo ocasional, mas o princípio fundamental do Retorno ao Ano Um. Todos os Estados e movimentos políticos são capazes de atos violentos e ilegais, mas que geralmente são vistos como meios lamentáveis, mas temporários, de alcançar uma segurança tangível, objetivos econômicos ou de política externa; ou são reconhecidos como um abandono, durante uma situação de emergência, de princípios éticos antes professados. Mas para movimentos genuinamente revolucionários, dos jacobinos à Al-Qaeda, o terror é o único princípio, porque depois que o inimigo for derrotado, o terror terá de ser institucionalizado e virado contra a natureza humana para depurá-la e reconstruí-la. No fundo, o termo *terrorismo*, embora útil, pode ser enganador, porque sugere algo apátrida ou uma ocasional aberração psicológica, semelhante aos tiroteios dos "lobos solitários". Terroristas não têm um impulso ocasional para matar, procurando depois uma ideologia para justificar o ato. Ao contrário, já estão comprometidos com uma visão utópica do futuro que molda e dirige sua patologia assassina para inimigos da utopia e a inflama com zelo moralista. Na realidade, para sublinhar mais uma vez, terroristas são tiranos à espera e tiranos são terroristas que conquistaram o poder. A verdadeira batalha não é com o *terrorismo*, uma noção abstrata, mas entre dois regimes plenamente atualizados com seus princípios diametralmente opostos – a democracia liberal e a tirania.

Como vimos na Parte Três, todos os revolucionários jihadistas de hoje – Al--Qaeda, Estado Islâmico, Hezbollah, Boko Haram, Irã – compartilham uma visão comum da utopia vindoura. Diferenças religiosas sectárias, embora reais, são superadas pelo ódio comum aos Estados Unidos e a Israel. Quando capturam Estados, como Irã e Gaza, os regimes jihadistas às vezes se entrelaçam com a cleptocracia variedade-jardim para financiar novo terrorismo e compras de armas ou mesmo por simples ganância (supõe-se que os mulás do Irã tenham bilhões guardados no exterior). Mas pouca reforma real ocorre, porque esses grupos não estão interessados nas responsabilidades mundanas do governo do dia a dia. Os Estados e súditos sequestrados não passam de trampolins para o progresso da revolução rumo ao domínio mundial.

VLADIMIR PUTIN: REFORMADOR E CLEPTOCRATA COM UM TRAÇO DO MILENARISTA

A Rússia de Vladimir Putin é uma mistura singular das três faces da tirania – as de número um e dois com um acompanhamento da três. Enquanto a China Comunista pareceu saltar da noite para o dia de ditadura comunista para uma oligarquia mercantilista – com o poder absoluto do partido preservado intacto –, a transição da Rússia foi mais acidentada. No padrão clássico do déspota reformista que desencadeia uma revolução de expectativas crescentes, Mikhail Gorbachev, como último secretário-geral do Partido Comunista da União Soviética (PCUS), convidou a sociedade russa a se libertar, mas sob a contínua orientação do Estado soviético (um dia ouvi o estudioso Jeremy Azrael, da Rand Corporation, resumir esse paradoxo numa engraçada imitação de Gorbachev tentando explicar ao Partido Comunista sua nova política da *Glasnost* ou "abertura": "Glasnost diz respeito a novas ideias. Glasnost diz respeito a liberdade de pensamento. E os camaradas que não a aceitarem *terão de mudar seus pontos de vista!*"). Assim, no entanto, que pessoas comuns provaram a liberdade de expressão e pensamento, bem como a oportunidade de comprar e vender para a obtenção de lucro, quiseram-nas inteiras, como fizeram países satélites como Polônia e Hungria. O Império Soviético implodiu de dentro. Os escombros da União Soviética foram varridos pelo pretensioso Boris Yeltsin, que recorreu a todos os recursos – inclusive eleições livres e abertura da economia anteriormente controlada pelo Estado a forças do mercado internacional. Mas essa política econômica de "terapia de choque" prescrita pelo economista Jeffrey Sachs, da Universidade Colúmbia, foi excessiva e prematura demais após cinquenta anos de planejamento central. Uma vez liberado para flutuar com as moedas mundiais, o rublo foi devorado, deixando milhões de pessoas que viviam de renda fixa e pensões quase na indigência. Isso limpou o caminho para Putin, que ganhou tremenda popularidade pondo freios na "terapia de choque" e restaurando um certo nível de controle artificial do câmbio para impedir o colapso das rendas das pessoas. Embora lamentando a extinção da União Soviética como tragédia, não tentou restaurá-la. Mas reviveu o papel de Stalin como *Vozhd*, o "comandante", como ele tinha sido conhecido de modo informal, num eco da autocracia czarista, e as pessoas comuns saudaram o novo senso de ordem e estabilidade que Putin criou. Ironicamente, Putin obteve seu poder ditatorial por eleição, devido às reformas democráticas de Yeltsin. Como o caminho para os livres mercados era mais pedregoso na Rússia e talvez porque seu vasto império interno fosse, em essência, mais ingovernável, a Rússia não acompanhou a marcha da China para a prosperidade. Enquanto na China não há distinção entre seus negócios, administrados com tranquilidade, e o Estado, o negócio russo parece muitas vezes algo saído dos Loucos Anos Vinte, encabeçado, no meio de uma rajada de balas, pelo chefe dos mafiosos, "Bugsy" Putin. Mas é no domínio da política externa que Putin aspira a deixar sua verdadeira marca. Em outro padrão clássico, ele está encantando seu povo com invasão militar e demonstração de força no exterior para distraí-lo da insistente incapacidade do país em atingir a prosperidade econômica dos Estados Unidos e Europa.

Enquanto eu escrevia a Introdução deste livro, a agressão imperial de Putin tornou-se típica de qualquer século, não apenas do XIX. Vez por outra as ciências sociais se confundem acerca disso porque presumem, retornando a Hobbes, que os atores políticos são motivados unicamente pelo interesse material. Tentarão pegar o máximo que puderem, mas quando desafiados (digamos, com sanções) vão ceder e aceitar um pedaço justo, ou pelo menos realista, da torta. O único problema é que isso não é, e nunca foi, verdade. Robespierre, Lenin, Stalin, Hitler, Mao, Pol Pot, Bin Laden – homens como eles são guiados por muito mais que interesse material. Honra, ambição, glória, raiva justificada, convicção ardente, uma paixão pela justiça como eles a veem, ressentimento, ideologia utópica, tudo isso são fatores que intervêm. Foi preciso que nosso caráter se desenvolvesse durante quatro séculos de democracia liberal ocidental, começando na Renascença e na Reforma, para ficarmos capacitados a superar essas paixões agressivas, adotando a tolerância e uma preferência pelas artes pacíficas do comércio em vez do código de honra dos guerreiros, e ainda estamos longe de um êxito completo ao fazê-lo – o Ocidente também pode ser tirânico e as democracias nem sempre podem deixar de ser guerreiras. Em geral o mundo continua rodando como sempre, não convencido de que o ganho material se sobreponha a todas as outras experiências significativas, paixão ou compromisso.

Isso se aplica inclusive à agressão tirânica que não alcança o verdadeiro milenarismo, como a tentativa feita pela Rússia de reafirmar seu papel hegemônico no leste europeu. Mas embora reconhecer que o militarismo bismarckiano de Grande Potência do século XIX (uma continuação da linhagem dos déspotas reformistas construtores-de-Estado, incluindo Frederico, o Grande) está vivo e bem no século XXI seja o começo da sabedoria para os que confiam que o progresso da história fará da tirania uma coisa do passado, na realidade a tirania de Putin é uma mistura das variedades cleptocrática e reformista da tirania com o milenarismo. A dimensão milenarista não é de modo algum tão extrema como nas variações jacobina, bolchevique, nacional-socialista, socialista de Terceiro Mundo ou jihadista, mas sem a menor dúvida está lá e seu principal expoente é um assessor direto de Putin, Aleksandr Dugin. Seus escritos são um retorno aos escritos pró-fascistas de Ernst Junger, Carl Schmitt e Martin Heidegger nos anos 1930. Neles, a Rússia toma o lugar da Alemanha como o "povo de destino" que conduzirá uma revolução em benefício da humanidade contra os valores degradados do Iluminismo e da democracia liberal, uma missão a ser difundida não só em termos espirituais, mas também pela força das armas, visto que a Rússia reafirma seu papel imperial.

Assim como o nacional-socialismo coroou décadas de fascínio com "o Leste" como o verdadeiro centro teutônico da raça ariana e antídoto para o estéril Ocidente liberal burguês, Dugin sustenta que os russos são fundamentalmente um povo oriental, "eurasiano", incluindo seus irmãos eslavos nos Bálcãs e no Leste Europeu, que devem ser reclamados pela pátria (começando com a Ucrânia e Bielorrússia). Ele revitalizou a noção de Rússia como o "terceiro caminho" (reparemos na insinuação milenarista dos Últimos Dias precedendo o Reino de Deus) entre o Ocidente e o Extremo Oriente, cuja profunda espiritualidade pode redimir toda a humanidade por meio de uma "revolução de valores arcaicos", antimaterialista, unindo esse motivo eslavófilo de Dostoiévski e Nikolai Berdiaev com a ideologia *Volkish* do Terceiro Reich. "Em princípio", escreveu, "a Eurásia e nosso espaço, o coração da Rússia, continua sendo a área de encenação de uma nova revolução antiburguesa e antiamericana... O novo Império Eurasiano será construído conforme o princípio fundamental do inimigo comum, com a rejeição do atlantismo, do controle estratégico dos EUA e a recusa em permitir que os valores liberais nos dominem. Esse impulso civilizatório comum será a base de uma união política e estratégica".

A reinterpretação de Dugin da era soviética como "nacional-bolchevismo" desnuda um pseudocientífico verniz marxista e retorna a suas origens no populismo revolucionário do movimento Vontade do Povo e dos Construtores de Deus, que discutimos na Parte Três. O marxismo-leninismo, ele sustenta, foi apenas uma importação superficial do Ocidente. O coração e alma do bolchevismo era um retorno à verdadeira alma eslava da Rússia agrária e uma rejeição dos ensinamentos de origem europeia de Turguêniev e outros elitistas pró-europeus. Esse relançamento do comunismo soviético como uma forma de nacionalismo eslavo se ajusta com perfeição ao objetivo de longo prazo de Putin de deter a abertura para o Ocidente que ocorreu no governo de Gorbachev e reabilitar gradualmente a era soviética como parte legítima e gloriosa da história russa. O Partido Nacional-Bolchevique Eurasianista, de Dugin, acredita que uma guerra para reconquistar o antigo Império Soviético não apenas tornará a Rússia novamente grande, mas, quando for finalmente levada ao inimigo fundamental, os Estados Unidos, vai redimir toda a humanidade (incluindo as próprias massas americanas, escravas de suas elites plutocráticas) do materialismo sem alma e da decadência do Ocidente, que os Estados Unidos sintetizam. Dugin quer fazer causa comum com o jihadismo contra o inimigo americano, acreditando que o coletivismo islâmico e eurasianista têm mais em comum um com o outro que com o individualismo do Iluminismo ocidental. Ele tem o poderoso apoio de Putin e não podemos excluir a possibilidade de que, ao anexar a Crimeia e ameaçar a Ucrânia, Putin (que é conhecido por favorecer autores eslavófilos como Nikolai Berdiaev) esteja começando a implementar a agenda milenarista de Dugin para a recriação do Império Soviético como trampolim para uma guerra mundial com os Estados Unidos – ou, no mínimo, que julgue útil para suas aspirações de Grande Potência estimular o nacionalismo eslavófilo em casa para trazer fervor popular a esses objetivos expansionistas. O senso de uma missão de salvação do mundo empresta um toque de fervor milenarista à agenda expansionista de Putin que, mesmo que ele próprio não a tome literalmente ao pé da letra, é com certeza útil para suas ambições. Putin é um ator racional em relações internacionais no sentido de que, ao contrário de Hitler ou, mais recentemente, de Ahmadinejad, não vê a ele e a seu país mergulhados em chamas como preço aceitável por tentar realizar uma utopia. Mas, ainda assim, o que encara como a necessidade de a Rússia recuperar sua honra e grandeza, vingando a humilhação que lhe foi infligida por perder a Guerra Fria, significa que aceitará um risco muito grande – sem dúvida de um golpe severo para a economia russa devido a sanções e, possivelmente, até mesmo de uma oposição militar ativa do Ocidente – antes de se mostrar disposto a comprometer seu senso de missão histórica. Quando a glória é mais importante para um líder que a prosperidade econômica, a barganha se torna de fato muito difícil.

Além disso, a direita neofascista na Europa presta cada vez mais atenção à "revolução de valores arcaicos" de Putin e Dugin em busca de inspiração em suas próprias esperanças de recuperação. A seus olhos, a Rússia é agora para a União Europeia o que o nacional-socialismo foi um dia para a República de Weimar – um baluarte de robusto e agressivo populismo coletivista que destruirá o materialismo corrupto, a decadência urbana, o elitismo e a politicagem burguesa da democracia liberal. Ao proclamar que os europeus se tornaram uma massa desenraizada de "consumidores desconectados de seus vínculos naturais – a família, a nação e o divino", o líder da Frente Nacional Francesa, Aymeric Chauprade, poderia estar citando Dugin ou o Heidegger dos anos 1930. Se, como sugeri na Parte Três, o fascismo pode ser descrito como um casamento entre intelectuais revolucionários anti-iluministas e os bandidos da sarjeta, brutamontes que são inflamados por suas ideias, então os *skinheads* neonazistas da Europa, já aproveitando uma guinada para a direita na Hungria e um ressurgimento de infamante antissemitismo, podem encontrar o caminho para o professor Dugin como o visionário que estavam esperando. Estão sendo superficiais os jornalistas americanos e europeus que sustentam que, como Putin rotula os ucranianos que se opõem a serem conquistados por ele de "fascistas", é "desconcertante" que ele possa firmar alianças com grupos fascistas no resto da Europa. O estigma de "fascista" que a União Soviética aplicava a tudo e todos que se opunham a ela era um de seus traços mais enfadonhos e batidos, resultante do desconfortável reconhecimento de que, no fundo, seus inimigos "fascistas" eram a imagem no espelho de si mesma. Como um remanescente da era soviética, Putin (ex-agente do KGB) também usa esse termo para difamar as vítimas ucranianas que tem em mente, o que da mesma forma nada significa. No fundo, Putin pode fazer causa comum com a extrema-direita da Europa porque compartilha os mesmos valores. Ele os está cortejando tanto por afinidade ideológica quanto por interesse estratégico.

O GIRO CONTINUA: DEMOCRACIA E A TENTAÇÃO TIRÂNICA

Quanto à democracia liberal em si, ela está ainda mais fortemente enraizada em sua área original da Europa Ocidental e América do Norte, terreno fértil da Reforma e do Iluminismo. A derrota do Terceiro Reich e do Eixo na Segunda Guerra Mundial desacreditou todos os códigos de valor não democráticos durante décadas, de modo que a direita neofascista na Europa de hoje, embora desperte cuidadoso interesse, não está nem remotamente perto de um ressurgimento generalizado. Nesse meio-tempo, o colapso do Império do Mal soviético em 1989 possibilitou que os países do antigo Pacto de Varsóvia, escravizados por Stalin, se reconectassem com suas próprias heranças iluministas e religiosas, ainda bastante fortes, apesar dos anos de repressão na Polônia, na Hungria, na Alemanha Oriental e nas terras tchecas. As democracias tradicionais, que Daniel Patrick Moynihan um dia chamou "o Partido da Liberdade" no mundo, lideradas pelos Estados Unidos, Grã-Bretanha, Canadá, Europa e Israel, continuam sendo invencíveis por ataque direto ou invasão. Só podem ser derrotadas pelas forças da tirania por meio de sua própria falta de determinação em tomar as medidas necessárias para neutralizar os perigos que essas forças colocam. Podemos ter esperança de que o Partido da Liberdade cresça. Muitas nações no mundo não ocidental, ou pelo menos movimentos significativos em seu interior, aspiram à democracia liberal – na Índia ela tem criado raízes, ainda que não sem problemas. Em todos os regimes não democráticos, uma fina filigrana de profissionais seculares, intelectuais, artistas e estudantes de orientação ocidental empenha-se em manter postos avançados de valores iluministas contra formidáveis aparatos despóticos de populismo religioso ou tribal (Paquistão, Afeganistão, Rússia e China são casos ilustrativos). Embora isso seja encorajador, as perspectivas de esses regimes se tornarem democracias continuam profundamente incertas.

Ao concluir nosso breve giro pelas forças tirânicas hoje no mundo e sua competição com as forças da liberdade, devemos nos lembrar que, na maior parte da história humana e em boa parte do mundo de hoje, a visão de que a unidade social primária é uma espécie de clã encabeçado por um chefe patriarcal – é por isso que começamos este livro com os chefes-guerreiros da Idade do Bronze nas crônicas de Homero – não apenas se expressa no nível de regimes inteiros (a Rússia de Putin, a monarquia da Arábia Saudita), mas está tecida em profundidade na malha social e cultural de todas as sociedades, em especial daquelas que não adotaram plenamente o moderno individualismo liberal ou que se voltaram ativamente contra ele (como grandes áreas do mundo muçulmano), mas mesmo em regimes que têm um longo histórico de sucesso como democracias. Seja o crime organizado nos Estados Unidos e na Europa, empresas nocivas, violência de gangues ou o ressurgimento marginal, mas ainda assim perturbador, do fascismo na Hungria, algum tipo de tirania privada ou militarismo sempre ameaça corroer as fronteiras do governo da lei. A antiga noção que retrocede aos gregos e romanos de que o pai é o rei de seu agregado familiar pode ser mais pronunciada no mundo muçulmano, mas tem uma forte presença onde quer que os pontos de vista pré-iluministas subsistam, incluindo uma forte presença residual no próprio Ocidente, onde praticamente todos reconhecem a necessidade de um certo grau de autoridade não negociável de pais sobre filhos. Não só é impossível expelir da natureza humana esta imbricação de autoridade absoluta em certas áreas da vida privada com nossa igualdade pública como cidadãos, mas até certo ponto ela é justificável – às vezes é preciso dizer não às crianças, para seu próprio bem-estar. Quem não se lembra de dizer ou de ouvir as palavras: "Por que estou mandando!".

Quando avaliamos as forças da tirania no mundo de hoje, é natural nos perguntarmos se existe o risco de que o próprio governo americano possa degenerar em tirania. O risco, embora não inconcebível, é pequeno. Com certeza as democracias liberais são capazes de ações tirânicas, tanto contra seus próprios cidadãos quanto no exterior. Lembremos da escravidão americana, das leis de Jim Crow, do internamento dos japoneses. Alguns incluiriam a anexação das Filipinas e a guerra no Vietnã. Mas o fato de as democracias liberais serem capazes de ações tirânicas não significa que sejam *regimes* tirânicos. Como governos representativos, com o poder compartilhado entre os ramos legislativo, executivo e judiciário, elas são capazes de se reformarem. Um ramo pode questionar as ações autoritárias de outro ou tentar remediar suas falhas morais. Pode-se mesmo dizer que os Fundadores Americanos conceberam a constituição dos Estados Unidos com a intenção de impedir o surgimento da tirania. O crime contra a humanidade da escravidão provocou a eleição de Abraham Lincoln e a Guerra Civil que lhe deram fim e levou mais tarde à materialização dessa vitória moral na Lei de Direitos Civis de 1964. A ascensão dos Estados Unidos como potência mundial expôs, como muitos sentiram, uma conexão preocupante entre a autoridade do presidente como principal mandatário e como comandante das forças armadas, um resíduo de poder potencialmente tirânico que (como vimos na Parte Dois) podemos fazer retroceder ao ensinamento de Maquiavel sobre o governo republicano e a necessidade de os periódicos "fundadores" principescos agirem à margem da lei, resíduo que muitos julgaram ter emergido em Lincoln, FDR, LBJ e Nixon. Mas ações presidenciais que muitos consideraram ilegais – a suspensão por Lincoln do *habeas corpus*, os grampos ilegais de LBJ, os truques sujos de Nixon, Guantánamo – foram finalmente questionadas pelo Congresso, os tribunais ou ambos. No fundo, as democracias liberais são capazes de reconhecer que não têm estado à altura de seus melhores princípios e, portanto, devem fazer as mudanças necessárias. Os autores da Constituição Americana tinham em mente a possibilidade permanente da tirania (pelo governo ou por maiorias eleitorais) e visavam preveni-la antes que ganhasse força. Em contrapartida, quando cometem assassinato em massa contra suas próprias populações, tiranos como Assad ou Saddam não estão caindo abaixo de um padrão moral ao qual fosse concebível imaginar que retornassem, corrigindo seus métodos. A opressão tirânica é seu próprio padrão. E não existe um legislativo, um judiciário ou mídia realmente independentes para questionar o poder do tirano.

Se a Constituição Americana fornece um número razoável de certas salvaguardas contra a possibilidade de o regime americano se tornar uma tirania, poderia a própria América algum dia sucumbir a uma revolução caseira que derrubasse o governo, abolisse a constituição e estabelecesse uma tirania milenarista do tipo jacobino? Isso também é improvável. Embora os Estados Unidos tenham tido seus contatos com uma Revolução Milenarista – como os de Jefferson, que achava que os Estados Unidos poderiam usar uma dose da mais radical versão jacobina da Revolução Francesa; a inquietação dos trabalhadores dos Dirty Thirties;* a Nova Esquerda (em inglês New Left) e a convulsão da contracultura dos anos 1960 – nenhuma revolução desse gênero chegou perto de eclodir. Acho que a razão é que, segundo o dito famoso de Louis Hartz, os Estados Unidos nunca tiveram qualquer tradição a não ser uma tradição liberal. Não há o sentimento da "comunidade

---

* Os *Dirty Thirties* [Sujos Anos Trinta] foi um longo período de tempestades de poeira, resultado de secas prolongadas aliadas à erosão do solo. (N.T.)

perdida" que discutimos na Parte Três – o momento explosivo, onde a herança coletivista pré-moderna do povo é percebida como corroída pelo individualismo iluminista antes que os benefícios do Iluminismo tenham se enraizado; isso tornou as Revoluções Francesa, Russa, Alemã e do Terceiro Mundo extremamente violentas e continua ocorrendo com a Jihad Internacional dos dias atuais. Os Estados Unidos sempre tiveram extremismo político tanto na esquerda quanto na direita (KKK, anarquistas, Wobblies, Minutemen, Panteras Negras, Weathermen, Nação Ariana, Unabomber), mas que nunca se agrupou em torno de uma visão utópica de ampla aceitação para o futuro, algo com base num retorno a um "destino" místico do passado que pudesse mobilizar milhões. Alguns apontariam a Confederação evocando um tal passado mas, pondo de lado a nódoa da escravidão, sua aristocracia de produtores agrícolas era simplesmente uma versão um pouco mais antiquada, menos capitalista dos Fundadores Americanos – seu ideal era o "pequeno proprietário rural" de Jefferson, como oposto ao que Stonewall Jackson chamou "os bancos e o interesse endinheirado" das enfumaçadas chaminés do Norte. Eles se viam como personagens de Jane Austen em oposição a Uriah Heep.*

Na medida em que, em seu registro mais extremo, requer o desmantelamento a princípio completo do governo, o libertarismo é sem dúvida uma visão utópica. Mas precisamente porque não quer *nenhum* governo de *nenhuma* espécie, ele nunca poderia resultar num regime tirânico. É outra versão do anarquismo, embora a favor da propriedade privada. O atentado a bomba na cidade de Oklahoma poderia ser descrito como uma espécie de Jihad Libertária, mas isso pelo fato pontual de seu autor, Timothy McVeigh, ter simpatias pelo fundamentalismo islâmico e retratar os Estados Unidos como um opressor imperialista. Os Estados Unidos sem dúvida produziram pessoas – Charles Manson, David Koresh, Elliot Rogers – que seriam *capazes* de integrar, talvez até de liderar, Revoluções Milenaristas, procurando vingança do mundo em geral pelo que percebem como um sofrimento e tratamento injusto. A crença de Manson, inspirada por *Helter Skelter*, dos Beatles, de que os assassinos de sua "família" provocariam uma guerra de raças e vingariam sua infância embrutecida e sua rejeição como um grande artista lembrava, nos traços mais gerais, os enredos revolucionários de Lenin, Hitler e Mao. Assassino em série de mulheres, Elliot Rogers escreveu que sua "raiva" levou-o à convicção de que tinha de "destruir" o sexo se não podia tê-lo, tornando "o mundo um lugar razoável e justo". Substituamos "sexo" por "propriedade" e teremos um tema revolucionário comum. Manson e Rogers poderiam ter encontrado no NKVD ou na SS um escoadouro sancionado pelo Estado para sua fúria assassina. Mas de novo, como os americanos em geral não

---

* Uriah Heep é um personagem de Charles Dickens em *David Copperfield*. (N.T.)

sentem nostalgia por uma perdida comunidade de destino cuja recuperação dos invólucros do mito requer genocídio no presente, as patologias desses homens podem nunca se enredar com uma visão utópica maior e um movimento de massas – esses descontentes reúnem no máximo alguns outros fracassados e desajustados. O perigo maior de revolucionários nativos em solo americano hoje não provém da política interna americana, mas de jovens que se identificam como convertidos à Jihad, trabalhando por dentro para tornar realidade o califado mundial.

Alguém pode objetar que, ao fazer desde o início do livro uma distinção entre tirania milenarista guiada por genocídio utópico e tirania ordinária, cleptocrática, variedade-jardim – às vezes revestida de pretensões à reforma ou tendo degenerado em cleptocracia a partir de um programa original de reforma –, estou de certa forma sugerindo que os abusos desses tiranos ordinários, variedade-jardim, são moralmente menos repreensíveis que as ações de um Stalin, Hitler ou Pol Pot. Não, em absoluto. Em termos éticos, o fato de Bashar al-Assad ter destruído até o presente cerca de 200 mil sírios que se opõem à sua tirania é, sem a menor dúvida, tão digno de condenação quanto a violência do Terror da Fome de Stalin ou o Holocausto Nazista. Não faz diferença para uma pessoa obrigada a cavar o próprio túmulo antes de ser fuzilada se seu matador tem ou não uma visão utópica do futuro. Certas formas de genocídio – limpeza étnica em Kosovo ou liquidação em massa de xiitas por Saddam – estão mais relacionadas ao exercício de completa dominação política que a qualquer tipo de visão utópica do futuro. Mas isso não as torna menos condenáveis que o verdadeiro genocídio utópico. A questão não é que a tirania milenarista seja eticamente pior que a tirania ordinária ou que a segunda seja de alguma forma menos maléfica. A questão é simplesmente que a tirania milenarista é *diferente* das outras espécies – e, dado o registro histórico, tem maior probabilidade de resultar em guerras de agressão imperial e no extermínio de *milhões*.

Mais que isso – tiranos comuns como Assad cometem assassinato em massa contra os súditos porque os súditos se opõem a seu monopólio do poder. Se a guerra civil síria não tivesse irrompido, não teria ocorrido uma destruição em tamanha escala. Estou dizendo que submeter-se a um tirano e desistir da esperança de governo autônomo para evitar a morte é uma situação aceitável? Não, não é uma situação aceitável – sempre que houver possibilidade, os seres humanos vão tentar alcançar a liberdade. Mas submeter-se a um tirano para evitar um destino pior é com certeza uma situação *menos má* que ser marcado para morrer por um regime genocida que está decidido a exterminar toda a sua raça ou classe *a despeito* do fato de você se rebelar ou não – e mesmo que você esteja disposto a servi-lo com lealdade. Um rebelde potencial pode ceder a um tirano comum, abrindo mão da revolta, com alguma expectativa de sobrevivência. Os kulaks na União Soviética e os judeus na Alemanha nazista não podiam fazer isso. Eles eram mortos não por rebelião, mas por existirem.

Os primeiros pensadores políticos modernos, como Maquiavel e Hobbes, argumentavam que, numa situação extrema, não poderíamos ser censurados por aceitar o domínio de um tirano se a alternativa por desafiar seu poder supremo fosse a morte. O desejo de liberdade política não devia ser uma missão suicida. Usando o exemplo da ocupação da Romanha por César Bórgia, Maquiavel argumentou que, às vezes, a cruel supressão de um conflito civil por um déspota pode ser, a longo prazo, uma vantagem para todos se as pessoas e suas propriedades ficam assim protegidas: a "crueldade" para uma minoria de descontentes resulta em "compaixão" para a maioria. Hobbes levou isso mais longe e sustentou que, mesmo o governo do pior tirano que se possa imaginar era preferível aos ilimitados riscos e destruição da guerra civil, pois pelo menos uma ordem elementar seria mantida e poderíamos ficar livres para sobreviver e mesmo prosperar na vida privada. O ponto delicado disso era que Maquiavel e Hobbes presumiam que os tiranos eram *também* motivados por interesse material e que, se buscavam atender, de modo sensível, seus próprios objetivos egoístas, iam querer súditos vivendo em paz e prosperidade para aumentar sua própria riqueza e poder. Hobbes em particular exortava os monarcas a promover a liberdade dos súditos para prosperarem por meio dos negócios e do comércio na vida privada, compensando-os pela falta de liberdade política e se abstendo de violar suas vidas ou propriedades para impedir o conflito civil e o colapso de toda a ordem e segurança na "guerra de todos contra todos". Tanto Maquiavel quanto Hobbes esperariam que um tirano como Assad percebesse que viver em paz com seus súditos em vez de exterminá-los seria materialmente vantajoso para todos. Mas Maquiavel e Hobbes nunca se depararam com tiranos milenaristas como Stalin e Hitler, que de forma *deliberada* dedicaram-se a assassinar milhões de seus próprios súditos e a destruir a sociedade e a economia motivados pela pura fantasia de construir um mundo futuro melhor. É nesse ponto que o pragmatismo da primeira construção do Estado moderno como recomendado por Maquiavel e Hobbes não pode incluir a fantasia do retorno ao Ano Um suscitada por Rousseau. Governantes milenaristas não se importam se as sociedades prosperam ou não e nenhum apelo a seu interesse pessoal estabelece qualquer limite a seu ímpeto de destruição. Com eles, não pode haver barganha, nem compromisso – submeter-se não será o suficiente se estivermos programados para o genocídio utópico. Perguntem aos sobreviventes dos azaris ou dos xiitas cujos povos têm sido massacrados pelo Estado Islâmico.

O QUE O OCIDENTE DEVERIA FAZER?

Não é fácil sugerir num livro abordagens práticas das relações internacionais que não acabem debatendo temas que logo serão tornados obsoletos pela precipitação dos acontecimentos. Mas alguns princípios amplos podem ser sugeridos. Minha esperança é que o estranho percurso da tirania possa nos ajudar a decidir entre o menor dos males que se revelem em situações revolucionárias no presente, guiados pelo velho conselho de prudência: não deixe que o perfeito seja o inimigo do bom. Tiranias milenaristas, como os nazistas e o Estado Islâmico, devem ser enfrentadas com todos os meios ao nosso dispor. Mas podemos ter de nos submetermos aos outros dois tipos de tirania se seu colapso trouxesse os milenaristas para preencher o vácuo.

A política externa americana sempre foi guiada por três objetivos, não de todo harmoniosos. Um forte traço isolacionista remontando a Washington e Jefferson quer preservar os Estados Unidos de qualquer envolvimento em guerras estrangeiras: os "princípios essenciais de nosso governo", Jefferson proclamou, são os da "paz, comércio e amizade honesta com todas as nações, sem estabelecer alianças com nenhuma delas". Outra visão, emergindo com o presidente Woodrow Wilson, defende, ao contrário, que os Estados Unidos têm a responsabilidade moral de intervir no exterior, militarmente se for preciso, para proteger e promover a difusão da democracia. Uma terceira orientação, articulada com maior clareza por Henry Kissinger, defende que os Estados Unidos deveriam adotar uma abordagem moralmente neutra dos assuntos mundiais, aliando-se a regimes, não importa se democráticos ou não, que ajudem os interesses americanos e combatam um inimigo mais poderoso. Segmentos tanto do Partido Democrata quanto do Partido Republicano têm adotado todas essas três posições em diferentes momentos durante toda a sua história. O desafio é conduzir a política externa entre a Cila da retirada do mundo e o Caribde do intervencionismo excessivo. É difícil que uma população democrática aceite travar guerras por muito tempo.

Está claro que a maioria dos americanos está preocupado com a ameaça apresentada pelo Estado Islâmico e outras organizações terroristas, não apenas no Oriente Médio, mas nos próprios Estados Unidos. Essas preocupações são comuns aos dois grandes partidos políticos e a todas as camadas sociais. O que não está tão claro é o que pode e deveria ser feito acerca da ameaça. Pessoas que concordam que o terrorismo tem de ser combatido não concordam necessariamente com a sabedoria ou a possibilidade de maciça intervenção militar. Após tantos anos de guerra no Iraque e no Afeganistão, os americanos podem não estar prontos para outra grande guerra em terra. E mesmo que estivessem, é razoável que as pessoas possam discordar sobre onde esse esforço seria exercido de forma mais proveitosa. Deveriam os

Estados Unidos estar ajudando o Iraque a combater o Estado Islâmico naquele país, que está incomodamente perto de uma aliança em grande escala com o Irã, um patrocinador do terrorismo que ameaça obter armas nucleares e é inimigo implacável dos Estados Unidos e de Israel? Não é claro como cristal onde se encontra nosso verdadeiro interesse nessa situação. E quanto à Síria – deveríamos estar ajudando outras milícias na guerra civil a repelir o Estado Islâmico, quando elas cometem algumas das mesmas atrocidades que o Estado Islâmico e muitas vezes só divergem marginalmente dele quanto ao caráter da teocracia islâmica que pretendem impor à Síria quando Assad for derrubado? Confrontados pelo choque no mundo de hoje entre ditaduras seculares e jihadistas milenaristas, buscamos muitas vezes um ilusório meio-termo, na esperança de que revoluções e guerras civis possam ser ganhas por professores e bancários fazendo manifestações pacíficas por seus direitos, não por um núcleo fanático de radicais. Queremos acreditar, contra toda a evidência em contrário, que os chamados "rebeldes seculares" existem em número suficiente entre os oponentes armados de ditaduras como a de Assad para afastar o islamismo radical e fazer a transição para a democracia. Mas e se esse meio-termo não existir?

Um pensamento adicional especificamente sobre o Estado Islâmico: pessoalmente acredito, enquanto escrevo essas palavras no verão de 2015, que o Estado Islâmico compartilha cada traço das mais perigosas e radicais tiranias milenaristas que examinamos neste livro, retrocedendo aos jacobinos. Quer impor um coletivo terrivelmente repressivo onde quer que conquiste poder, empregando o genocídio para fazê-lo. É inerentemente imperialista, decidido a estender a "bênção" do califado pelo terrorismo e a guerra aberta, até que ele se espalhe pelo mundo – vangloria-se de que sua bandeira será um dia desfraldada sobre a Casa Branca. É uma ameaça à paz, segurança e direitos humanos no Oriente Médio, onde quer que tenha ganho território até agora, e na América do Norte e Europa, visto que planeja exportar – ou instigar – mais e mais atos de terrorismo. Por meio de uma propaganda contínua e sofisticada, atrai seguidores entre jovens irados, cuja raiva que parece virtuosa leva a que tentem participar de Revoluções Milenaristas com seus quadros, algumas nos próprios Estados Unidos. Mas embora o perigo seja evidente praticamente para todos, nenhum consenso sobre como exatamente lidar com ele, em especial por meio de ação militar, tomou até agora forma na política americana ou na sociedade americana em geral. Como sempre, quando e se ele se formar, envolverá escolhas entre o menor dos males.

Aqui não é o lugar adequado para avançarmos mais por esses cenários geopolíticos, nenhum dos quais de todo satisfatório ou simples, e que podem perfeitamente se alterar enquanto o livro está sendo escrito. Meu objetivo é contribuir para nossa capacidade de *reconhecer* a ameaça colocada pelo terrorismo jihadista contemporâneo, vendo como ele flui da longa história da tirania em suas diversas variedades. Os conservadores têm criticado o presidente Obama por ele se recusar a rotular o terrorismo como especificamente jihadista, uma preocupação legítima. Mas quando passam a equiparar o terrorismo jihadista de hoje a movimentos totalitários do passado, como o bolchevismo e o nazismo, os mesmos críticos estão de certa forma abrindo mão de uma parte de seu argumento – o jihadismo não é intrinsecamente muçulmano, mas perversão de uma genuína fé religiosa ao vinculá-la a um programa de violência revolucionária mundana que é minuciosamente repudiado tanto pelos ensinamentos muçulmanos tradicionais quanto pelo judaísmo e o cristianismo. Em minha opinião, e como tenho argumentado desde o início do livro, traçar a conexão entre terrorismo jihadista e seus predecessores totalitários que retrocedem a Robespierre é a trilha para a verdadeira clareza acerca da natureza do inimigo que estamos enfrentando. Ligar esses pontos serve também para nos lembrar que a luta que estamos enfrentando será longa. A procura dos muçulmanos pelo que tenho chamado de "comunidade perdida" – antes buscada por coletivistas europeus e do Terceiro Mundo – continuará, como aquelas lutas mais antigas, por décadas. Para uma comparação, pensemos apenas nos vinte anos de terror e guerra desencadeados entre 1793 e 1815 pela Revolução Francesa e a determinação de Napoleão em disseminar suas lições através de toda a Europa pela força.

Tenho sustentado neste livro que não deveríamos agir contra ou debilitar as tiranias variedade-jardim ou decaídas tiranias reformistas quando isso aumentar as chances de uma tirania milenarista tomar a frente. Em outras palavras, estou retomando a máxima de Jeanne Kirkpatrick e outros idealizadores de uma política externa neoconservadora de que não deveríamos solapar regimes autoritários quando isso aumentasse as probabilidades de um regime totalitário tomar o lugar deles – e de que, além disso, regimes autoritários têm alguma probabilidade de evoluir para a democracia, o que não acontece com regimes totalitários (a não ser quando derrubados do exterior). Tenho rejeitado os termos "autoritário" e "totalitário" porque estão demasiado carregados com a tentativa das ciências sociais de permanecerem neutras ao descrever sistemas políticos despóticos. Vamos chamá-los pelo que são – tiranias, alguns tipos piores que outros.

A principal motivação para o comentário de Kirkpatrick era o enfraquecimento deliberado, pelo governo Carter, do xá do Irã devido a seu menos-que-perfeito registro de direitos e progresso para eleições livres, o que levou ao poder a tirania muito pior do aiatolá Khomeini, criando um desastre para o povo iraniano e um inimigo mortal para o Ocidente. Vimos um padrão semelhante na Primavera Árabe. Ao exigir que ditadores cleptocráticos como Mubarak e Kadhafi se afastassem ao primeiro indício de inquietação civil, os neoconservadores americanos parecem ter esquecido o pragmático lado kissingeriano do conselho original de Kirkpatrick, enfatizando a necessidade de escolher entre o menor dos males, e corrido em tumulto para a não diluída fantasia wilsoniana de que todo mundo na Terra é um democrata jeffersoniano natural, esperando apenas ser libertado de seus tiranos para que possa se tornar um democrata liberal como nós. Em consequência disso, o Egito foi entregue à Irmandade Muçulmana, decidida a quebrar o tratado de paz com Israel e criar uma teocracia islâmica modelada no Irã. O golpe conduzido contra Morsi pelos militares – encabeçado por Abdel Fattah al-Sisi, um aspirante a Ataturk que exortava o islã a se reformar e estabelecer direitos iguais para as mulheres e minorias religiosas – foi uma bem-vinda revogação dos planos da Irmandade, mesmo que ao preço lamentável de um golpe de Estado. (Mas golpes de Estado nem sempre são maus: alguém teria preferido que os planos de oficiais descontentes para assassinar o democraticamente eleito Adolf Hitler e derrubar seu governo *não* tivessem dado certo?) Quanto à Líbia, a derrubada de Kadhafi mergulhou-a numa guerra de milícias islâmicas rivais.

Mesmo escolher o menor dos males, no entanto, não é uma receita de sucesso garantido. Ainda que seja provável que tiranias variedade-jardim tenham melhores perspectivas de evoluir para democracias que o tipo milenarista, não é certo que isso aconteça. A Espanha de Franco, Portugal de Salazar e a Nicarágua dos Somozas poderiam ser listadas como sucessos relativos nessa transição. É amplamente atribuído a Lee Kuan Yew, "primeiro-ministro" de Cingapura por mais de trinta anos, o crédito de ter transformado a ilha num centro financeiro e numa democracia quase efetiva (encontrei-o uma vez e ele me pareceu uma versão atualizada da descrição que faz Xenofonte de Híeron de Siracusa, que o poeta Simonides aconselha a conquistar a lealdade do povo encorajando as pessoas a prosperar economicamente). Mas às vezes, como na transição do Chile da brutal ditadura do general Pinochet para uma sociedade de governo autônomo com uma economia de livre mercado, é pago um preço terrível em violações dos direitos humanos para afastar uma ameaça coletivista que só podemos especular se chegaria ou não a controlar o país. A dissolução por Gorbachev do Império Soviético por dentro, via reformas democratizantes, é um exemplo impressionante de como uma Revolução Milenarista, já tendo degenerado numa congelada hierarquia cleptocrática de privilégios do partido, poderia fazer a transição para o governo autônomo. O xá do Irã poderia ter feito, por fim, a mesma transição. Mas não há certezas, só padrões históricos, parâmetros de referência, precedentes e probabilidades. Como escreveu Aristóteles, a arte de governar não pode alcançar a previsibilidade da geometria, porque a vida política é um reino de contingência e mudança – julgamento prudente é o melhor que podemos esperar e ele nunca é infalível. Não há eletrodinâmica quântica (Q.E.D., na sigla em inglês) na álgebra caótica da contenda política.

Mesmo em casos bem-sucedidos da transição para a democracia, pressões militares e econômicas externas estão com frequência envolvidas. A Coreia do Sul não seria a economia florescente que é hoje sem os enormes sacrifícios dos Estados Unidos na Guerra da Coreia, salvando-a da absorção pelo insano reduto marxista do norte. A guerra no Vietnã, embora bem intencionada, teve resultados menos claros. Em geral, o interesse dos Estados Unidos também serve aos interesses das forças democráticas ao redor do mundo – mas isso não é infalível. O aniquilamento do Terceiro Reich e do Império Japonês na Segunda Guerra Mundial como prelúdio necessário à democratização desses países demonstra que, mais uma vez, a democracia pode ser natural, mas não espontânea. Não vai necessariamente acontecer por sua própria conta. E a escala do esforço militar e sacrifício requeridos dos Estados Unidos e seus aliados – centenas de milhares de vítimas e bilhões de dólares – para pôr essas tiranias de joelhos significa que tais esforços de maciça intervenção militar em benefício da democracia só podem ser despendidos em ocasiões muito raras.

Democracia não é simplesmente a ausência de despotismo. Demorou quatrocentos anos para uma sociedade civil baseada na tolerância e nos direitos evoluir no Ocidente. Como vimos na Parte Dois, a disseminação dos valores do interesse econômico individual na América do Norte e na Europa precedeu o estabelecimento do governo representativo maduro. O economista peruano Hernando de Soto Polar argumentou que esse pode ser o melhor caminho para o mundo não ocidental hoje, que o estabelecimento da lei contratual imposta pelo Estado como árbitro neutro – em vez de, como em tantos despotismos cleptocráticos, aplicada a toda empresa comercial bem-sucedida para roubar seus lucros – é o prelúdio indispensável à evolução de uma sociedade civil democrática e que um regime não democrático que protegesse os direitos de propriedade poderia ser preferível a um que proclamasse no papel, da noite para o dia, uma democracia completa antes que esses direitos tivessem ganhado raízes na cultura política. Havia sinais de que Mubarak estivesse indo nessa direção. Contudo, a noção de que criar uma economia de mercado pode ajudar a suavizar a transição para a democracia nem sempre funcionará. Como observamos, a tentativa de introduzir normas de mercado na Rússia da noite para o dia levou a um enorme rebote e à ascendência despótica de Putin. Opções como essa não contribuem para um sono tranquilo.

Sejam quais forem as perspectivas para a expansão da democracia, uma coisa é certa – temos de aprender de novo a identificar as variedades de tirania pelo que elas são. Sem isso, não é possível qualquer tipo de julgamento prudente sobre o bem maior ou o mal menor. A democracia liberal moderna estava baseada na avaliação realista de escritores como Maquiavel e Hobbes de que a natureza humana é governada pelo interesse próprio e que os Estados se tornam prósperos e poderosos cooperando com essa paixão. Mas precisamente o êxito do Ocidente em criar tais sociedades pode, em sua generalizada tranquilidade, conforto e ausência de luta política violenta, induzir-nos a pensar que o mundo inteiro é assim ou assim pode se tornar pela simples vontade. Maquiavel e Hobbes sabiam que as sociedades tinham de proteger sua segurança e bem-estar impedindo que os lobos com inclinação tirânica ficassem rondando pelo perímetro escuro em volta do bem iluminado complexo do contrato social. Temos uma tendência a achar que o mundo inteiro não é senão esse complexo radiante ou logo será uma vez que os lobos entendam que serão alimentados. Mas lobos são predadores – matam estejam com fome ou não. Ao realismo de Maquiavel e Hobbes deveríamos adicionar o lembrete ainda mais fundamental de Aristóteles de que tiranos dão mais valor a domínio e glória que a confortos materiais. Como ele assinala: "Os homens não se tornam tiranos para escapar do frio".

AS FRONTEIRAS DA REVOLUÇÃO DO SÉCULO XXI

Ficar de olho nos lobos nos leva de volta para onde começamos na Introdução – a justificada raiva dos jovens e os recrutas que ela fornece para o terrorismo tanto no país quanto no exterior. Às vezes a motivação é em grande parte niilista. Fiquei particularmente horrorizado pelo vídeo de um rapaz canadense arreganhando um sorriso selvagem enquanto dizia para a câmera que juntar-se ao Estado Islâmico era "como, cara!, a verdadeira Disney World". Podemos presumir que pretendia dizer com isso que decapitar, estuprar e enterrar vivas pessoas reais era muito mais legal que meras simulações em três dimensões e jogos de computador baseados em violência contínua, como *Grand Theft Auto*. O que nos faz lembrar a conexão plausível que foi feita entre o ato de "jogar" e massacres caóticos como o de Columbine em 1999. Ao analisar esse evento, um ex-professor de psicologia em West Point e *ranger* do exército, tenente-coronel Dave Grossman, sustentou que os *videogames* desacostumavam os jovens a ver as outras pessoas como seres humanos reais – de um modo semelhante ao treinamento que os militares recebem para capacitá-los a matar o inimigo: enquanto os *marines* aprendiam a matar os inimigos da América numa guerra, esses "jogadores" voltavam-se para seus próprios concidadãos. Por mais, no entanto, que os terroristas "radicalizados" do novo século possam lembrar livre atiradores, eles são fundamentalmente diferentes, porque estão motivados pela ideologia da Revolução Milenarista Jihadista. Quer recrutados para uma concreta operação terrorista estrangeira (como o Underwear Bomber [Bombista da Cueca]), respondendo por sua conta a uma convocação na internet para matar os infiéis (como a decapitação em Moore, Oklahoma), persuadidos por imãs islâmicos na internet (o atirador da maratona de Boston) ou apenas convencidos de que os jihadistas estão certos (major Hassan), são revolucionários motivados por um entusiasmo virtuoso de destruir o Ocidente corrupto, deixando-o sob o domínio do vindouro califado mundial. A tentativa de retratá-los como "solitários", "compensando" um casamento frustrado, uma insatisfação no trabalho ou ódio racial, mesmo se verdadeira, é irrelevante com relação à motivação principal do terrorismo. Os que propõem tal interpretação acham que estão de alguma forma questionando a sinceridade do vínculo desses assassinos com uma versão do islã. Mas como temos visto desde o início do livro, a projeção da raiva pessoal, devido a um percebido desprezo ou injustiça, na necessidade de depurar o mundo inteiro de seus maus hábitos por meio da violência revolucionária está no próprio cerne do comportamento terrorista. Lenin, Stalin, Hitler, Mao eram todos, de variadas formas, "solitários insatisfeitos" que "compensaram" o que experimentavam como tratamento injusto liderando movimentos de assassinato em massa. O perigo do jihadismo, como o de tiranias anteriores aspirantes ao milenarismo, é precisamente que ele equipa jovens que por alguma razão se voltaram para a violência e que poderiam, em outras circunstâncias, tê-la descarregado em lutas ou no crime comum com uma visão utópica coerente, que os convence de que sua raiva é santificada por estar trazendo um mundo justo.

Como eu disse na Introdução, não discuti *cada* força do mundo que pudesse ser chamada de tirânica. Se o sentido de "tirania" pode ser estendido para incluir qualquer poder capaz de destruir ou degradar a raça humana, então o armamento nuclear e a devastação do meio ambiente poderiam ser incluídos como forças tirânicas. O perigo apresentado pela tecnologia moderna é especialmente dramático no caso de tiranos totalitários como Hitler ou Stalin porque os habilita a lançar uma destruição genocida e militar que não estava disponível, em tal escala, para déspotas anteriores, assim como a posse pelos aiatolás iranianos da tecnologia de armas nucleares os deixaria equipados para hoje ameaçar o mundo de aniquilamento. O poder cada vez mais disseminado da tecnologia de comunicações globais é tanto uma fonte, entre dissidentes, de libertação potencial de regimes opressivos como os da China ou da Síria, quanto de extensão por esses Estados despóticos da capacidade de monitorar toda a comunicação entre seus súditos. A velha referência jocosa a Stalin como "Gênghis Khan com eletricidade" pode agora ser atualizada por "Gênghis Khan no Twitter". Quanto à convicção expressa na máxima de Lenin "quanto pior, melhor", originária de Marx, de que a força da própria história, tiranicamente opressiva, culminando nos horrores do capitalismo, poderia tornar realidade o coletivo utópico do futuro despertando a ação revolucionária, ela hoje permanece ativa de um modo diluído. Embora "os anos 1960" tenham sido antes um fermento cultural de estilos de vida alternativos que um projeto consciente para uma tomada revolucionária do poder, Jonathan Schell, por exemplo, em sua própria versão *boomer** do "quanto pior, melhor", sustentava em *O Destino da Terra* que a tecnologia das armas nucleares e a ameaça de aniquilamento que ela impõe, como o medo de Santo Agostinho da condenação de Deus, aterroriza as sociedades de consumidores do Ocidente, levando-as a realizar a paz e justiça mundiais.

Os que hoje protestam contra "o Um por Cento" acreditam que a "globalização" é o pior opressor da história, tendo os Estados Unidos capitalista como sua ponta de lança. Mas também acreditam – como os marxistas antes deles – que a esmagadora opressão do capitalismo pode unir os "despossuídos" e "marginalizados", introduzindo uma nova utopia que há de estilhaçar a garra da globalização com a futura "nova sociedade civil global", que respeita o meio ambiente e não é materialista. É uma versão atualizada da fórmula clássica de Marx de que a sociedade burguesa agirá como "seu próprio coveiro". Contudo, enquanto os marxistas ansiavam por uma revolução violenta, a maioria dos manifestantes anti-Um-por-Cento é pacífico. Os autoproclamados "anarquistas", que destroem instalações comerciais ao protestar ao redor do mundo contra conferências econômicas, são uma minúscula minoria não representativa. Como esse exemplo ilustra, embora por razões que discuti antes o impulso milenarista nos Estados Unidos seja, em geral, derivado em grande parte do desejo de uma violência revolucionária direta voltada para a criação de um Estado novo e monolítico, o impulso utópico retém alguns de seus temas familiares entre os jovens, como um contínuo protesto cultural e estético contra a alegada injustiça e vazio da vida burguesa, cujas origens identificamos na Parte Três.

Por fim, enquanto continuamos a procurar as fronteiras da revolução no novo século, vem o sentimento de que certos avanços em tecnologia médica trazem um novo perigo de extremismo utópico, sejam as esperanças postas em drogas psicotrópicas para reconstruir a personalidade humana, livrando-a de toda agressividade e ansiedade, ou o mais recente movimento "transumanista", que acredita que todas as limitações sobre manipulação genética deveriam ser retiradas para criarmos um novo *Herrenvolk* (uma nova raça dominante) com indivíduos de QIs superiores e saúde e aparência perfeitas. Com efeito, o anseio pela bênção de uma completa libertação das limitações de nossa individualidade humana rumo a um nirvana mundial de interminável e extasiante felicidade, que começou com Rousseau e provocou as

---

* Isto é, na versão de sua geração de *baby boomers*, americanos nascidos nos primeiros anos do pós--guerra. (N.T.)

grandes revoluções dos jacobinos em diante, é agora removido da esfera da ação política para a área da farmacologia e da manipulação de embriões.

Vale a pena mencionar uma última variedade de tecnologia global, a cultura de entretenimento global, principalmente americana. A cultura *pop* americana estimula fantasias niilistas sobre violência que podem debilitar a moralidade cívica no país e alimentar a ânsia de destruição dos inimigos dos Estados Unidos no exterior? Os ataques de 11 de Setembro revelaram algumas tendências niilistas subjacentes em nosso próprio estilo de vida no Ocidente e nossa insatisfação subterrânea com o moderno estilo de vida "burguês". Pensemos de novo, por exemplo, na cena agora extremamente assustadora do filme *Clube da Luta*, lançado apenas dois anos antes do 11 de Setembro, em que o fascista "homem másculo" interpretado por Brad Pitt como um *alter ego* para um fracote vendedor de móveis baratos, Ed Norton, contempla com serenidade a destruição feita por seu bando de edifícios da cidade de Nova York por meio de atentados terroristas a bomba solidamente coordenados. Como observamos na Introdução, após o 11 de Setembro, como se estivesse *fazendo a resenha* de um filme não de um massacre real, o compositor da *avant-garde* alemã Karlheinz Stockhausen classificou o espetáculo das Torres Gêmeas desabando sob o ataque da Al-Qaeda como "a maior obra de arte imaginável em todo o cosmos". Contínuos complôs terroristas ao redor do mundo indicam a atração de europeus e americanos nativos pela secreta emoção de contemplar a destruição do Ocidente. Precisamos refletir mais sobre a vicária identificação de intelectuais ocidentais com movimentos jihadistas, que eles encaram como mais puros que nós em termos espirituais e como o meio pelo qual seremos punidos por nossos crimes de ambição e exploração colonialistas, como exemplificado por Michel Foucault ao chamar o aiatolá Khomeini de "um santo místico" e sua romantização da revolução violenta um código "heroico". Nisso, ele foi inspirado pelo autor favorito de Mussolini, Georges Sorel, que tinha admirado Lenin como um super-homem nietzschiano. Todas essas questões nos impelem para um necessário exame de consciência sobre as origens e tentações da violência política de massa.

UMA CURA HOMEOPÁTICA PARA A TENTAÇÃO TIRÂNICA

Se existe um antídoto para a tentação de tiranizar – terapia para a ira de Aquiles – ele começa com uma cura homeopática. Em outras palavras, antes que os jovens possam detectar a tentação de tirania, em especial neles próprios, mas também nos que estão ao seu redor, eles precisam ter uma ideia de como tal sensação *se parece*. Só então vão perceber que narcótico poderoso a ambição apaixonada, a busca da glória e a justa indignação podem ser. E só então vão compreender que terrorismo e tirania não são um grande e terrível mal-entendido (como agora nos dizem com tanta frequência por mais provas que existam em contrário), que as pessoas desistirão de suas paixões violentas e dominadoras quando a "causa raiz" tiver sido tratada – em primeiro lugar, quando elas tiverem o bastante para comer, depois quando tiverem suficiente conforto material e entretenimento para fazer a raiva desaparecer para sempre, talvez assistida por medicação, gestão da raiva e um programa de doze passos para a autoestima. Mas isso não funciona com todo mundo, sobretudo com os predadores mais perigosos. Se os níveis, sem precedentes na história, de liberdade pessoal, riqueza, igualdade e lazer nos Estados Unidos fossem capazes de acalmar todas essas almas selvagens, por que ataques terroristas de seus próprios cidadãos ocorrem com frequência cada vez maior em seu próprio solo? Quanto aos terroristas no mundo não ocidental, os líderes principais costumam ser ricos e viver no luxo (como Bin Laden, que herdou milhões, e o líder do Hamas, que supervisiona operações de escudos humanos em Gaza, em Qtr, de seu hotel cinco estrelas), mesmo se os instrumentos humanos que eles empregam são às vezes terrivelmente pobres. Querem nos matar porque nos odeiam e nos desprezam como uma questão de convicção baseada em princípios.

Sócrates foi a fonte que originou a cura homeopática para a tirania quando sustentou em *A República* que, ao reformar a poesia de Homero para impedi-la de inspirar em futuros Aquiles o egoísmo narcisista que explode numa raiva violenta, os estadistas de uma sociedade justa devem experimentar – em suas imaginações – um certo *nível* dos vícios que pretendem evitar nos cidadãos, em especial nos rapazes, por meio do tipo correto de educação cívica. Se não podemos sentir a atração do vício em nossa própria imaginação, Sócrates está dizendo, será difícil encontrar uma explicação convincente de por que tal modo de agir é errado – por que uma cidadania vigorosa e virtuosa a serviço do bem comum é melhor que uma tirania, tanto para se ter uma política decente quanto para viver uma vida feliz. Você não pode sentir (como oposto a meramente pensar) que um estilo moderado de vida devotado a uma aspiração à excelência moral seja mais feliz que uma vida de excesso tirânico se pelo menos não imaginou o que significaria ser um escravo de suas paixões mais baixas e que destino degradante isso ia trazer. Um exercício puramente intelectual de escolher a virtude em vez do vício não se apoderará de forma cabal da totalidade do caráter de uma pessoa sem essa dimensão psicológica. A cura homeopática da tirania reside em observar o cânone dos Grandes Livros com sua variedade, profundidade e sutileza psicológica sobre o melhor e o pior na natureza humana, começando com Platão e os pensadores antigos, estendendo-se para diagnósticos profundos e realistas do desejo humano e da paixão política como os de Maquiavel, Hobbes, Shakespeare e os de grandes historiadores, como Gibbon, que demonstram um conhecimento da complexidade e aptidão da natureza humana para o mal assim como para o bem. A lista da Leitura de Interesse Adicional no final do livro também apresenta alguns destaques de obras mais contemporâneas sobre tirania, incluindo algumas das grandes teorizações sobre a Guerra Fria, além de biografias e histórias da Revolução Francesa, bolchevismo, nazismo e seus sucessores.

Só a partir dessa imersão no melhor da filosofia, história e literatura, podem os jovens aprender com seus corações e mentes a substituir um zelo por dominação por um zelo pelo bem comum; podem ser capazes de distinguir uma ambição permissível em se destacar no serviço ao bem comum de uma ambição inadmissível de dominar seus concidadãos; podem ser maduros o bastante para perceber que há poucos idealistas sinceros na vida política (e quando há, tendem a ser perigosos) e que alguns dos atributos mais sombrios, mais agressivos que movem a alma de um tirano também podem ser encontrados na constituição interior dos grandes estadistas, um paradoxo que acreditamos remontar ao Édipo Rei, de Sófocles. A ambição não pode ser removida da alma humana, por mais riqueza, conforto e entretenimento que nos ofereçam. Ela pode apenas ser reformada pela educação liberal e redirecionada de objetivos injustos para objetivos justos. Ninguém compreendeu melhor o que foi chamado de "a tribo do leão" (homens como Alexandre, César e Napoleão) que Abraham Lincoln. Em sua juventude, na fala do *Lyceum*, ele abordou a tentação sentida por um estadista de alcançar fama imortal por derrubar a República, não por servi-la. Acredito que Lincoln fez, da maneira mais resoluta, as opções corretas em sua ascensão porque compreendeu, e superou interiormente, o apelo das erradas. Ao salvar a República Americana – não apenas da desintegração, mas da mancha moral da escravidão em sua alma – através de uma provação que mobilizou até o último grama seus atributos mais profundos de ambição, justiça, força moral e compaixão, ele alcançou glória imortal no serviço da honradez cívica.

Essa maturidade sobre motivação política e busca da glória é especialmente necessária hoje, quando o cânone dos Grandes Livros é comprometido com tanta frequência pela concentração em políticas de identidade e a dramática falta de realismo nas ciências sociais, que persistem em se recusar a reconhecer que a ambição tirânica é uma motivação permanente no comportamento político. A crença na globalização, levando à promoção da economia como campo principal para o estudo dos assuntos humanos ou para a fantasia utópica de uma futura "sociedade civil global", também tem causado grande prejuízo à educação liberal, tornando os jovens inconscientes da riqueza da psicologia da busca da glória no cânone dos Grandes Livros e da distinção crucial que eles fazem entre regimes e sistemas políticos justos e injustos, melhores e piores – o que tira dos jovens a capacidade de distinguir entre tirania e autogoverno livre, e de refletir sobre por que a democracia liberal, mesmo no que ela tem de pior e mais falho, é preferível à tirania, mesmo no que ela tem de melhor.

O relato que faz este livro do estranho percurso da tirania – de suas variedades e graus de injustiça – é minha contribuição a essa cura homeopática. Argumentei que, desde os faraós, Ciro, o Grande, Alexandre, o Grande, e Júlio César até os modernos autocratas construtores-de-Estados como Henrique VIII e Pedro, o Grande, o "despotismo esclarecido" *pode* desempenhar um papel importante em lançar as bases de sociedades bem organizadas, prósperas e civilizadas. Mas trata-se aqui do *melhor* cenário possível para o que chamo de tirania reformista. Poucas tiranias que professam tais reformas as levam a cabo de forma inteiramente bem--sucedida e raramente num nível que ofusque sua contínua violação de direitos humanos. Pensemos nas desastrosas tentativas do Terceiro Reich e da União Soviética de criar a utopia por meio do terror. Mesmo as tiranias reformistas mais bem--sucedidas logo se mostram mais duradouras que sua utilidade. Se tivermos sorte, farão uma transição voluntária a formas mais livres de governo, como aconteceu com Franco e Gorbachev (com resultados obviamente desiguais). Às vezes, como temos observado, essa transição para o governo autônomo só pode ser atingida por força militar letal vinda de fora – as democracias do Japão e da Alemanha Ocidental ergueram-se das cinzas de seu quase aniquilamento pela Aliança Ocidental. O Ocidente não pode impor a democracia pelo mundo afora por uma guerra interminável – sua própria cultura democrática jamais toleraria estar num permanente pé de guerra, mesmo pela melhor das causas. Ao mesmo tempo, vimos os perigos da "construção-da-nação" em sociedades ainda não convertidas aos valores do Iluminismo e devastadas por conflito religioso e étnico, onde a política é encarada como um meio de esmagar o outro lado. É por isso que é melhor, sempre que possível, usar de persuasão para conseguir o desenvolvimento gradual da liberdade, mesmo que isso signifique tolerar a existência continuada de governos menos que democráticos, ou mesmo abertamente não democráticos, se a alternativa mais provável for a ditadura milenarista. Às vezes, no entanto, a guerra será inevitável. É uma terrível lição de história, mas a repetida derrota das tentativas da tirania para escravizar o mundo, de Maratona e Salamina a Dunquerque e o Dia D, deveria ser uma fonte de esperança assim como de sóbrio realismo. Afinal, o percurso até agora não concluído da tirania é também a história de sua até agora não concluída derrota pela liberdade.

Tenho dito que a democracia liberal do tipo ocidental não é natural no sentido de ser espontânea. A mera remoção de uma tirania não garante que o povo adotará, de forma automática, seu democrata jeffersoniano interior. Ele pode apenas querer vingança e triunfo para seus próprios clãs, tribos ou seitas. Mas a democracia liberal, sem a menor dúvida, é natural no antigo sentido platônico e aristotélico da natureza

285

humana – não visamos a mera sobrevivência, mas o cultivo de nosso maior potencial para a virtude moral como cidadãos livres de uma república que se autogoverna, incluindo tolerância, liberdade de pensamento e expressão, educação liberal e excelência cultural. No melhor dos casos, as tiranias podem às vezes proteger a vida das pessoas contra uma ameaça maior trazida por conflito civil ou promover prosperidade material. Mas não podem nunca capacitar pessoas a buscar felicidade e realização pessoal. Enquanto nos mantivermos vigilantes contra os lobos que rondam em nosso perímetro, a democracia está destinada a derrotar a tirania pelo simples fato de ser uma ideia melhor.

Leitura de Interesse Adicional

Este livro é sobre como ideias políticas e a natureza humana, a cultura e a história têm se entrelaçado para produzir o percurso da tirania. No que diz respeito a fontes primárias, minhas principais referências foram Homero, Heródoto, Sófocles, Tucídides, Platão, Aristóteles, Xenofonte e Cícero (entre pensadores antigos), Santo Agostinho, São Tomás de Aquino e Martinho Lutero (entre teólogos cristãos) e Maquiavel, Hobbes, Locke, Burke e Rousseau (entre pensadores modernos). Outras fontes primárias antigas para a descrição e diagnóstico da tirania em contraste com uma adequada arte de governar incluem Ésquilo, Virgílio, Salústio, Suetônio, Plutarco e Tácito. As fontes da Renascença existem em grande número, mas no mínimo teríamos de mencionar Erasmo e Castiglione, para nada dizer de Shakespeare.

Quanto à Revolução Milenarista, fiz algumas observações sobre a influência de Marx, Nietzsche e Heidegger sobre o pensamento extremista de suas épocas. A ficção europeia do século XIX também proporciona um rico tesouro de observações sobre terrorismo e tanto sobre o perigo quanto sobre a atração da tirania, incluindo (no mínimo) romances de Flaubert, Tolstói, Turguêniev, Balzac, Stendhal, Dostoiévski e continuando no século XX com Hesse, Soljenítsin e Kundera.

Leitores interessados numa discussão mais teórica da tirania como tema da filosofia política estão convidados a examinar meu livro *Tyranny: A New Interpretation*, que também contém uma extensa bibliografia e discute os debates interpretativos em curso sobre como a tirania antiga difere da moderna. O diagnóstico platônico de tiranos potenciais e a terapia para eles é o tema de meu livro anterior *Ruling Passion: The Erotics of Statecraft in Platonic Political Philosophy*. A tirania e o perigo que ela traz à arte do governo virtuoso também figura de modo proeminente em minha antologia *What Is a Man? Three Thousand Years of Wisdom on the Art of Manly Virtue* e em meus livros *The Code of Man: Love, Courage, Pride, Family, Country* e *The Soul of a Leader: Character, Conviction e Ten Lessons in Political Greatness*.

O que se segue é uma lista de obras de interesse geral para leitura adicional – principalmente histórias, biografias e antologias, mas também alguma ficção e ciência social. É uma lista inteiramente pessoal, poderíamos mesmo dizer idiossincrática, colhida de uma vida de pensamento, ensino, leitura, viagem e conversa. Cada item incluído vem de minha própria biblioteca. Alguns são bem recentes, outros bastante antigos. Certos leitores sem dúvida encontrarão o que lhes parecerão lacunas ou omissão de obras importantes. Tentei ser abrangente, mas se deixei algo que não se encaixa tenha em mente que a maior parte desses livros também contêm extensas bibliografias convidando a uma nova exploração de seus tópicos a partir de outras perspectivas. Ninguém foi intencionalmente esquecido. Minha confiança nos esforços precursores e soberba erudição dos escritores mencionados aqui e minha dívida para com eles, assim como para com aqueles com quem eles estiveram comprometidos, são profundas e, espero eu, evidentes por si só.

Ackroyd, Peter. *Tudors*. Londres, St. Martin's, 2012.

_____. *Foundation: The History of England from Its Earliest Beginnings to the Tudors Rebellion*. Nova York, St. Martin's Press, 2014.

Andress, David. *The Terror: The Merciless War for Freedom in Revolutionary France*. Nova York, Farrar, Strauss and Giroux, 2005.

Applebaum, Anne. *Gulag: A History*. Nova York, Anchor, 1994.

Arendt, Hannah. *Eichmann in Jerusalem*. Nova York, Penguin, 1963.

_____. *On Revolution*. Nova York, Viking, 1963.

Armstrong, Karen. *A History of God*. Nova York, Ballantine, 1993.

Baker, Simon. *Ancient Rome: The Rise and Fall of an Empire*. Londres, BBC Books, 2006.

Balot, Ryan. *Greed and Injustice in Classical Athens*. Princeton, NJ: Princeton University Press, 2001.

Barone, Michael. *Our First Revolution*. Nova York, Crown Forum, 2008.

Barrett, Anthony. *Caligula: The Corruption of Power*. New Haven, Yale University Press, 1998.

_____. *Livia: First Lady of Imperial Rome*. New Haven, Yale University Press, 2002.

Beevor, Anthony. *Stalingrad: The Fateful Siege 1942-43*. Nova York, Penguin, 2003.

_____. *The Fall of Berlin 1945*. Nova York, Penguin, 2006.

Belloc, Hilaire. *Robespierre: A Study*. Londres, Nisbet, 1927.

Billington, James. *Fire in the Minds of Men*. Nova York, Transaction, 1980.

Birley, Anthony. *Marcus Aurelius: A Biography*. Nova York, Barnes and Noble Books, 1993.

Bortoli, Georges. *The Death of Stalin*. Londres, Phaeton, 1973.

Brinton, Clarence Crane. *The Anatomy of Revolution*. Nova York, Vintage, 1973.

Bryce, James. *The Holy Roman Empire*. Nova York, Burt, 1886.

Bullock , Alan. *Hitler: A Study in Tyranny*. Nova York: Bantam, 1961.

Bury, J. R. *A History of Greece*. Nova York, Modern Library, 1927.

Cannadine, David. *Aspects of Aristocracy*. Nova York, Penguin, 1995.

Carcopino, Jerome. *Daily life in Ancient Rome*. New York, Penguin, 1960.

Chalidze, Valery. *To Defend These Rights: Human Rights and the Soviet Union*. Nova York, Random House, 1974.

Charles-Picard, Gilbert. *Augustus and Nero: The Secret of Empire*. Londres, Phoenix, 1966.

Charnwood, Lord. *Abraham Lincoln*. Nova York, Garden City Publishers, 1917.

Cheng, Nien. *Life and Death in Shanghai*. Londres, Grafton, 1986.

Churchill, Winston. *Great Contemporaries*. Nova York, Putnam's, 1937.

Cobban, Alfred. *A History of Modern France*. Londres, Pelican, 1980.

Cohen, Stephen F. *Bukharin and the Bolshevik Revolution*. Nova York, Vintage, 1975.

Cohn, Norman. *The Pursuit of the Millennium*. Oxford, Oxford University Press, 1970.

Conquest, Robert, *Power and Policy in the U.S.S.R.* Nova York, Harper and Row, 1967.

_____. *The Great Terror: Stalin's Purge of the Thirties*. Nova York, Collier, 1973.

_____. *The Harvest of Sorrow: Soviet Collectivization and the Terror-Famine*. Nova York, Oxford University Press, 1986.

Cooper, Duff. *Talleyrand*. Nova York, Harper's, 1932.

Cornwell, John. *Hitler's Pope*. Londres, Penguin, 2008.

Crankshaw, Edward. *The Shadow of the Winter Palace*. Nova York, Penguin, 1978.

Dahrendorf, Ralf. *Society and Democracy in Germany*. Garden City, Nova York, Doubleday, 1967.

Dallin, T. e A. Larson, orgs. *Soviet Politics since Kruhschev*. Englewood Cliffs, NJ, Prentice-Hall, 1968.

Davidowicz, Lucy S. *The War against the Jews: 1933-1945*. Toronto, Bantam, 1975.

Davies, Norman. *Europe: A History*. Londres, Pimlico, 1997.

Djilas, Milovan. *The New Class*. Nova York, Praeger, 1958.

_____. *Conversations with Stalin*. Nova York, Harcourt Brace, 1963.

de Tocqueville, Alexis. *The Old Regime and the French Revolution*. Garden City, NY, Anchor, 1955.

_____. *Democracy in America*, trad. Mansfield e Winthrop. Chicago, University of Chicago Press, 2002.

Deutscher, Isaac. *The Prophet Unarmed*. Londres, Oxford University Press, 1959.

_____. *Heretics and Renegades*. Nova York, Bobbs-Merrill, 1969.

Dolgun, Alexander. *Alexander Dolgun's Story: An American in the Gulag*. Nova York, Knopf, 1975.

Eckert, Allan W. *A Sorrow in Our Heart: The life of Tecumseh*. Nova York, Bantam, 1992.

Eliade, Mircea. *History of Religious Ideas*. Chicago, University of Chicago Press, 1981.

Elton, G. R. *The Tudor Revolution in Government*. Cambridge, Cambridge University Press, 1967.

Evans, Richard J. *The Coming of the Third Reich*. Londres, Penguin, 2005.

Everitt, Anthony. *Hadrian*. Nova York, Random House, 2004.

_____. *The Rise of Rome*. Nova York, Random House, 2012.

Fanon, Frantz. *The Wretched of the Earth*. Nova York, Grove, 1968.

Fest, Joachim C. *The Face of the Third Reich: Portraits of Nazi Leadership*, trad. Michael Bullock. Nova York: Ace Books, 1970.

_____. *Hitler*. Nova York, Vintage, 1975.

_____. *The German Resistance to Hitler 1933-1945*. Londres, Phoenix, 1996.

Finkelstein, Israel e Neil Asher Sherman. *The Bible Unearthed*. Nova York, Simon and Schuster, 2001.

Freeman, Charles. *AD 381: Heretics, Pagans and the Christian State*. Londres, Pimlico, 2008.

Friedlander, Saul. *Nazi Germany and the Jews 1933-1945: The Years of Extermination*. Nova York, Harper, 2007.

Friedrich, Otto. *Before the Deluge: A Portrait of Berlin in the 1920's*. Nova York, Fromm, 1986.

Fukuyama, Francis. *The Origins of Political Order*. Nova York, Farrar, Strauss and Giroux, 2012.

Gere, Cathy. *The Tomb of Agamemnon*. Cambridge, Massachusetts, Harvard University Press, 2008.

Gibbon, Edward. *The Decline and Fall of the Roman Empire*. Nova York, Fenlon, Collier and Son, 1900.

Gilbert, Martin C. *The Holocaust: The Jewish Tragedy*. Glasgow, Fontana/Collins, 1986.

Ginzburg, Ugenia. *Journey into the Whirlwind*. Nova York, Harcourt, Brace and World, 1967.

Goebbels, Joseph. *The Goebbels Diaries 1942-1943*. Garden City, NY, Doubleday, 1948.

_____. *The Diaries of Joseph Goebbels: Final Entries 1945*. Nova York, Avon, 1979.

Goldhagen, Daniel. *Hitler's Willing Executioners: Ordinary Germans and the Holocaust*. Nova York, Knopf, 1996.

Goldhill, Simon. *The Temple in Jerusalem*. Cambridge, Massachusetts, Harvard University Press, 2005.

Goldsworthy, Adrian. *The Fall of the West*. Londres, Weidenfeld and Nicholson, 2004.

_____. *Caesar*. Londres, Phoenix, 2008.

_____. *Augustus: First Emperor of Rome*. New Haven, Yale University Press, 2014.

Goodman, Martin. *Rome and Jerusalem*. Nova York, Penguin, 2008.

Goodspeed, D. J. *The Conspirators: A Study of the Coup d'Etat*. Toronto, Macmillan, 1967.

Gray, John. *False Dawn: The Delusions of Global Capitalism*. Londres, Granta, 1998.

Griffin , Roger, org. *Fascism*. Nova York, Oxford University Press, 1995.

Guizot, François. *France*, trad. R. Black. Nova York, Fenelon, Collier and Son, 1900, oito volumes.

Haing, Ngor. *Survival in the Killing Fields*. Nova York, Basic Books, 2003.

Hanson, Victor Davis. *A War Like No Other*. Nova York, Random House, 2006.

Hardt, Michael, Antonio Negri. *Empire*. Cambridge, Massachusetts, Harvard University Press, 2000.

Hartz, Louis. *The Liberal Tradition in America*. Nova York, Harcourt, Brace and World, 1955.

Heather, Peter. *The Fall of Rome*. Londres, Penguin, 2006.

Heiden, Konrad. *Der Fuhrer*. Boston, Houghton-Mifflin, 1947.

Heine, Heinrich. *Religion and Philosophy in Germany*, trad. John Snodgrass. Albany, NY, SUNY Press, 1986.

Herf, Jeffrey. *Reactionary Modernism: Technology, Culture, and Politics in Weimar and the Third Reich*. Nova York, Cambridge University Press, 1984.

Hibbert, Christopher. *The French Revolution*. Nova York, Penguin, 1986.

Hochschild, Adam. *King Leopold's Ghost: A Story of Greed, Terror and Heroism in Colonial Africa*. Nova York, Houghton Mifflin, 1998.

Hopkins, Keith e Mary Beard. *The Colosseum*. Cambridge, Massachusetts, Harvard University Press, 2005.

Hughes, Robert C. *The Shock of the New*. Nova York, Knopf, 1991.

Hutchinson, Robert. *The Last Days of Henry the Eighth*. Londres, Phoenix, 2005.

———. *Thomas Cromwell*. Londres, Phoenix, 2008.

Ignatieff, Michael. *The Warrior's Honor*. Nova York, Viking, 1998.

Jaeger, Werner. *Paideia: The Ideals of Greek Culture*. Nova York, Oxford University Press, 1963.

Johnson, Paul. *The Birth of the Modern*. Londres, Weidenfeld and Nicholson, 1991.

———. *Intellectuals*. Londres, Phoenix, 1993.

Jo-hsi, Chen. *The Execution of Mayor Yin*. Bloomington, Indiana, Indiana University Press, 1978.

Judd, Denis. *Empire: The British Imperial Experience from 1765 to the Present*. Londres, HarperCollins, 1996.

Kagan, Donald. *The Peloponnesian War*. Nova York, Viking, 2003.

Kapucinski, Ryszard. *The Emperor: Downfall of an Autocrat*. Nova York, Vintage, 1984.

Katz, Solomon. *The Decline of Rome and the Rise of Mediaeval Europe*. Ithaca, NY, Cornell University Press, 1963.

Kershaw, Ian. *Hitler*. Londres, Penguin, 2008.

———. *The End: The Defiance and Destruction of Hitler's Germany 1944-1945*. Londres, Penguin, 2011.

Khrushchev, Nikita. *Khrushchev Remembers*, Crankshaw org. Nova York, Bantam, 1971.

Kinross, Lord. *The Ottoman Centuries*. Nova York, Morrow Quill, 1977.

Kleiner, Diana E. E. *Roman Sculpture*. New Haven, Yale University Press, 1992.

Kohn, Hans. *The Mind of Germany*. Nova York, Harper Torchbook, 1965.

Kolakowski, Leszek. *Main Currents of Marxism*. Nova York, W.W. Norton, 2008.

Kornhauser, William. *The Politics of Mass Society*. Nova York, The Free Press, 1959.

Kravchenko, Victor. *I Chose Freedom*. Garden City, NY, Garden City Publishing, 1946.

Kriwaczek, Paul. *In Search of Zarathustra*. Nova York, Vintage, 2002.

Landes, Richard. *Heaven on Earth: The Varieties of the Millennial Experience*. Oxford, Oxford University Press, 2011.

Lane Fox, Robin. *Pagans and Christians*. Nova York, Harper and Row, 1988.

_____. *Traveling Heroes*. Nova York, Vintage, 2010.

_____. *The Classical World: An Epic History of Greece and Rome*. Londres, Penguin, 2014.

Laqueur, Walter, org. *Fascism: A Reader's Guide*. Berkeley, University of California Press, 1978.

Laqueur, Walter e Yonah Alexander, orgs. *The Terrorism Reader*. Nova York, Penguin, 1987.

Leites, Nathan. *A Study of Bolshevism*. Glencoe, Illinois, Free Press, 1953.

Leonhard, Wolfgang. *The Three Faces of Marxism*. Nova York, Holt, Rinehart, Winston, 1974.

Levi, Primo. *Survival in Auschwitz*. Nova York, Collier, 1961.

Lewis, Bernard. *What Went Wrong?* Oxford, Oxford University Press, 2002.

_____. *The Crisis of Islam*. Nova York, Modern Library, 2004.

Leys, Simon. *Chinese Shadows*. Nova York, Penguin, 1978

_____. *The Chairman's New Clothes: Mao and the Cultural Revolution*. Londres, Allison and Busby, 1981.

Liddell-Hart, B. H. *History of the Second World War*. Nova York, Putnam's, 1970.

Lifton, Robert Jay. *The Nazi Doctors: Medical Killing and the Psychology of Genocide*, Nova York, Basic, 1986.

Littell, Jonathan. *The Kindly Ones*. Nova York, Harper, 2010.

Luttwak, Edward. *The Grand Strategy of the Roman Empire*. Baltimore, Johns Hopkins University Press, 1976.

Lyons, Eugene. *Workers' Paradise Lost*. Nova York, Paperback Library, 1967.

MacCulloch, Diarmad. *Reformation: Europe's House Divided*. Nova York, Penguin, 2004.

MacMillan, Margaret. *Paris 1919*. Nova York, Random House, 2003.

Magee, Bryan. *The Tristan Chord: Wagner and Philosophy*. Nova York, Henry Holt, 2000.

Mandelstaum, Nadezhda. *Hope against Hope*. Nova York, Penguin, 1975.

Manuel, Frank E., org. *The Enlightenment*. Englewood Cliffs, NY, Prentice-Hall, 1965.

Massie, Robert K. *Nicholas and Alexandra*, Nova York, Dell, 1967.

_____. *Peter the Great: His Life and World*. Nova York, Ballantine, 1980.

McCullough, David. *1776*. Nova York, Simon and Schuster, 2005.

Miller, James. *The Passion of Michel Foucault*. Nova York, Doubleday, 1993.

Mitchell, Lynette. *The Heroic Rulers of Archaic and Classical Greece*. Londres, Bloomsbury, 2013.

Montefiore, Simon Sebag. *Stalin: The Court of the Red Tsar*. Nova York, Vintage, 2005.

_____. *Jerusalem*. Nova York, Knopf, 2012.

Mosse, George L. *The Crisis of German Ideology: Intellectual Origins of the Third Reich*. Nova York, Grosset and Dunlop, 1964.

Naipaul, V. S. *Among the Believers*. Nova York, Vintage, 1982.

Nolte, Ernest. *The Three Faces of Fascism*. Nova York, Henry Holt, 1966.

Nyiszli, Miklos. *Auschwitz: A Doctor's Eyewitness Account*. Nova York, Arcade, 1960.

Ober, Joshua. *Political Dissent in Democratic Athens*. Princeton, Princeton University Press, 1998.

O'Brien, Conor Cruise. *On the Eve of the Millennium*. Nova York, The Free Press, 1995.

Ortega y Gassett, Jose. *The Revolt of the Masses*. Nova York, W. W. Norton, 1932.

Panin, Dmitri. *The Notebooks of Sologdin*. Nova York, Harcourt, Brace and Jovanovich, 1976.

Panné, Jean-Louis, Andrzej Paczkowski, Karel Bartosek, Jean-Louis Margolin, Nicolas Werth, Stéphane Courtois, Mark Kramer (org., trad.). *The Black Book of Communism*. Cambridge, Mass, Harvard University Press, 1999.

Pipes, Richard. *Russia under the Old Regime*. Nova York, Scribner's, 1974.

Polanyi, Karl. *The Great Transformation*. Boston, Beacon, 1944.

Rahe, Paul. *Against Throne and Altar: Machiavelli and Political Theory under the English Republic*. Cambridge, Cambridge University Press, 2008.

Rajaee, Farhang. *Islamism and Modernism*. Austin, University of Texas Press, 2007.

Rauschning, Herman. *The Revolution of Nihilism*. Nova York, Alliance, 1939.

Revel, Jean-Francois. *The Totalitarian Temptation*. Nova York, Penguin, 1978.

Ricciotti, Giuseppe. *Julian the Apostate*. Milwaukee, Bruce, 1959.

Roland, Paul. *The Nazi Files*. Londres, Arcturus, 2013.

Rubin, Barry. *Modern Dictators: Third World Coup Makers, Strongmen and Populist Tyrants*. Nova York, McGraw Hill, 1987.

Rubinstein, Richard. *When Jesus Became God*. Nova York, Harcourt, 1999.

_____. *Aristotle's Children*. Nova York, Mariner Books, 2004.

Schama, Simon. *Citizens*. Londres, Vintage, 1990.

Schmidt-Hauer, Christian. *Gorbachev: The Path to Power*. Londres, Pan, 1986.

Scully, Vincent. *The Earth, the Temple, and the Gods*. New Haven, Yale University Press, 1979.

Sereny, Gita. *Into That Darkness: An Examination of Conscience*. Nova York, Vintage, 1983.

_____. *Albert Speer: His Battle with the Truth*. Nova York, Vintage, 1996.

Shalamov, Varlam. *Kolyma Tales*. Nova York, W. W. Norton, 1982.

Shapiro, Leonard. *The Communist Party of the Soviet Union*. Nova York, Vintage, 1971.

Shawcross, William. *Sideshow: Kissinger, Nixon and the Destruction of Cambodia*. Nova York, Simon and Schuster, 1979.

Smith, Mark S. *The Early History of God*. Grand Rapids, MI, Erdmanns, 2002.

Snyder, Timothy. *Bloodlands: Europe Between Hitler and Stalin*. Nova York, Basic, 2010.

Solzhenitsyn, Aleksandr I. *Cancer Ward*. Londres, Penguin, 1968.

_____. *The Gulag Archipelago*. Nova York, Harper and Row, 3 vols., 1973.

_____. *First Circle*. Nova York, Bantam, 1976.

_____. *Lenin In Zurich*. Nova York, Farrar, Strauss and Giroux, 1976.

Speer, Albert. *Inside the Third Reich*. Nova York, Avon, 1970.

_____. *Spandau: The Secret Diaries*. Nova York: Pocket Books, 1977.

Stalin, Joseph. *Mastering Bolshevism*. São Francisco, Proletarian Publishers, 1937.

Sterling, Claire. *The Terror Network*. Nova York, Holt, Rinehart, Winston, 1981.

Stern, Fritz. *The Politics of Cultural Despair: A Study in the Rise of the Germanic Ideology*. Los Angeles, University of California Press, 1974.

Strauss, Barry. *The Trojan War*. Nova York, Simon and Schuster, 2007.

_____. *Masters of Command*. Nova York, Simon and Schuster, 2013.

Sukhanov, N. N. *The Russian Revolution 1917*. Nova York, Harper Torchbook, 1962.

Syme, Ronald. *The Roman Revolution*. Nova York, Oxford University Press, 2002.

Talmon , J. L. *The Origins of Totalitarian Democracy*. Londres, Penguin, 1986.

Tawny, R. H. *Religion and the Rise of Capitalism*. Londres, Peter Smith, 1950.

Taylor, A. J. P. *From Napoleon to Lenin*. Nova York, Harper Torchbook, 1966.

Thomas, Keith. *Religion and the Decline of Magic*. Nova York, Penguin, 1971.

Tolstoy, Nikolai. *Victims of Yalta*. Londres, Corgi, 1979.

_____. *Stalin's Secret War*. Londres, Pan Books, 1981.

Trevor-Roper, Hugh. *The Last Days of Hitler*. Nova York, Macmillan, 1947.

Tuchman, Barbara. *The Guns of August*. Nova York, Macmillan, 1962.

Tucker, Robert C. *Stalin as Revolutionary*. Nova York, W.W. Norton, 1973.

Von Lang, Jochen. *Top Nazi: General Karl Wolfe*. Nova York, Enigma, 2013.

Watkin, David. *The Roman Forum*. Cambridge, Massachusetts, Harvard University Press, 2009.

West, John Anthony. *The Traveller's Key to Ancient Egypt*. Nova York, Knopf, 1989.

Wildavsky, Aaron. *Moses as Political Leader*. Nova York, Shalem, 2005.

Woolf, Greg. *Rome: An Empire's Story*. Oxford, Oxford University Press, 2014.

Zweig, Stefan. *The World of Yesterday*. Nova York, Viking, 1943.

_____. *Marie Antoinette*. Nova York, Harmony Books, 1984.

ÍNDICE REMISSIVO

◆

11 de Setembro, 25, 95, 238, 243, 249-50, 282
1848, revoluções de, 24, 172, 194, 197, 198

Academia Prussiana, 162
Ácio, Batalha de, 81, 86
Acton, Lorde, 156
Adriano, 12, 89, 90, 103, 119
Afeganistão, 212, 248, 268, 274
África, 258, 261
Agamenon, 19, 31, 32, 33, 34, 35, 37, 38, 42,
    44, 64, 68, 75, 91 121
Agostinho, Santo, 28, 69, 95, 96, 98, 110, 124,
    125, 281
Agripa, 84, 87, 88, 153
Ahmadinejad, Mahmoud, 28, 251-52, 256-58,
    267
Akrai, 57
Alarico, 95
al-Baghdadi, Abu Bakr, 184
al Banna, Hassan, 236
Alcibíades, 28, 29, 31, 54, 63, 64, 65, 66, 70,
    72, 92, 239, 240
Alcorão, 243
Alemanha Ocidental, 285
Alexandre Severo, 99
Alexandre VI (papa), 135
Alexandre, o Grande, 12, 14, 18, 28, 31, 49, 72,
    87, 92, 114, 115, 116, 156, 163, 182, 192,
    206, 239, 285,
Alexandria, 48, 102
    biblioteca, 106
Al-Farabi, 244
Al-Fatah, 245
Alfredo (rei), 113
Alhambra, 47, 154
Ali Shariati, 256
al-Assad, Bashar, 13, 239, 272
Al-Qaeda, 20, 25, 169, 243, 245, 248, 249,
    250, 253, 258, 260, 263, 282
    Declaração de Guerra contra a América, 248
al-Sisi, Abdel Fattah, 277

Amsterdã, 156
Ana de Cleves, 139
anabatistas, 15, 188, 189
anarquismo, 24, 199, 215, 223, 228, 271, 281
Anatólia, 121, 247
Angell, Norman, 238
Angola, 262
Aníbal, 78
Antióquia, patriarca de, 117
antissemitismo, 251
    alemão pré-nazista, 219-20
    árabe, 221, 230
    iraniano, 251, 255, 276
    medieval, 110
    nazista, 181, 184, 209, 216, 218, 223, 226,
        231, 252, 274
    Wagner, 199
Antuérpia, 133
apocalipticismo
    religioso, 15, 182, 188, 189, 257
    secular, 151, 181, 192
Apolo, 46, 47, 59, 66, 67, 85, 86, 93, 156
Aquiles, 19, 20, 21, 28, 30, 31, 32, 33, 34, 36,
    37, 40, 41, 44, 53, 56, 59, 63, 64, 68, 69,
    70, 71, 75, 81, 91-92, 132, 152, 198, 260,
    282, 283
Arábia Saudita, 118
Arafat, Yasser, 236
Arendt, Hannah, 227, 233
    Eichmann in Jerusalem, 227
Argélia, 254
arianismo, 221, 226
Aristófanes
    As Nuvens, 66
Aristógito. *Ver* Harmódio e Aristógito
Aristóteles, 14, 20, 28, 29, 72, 97, 101, 110,
    118, 123, 239, 241, 277, 279, 287
    Liceu, 101
    Política, 241
Armada Espanhola, 145, 151
Armênia, 247. *Ver também* genocídio, armênio

Aslan, Rezla, 243
Assíria, 47, 54, 73
Assurnasípal II, 43, 51
Ataturk, Kemal, 14, 16, 246-47, 277
Atenas, 16, 52, 53, 54, 55, 58, 60, 61, 62, 63, 64, 65, 67, 68, 91, 92, 111, 162. *Ver também* Guerra do Peloponeso
democracia, 29, 60, 65, 69, 72, 76, 111
Augusto (Otaviano), 12, 28, 82, 83, 84, 85, 86, 87, 88, 90, 91, 92, 93, 95, 99, 102, 103, 104, 105, 107, 121, 128, 156, 192
estátua equestre de Prima Porta, 85, 100
personalidade, 88
poderes constitucionais, 82-83
Auschwitz, 172, 185, 213, 227
Austrália, 262
Áustria, 140, 159, 192
Averróis, 114
Avicena, 244
Azov, 159

baathista, 230, 245, 261
Babel, Torre de, 43
Babilônia, 43, 44, 47, 49, 100, 102, 119
Bacon, Francis, 125, 130, 147, 164,
A Casa de Salomão, 147
Bagdá, 114
Bakhunin, Mikhail, 182, 187, 199, 215, 228
Bálcãs, 99, 103, 121, 160, 266
Balzac, Honoré de, 254
Barbarossa (Operação), 225, 226
Barbie, Klaus, 139, 211
Barker, *sir* Ernest, 45
Bauhaus, 232
Bavária, 112, 188, 199
Beda, Venerável 106
Belloc, Hilaire, 172, 180, 189
Benevolente, despotismo. *Ver* Esclarecido, despotismo
Berchtesgaden, 224
Berdiaev, Nikolai, 266, 267
Béria, Lavrenti, 140, 170, 211
Berlim, 25, 43, 46, 161, 218, 232, 233
Bíblia, 43, 47, 50, 105, 140, 147, 148, 180, 243
Versão do rei James, 147, 180
Bielorrússia, 266
Bin Laden, Osama, 23, 26, 239, 240, 248, 265, 283

Bismarck, Otto von, 198, 218, 225
Bizâncio. *Ver* Constantinopla
Bizantino, Império, 47, 102, 103, 105, 106, 107, 109, 114, 115 116, 119, 135, 154, 157, 244
modelo para o Império Otomano, 154
boiardos, 158, 160, 246
Boko Haram, 263
bolchevismo, 22, 199, 202, 203, 208, 218, 219, 220, 223, 225, 230, 266, 276, 284
comparado ao nazismo, 218-221
Bolena, Anne, 134
Bolt, Robert
O Homem que não Vendeu sua Alma, 140
Boothby, Robert, 224
Bórgia, César, 239, 273
Borgonha (ducado), 110
Boston, Maratona de, 20
Bourbon, monarquia, 153, 156, 157, 159, 177
Bramante, Donato, 122
Brinton, Crane, 189
Britânico, Império, 144
Britânico, Museu, 43, 51
Bronze, Idade do, 35, 36, 37, 38, 96. Ver também monarquia, Idade do Bronze
Bruce, James, 157
Bruto (Lúcio Júnio), 75 Bruto (Marco Júnio)76, 80
Bukharin, Nikolai, 203, 207, 210, 221
Burke, Edmund, 28, 108, 165, 166, 167, 173, 179, 180, 186, 193, 194, 195, 196
Reflexões sobre a Revolução na França, 194

Cabaré (filme), 25
Cairo, 115
Califado, 255
abássida, 116
Estado Islâmico, 185
mundial, 8, 245, 248, 272, 280
otomano, 113, 116, 118, 244
Calígula, 17, 89, 120, 129, 132, 153
Calpúrnia, 81
calvinistasmo, 166
Camboja. *Ver* Khmer Vermelho
Canadá, 268
canção de Horst Wessel, 219
Canterbury, Cathedral de, 112

capitalismo, 195, 208, 218, 219, 220, 229, 234, 249, 280, 281

Carlos I (da Inglaterra), 148

Carlos II (da Inglaterra), 147, 155

Carlos Magno, 12, 107, 192, 224, 225

Carlos V (do Sagrado Império Romano), 108, 124, 135

Carlos VI (do Sagrado Império Romano), 155

Carta Magna, 12, 108

Cartago, 56, 63, 78, 80. *Ver também* Guerras Púnicas

Carter, Jimmy, 276

Cássio Dio, 89

Castro, Fidel, 23, 212, 237, 240, 262

Catão, 177

Catarina de Aragão, 134, 135, 144

Catarina de Médici, 140

Catarina, a Grande, 122, 152, 159, 160

cátaros, 15, 110, 188

Catedral de São Magnus, 105

catolicismo, 140, 147, 148, 155,

Ceausescu, Nicolae, 262

Cecil, William, 141

celtas, 104

cercado (agrícola), 150

cesaropapismo, 106, 107, 108, 115, 124, 135, 151, 154, 157, 204, 255

Charlie Hebdo, 20

Chauprade, Aymeric, 267

Chavez, Hugo, 252

Chile, 277

China, 102, 103, 118, 144, 188, 251, 262, 263, 264, 265, 269, 280

Churchill, Winston, 29, 87, 193, 205

Cícero, 15, 55, 59, 60, 61, 64, 68, 72

  O Sonho de Cipião, 16,

Cidade Proibida (Pequim), 102, 236

Cincinato, 70

Cingapura, 277

Cipião Africano, o Jovem, 70

Cipião Africano, o Velho, 79, 127

Ciro, o Grande, 44, 45, 47, 49, 52, 63, 71, 72, 73, 100, 116, 118, 119, 130, 182, 193, 239, 241, 285

Ciro, o Jovem, 118

civilização greco-romana, 34, 54, 58, 73, 90, 96, 99

Cláudio, 89

Clemente VII (papa), 134-35

Cleópatra, 80, 81, 82, 86, 95,

Clube da Luta (filme), 25, 282

Cnossos, 45

Código de Luís, 154

Colbert, Jean-Baptiste, 153

coletivismo, 196, 203, 207. *Ver também* comunismo

Colombo, Cristóvão, 127, 147

Cômodo, 91, 99

Comuna de Paris, 194

comunismo, 15, 102, 148, 187, 194, 200-06, 207, 209, 220, 235, 262, 266. *Ver também* Revolução Comunista Chinesa; Maoísmo; marxismo, Revolução Russa; Socialismo do Terceiro Mundo

Confederação do Reno, 192

Conferência
  de Munique, 233
  de Wansee, 226
  de Yalta, 210, 212

Congresso de Viena, 195

Conquest, Robert, 204, 208

Constâncio II, 95, 100

Constantino, 12, 99, 100, 101, 102, 105, 115, 135

Constantinopla, 47, 100, 102, 105, 114, 115, 116, 119
  patriarca de, 104

Construtores-de-Deus, 25, 202, 204, 266

Coreia do Norte, 169

Coreia do Sul, 278

Couperin, François, 153

Crasso, 77, 80

credo de Niceia, 105, 151

Crimeia, 7, 160, 197, 211, 238, 267

crise dos mísseis cubanos, 212

cristianismo
  autoridade sagrada *versus* secular, 108, 143, 244
  conversão do Império Romano, 104-05
  crítica de Maquiavel do, 162
  declínio no século XIX, 194
  doutrina da transubstanciação, 138
  enfraquecimento do Império Romano, 95-99
  separação da igreja e do Estado, 244

Cromwell, Oliver, 134, 146, 148, 189
  protetorado, 146

Cromwell, Thomas, 131, 132, 133, 134, 141, 153, 157
Cruzada, 114, 243
Cuba, 262
czares, 106, 108, 109, 135, 204, 211

D'Alembert, Jean le Rond, 162
Danton, Georges, 178
Dario, 52, 54, 72
darwinismo, 198.
Davi (rei), 51, 109
David, Jacques-Louis
    O Juramento dos Horácios, 176
Davies, Norman, 209
de Gaulle, Charles, 29, 223
Delfos, 46, 47, 56, 71, 86, 115
democracia. *Ver também* Atenas, democracia
    déspotas democráticos, 197, 216, 229
    e catolicismo, 108-09
    e Igreja Ortodoxa, 105, 151
    e protestantismo, 151
    flexibilidade nos Estados Unidos, 269-72
    no pensamento político grego, 54, 55, 69, 241
    opiniões de São Tomás de Aquino, 110
    transição de regime autoritário, 275-78, 285
    versus tirania, 12, 22, 181, 261, 264, 268, 272
Dia D, viii, 8, 285
Diocleciano, 99, 100, 101
Dionísio I, 55
Dionísio II, 70
Domiciano, 90
Dostoievsky, Fiodor, 158, 202, 266, 287
    Crime e Castigo, 24
Drake, *sir* Francis, 145
Dresden, 157
Dugin, Aleksandr, 266
Duma, 160
Dunquerque, Batalha de, 8, 145, 193, 285
Duvalier, família, 261
Duvalier, François (Papa Doc), 14
Dzerjinsky, Félix, 203, 210

Édito de Nantes, 140, 155
Edmundo, o Confessor, 110
Eduardo I, 110

Eduardo VI, 144
Éfeso, 34
Egito (antigo), 47, 49, 72, 80, 106
    Ver também faraós
Egito (moderno), 30, 188, 247, 277
Eichmann, Adolf, 208, 214, 226, 227
Einsatzgruppen, 185, 223
Eleanor da Aquitânia, 135
Elizabeth de Brunswick, 162
Elizabeth I, 12, 122, 139, 141, 144, 193
Elton, G. R., 141
Ely, Cathedral de, 139
epicurismo, 85, 96
Erasmo, 69, 123, 124, 136, 140, 287
    A Educação de um Príncipe Cristão, 16, 70
Esclarecido, Despotismo, 152, 160, 165, 285
Escócia, 11
Espanha, 12, 14, 87, 103, 114, 122, 123, 144, 145, 151, 155, 160, 190, 221, 230, 243, 277
Esparta, 54, 58, 59, 60, 61, 62, 63, 65, 76, 162, 165, 172, 175, 196, 201. *Ver também* Guerra do Peloponeso
Espártaco, 77, 80
Ésquilo, 53
Estado Islâmico, 8, 28, 172, 184, 185, 187, 215, 244, 246, 248, 250, 258, 263, 273, 274, 275, 279
Estados Unidos da América. *Ver também* Guerra Civil Americana; Revolução Americana
    Constituição dos, 77, 127, 270
    escravidão nos, 191, 269, 270, 271, 284
    ódio dos, 263, 280
    risco de tirania dos, 269-72
    tradições de política externa dos, 274
Estoicismo, 85, 96
Estônia, 159
Eugène de Savoy, 155
Eugênio (papa), 135
Evans, *sir* Arthur, 45
existencialismo, 233, 237, 253, 254, 255

família Somoza, 14, 231, 277
Fanon, Frantz, 28, 235, 237, 249, 254, 256
    Os Condenados da Terra, 235, 253
faraós, 15, 44, 47, 48, 49, 50, 51, 72, 73, 86, 100, 102, 116, 130, 285
Farsalos, Batalha de, 80

300

fascismo, 170, 184, 194, 197, 216, 249, 267.
    Ver também neofascismo comparado com
    nazismo, 230-32
Felipe da Macedônia, 72
Felipe II, 145
Felipe IV, 110
Felipe V, 155
Fest, Joachim, 222
feudalismo, 7, 100, 183, 192
Feuerbach, Ludwig, 199
Fídias, 53
Filipinas, 263, 269
Finlândia, 159
Flaubert, Gustave
    A Educação Sentimental, 24, 172, 195, 197
Florença, 111, 123, 125, 126, 133, 143
Ford II, Henry, 32
Forster-Nietzsche, Elisabeth, 200
Fórum de Trajano, 90
Foucault, Michel, 254, 282
Fouche, Joseph, 170, 171, 184
Fox, Charles James, 179
Fox, Richard, 141
Francisco I, 132
Franco, Francisco, 14, 16, 230, 231, 277, 285
Frederico, o Grande, 14, 28, 122, 152, 175,
    178, 228, 246, 265,
    Anti-Maquiavel, 162
Freedom House, 29
Frente Nacional (França), 267
Fronda, rebelião da, 153
Fulda, 106

Gália, 80, 103, 190
Gallipoli, 35
Gay, Peter, 173
Gaza, 250, 263, 283
Gênghis Khan, 58, 206, 280
genocídio, 15, 18, 26, 30, 167, 170, 171, 182,
    185, 191, 195, 203, 209, 219, 221, 226,
    228, 240, 242, 250, 258, 275
    armênio, 247
    cambojano, 237
    escravidão africana, 191
    Estado Islâmico, 275
    intenções iranianas, 250-52, 257
    jacobino, 18, 171, 176, 181
    nazista, 218, 226, 228

soviético, 170, 208
    utópico, 177, 184, 198, 203, 225, 230, 243,
    251, 257, 259, 272, 273
Gênova, 111
Georg, Stefan, 201
George III, 166-67, 193
Gestapo, 140, 232
Gibbon, Edward, 90, 98, 101, 166, 186, 238,
    283,
    The Decline and Fall of the Roman Empire,
    90, 166, 238
gigantomachia, 46, 71
Goebbels, Joseph, 214, 226, 228, 231
Goering, Hermann, 170, 215, 225, 231
Goethe, Johann Wolfgang von, 188
Goldhagen, Daniel
    Hitler's Willing Executioners, 227
Goldsworthy, Adrian, 86
Gorbachev, Mikhail, 158, 264, 266, 277, 285
góticos, 217
Grã-Bretanha, Batalha da, 145
Granada, 117
Grande Cadeia do Ser, 109, 112, 113, 142,
    173
Grande Depressão, 222, 224, 230,
Grécia (antiga), 7, 29, 30, 42, 44, 52, 54, 62,
    68, 71, 73, 76, 79, 84, 89, 125, 169
    cidades-Estados, 45, 46, 56, 57, 63, 72, 79
    Época Clássica, 42
    Idade das Trevas, 13, 36, 54, 91, 106
    Macedônia, 79
    micênicos, 37, 42, 45, 59, 104
    minoicos, 45
    modelo para Roma, 84, 90,
Grécia (moderna), 1212, 246
Green, John Richard, 112
Grossman, Dave, 279
Guantánamo (Gitmo), 270
Guderian, Heinz, 224
Guerra Civil Americana, 191, 270
Guerra Civil Inglesa, 146, 150
    Cavaleiros, 146
    Exército de Novo Tipo, 150
    Roundheads, 147, 193
Guerra
    da Coreia, 278
    do Vietnã, 269, 278
    dos Trinta Anos, 144

Franco-Prussiana, 194
  Fria, 193, 210, 212, 238, 267, 284
Guerra nas Estrelas
  imperador Palpatine, 19
Guerra Peloponeso, 54, 58, 68, 146
Guerras Greco-Persas, 53, 54, 59, 91
Guerras Púnicas, 78
Guevara, Ernesto "Che", 246
Guicciardini, Francesco, 125
Guilherme I, 107
Guilherme II, 205, 214, 228
Guilherme III, 149, 154, 155
Guilherme, o Conquistador, 41, 108
Guizot, François, 192
Gulag, 172, 185, 208, 211, 212

Habsburgos, dinastia dos, 107, 114
Hachemita, monarquia, 261
Hagia Sophia, 119
Haiti, 261
Hamas, 248, 249, 250, 283
Hamilton, Alexander, 18
Hamurábi, 154
Harmódio e Aristógito, 75, 89, 241
Harrington, James, 127, 146, 148, 176
  Oceana, 146
Hartz, Louis, 270
Hatusa, 37, 42-43
Hegel, Georg Wilhelm Friedrich, 196, 199
Heidegger, Martin, 25, 187, 195, 196, 233-34,
  235, 236, 237, 248, 249, 253, 266, 267, 287
Heiden, Konrad, 197
Heine, Heinrich, 197, 198
Henrique II, 108
Henrique IV (da França), 140
Henrique VII, 12, 134, 137
Henrique VIII, 12, 13, 17, 28, 41, 122, 131,
  134, 135, 137, 139, 140, 141, 143, 148,
  149, 152, 153, 155, 157, 160, 175, 183
  192, 246, 285,
Herodes, 89
Heródoto, 53, 54, 56
Hesse, Hermann
  Demian, 25, 201
Heydrich, Reinhard, 170, 208, 213, 214, 226
Hezbollah, 248, 250, 260, 263
Hibbert, Christopher, 169, 170
Híeron I, 14, 239

Himmler, Heinrich, 170, 209, 213, 221, 225,
  226, 227, 240, 242
Hindenburg, Paul von, 217
Hiparco, 64
Hípias, 64
Hitler, Adolf, 13, 15, 16, 18, 22, 23, 24, 25, 28,
  53, 128, 146, 182, 183, 184, 190, 193, 195,
  196, 197, 200, 201, 206, 209, 210, 212,
  216-25, 228, 229, 231, 232, 233, 236,
  238-40, 252, 257, 258, 260, 263, 265, 271,
  272, 277, 280
  Mein Kampf, 225, 258
Ho Chi Minh, 246
Hobbes, Thomas, 16, 20, 27, 28, 69, 146, 149,
  155, 176, 265, 273, 279, 283, 287
  contrato social, 21
  Leviatã, 146
HoessHöss, Rudolf, 227
Hohenstauffen, dinastia, 107
Holbein, Hans, o Jovem, 132
Holocausto, 209, 216, 225, 226, 227, 230, 240,
  242, 257, 258, 272. *Ver também* genocídio,
  nazista
Homero, 28, 31, 32, 34, 35, 36, 37, 38, 39, 40,
  41, 44, 45, 54, 66, 71, 72, 81, 91, 96, 163,
  269, 283, 287
  Ilíada, 19, 20, 31, 35, 36, 40, 45, 68
  Odisseia, 39-41, 59
Horácio, 75
Hudson's Bay Company, 145
humanismo, 123, 136, 137, 140, 141
Hungria, 114, 264, 268, 269
hunos, 103
Hussein, Saddam, 211, 239, 245, 246, 270,
  272

Iacocca, Lee, 32
Ibn Tamiyya, 244
Idade das Trevas (Europa), 13, 36, 54, 91, 104
Idade Média, 39, 100, 106, 108, 110, 111, 114,
  125, 137, 139, 142, 143, 189, 244
Iêmen, 258
Igreja Católica, 141, 154, 230
Igreja da Inglaterra, 135, 141, 144, 147, 149,
  151, 166
Igreja Ortodoxa, 105, 116, 117, 151,
  160, 202
Ilíria, 80, 99, 114

302

Iluminismo, 18, 20, 107, 122, 150, 158, 162, 166, 171, 172, 173, 174, 175, 177, 182, 187, 193, 195, 197, 215, 217, 219, 220, 234, 238, 241, 249, 259, 266, 267, 268, 271, 285

Império
Austro-Húngaro, 107, 160
Bizantino como modelo, 115
Guilhermino, 228
Hitita, 37, 42-43, 45, 52
Otomano, 53, 113, 114, 117, 118, 121, 159, 160, 244, 245, 246. *Ver também* califado, otomano
Romano, 13, 41, 50, 85, 91, 92, 96, 97, 98, 102, 104, 105, 107, 113, 114, 117, 125, 135, 158, 163, 164, 166, 243
    Bons Imperadores, 90, 99, 194
    comparado ao moderno despotismo esclarecido, 285
    cônsules, 6677
    cristianização, 95-97, 100-01, 113-14
    direitos de propriedade, 106
    divisão Ocidente-Oriente, 108
    economia, 117
    Estados-clientes, 103
    Guarda Pretoriana, 89
    imperadores de quartel, 99, 106
    imperadores flavianos, 90
    imperadores julio-claudianos, 88
    imperator, 83, 107
    invencibilidade militar, 103
    modelo para Europa medieval, 117, 123
    orientalização, 100
    Panteão, 119
    patrícios, 88, 89
    Pontifex Maximus, 107
    procônsules, 77, 115
    queda do império do Ocidente, 106, 107, 113
    saque de Roma (410), 95
    Senado, 78, 80, 82, 84, 88, 95, 120
    tribunos, 78
    túmulo de Adriano, 119
Índia, 72, 107, 263, 268
Inquisição, 117, 124, 140, 141, 145, 189, 192, 239
Irã, República Islâmica do, 22, 257
Iraniana, Revolução, 188, 234, 251, 252, 253, 255, 258
    aiatolás, 251

armas nucleares, 251, 258, 275, 280, 281
destruição de Israel, 250, 252
Guarda Republicana, 250
Iraque, 8, 21, 79, 245, 247, 274, 275
Irmandade Muçulmana, 13, 188, 230, 236, 245, 277
iroquês, 190
Ishtar, Porta de, 43
islã, 20, 116, 121, 183. *Ver também* califado; Revolução Iraniana; Jihad; Império Otomano
    ascensão do, 113
    autoridade sagrada *versus* secular, 244-45
    Imã Oculto, 253, 254, 255, 256, 257
    misticismo sufi, 254
    preservação do ensinamento, 98, 114
    shia, 253, 255, 256
    sunita, 253, 255, 256
Israel, 186, 188, 234, 237, 243, 245, 249, 250, 251, 252, 256, 257, 258, 263, 268, 277. *Ver também* Revolução Iraniana, Destruição de Israel
israelitas, 51
Istambul, 103, 115, 117, 119
Ivã, o Terrível, 105

Jackson, Stonewall, 271
James I, 145, 147
James II, 148, 149
janissários, 121, 161
Japão, 55, 103, 221, 228, 263, 285
Jefferson, Thomas, 173, 270, 271, 274
Jerônimo, São, 95
Jesus Cristo, 84, 243
Jihad, 22, 181, 233, 248, 249, 258, 259, 263, 271, 272
João (rei), 108
João de Gante, 113
Jônatas (de Israel), 51
Jordão, 11
Jovens Turcos, 246-47
Judeia, 103, 119
    judaicas, rebeliões, 103
Júlia, a Velha, 85
    conspiração contra Augusto, 88
Júlio César, 14, 18, 30, 31, 76, 79, 80, 81, 82, 83, 84, 85, 86, 87, 99, 128, 133, 143, 152, 154, 163, 182, 191, 192, 239, 285

Jünger, Ernst, 201, 248, 266
Justiniano I, 101,102, 105, 154
Juventude Hitlerista, 25, 229, 236

Kadhafi, Muammar, 245
Kant, Immanuel, 162, 238
Karnak, 47
Kerensky, Alexander, 188, 202, 205
Kerry, John, 7
Kershaw, Ian, 214
KGB, 184, 208, 211, 250, 268
Khamenei, Ali, 257
Khieu Samphan, 237
Khmer Vermelho, 7, 24, 28, 171, 183, 184, 185, 237, 252, 253, 256, 259
    Ano Zero, 183, 237
    Campos da Morte, 213
    Organização Maior, 184, 237
Khomeini, Ruhollah, 184, 250, 252, 255, 256, 276, 282
Khrushchev Krushchev, Nikita, 262
Kirkpatrick, Jeanne, 276-77
Kirov, Balé, 170
Kirov, Sergey, 170
Kissinger, Henry, 274
Kitzinger, Ernst, 100
Klarfield, Geoffrey, 51
Koresh, David, 251, 271
Kosovo, 272
Kravchenko, Viktor
    Escolhi a Liberdade, 212
Kremlin, 159, 211
Krupskaja, Nadeja, 205
Krushchev, Nikita, 262
Kubizek, August, 222
kulaks, 172, 182, 186, 209, 219, 220, 252, 258, 273

La Fontaine, Jean de, 153
La Salle, Robert de, 153
Lafayette, marquês de, 18, 177, 178, 202
Lagarde, Paul de, 201Lamballe, princesa de, 169
Lava-Pés, 112, 143
Le Brun, Charles, 153
Lee Kuan Yew, 277
lei da sharia, 244, 262
Leipzig, 157

Lenin, Vladimir, 22, 23, 25, 26, 28, 170, 172, 184, 185, 186, 188, 190, 202, 203, 204, 205, 206, 207, 208, 209, 210, 211, 220, 230, 234, 239, 240, 249, 250, 265, 271, 280, 282
Leningrado, 170
Lepanto, Batalha de, 122
Letônia, 159
Lewis, Bernard, 243, 248, 256
libertarismo, 271
Líbia, 247
Licurgo, 58
Liddell-Hart, B.H., 233
Lifton, Robert J., 226
Liga Hanseática, 111, 137
Lin Piao, 234
Lincoln, Abraham, 19, 30, 86, 191, 270, 284
Linz, 222
Littell, Jonathan
    The Kindly Ones, 226
Lituânia, 159
Lívia, 86
Lívio, 74
Locke, John, 27, 150, 165, 166, 172, 173, 287
    Segundo Tratado sobre o Governo, 166
Londres, 43, 112, 199
Long, Hughie, 231
Louisiana, 153, 231
Louvre, 154
Lovejoy, Arthur, 109
Lucrécia, 75
Luís XII, 135
Luís XIV, 14, 122, 140, 152, 153, 157, 159, 160, 161, 183, 241
Luís XVI, 161, 177, 188
Lully, Jean-Baptiste, 153
Lutero, Martinho, 124, 134, 137, 142, 287
Lyon, 170

Machiavelli, Niccolò, 17, 18, 19, 28, 82, 98, 123, 125, 126, 127, 128, 129, 130, 133, 134, 137, 142, 143, 146, 148, 149, 152, 153, 157, 161, 162, 163, 167, 175, 176, 211, 233, 270, 273
    Discursos sobre Lívio, 127
    O Príncipe, 17, 125, 126, 130, 133, 156, 162
Madison, James, 127
máfia, 230, 231
Mahdi. *Ver* Islã, Imã Oculto

Manchester, 156
manifestantes contra o Um por Cento, 281
Manlius, 127
Mann, Thomas, 222
Manson, Charles, 25, 271
Mantel, Hilary, 132, 141
   Bring Up the Bodies, 132
   Wolf Hall, 132
Mao Tsé-tung, 7, 18, 235
   Livrinho Vermelho, 235
maoísmo, 22, 28, 236
   guardas vermelhos, 236
   Revolução Cultural, 172, 235-36
Maomé II, 114, 116
Maomé III, 120
Maomé IV, 120 (Murad)
Maomé, 117, 256
Marash, Batalha de, 247
Marat, Jean-Paul, 23, 170, 178,
Maratona, Batalha de, 8, 28, 52, 66, 92,
   193, 285
Marco Antônio, 81, 88, 153,
Marco Aurélio, 90, 96, 97, 98, 99, 126, 162
Marduk, 28, 29, 3443, 44, 50
Maria I, 110, 112144,
Maria AntoinetteAntonieta, 169, 172, 177
Mário, 76, 79, 83
Marlborough, duque de, 155
Marlowe, Christopher
   O Judeu de Malta, 142
Marquez, Gabriel Garcia
   O Outono do Patriarca, 19
Marx, Karl, 25, 28, 174, 187, 194, 195, 196,
   208, 234, 249, 280, 281, 287
   Manifesto Comunista, 194
marxismo, 109, 202, 204, 230, 233, 237, 250,
   252, 254, 259, 262, 266, 278, 281
marxismo-leninismo, 158, 203, 220, 248, 254,
   262, 266
massacre de Columbine, 279
Mazarin, Jules Raymond, 153
McVeigh, Timothy, 271
Mecenas, 84
Médicis, 126
Medvedev, Roy, 209
Melk, 140
menchevismo, 203
Mengistu Haile Mariam, 203

Mesopotâmia, 43, 73, 105
Mesquita Azul (Istambul), 115, 119
Mesquita de Suleiman (Istambul), 119
Messalina, 89
messianismo, 22, 181, 253, 255
Metternich, Klemens von, 195
Michelangelo, 119, 122
mikado, 229
Milani, Mohammad Hadi, 254
Mill, J. S., 196
Milton, John, 137
Mirabeau, conde de, 177
mitraísmo, 101
Moeller van den Bruck, Arthur, 201, 217
Moisés, 126, 130
Molière, 153
Moltke, Helmuth von, 218
monarquia saudita, 261, 269
mongóis, 102
monoteísmo, 50, 113, 116
Montefiore, Simon Sebag, 211
Montesquieu, barão de, 18, 127, 165, 175, 178
More, Thomas, 131, 134, 140, 147
   Utopia, 147
Morsi, Mohamed, 13,
Moscou, 158, 210
   patriarca de, 160
Moynihan, Daniel Patrick, 268
Mubarak, Hosni, 13, 14, 188, 231 245, 276, 278
muçulmano. *Ver* islã
Mugabe, Robert, 252
mujahedins, 248
Muluzi, Bakili, 261
Museu Pergamon, 43, 46
Musharraf, Pervez, 247
Mussolini, Benito, 229

Nabucodonosor, 15, 43, 44, 48, 100
nacionalismo, 194-95, 220
   alemão, 188, 199, 229, 248
   árabe, 221
   eslavo, 158, 266, 267
   francês, 197
   palestino, 236
   russo, 202, 220
   sangue e solo, 194
   turco, 247
nacional-socialismo. *Ver* nazismo

Naipaul, V. S., 245

Napoleão Bonaparte, 14, 31, 53, 107, 145, 190, 191, 192, 193, 195, 198, 206, 240, 276

Napoleão III, 24, 197, 198, 216, 229

napoleônico, código, 192

Narva, Batalha de, 159

Nasser, Gamal Abdel, 245

nazismo, vii, 22, 28, 183, 198, 214, 216, 217, 218, 219, 220, 230, 233, 236, 276, 284

comparado ao fascismo, 229-33

Nechaev, Sergey

Catecismo do Revolucionário, 22, 241

Necker, Jacques, 177

neofascismo, 267, 268

Nero, 14, 89, 90, 96, 120, 126, 129, 154, 240

Netanyahu, Benjamin, 251

Nicarágua, 231, 277

Nícias, 29, 54, 63, 65

Nicolau II, 170, 188

Nietzsche, Friedrich, 25, 26, 28, 187, 196, 198, 199, 200, 201, 202, 205, 249, 287.

Ver também super-homem

Genealogia da Moral, 200

niilismo, 214, 215, 218, 228, 246, 249, 252

Nikitchenko, Iona, 212

Nínive, 43

niveladores, 148

Nixon, Richard, 89, 270

NKVD, 139, 140, 203, 207, 210, 212, 220, 221, 271

Norfolk, duque de, 135, 136, 138

normandos, 104

Nova Política Econômica (NEP), 207

Novgorod, 158

Novo Mundo, 13, 17, 122, 127, 133, 144, 145, 147, 151, 190, 191

Nuremberg, comícios de, 169, 223

Nuremberg, tribunal de, 212

O Homem que não Vendeu sua Alma (filme), 131

Obama, Barack, 20, 275

Odisseu, 39-41, 44, 55

Odoacro, 102

oikonomia, 39, 118

Organização para a Libertação da Palestina (OLP), 236

Orkney, 104

Ortega y Gasset, José, 194, 216

Osmã I, 114

Oto I, 108

Pacto de Varsóvia, 268

Pacto Hitler-Stalin, 210, 212, 218

Pahlevi, Reza (Shah), 188, 250, 254

paideia, 129

Palácio Sans Souci, 161

Palácio Topkapi, 47, 102, 120, 154

Palermo, 114

Palestina, 221

Palladio, Andrea, 119, 122

papado, 110, 150

Paquistão, 247, 258, 268

Paris, 23, 95, 154, 158, 169, 172, 178, 191, 198, 199, 233, 237, 253

Parlamento (inglês), 12, 132, 146, 148, 149, 150, 165, 166. *Ver também* Guerra Civil Inglesa

Passagem do Meio, 190

Pasternak, Boris, 210

Doutor Jivago, 25

Pearl Harbor, 29

Pedro, o Grande, 28, 105, 122, 152, 156, 161, 178, 246, 247, 285

Pergamon, 43, 46

Péricles, 16, 54, 61, 62-63, 67

Perón, Juan, 231

Persépolis, 47, 102, 119

Pérsia, 47, 49, 52, 53, 54, 71, 92, 100, 105, 145

Petrarca, Francesco, 125

Pilatos, Pôncio, 103

Píndaro, 68

Pinochet, Augusto, 19, 277

Piranesi, Giovanni Battista, 161

pisistrátidas, 64

Pisístrato, 55, 60, 64, 74

Platão, 14, 16, 17, 19, 20, 21, 28, 29, 53, 60, 68, 70, 71, 76, 83, 90, 96, 111, 119, 123, 125, 130, 164, 239, 242, 259, 283, 287

Academia, 101

Leis, 16, 70

República (A), 14, 16, 19, 29, 69, 71, 121, 125, 130

Plateia, Batalha de, 52, 115

Plutarco, 76
Pol Pot, 15, 18, 26, 184, 234, 237, 238, 253, 260, 263, 265, 272
Polar, Hernando de Soto, 278
Políbio, 74
Polônia, 122, 159, 161, 163, 209, 212, 213, 223, 224, 225, 264, 268
Poltava, Batalha de, 159
Portugal, 190, 231, 277
presbiteriana, 148
Primavera Árabe, 13, 29, 245, 276
Primeira Guerra Mundial, 24, 35, 160, 194, 200, 201, 205, 214, 217, 218, 219, 222, 225, 229, 238, 245
profeta. *Ver* Maomé
protestantismo, 134, 136, 147, 150, 151, 155, 163, 191. *Ver também* Igreja da Inglaterra; Guerra Civil Inglesa; Reforma
Prússia, 159, 161, 163, 192, 198. *Ver também* Guerra Franco-Prussiana
Puccini
Tosca, 155195
Putin, Vladimir, 7, 8, 53, 158, 160, 197, 209, 232, 238, 261, 264-69, 278
Pyatakov, Georgy, 206
Pyongyang, 169

quakers, 190

Rafsanjani, Akbar Hashemi, 257
Rahe, Paul, 189
Raleigh, *sir* Walter, 144
Ramsés II, 49
Rand, Ayn, 232
Rauschning, Hermann, 215, 216, 218
Ravena, 95
realeza
hereditária, 38, 45, 55, 57, 82, 109, 121, 149, 152, 161, 183
Idade do Bronze, 35-38, 41-42, 44-45, 47, 67, 91, 96, 104, 121, 190, 269
monarquia absoluta moderna, 146, 149, 155, 159, 255
monarquia feudal, 104, 109-13
monarquia helenística, 73, 1054
monarquia universal ocidental, 42-43, 47, 72, 102, 262

reis-deuses, 71, 73, 92, 100, 106, 116, 154, 164
Rebelião de Camponeses (1536), 138
rebelião de Kronstadt, 164205
Reforma, , 102, 110, 113, 123, 124, 125, 135, 136, 137, 138, 140, 141, 142, 146, 147, 150, 151, 157, 161, 164, 173, 188, 189, 265, 268,
regime de Vichy, 231
Reichstag, 217, 226
reino romano, 74-75
mitos fundadores, 56-57
Pontifex Maximus, 38
Renânia, 1285
Renascença, 16, 17, 113, 122, 123, 125, 128, 132, 137, 143, 146, 147, 150, 154, 157, 161, 164, 173, 175, 263, 287
República Holandesa, 155
República Inglesa, 146
República Romana, 75, 76, 83, 84, 127, 128, 170. *Ver também* Guerras Púnicas
constituição, 127
cônsules, 77, 78, 88
cursus honorum, 76
ditadura, 79, 81, 143, 191
equestres, 76, 77, 85
fundação, 78, 89
Gracos, 79, 88
imperium, 77, 78
influência sobre Maquiavel, 126, 129, 130
influência sobre Rousseau, 170
"optimates", 79
patrícios, 76, 77, 78, 79
plebeus, 76, 77, 78, 79
Pontifex Maximus, 38
populares, 79, 83
procônsules, 77
queda, 79-82
res publica, 76
Senado, 74, 77, 78, 80, 81, 82, 83, 84, 87, 88, 95, 120, 127, 183
tensões internas (cidade-Estado *versus* império), 79-80
tribunos, 77, 78
republicanismo, 17, 125, 143,
atlanticista, 147, 191
Restauração (inglesa), 148

Revolução Americana, 12, 149, 166, 172, 173, 177, 179, 186,

Revolução Francesa,18, 28, 30, 149, 156, 167, 169, 170, 172, 173, 176, 177, 178, 179, 181, 187, 188, 192, 195, 197, 200, 204, 236, 239, 270, 276, 284. *Ver também* Robespierre, Maximilien.

Ano Um, 18, 171, 182, 183, 220, 235, 237, 249, 256, 258, 263, 273

Assembleia Nacional, 171,

Festivais da Virtude, 169

girondinos, 178

influência da República Romana, 170, 171

jacobinos, 18, 21, 23, 24, 171, 172, 176, 178, 181, 182, 183, 184, 185, 187, 188, 189, 191, 192, 202, 203, 220, 226, 235, 246, 248, 249, 250, 252, 259, 263, 275, 282

Termidor, 204

Terror, 7, 15, 16, 28, 169, 170, 171, 172, 178, 181, 185, 219

Revolução Gloriosa (1688), 108, 143, 149, 150, 152, 163, 165, 167, 172, 173, 177, 186

Revolução Russa, 161, 187, 204, 228, 236 *Ver também* bolchevismo

Ribbentrop, Joachim von, 210, 218

Ridicule (filme), 154

Riefenstahl, Leni
O *Triunfo da Vontade*, 216-17, 219, 229

Rilke, Rainer Maria, 248

Rivarol, marquês de, 194

Roberts, Andrew, 192

Robespierre, Maximilien, 15, 18, 23, 26, 28, 146, 170, 171, 173, 175, 176, 177, 178, 180, 181, 184, 189, 191, 196, 200, 204, 237, 239, 241, 244, 256, 260, 263, 265, 276

Rogers, Elliot, 271

Rohm, Ernst, 223, 224

Romanov, dinastia, 204

romantismo, 162
tempestade e tensão, 162

Rômulo, 76, 78, 81, 84, 86, 126, 130

Romulus Augustulus, 102

Roosevelt, Franklin, 30, 212, 224,

Rousseau, Jean-Jacques, 18, 28, 98, 170, 171, 172, 173, 174, 175, 176-77, 178, 179, 180, 194, 199, 200, 204, 206, 237, 249, 273, 281, 287

Discurso sobre a Origem da Desigualdade, 174

Discurso sobre as Ciências e as Artes, 249

O *Contrato Social*, 170, 175, 180

Royal Society, 147

Rubicão, 80, 82

Rudenko, Roman, 212

Rumi, 254

Rússia, 22, 25, 26, 53, 105, 109, 118, 192, 193, 262, 269, 278. *Ver também* bolchevismo; Revolução Russa; Pedro o Grande; Putin, Vladimir; czares

russos brancos, 207

Sabas, São, 105

Sachs, Jeffrey, 264

Sacro Império Romano, 107, 122, 123, 132, 133, 144, 192

Sadat, Anwar, 247

sadismo, 169, 171, 210, 242

Saint-Simon, Henri de, 156

Sakharov, Andrei, 158

Salamina, Batalha de, 52, 193, 285

Salazar, Antônio de Oliveira, 231, 277

Salomão (rei), 51

Salomé, 89

Salústio, 69, 287

Samuel (profeta), 50, 109

sandinistas, 236

São Petersburgo, 158, 161

Sartre, Jean-Paul, 233, 235, 237, 253, 254
O *Ser e o Nada*, 253

Saul (rei), 50, 51, 109

Savak, 255

saxões, 104, 113

Schacht, Walter, 224, 230

Schama, Simon, 173, 176
Cidadãos, 173

Schell, Jonathan
O *Destino da Terra*, 281

Schiller, Friedrich, 188, 195
A Educação Estética do Homem: Numa Série de Cartas, 196

Schliemann, Heinrich, 35, 198

Schmitt, Carl, 266

Sedan, Batalha de, 198

Segunda Guerra Mundial52, 160, 209, 222, 234, 238, 257, 268, 278

Sejano, 89, 116
Septímio Severo, 99
Sereno Samônico, 106
Sexto Tarquínio, 75
Shakespeare, William, 66, 113, 142, 283, 287
 A Tempestade, 147
 Antônio e Cleópatra, 87
 Hamlet, 142
 Ricardo II, 86, 113
Shariati, Ali, 28, 234, 253-57
shawnee, 190
Shostakovich, Dmitri, 210
Sicília, 29, 42, 58, 63, 64, 65, 78,
 114, 160
Sila, 76, 79, 81, 82
Silésia, 161
Simonides, 277
Sinan, 119
sionismo, 251
Siracusa, 14, 55, 58, 63, 70, 239, 277
Síria, 12, 30, 42, 78, 87, 103, 184, 241, 245,
 247, 275, 280
socialismo do Terceiro Mundo, 220, 233-37,
 243, 245, 246, 248, 253, 256, 259, 266
 influência sobre jihadistas, 233-35
socialismo. *Ver* comunismo; marxismo;
 maoísmo; nazismo; socialismo do
 Terceiro Mundo
Sócrates, 53, 68, 69, 70, 71, 84, 283
sofistas, 65
Sófocles, 28, 53, 55
 Antígona, 74
 Oedipus Tyrannus [Édipo Rei], 44, 74, 284
Solidariedade (Polônia), 8
Soljenítsin, Aleksandr, 25, 158, 205, 208, 209,
 210, 212, 287
 Lenin em Zurique, 25, 205
Sólon, 60
Solução Final. *Ver* Holocausto
Sorel, Georges, 230, 282
Speer, Albert, 25, 224, 232,
Spengler, Oswald
 O Declínio do Ocidente, 229
Spinoza, Baruch, 27
SS (Schutzstaffel), 139, 184, 203, 208, 209,
 213, 214, 216, 221, 223, 226, 227, 237, 242,
 250, 271,

Stalin, Joseph, 13, 15, 18, 23, 24, 28, 109, 133,
 139, 146, 153, 160, 170, 172, 182, 184,
 186, 190, 196, 202, 203, 206, 207, 208,
 209, 210, 211, 212, 218, 219, 220, 221,
 224, 225, 226, 231, 232, 233, 236, 239,
 240, 245, 249, 251, 252, 256, 260, 263,
 264, 265, 268, 272, 280,
 modelo para líderes baathistas, 245, 261
Staengl, Franz, 227
Steiner, George, 234
Stockhausen, Karlheinz, 25, 282
Strasser, Gregor, 218
Strauss, Barry, 9, 37
Streltsy, 159
Stuart, dinastia, 146-52, 153-56
Sucessão Espanhola, Guerra da, 159
Sudetos, 197, 232
Suécia, 159
Suetônio, 88, 287
Suleiman, o Magnífico, 114, 119
Suméria, 43
super-homem, 25, 195, 200, 202, 203, 206,
 282. *Ver também* Nietzsche, Friedrich
Sverdlov, Yakov, 170
Swift, Jonathan
 Viagens de Gulliver, 165
Syme, Ronald, 61

Tácito, 88, 89, 190
Taine, Hippolyte, 194
Talibã, 101, 139, 194, 244, 248, 250, 252, 258,
 260
Talleyrand, Charles Maurice de, 18, 177, 193
Talmond, J. L., 174
Tarquínio, 74-75, 89, 241
Tawney, R. H.
 A Religião e o Surgimento do Capitalismo, 147
Tchecoslováquia, 233
tecnologia médica como extremismo utópico,
 281
Tecumseh, 190
Temístocles, 29, 54, 60-61
Tempestade no Deserto (Operação), 8
Templários, 110
Templo (Jerusalém), 51
Teodora, 102, 105
Teodósio I, 101, 102, 115

teoria whig da história, 12, 141, 166

Terceiro Reich, 29, 175, 183, 201, 218, 220, 222, 231, 233, 236, 250, 266, 268, 278, 285. *Ver também* nazismo

Termópilas, 52

Terra Nova, 41

terras tchecas, 268

Thomas Becket, 108

Tibério, 11, 12, 88, 89, 116, 224

tirania. *Ver também* Despotismo Esclarecido
    Grandes Livros como antídoto, 283-84
    integridade como motivação para, 19-22, 26-28
    milenarista, 15, 16-19, 22, 28, 29, 167, 169, 181, 183, 184, 187, 190, 191, 194, 195-201, 204, 205, 209, 211, 214, 216, 227-28, 230, 233, 238-40, 243-50, 258, 263-67, 272, 276-77, 281, 285, 287
    personalidade de tiranos, 24, 243
    reformista, 29, 177, 184, 194, 202, 211, 215, 228, 231, 245, 250, 264, 265, 285
    variedade-jardim, 14-15, 29, 55, 110, 120, 132, 156, 184, 195, 224, 231, 261, 263, 272, 276, 277

Tirol, 188

Tito, 90, 103

Tocqueville, Alexis de, 196, 197, 198/
    Democracia na América, 197

Toledo, 114

tolerância religiosa
    Alexandre, o Grande, 49, 87, 116
    Ciro, o Grande, 49, 72
    construtores do Estado moderno, 164
    Frederico, o Grande, 162
    holandesa, 155
    humanista, 143
    Igreja da Inglaterra, 151
    Império Otomano, 117
    Império Romano, 50, 79, 87, 117
    Locke, 150
    Napoleão Bonaparte, 191
    paganismo, 102

Tolstói, Leo, 204
    Guerra e Paz, 193

Tomás de Aquino São, 28, 110, 111, 112, 114, 287

Topcliffe, Richard, 139-40

Torquemada, Tomás de, 239

totalitarismo, 8, 13, 18, 167, 215,

Trajano, 85, 89, 90

Treblinka, 214, 228

tribos germânicas, 41

Troia (histórica), 34-39, 52

Tropas de Assalto (nazistas), 223

Trotsky, Leon, 187, 202, 203, 205, 206, 207, 240

Tucídides, 28, 29, 53, 54, 55, 58, 60, 62, 63, 64, 65, 67, 90, 91, 92, 146, 287

Tudor, dinastia, 13, 136, 139, 142, 146, 165

Tudors, Os (seriado de TV), 131

Tunísia, 241

Turenne, viscondegeneral de, 153

Turgot, Anne Robert Jacques, 177

Turguêniev, Ivan, 158, 196, 266
    Pais e Filhos, 24, 196

Turquia, . *Ver também* Ataturk, Kemal; Jovens Turcos

Tutmósis III, 115

Ucrânia, 7, 53, 109, 160, 208, 232, 238, 266, 267
    Terror da Fome, 208, 272

União Soviética,.170, 174, 209, 212, 213, 218, 220, 225, 231, 235, 245, 248, 250, 256, 264, 268, 273, 285 *Ver também* bolchevismo; Revolução Russa; modelo para economias árabes, 245

Untersberg, 224

van Dyck, Anthony, 147

Veneza, 111, 115, 122

Versalhes, 154, 158, 161, 241

Vespasiano, 97

Viena, 114, 122, 157, 195, 222

vietcongue, 236-237, 248

Vikings (seriado de TV), 104, 190

vikings, 37, 41, 104, 190

Villa Jovis, Cápri, 11, 224,

Violência
    embelezamento da, 24, 26, 61, 196

Virgílio, 74
    Éclogas, 84
    Eneida, 57, 84

Virginia Company, 145

Virgínia, 144-45

visigodos, 41, 103

Vitória (rainha), 107
Vladimir, o Grande, 158
Voltaire, 20, 107, 159, 162, 173

Wagner, Richard, 25, 182, 198, 199, 200, 216, 217, 218, 228, 230
   Ciclo do Anel, 199
   Götterdämmerung, 25, 199, 217
   Rienzi, 25, 216
Wagner, Winifred, 199
wahabistas, 245
Walzer, Michael, 239
Washington, George, 29, 89, 177, 274
Waterloo, Batalha de, 8, 193, 194
Weimar, República de, 222, 267
Wellington, duque de, 145, 193, 194
Westfália, Paz de, 153
Wilson, Woodrow, 274

Wiltshire, conde de, 135
Wolsey, Thomas, 131, 134, 137
Woolf, Greg, 100
Wordsworth, William, 23, 178, 179, 195
Wycliffe, John, 136

Xenofonte, 70, 71, 72, 73
   A Educação de Ciro, 123
   Híeron, 118, 277
Xerxes, 52
xógum, 55

Yeltsin, Boris, 264-65

Zhukov, Georgy, 210
Zinoviev, Grigory, 208
zoroastrismo, 50
Zweig, Stefan, 194

GRUPO EDITORIAL PENSAMENTO

O Grupo Editorial Pensamento é formado por quatro selos:
Pensamento, Cultrix, Seoman e Jangada.

Para saber mais sobre os títulos e autores do Grupo
visite o site: www.grupopensamento.com.br

Acompanhe também nossas redes sociais e fique por dentro dos próximos lançamentos, conteúdos exclusivos, eventos, promoções e sorteios.

editoracultrix
editorajangada
editoraseoman
grupoeditorialpensamento

Em caso de dúvidas, estamos prontos para ajudar:
atendimento@grupopensamento.com.br